U0647063

本书是以下项目资助成果：

浙江省社科规划课题（21NDJC079YB）

教育部人文社会科学重点研究基地重大项目（17JJD790019）

浙江省自然科学基金项目（LY18G20002）

考虑赋能行为的平台供应链决策优化与协调机制研究

肖　迪　鲁其辉　等　著

ZHEJIANG UNIVERSITY PRESS
浙江大学出版社
·杭州·

图书在版编目(CIP)数据

考虑赋能行为的平台供应链决策优化与协调机制研究/肖迪等著. — 杭州：浙江大学出版社, 2022.12

ISBN 978-7-308-23384-2

Ⅰ. ①考… Ⅱ. ①肖… Ⅲ. ①供应链管理—研究 Ⅳ. ①F252.1

中国版本图书馆CIP数据核字(2022)第239367号

考虑赋能行为的平台供应链决策优化与协调机制研究

肖 迪 鲁其辉 等 著

责任编辑 杨 茜
责任校对 许艺涛
封面设计 周 灵
出版发行 浙江大学出版社
(杭州市天目山路148号 邮政编码 310007)
(网址：http://www.zjupress.com)
排　　版 杭州林智广告有限公司
印　　刷 杭州钱江彩色印务有限公司
开　　本 710mm×1000mm 1/16
印　　张 25
字　　数 372千
版 印 次 2022年12月第1版 2022年12月第1次印刷
书　　号 ISBN 978-7-308-23384-2
定　　价 88.00元

版权所有 侵权必究 印装差错 负责调换

浙江大学出版社市场运营中心联系方式：0571-88925591；http://zjdxcbs.tmall.com

推荐序

近年来互联网经济蓬勃发展，涌现出亚马逊、阿里巴巴及腾讯等诸多采用新型互联网商业模式的平台型企业。尽管我已读过不少讨论平台型企业的文献，但这本书新颖的视角还是让我眼前一亮。虽然平台经济已经成为互联网领域的重要话题，但对于平台型企业赋能行为的研究还比较有限，缺乏系统性的分析和讨论。本书从数据赋能、品牌赋能、采购赋能和金融赋能四个维度对平台型企业的赋能行为进行了解构，并进一步剖析了这些赋能行为对平台供应链中各成员的运营决策会产生何种影响，通过系统化的分类，帮助读者更好地了解和掌握平台型企业赋能行为的规律和机制。

这本书的编排方式也十分有意思，我们都知道平台型企业的赋能行为千差万别，要将纷繁复杂的赋能行为讲清楚并不是件简单的事。读完整本书后，我发现作者能够按照不同的维度，将平台型企业的赋能行为梳理得井井有条。首先，作者考虑了平台型企业的网络效应和多边市场等特性，探讨了数据赋能对平台供应链成员运营决策和利润的影响。其次，作者观察到平台型企业的品牌影响力和讨价还价能力日益增强，于是研究了对供应链成员的品牌赋能和采购赋能。最后，作者考虑到资金也是供应链成员不可忽视的重要问题，因此对金融赋能进行了初步探索。总之，这本书选题之新颖、内容之丰富，令作为读者的我受益匪浅。

本书另一个令我印象深刻的地方就是结合了大量的实践案例，以更具体、生动的方式展示了平台型企业赋能行为的实践，让我深深地感受到了作者的细心和用心。比如，阿里巴巴菜鸟网络的数据赋能、小米有品的品牌赋能、京东的采购赋能和云集电商的金融赋能，都是非常鲜活的企业实践。本书中许多生动且经典的案例，还需要读者在阅读的过程中一探究竟。作者通过大量的背景调研和案例讲解，将平台型企业赋能行为的内在逻辑娓娓道来，详尽地介绍了赋能行为的企业实践和管理策略。并且，作者在建模分析的过程中也充分考虑到实际情况，从相关企业案例中提取了许多具有价值的经验教训。因此，本书不仅具有理论高度，也有较强的实践指导意义。这种理论和实践相结合的方式，使得本书的可读性和实用性都得到了极大的提升。

此外，作者通过数学建模这种较为科学严谨的研究方法，对平台型企业的赋能行为进行深入探究，提供了一种有效的帮助预测和决策的工具，提高了结论的科学性和严谨性。作者还通过大量的数理推导和仿真模拟，得出了很多具有启发性的结论，有助于读者全面和深入地了解平台供应链管理的本质和逻辑。

总之，这本书对平台赋能和供应链管理领域均具有较高的参考价值。希望读者在阅读全书后，能够从中汲取有益的知识和经验，并将这本书中的内容应用到实际的平台供应链的管理中，让这本书能够物尽其用。

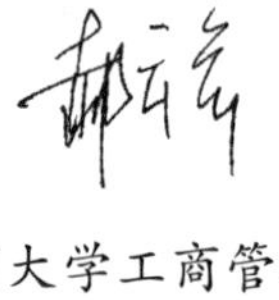

原浙江工商大学工商管理学院院长

2022年11月24日于杭州

前　言

近年来,“赋能”成为互联网领域的热词,阿里巴巴、腾讯及京东等平台型企业均通过各种各样的方式向平台上经营的商家、线下零售商乃至上游的制造商进行赋能。在很多情况下,平台型企业的赋能行为确实有效地提升了其自身及平台供应链其他成员的经营绩效,这也是很多平台型企业都热衷于此的重要原因。但与此同时,我们也看到,并非所有的供应链成员都愿意接受赋能,而且在供应链成员接受了赋能之后,也出现了产品质量问题频发、平台型企业库存风险上升等意料之外的现象。那么,平台上的商家在什么条件下会接受平台型企业的赋能?平台型企业最优的赋能水平是多少?平台之间的运营模式存在差异,哪种模式下的赋能效果更好?如何才能规避或减少赋能过程中可能出现的产品质量、库存管理等各方面的问题?总之,将平台型企业的赋能行为引入应链管理的研究中,会出现很多新鲜的、值得深入研究的议题。

为了进一步理解平台型企业的赋能行为,以及平台供应链运营中的各种现象,近年来笔者与科研团队的各位老师和同学对阿里巴巴等具有典型性的平台型企业的赋能行为进行了细致的观察,搜集了大量的案例,并阅读了平台战略、赋能理论及供应链管理等领域的大量文献,对前人的研究成果进行了系统的总结。在此基础上,团队从数据赋能、品牌赋能、采购赋能及金融赋能四个维度对平台型企业的赋能行为进行了解构,并进一步剖析了上述行为对平台供应链中各成员的运营决策会产生怎样的影响。上述研究的成果最终构成了本书的主体内容。

本书各章的撰稿人分别是:第一章,肖迪;第二章,肖迪、王润泽、鲁其辉、彭宗奔;第三章,肖迪、张春爱、匡先升;第四章,肖迪、鲁其辉、杨倩倩、匡先升;第五章,肖迪、王润泽、王佳燕、康海洋;第六章,肖迪、王佳燕、李媛媛、康海洋;第七章,肖迪、杨倩倩、方慧敏;第八章,肖迪、鲁其辉、彭宗奔、方慧敏;第九章,肖迪、王润泽、陈瑛、耿钰婷;第十章,肖迪、张春爱、陈瑛、陈柯煊;第十一章,肖迪、张新伟、丛爽、耿钰婷;第十二章,肖迪、张新伟、丛爽、陈柯煊;第十三章,鲁其辉、肖迪、水莹、马浚泳;第十四章,鲁其辉、肖迪、水莹、马浚泳;第十五章,肖迪、彭宗奔。全书由肖迪统筹和修改定稿。在全书的撰写过程中,王润泽、张春爱、彭宗奔、水莹、马浚泳、康海洋、耿钰婷、陈柯煊八位硕士研究生深度参与了本书的写作,完成的内容均超过1万字。

平台型企业的赋能行为千差万别,本书首先从数据赋能切入,这是因为很多平台型企业在经营过程中均从平台的“双边”积累了海量的数据,以至于阿里巴巴认为自己是一家数据公司而非电商公司。挖掘这些数据的价值,并对供应链成员进行数据赋能便是水到渠成的事。其次,随着阿里巴巴、亚马逊、京东等平台型企业的发展壮大,其品牌影响力和与上游供应商的议价能力也在逐渐增强,因而这些企业可以借助强大的品牌力和卓越的采购能力对供应链成员赋能,这成为本书研究的另外两个主题。最后,对于供应链中的小微企业来说,由于企业实力较弱,常常在资金上捉襟见肘,因而一些平台型企业开始探索金融赋能,本书对此也进行了初步的探索。目前,对供应链合作伙伴“赋能”是平台型企业实践的热点,这势必会对平台供应链的运营产生举足轻重的影响。上述内容是笔者对这种影响的初步思考,希望对读者有所启发,也欢迎读者与我们一起讨论交流。

目　录

第一章　绪　论

第一节　研究背景

2017年下半年，我国很多乡镇的“夫妻老婆店”都换上了印有“京东”字样的红白相间的招牌，京东“百万京东便利店计划”的大幕就此拉开。据京东掌门人刘强东介绍，京东将从大数据、品牌、物流及资金流等多个维度“赋能”这些处于零售供应链终端的传统小店，以实现正品低价，并大幅提升商品的可得性、丰富度及周转率，更精准地满足顾客的需求。经过京东的改造升级，很多小店的坪效[①]提升超过30%。同时，这些便利店也会成为京东线上商城的流量入口，顾客可以通过便利店下单购买京东的商品，店主能够获得下单的佣金，京东则借此将其业务从线上拓展到线下。一石激起千层浪，京东的劲敌阿里巴巴和苏宁易购也竞相推出了“天猫小店”和“苏宁小店”，均试图通过“赋能”的方式实现智慧零售，以抢占线下的赛道。

与京东以零售端赋能为切入点不同，阿里巴巴对供应链进行赋能的方式更加多元，除了向零售端赋能外，它还探索了如何向线上经营的商家赋能。例如，天猫通过对用户需求的大数据分析预判大容量洗衣机将在2016年迎来爆发，于是说服了海尔放弃主推8kg洗衣机的方案，并建议海尔设计10kg全自动变频滚筒洗衣机。最终，在2016年“双十一”，该款洗衣机当天售出2万

① 源于我国台湾地区的商业用语，指每坪(1坪≈3.3平方米)面积所产生的营业额，可以有效反映出经营情况。

多台,成为天猫“双十一”洗衣机行业前5名的单品。不同商家品牌的跨界融合是阿里巴巴“赋能”的另一项得意之作。阿里巴巴基于用户消费行为数据分析了不同品牌结合的可能性,并建议一些看似风格迥异的品牌进行混搭,带来了一些意想不到的效果。例如,潮牌Rio鸡尾酒与老字号六神嫁接后推出了六神Rio鸡尾酒,仅用17秒5000瓶鸡尾酒便售罄。此后阿里巴巴与其他商家合作推出的美加净牌大白兔奶糖味润唇膏、旺仔二锅头及泸州老窖香水等跨界产品均大获全胜。

上述案例表明,很多平台型企业已经逐渐由最初的交易撮合者转变为供应链的赋能者,这一方面改变了传统供应链的运营模式,使其演变为平台供应链;另一方面对供应链成员的运营决策及收益也产生了举足轻重的影响,这就为供应链的研究提供了许多新的议题。

从供应链成员的收益角度来看,虽然阿里巴巴等电商企业的赋能行为在很多情况下使平台供应链的参与者获益颇丰,但必须承认的是,平台型企业对“赋能”依然处于探索阶段,不和谐的声音也时有发生。在平台供应链中,作为核心企业的平台型企业与其他参与者都是独立的利益主体,在制定决策时往往以自身利益最大化为目标,而不是考虑整条平台供应链的总体利益最大化。这种局部最优的思考方式可能导致供应链中的各个企业都无法获得最大的潜在收益。

以京东便利店为例,便利店销售的商品并非全部由京东提供,店主只要从京东进货的比例超过50%即可,因此一些店主出于自身利益的考虑,很有可能通过其他渠道采购假货。虽然京东要求店主保证店中销售的商品100%无假货,并让其缴纳5000～20000元的质保金,但对于如何确保便利店不出售假货,并没有其他特别的措施。事实上,一些顾客确实在这些便利店买到过假货,这不但损害了消费者的利益,也严重影响了京东的品牌形象。此外,即便是电商行业的领军企业阿里巴巴也遭遇过“十月围城”的难题。阿里巴巴集团旗下的淘宝商城曾为了促使商家更加严肃地对待在网上商城的经营行为而升级了商家管理系统,并将每年的技术服务费从6000元提升到3万～6

万元，这引起了诸多中小卖家的反对。3000多个中小卖家对接受了淘宝商城新规则的大卖家实施了“拍商品、给差评、拒付款”的恶意操作行为，严重影响了平台的运营。虽然此次事件最终在阿里巴巴和商务部共同的努力下得以平息，但如何设计更加科学合理的赋能机制以避免类似事件的发生，依然是非常值得探讨的问题。

在本书中，我们认为平台型企业的赋能行为是指其通过大数据分析、品牌加持、集中采购、集成服务等多种手段提升平台供应链参与者在数据运用、用户感知及物流运作等方面的能力，进而改善平台供应链整体运营绩效的活动。那么，在不同的赋能情境下，平台型企业的赋能行为在何种条件下会被平台供应链的其他成员接受？这种赋能行为如何与平台供应链成员的运营活动形成良性互动，以提升整条供应链的经营绩效？如何避免平台赋能中的双重边际效应，尤其是如何减少供应链成员的机会主义行为？从理论上对这些基本问题进行探索性的解答，成为本书进行研究设计的逻辑主线。

第二节 研究意义

一、理论意义

第一，立足于赋能情境构建模型，有助于更为深刻地理解平台型企业对平台供应链成员运营决策产生的独特影响，从而更好地拓展现有的电商供应链理论。现有对电商供应链的研究大多从双渠道的视角切入，而随着电商实践的迅猛发展，近年来平台型电商企业“赋能者”的角色日益重要，但相关研究还不多见。本书将从平台型电商企业赋能角度对供应链的运营决策及协调机制进行深入探索，揭示平台型电商企业的各种赋能行为对供应链成员订货数量、促销投入等重要决策变量及供应链成员收益的影响，从而对现有电商供应链理论做出针对性的拓展。

第二，将平台理论与供应链协调理论融合，考察网络效应对供应链成员决策的影响,为供应链协调理论提供了新的研究情境和分析视角。供应链协调理论大多考察由线下制造型企业组成的供应链中,各类契约对企业运营决策的影响,本书则将供应链协调理论引入平台型电商企业赋能这一新的情境,考虑在存在网络效应的条件下收益共享契约、风险分担契约等协调机制对供应链成员决策的影响,以期获得一些新的洞见。

第三,尝试打开赋能行为的黑箱,从运营视角考察平台型企业与平台其他参与者的决策均衡,丰富了平台理论的研究内容。现有平台理论的研究大多聚焦于较为宏观的平台经济(双边市场),较少关注平台运营策略等微观层面的问题。本书尝试从数据、品牌、采购及金融四个维度对"赋能"这一重要的平台运营策略进行深入剖析,基于博弈论考察不同赋能类型下平台型电商企业与参与者之间的互动行为,从微观层面推动平台理论的发展。

二、现实意义

第一,本书对平台赋能行为进行了多维度的剖析,能够为平台型企业优化其赋能行为提供相应的理论指导。近年来赋能已经成为平台经济中现象级的热词,阿里巴巴强调要赋能商家,"京东到家"发布了零售赋能战略,而马化腾希望腾讯成为一家赋能型公司。但目前无论是实业界还是理论界,对平台型企业赋能行为的讨论依然处于探索阶段。本书从数据、品牌及采购三个维度细致探讨了赋能行为对供应链成员运营决策的影响,并从平台型企业的角度分析了应设计怎样的赋能机制才能有效发挥供应链中其他参与方的主动性,规避机会主义行为,这可以为平台型企业提升供应链绩效提供决策借鉴。

第二,本书有助于接受赋能的商家优化决策,更好地利用平台型企业的赋能提升自身的经营绩效。接受赋能的商家虽然依托平台型企业进行经营,但在把握消费者需求及提供个性化服务方面有其自身优势,与平台型企业是合作共赢的关系。本研究能够帮助接受赋能的商家更好地理解平台型企业的赋能策略，在此基础上有针对性地强化自身优势，优化零售价格、订购量及促销投入等关键运营决策，借力赋能实现快速成长。

第三节　主要内容与组织结构

一、本书的主要内容

平台型企业对平台供应链的赋能行为看似多种多样，但归纳起来主要可以分为数据赋能、品牌赋能、采购赋能和金融赋能四大类。数据赋能是最为常见的赋能形式，首先，这源于平台型企业在人工智能、大数据及云计算方面往往拥有较强的能力。与传统企业不同的是，平台型企业联结了需求端与供给端，拥有海量的消费者与供应商，这些主体在交易和消费过程中会产生大量的数据，平台型企业凭借其对数据的深度分析的能力，挖掘大数据的价值，并通过各种形式对平台供应链的成员进行数据赋能。其次，品牌赋能也是平台型企业赋能的常见形式。很多平台型企业拥有较高的品牌美誉度，允许平台供应链上下游的企业使用其品牌生产及销售产品，借助平台型企业的品牌背书吸引更多顾客，实现品牌赋能。再次，平台型企业的采购赋能主要基于其整合资源的能力。平台可以为零售企业提供智能选品、集中采购等采购服务，从而降低采购成本，提升采购效率，改善供应链整体绩效，实现采购赋能。最后，平台型企业的金融赋能主要是基于其金融资源整合能力，将资金有效注入相对弱势的上下游中小企业，解决中小企业融资难和供应链失衡问题，提升供应链的整体运营绩效。

因此，本书首先对平台战略、赋能行为及电商供应链的研究现状进行回顾总结，然后从数据、品牌、采购及金融四个赋能维度对平台供应链的运营决策与协调机制展开深入的研究。本书的主要内容可以概括为以下四个部分。

1.数据赋能情境下的平台供应链决策优化与协调机制

平台型企业的运营模式存在差异，这种差异会使数据赋能对供应链成员的决策产生举足轻重的影响。本书将在需求确定的条件下，分别探讨平台卖家模式与中介模式下的供应链决策机制。重点关注如下三个问题：一是平台给出怎样的条件，供应链成员会接受数据赋能，加入平台；二是平台对线下零售商的最优数据赋能水平是多少；三是采用怎样的协调机制才能够实现供应链成员收益的帕累托改进。根据商业实践，本书重点关注的协调机制包括批发价格契约、收益共享契约、利润分享契约和两部收费契约。

由于平台型企业所面临的商业环境日益动荡，本书将进一步在需求不确定的条件下探讨平台型企业的数据赋能对供应链成员运营决策的影响。重点关注两个问题：一是平台对线下零售商进行数据赋能的供应链决策机制。基于阿里巴巴对线下"天猫小店"进行数据赋能的模式，考察零售商在何种条件下会选择加入平台，接受平台数据赋能，并引入收益共享契约和成本分担契约，考察使用上述契约后供应链绩效能否得到改善。二是平台对线上零售商进行数据赋能的供应链决策机制研究。基于菜鸟网络向雀巢等线上零售商数据赋能的模式，考察平台数据赋能的投入是否会使零售商产生"搭便车"行为，以及应采用何种机制才能减少这种行为，提高双方投入水平，改善供应链运营绩效。

2.品牌赋能情境下的平台供应链决策优化与协调机制

品牌赋能是指平台将自身品牌的影响力转移给供应链成员，通过贴牌、扶持等方式为供应链成员的产品背书，并基于选品、品牌孵化、营销、供应链等优势提升产品的附加值与销售增量的行为。平台型企业可以向下游的零售商进行赋能，京东便利店就是典型案例。但供应链成员目标与利益的不一致，可能会导致供应链的垂直渠道冲突问题。因而，如何设计合适的激励机制，缓解平台型企业与零售商之间的垂直渠道冲突，实现供应链成员的共赢，是亟待解决的问题。本书在信息对称的情境下探讨了如何通过设计合适的激励机制以提高零售商从平台型电商企业订购产品的数量，并减少质量不合格的产品对平台型企业造成的商誉损失，从而缓解供应链垂直渠道冲突问题；在信息不对称的情境下考察平台型企业如何识别零售商从其他渠道订购产品的质量水平，并比较了不同策略下的决策均衡。

平台型企业还会向上游制造商进行品牌赋能，以网易严选、京东京造等为代表的企业基于自身在需求端及供应链的优势，在不同程度上介入上游供应商的产品设计、生产、定价等流程，并将自身品牌的影响力与制造型企业共享。但在这个过程中，平台型企业面临产品质量控制的难题，出现了因产品质量屡屡被监管部门点名的情况。因而，本书将探讨如何设计合适的产品质量控制策略，解决平台品牌赋能情境下供应链产品的质量问题。一方面，探讨通过设计检查和溯源的质量控制策略，是否能够激励上游供应商提高质量投入水平，并提高平台及供应商的利润水平，实现双方绩效的帕累托改进；另一方面，研究供应链成员间合作与协调的质量控制策略是否能够激励上游供应商提高质量投入水平，改善整条供应链的质量管理绩效。

3.采购赋能情境下的平台供应链决策优化与协调机制

平台的运营模式存在差异，其采购赋能也会有所不同。本书对中介模式（以阿里巴巴的1688采购平台为代表）和社交电商模式（以云集微店为代表）下的采购赋能行为进行了对比分析，探讨了不同模式下，平台给出什么条件能使零售商愿意接受平台采购赋能，以及接受赋能后平台的最优采购赋能水平是多少、零售商相应的销售努力投入和订购量是多少。

此外，平台型企业能够集成大量商家的订单需求，向优质的品牌供应商统一采购，可以在确保产品质量的同时，使总采购成本大幅下降并提升消费者的复购率。但同时，平台型企业有可能承担全部的库存物流成本，这可能会导致其自身存在高库存风险，因而平台供应链的库存风险分担机制是一个值得探讨的议题。

4.考虑资金因素的平台供应链赋能行为的研究

平台型电商企业开始运用金融赋能的手段推动订单农业等模式进行创新。通过电商平台为农户贷款做信用背书，解决中小农户融资难问题。现有模式一般可以分为两类：一种是外部融资模式，通常为银行融资，在该模式中，电商平台作为农业供应链中的核心企业，充当农户与银行之间的增信角色。另一种是内部融资模式，包括电商平台反向保理融资和提前支付融资。本书将在面向订单农业的电商平台预售与金融赋能的背景下，对不同的融资模式进行比较，探讨在电商平台预售情景下农户、电商平台应当如何决策，以及当内外部融资模式共存时供应链成员的融资偏好。

在当前粮食危机加剧的环境下，农产品供应和消费者对其安全性的信任面临重大挑战，亟须有效的新技术加以解决。本书将进一步在产需不确定的条件下考虑生产科技和区块链技术的投入水平，探讨内部融资模式下的供应链协调策略。重点关注两个问题：一是探讨不同模式下，农户生产的科技投入水平是多少，公司相应设定的区块链追溯水平是多少；二是采用怎样的协调机制，能够实现供应链成员收益的帕累托改进。

二、本书的组织架构

本书在组织架构上尽量兼顾理论性及实践性，在数据赋能、品牌赋能及采购赋能等具体情境下，较为系统地探讨了平台供应链决策及协调机制的理论模型，并结合现实中的案例对理论研究进行了印证和拓展，力求得到较为完整的理论结果和有实际借鉴意义的结论。本书的组织架构如图1-1所示。

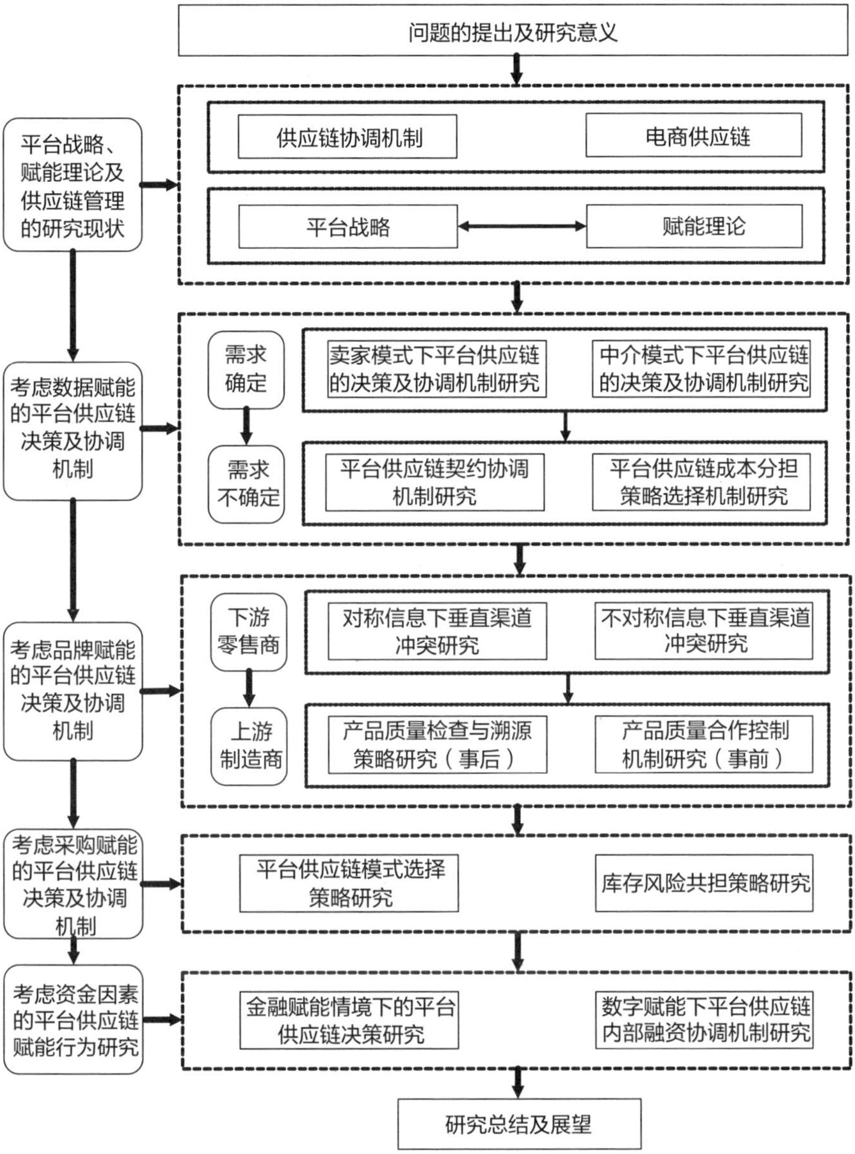
问题的提出及研究意义
平台战略、赋能理论及供应链管理的研究现状
供应链协调机制
电商供应链
平台战略
赋能理论
考虑数据赋能的平台供应链决策及协调机制
需求确定
需求不确定
卖家模式下平台供应链的决策及协调机制研究
中介模式下平台供应链的决策及协调机制研究
平台供应链契约协调机制研究
平台供应链成本分担策略选择机制研究
考虑品牌赋能的平台供应链决策及协调机制
下游零售商
上游制造商
对称信息下垂直渠道冲突研究
不对称信息下垂直渠道冲突研究
产品质量检查与溯源策略研究（事后）
产品质量合作控制机制研究（事前）
考虑采购赋能的平台供应链决策及协调机制
平台供应链模式选择策略研究
库存风险共担策略研究
考虑资金因素的平台供应链赋能行为研究
金融赋能情境下的平台供应链决策研究
数字赋能下平台供应链内部融资协调机制研究
研究总结及展望

图1-1 本书的组织架构

第四节　研究特色与创新

一、研究特色

(1)在研究范围上,系统整合电商供应链、供应链协调理论及平台理论等领域的最新成果,集中探讨平台赋能情境下供应链的决策和协调机制问题。

(2)在研究方法上,将模型研究与仿真方法相结合,以平台型企业对供应链的赋能为研究对象,综合运用博弈论、优化理论、平台理论与供应链协调理论等管理理论,得到更符合管理实践的理论与方法。

(3)在研究内容上,打开了平台赋能的黑箱,考虑了多种赋能情境下供应链的决策及协调问题,如数据赋能情境下设计何种收益分配机制以实现平台与零售商的双赢,为平台型电商企业改善其赋能行为以提升供应链的绩效提供新的管理方法。

二、研究创新

(1)从平台型电商的赋能行为出发,系统剖析了在数据赋能、品牌赋能、采购赋能及金融赋能四种赋能类型下,电商供应链成员的运营决策与博弈均衡,讨论和解释了现有文献未考察的理论问题,如赋能实现供应链成员帕累托改进的条件等。本书从理论层面解释了各种平台型企业的赋能行为对电商供应链的价值,拓展和丰富了现有的电商供应链管理理论。

(2)将营销管理与运营管理有机融合,考察品牌赋能对供应链成员决策的影响,构建了引入质量检查及溯源策略的供应链分析模型,着重分析品牌赋能对电商供应链的价值,以及平台型电商如何规避品牌赋能过程中的质量风险。

(3)目前对数据赋能的研究依然处于定性研究阶段,本书采用定量建模的方式,在需求确定和需求不确定两种情境下系统地剖析了数据赋能对供应链成员运营决策的影响。我们在需求确定情境下考虑了存在多家同质(异质)零售商的情形,而对于需求不确定情境下的数据赋能,我们考虑了对线下零售商和线上零售商赋能两种情形。上述研究能极大地丰富数据赋能的研究内容。

第五节 数学符号及用语的说明

由于本书使用的符号、变量和参数较多,因此,在全书的撰写过程中,我们对每章各小节中不同研究问题用到的参数和变量均进行了重新定义。在同一节的同一研究问题中,表示各参数和变量的数学符号具有一致性的含义,但不同研究问题之间的数学符号没有联系。

第二章　文献综述

基于前述的研究背景，本章将主要从供应链契约协调机制、电商供应链理论、平台理论及赋能理论四个方面回顾国内外研究现状。

第一节　供应链契约协调机制

供应链契约（supply chain contract）是指通过提供合适的信息和激励措施，保证买卖双方协调、优化供应链整体绩效的有关条款。合理的供应链契约机制能够实现供应链成员在采购、生产、库存等方面的控制和管理，协调和处理好各成员之间的利益关系，消除或减弱“双边际化效应”带来的影响。供应链契约设计的初衷就是实现供应链的协调和优化，即使无法达到这一最佳目标状态，也往往存在帕累托改进的可能，保证各成员企业的目标利润均高于其保留收益。本节基于以往电商供应链相关研究，主要探讨了收益共享契约、成本分担契约、利润分享契约等。

一、收益共享契约

收益共享契约是指零售商将一定比例的销售收益交付给供应商以获得比使用契约前更低的批发价格，以此改进供应链绩效。该契约最初常被用于音响租赁、电子商务等行业（Li et al.，2009）。在由多决策主体参与的供应链中,只有对收益进行合理的分配,才能更好地促进合作从而产生比传统的契约更好的效果(Cachon & Lariviere,2005)。因此收益共享契约被广泛地运用于不同行业。

大多数研究表明,收益共享契约能够有效地协调供应链。其中,部分文献关注收益共享比例与供应链协调的关系。Wang等(2004)发现,在收入分成委托合同下,供应链整体利润和零售商利润取决于需求价格弹性,以及零售商在渠道成本中所占的份额。李绩才等(2013)构建了风险厌恶型且存在竞争的多零售商的供应链系统,收益共享契约协调供应链的条件是存在唯一的"批发价—收益共享系数"比值。代建生和孟卫东(2014)同样发现,对于风险规避型的单一零售商来说,促销努力和风险规避偏好会影响契约的适用范围。Li等(2019)研究了收益共享契约对企业减排和盈利能力的影响,得出供应链的协调和共享率的范围主要取决于议价能力和消费者环境意识等参数。韩亚娟等(2019)运用斯塔伯格博弈分析模型研究了由供应商、制造商、经销商及消费者组成的四级供应链的产品质量控制策略问题,分析了价格折扣、货款首付比例及延期付款三种激励策略与收益共享契约对供应链产品质量控制的影响。

近年来,越来越多的研究重点关注收益共享契约对绿色供应链的影响。例如:江世英和李随成(2015)探讨了收益共享契约对产品绿色度、供应链成员利润的影响。Yang和Chen(2018)考虑了成本分担和收益共享契约对制造商减排努力及供应链利润的影响,发现收益共享契约对提高制造商碳减排量的作用最明显。Raza(2018)在需求不确定的情况下,探讨了收益共享契约对价格和企业社会责任(corporate social responsibility,CSR)投入的影响。

此外,也有研究表明,单一的收益共享契约在某些情况下无法协调供应链。Cachon和Lariviere(2005)考虑用收益共享契约来协调一个供应商和n个竞争的零售商,并说明了此契约能够有效地协调零售商的采购数量和定价决策,但不利于零售商的销售努力决策。当需求受到零售努力的影响较大时,应避免使用收益共享契约。王先甲等(2017)指出,在生产规模不经济的双渠道供应链中，单一的收益共享契约不能同时改善供应商和零售商双方的利润。代建生（2018a）运用CVaR方法研究促销努力和部分定价权的供应链系统，在风险中性时单一收益共享契约能够协调供应链，但单一契约对风险厌恶的零售商会失效。刘家国等（2019）研究表明，在随机产出和需求的环境中，在零售商自行补货的情况下，收益共享契约无法分担产出不确定的风险。

二、成本分担契约

随着商业环境的不断变化发展，供应链中的成本问题（产品质量成本、销售努力成本等）由过去单一企业的内部控制逐渐转变为整条供应链上所有相关成员共同保证和实现。为了保证整条供应链的效率，供应链的下游企业会主动分担有关的投入成本，以激励供应链合作伙伴努力合作，同时提高整条供应链的绩效水平。成本分担契约作为一种有效的供应链协调机制，在供应链管理领域得到了较为广泛的应用。

在使用成本分担协调供应链的相关研究文献中，有相当多的文献关注供应链协调和成本分担比例的问题。通常只要成本分担比例在一个合理的范围内，就能实现供应链协调（Tsao & Sheen，2012），大多数研究都证明了这一点。Ahmadi-Javid和Hoseinpour（2012）证明了在斯塔克伯格博弈和纳什静态博弈中，通过使用促销费用分担的成本分担契约可以改善供应链成员的收益。Lim（2001）考虑了供应链成员之间有关产品质量成本分担的问题，提出了成员之间进行质量成本分担，可以实现供应链收益最大化的论断。浦徐进和龚磊（2016）针对由顾客需求转移导致的渠道冲突问题，设计了一种成本分摊契约来实现供应链协调。彭鸿广和骆建文（2015）研究了在研发和制造成本不确定的情况下，不同成本分担系数对研发努力的激励程度的影响。周艳菊等（2015）比较了有、无减排成本分担契约的低碳供应链成员的订货量与利润，并得出最优成本分担比例。He等（2020）同样考虑了减排成本分担，并与服务费用分担契约进行比较，当服务成本效率低或边际利润较高时，减排成本分担的效果更好。

在供应链绩效提升或改进的过程中，供应链成员投入的努力程度(质量努力程度、销售努力程度等)是影响整条供应链绩效水平的一个重要因素，这引起了国内外学者的关注和研究。孙莉梅(2008)研究了一种零售商优于供应商改进产品质量的情形，考虑了质量努力程度对质量提升所产生的影响，通过引入相应的质量改进成本分担契约，求得供应链联合最优质量改进策略。刘学勇等(2012)在线性需求条件下，考虑供应链成员的质量努力程度可以改进产品质量，并建立了基于根源分析的成本分担契约。Levy等(2013)设计了一种结合销售努力成本分担的回购合同，能够协调渠道冲突。但斌等(2010)考虑了产品质量影响市场需求的问题，研究了固定质量改进成本对制造商和利润的影响，通过引入一个质量成本分担和收益分享契约来协调和优化供应链。陈洪转等(2014)探讨了复杂产品的生产模式，表明成本分担契约能够提升供应商的努力程度，并且分担比例的大小与努力程度成正比。王道平和李小燕(2017)借助微分博弈研究了由单个制造商和两个竞争性零售商组成的供应链纵向联合促销问题，并引入成本分担契约对供应链进行协调。代建生(2018b)证明了当风险厌恶型零售商的决策易于证实促销努力时，基于成本分担的退货政策的效果优于基于数量折扣的退货政策。林晶等(2019)构建了需求受促销努力、商誉和消费者支付意愿共同影响的双渠道联合促销模型，并设计了两阶段成本分担契约。

三、利润分享契约

利润分享契约(profit sharing contract)类似于收益共享契约，其强调下游零售商可以获得比批发价格契约更低的批发价格，从而促进供应链绩效的改进。

在国内外研究中，利润分享契约在大多数情境下可以有效协调供应链。郭春香等(2011)考虑了制造商和供应商间的定价和利润分享问题，并设计了一种利润分享机制,其可以实现供应链成员间利润的帕累托改进。赵海霞等(2014)表明,当制造商的规模不经济成本较高时,纵向联盟结构能够实现制造商和零售商的绩效改进,同时利润分享机制能够协调供应链成员关系,并且利润分享比例随着制造商横向竞争的加剧而减小。Foros等(2009)研究了上游企业如何通过使用价格依赖的利润分享契约来防止下游企业间生产相对类似的替代品的竞争,降低下游企业感知的需求弹性。此外,价格依赖的利润分享契约也可以确保下游企业进行有效的市场扩张投资。Weiab(2010)研究了在均值方差决策框架下,采用批发定价和利润分享机制协调供应链的问题。有学者基于批发价格契约提出了新的利润分配契约,如Nouri等(2018)基于补偿的批发价格契约,提出了一种基于成员议价能力的利润分配策略,实现了剩余利润在成员之间的分配。Fu等(2018)建立了一种分布鲁棒性的Stackelberg博弈模型,研究供应链如何使用最少的需求和销售价格信息来设定利润分享条款。Yan等(2009)将制造商的资金支持与零售商的利润分享相结合,为供应链成员创造了更高的利润。也有学者同时比较了收益共享和利润分享两种契约。如Gong等(2018)比较了互联网平台和互联网供应商在寄售下的收益分享运营模式和利润分享运营模式,不同于常识中平台偏爱收益分享模式,提供商可能更喜欢利润分享模式,他们认为当利润分担比例不同时,平台可能也偏爱利润分享模式。

第二节 电商供应链理论

电商供应链研究最重要的视角是将线上销售视为另外一个渠道,同时考虑线上和线下两个渠道,即在双渠道情境下讨论供应链的运营决策问题。此外,近年来为了满足消费者在任何时间、任何地点以任何方式购买商品的需求,很多企业开始采取整合实体渠道、电子商务渠道和移动电子商务渠道的全渠道方式销售商品或服务,这使全渠道供应链的研究成为新的热点。

一、双渠道供应链的选择、渠道冲突及协调机制

随着互联网技术的广泛应用,传统零售渠道与电商渠道相结合的双渠道模式逐渐成为企业的主要分销模式。然而,电商渠道的引入打破了原有渠道的利益均衡,经常会引起渠道间的冲突。因此,对于选择双渠道模式的企业而言,必须处理好渠道冲突,实现双渠道供应链的协调,才能更好地发挥不同渠道的优势。

(一)双渠道供应链的选择

目前学者们分别从库存、服务水平、市场需求及供应链绩效等方面讨论了双渠道供应链的优势及选择问题。Kevin 和 Monahan(2005)从库存控制的角度指出,与传统零售渠道相比,制造商选择双渠道能更有效地控制库存。Netessine 和 Rudi(2006)从库存风险的角度考虑了制造商的渠道选择问题,指出采取双渠道可以有效降低库存风险,使供应链各方的收益增加。Yao 和 Liu(2005)从服务水平的角度指出,制造商在引入网络直销业务后,会促使零售渠道不断提高服务水平。Kaya(2006)从服务水平角度指出,制造商和零售商在双渠道供应链中提供的服务水平高于单一渠道的服务水平。Park 和 Keh(2003)建立了博弈模型,比较了混合渠道、传统单一渠道和直销三种情况,指出制造商采用双渠道能够扩大需求。罗美玲等(2014)研究指出,当存在信息服务的双向“搭便车”行为时,制造商在传统零售渠道的基础上引入网络直销渠道,可以扩大总的市场需求。

以上文献从运营策略的角度探讨了双渠道供应链的选择问题,还有部分学者从供应链绩效的角度论证了双渠道供应链具备的优势及选择问题。Chiang 等(2003)指出,在电子商务环境下,当供应链中存在网络直销渠道、传统零售渠道、同时采用两种渠道(双渠道)等三种渠道模式可供选择时,网络渠道的引入可以有效避免零售渠道中的“双重边际效应”,提高制造商的利润,因此双渠道的模式是最优的。Tsay 和 Agrawal(2004)通过分析双渠道供

应链中的销售努力成本，指出制造商在零售渠道的基础上构建网络渠道，会使制造商和零售商的收益增加。Dumrongsiri等(2008)研究发现，制造商引入网络直销渠道有利于双渠道供应链收益的增加。Ofek等(2011)指出，企业开设网络直销渠道不仅能够吸引传统零售渠道难以企及的消费者、扩大市场覆盖范围，还有利于提高企业利润。Chen和Xiao(2017)通过比较制造商在传统零售渠道、网上直销渠道和同时拥有两个渠道时的价格与质量决策，指出引入线上直销渠道可以提高产品质量和供应链绩效。此外，还有部分学者研究了由网络间接分销渠道和传统零售渠道组成的双渠道供应链的选择问题，如朱立龙等(2018)从产品质量水平的角度指出，供应商自建网上渠道时产品质量水平高于委托第三方建立网上渠道和零售商自建网上渠道。

(二)双渠道供应链的冲突

在双渠道供应链中，同一渠道内的供应链成员间可能因目标不一致而引发冲突(Webb，2002)，渠道之间也可能会因传统渠道部分顾客转向网络渠道而引起市场紊乱和销售不畅，为争夺共同目标客户而引起渠道冲突(赵礼强，2014)，导致供应链成员利益受损和供应链效率低下。渠道冲突的表现可以分为价格竞争和服务竞争等非价格竞争(Facchinei et al.，1998)。现有关于双渠道冲突的文献以研究线上渠道与线下渠道间的价格竞争为主。Ryan等(2013)指出，在双渠道模式下，当零售商市场份额大于制造商直销渠道市场份额时，制造商将会执行价格歧视策略，从而引发渠道冲突。Brynjolfsson等(2006)结合双渠道中的两类不同产品，研究了由价格竞争引起的渠道冲突问题。Baker等(2001)指出，网络直销渠道降低了消费者的信息搜索成本，从而引起传统零售渠道与网络直销渠道间激烈的价格竞争。Stylianou等(2005)研究了网络渠道与传统零售渠道的价格竞争问题。许传永等(2010)研究指出，制造商引入直销渠道会给零售渠道带来潜在的威胁，迫使零售商降低零售价格。

(三)双渠道供应链的协调

现有学者主要从定价策略、契约协调、信息共享、品牌差异化等方面研究了双渠道供应链的渠道冲突协调问题。Webb和Hogan(2002)指出,对网络直销渠道进行合理定价或在双渠道之间实行品牌的差异化策略,可以减少渠道冲突。Chiang等(2003)研究发现,制造商引入直销渠道后会通过降低批发价格的策略来缓解渠道冲突。Tsay和Agrawal(2004)指出,通过改变批发价格,可以有效解决双渠道的价格竞争问题。Cattani等(2006)指出,制造商可以选择合适的价格策略,使制造商、零售商的决策都是最优的,从而有效避免价格竞争。Webb(2002)从产品定价的角度指出,网络直销渠道与传统零售渠道产品的定价相同是减少价格竞争的方法之一。Cai等(2009)进一步指出,制造商在线上与线下渠道采取相同产品定价的情况下,可以通过向零售商提供更多的优惠措施来减少渠道冲突。而Kurata等(2007)指出,采用合理的动态定价策略,可以减少双渠道供应链的价格竞争问题,实现供应链协调。

另外一些学者则研究了如何借助契约对双渠道供应链的渠道冲突问题进行协调。其中,收益共享契约对双渠道供应链的协调引起了学者们广泛的关注。Geng和Mallik(2007)指出,在制造商供应能力受限的情况下,逆向收入分享契约可实现双渠道供应链的协调。但斌和徐广业(2013)指出,在随机市场需求下,双渠道供应链可通过收益共享契约来实现协调。甘小冰等(2013)通过构建零售商自有配送中心的生鲜供应链一体化模型,提出由零售商入股,向生产商提供资金或技术支持的收益共享契约,可以实现供应链协调。Chiang(2010)指出,网络渠道收益共享与库存持有成本分担的组合契约可实现双渠道供应链协调。李锋和魏莹(2019)研究了制造商在渠道冲突和消费者策略性行为下的最优定价问题,指出制造商可以通过收益共享契约实现双渠道协调,以削弱策略性消费者的负面影响。唐润和彭洋洋(2017)指出,“收益共享—成本共担”的混合契约能够实现供应链的协调。

数量折扣契约也是学者们研究的重点。谢庆华和黄培清(2007)指出,数量折扣契约可以协调双渠道供应链。Modak和Kelle(2019)指出,采用混合的全单位数量折扣和特许经营费用契约,也可以协调双渠道供应链。

部分学者考虑了批发价格契约对双渠道供应链的协调。Wei和Choi(2010)指出,利润共享与批发价相结合的契约可以协调供应链。Jing等(2012)指出,制造商的批发价格和直接渠道价格相结合的契约可以协调双渠道供应链。徐广业和张旭梅(2016)设计了一种与直销价格相关的价格折扣机制与转移支付相结合的契约,这种契约能够缓解渠道冲突,实现供应链协调。

有学者将补偿契约引入了双渠道供应链的协调中。Seifert等(2006)指出,在零售商竞争的情况下,通过剩余库存补贴和转移支付的线性契约能够实现双渠道供应链协调。Kurata等(2007)指出,在渠道价格竞争下,降价补偿与涨价补偿契约的使用可以协调双渠道供应链。陈树桢等(2011)指出,单独利用创新补偿企业能实现制造商与零售商收益的帕累托改进,却无法达到供应链整体最优,并设计了使渠道协调的两部定价契约。但斌等(2012)研究指出,在开拓电子渠道后,制造商通过灵活设计补偿策略机制,可以实现供应链协调。

此外,还有学者单独研究了成本分担契约、退款契约对双渠道的协调。浦徐进和龚磊(2016)针对由顾客需求转移导致的渠道冲突问题,设计了一种成本分摊契约来实现供应链协调。Levy等(2013)设计了一种结合销售努力成本分担的回购合同,能够协调渠道冲突。Xing等(2012)设计了一种基于价格匹配的选择性退款契约,可以解决由顾客需求转移而导致的渠道冲突,实现供应链协调。

信息共享也是双渠道供应链协调的方式之一。Yao等(2005)指出,通过预测顾客需求的信息共享,可以有效减少顾客在两个渠道间转移而导致的冲突,实现双渠道供应链协调。Yan和Zhi(2010)通过研究利润共享的Nash议价模型指出,信息共享可以协调渠道冲突问题。Cao等(2013)研究指出,零售商共享成本信息可以实现供应链协调。

还有一些学者从品牌差异化的角度分析了双渠道供应链的协调问题。

Webb(2002)指出,制造商开发一个新的品牌来销售与原产品配置或者性能有所差异的新产品,能够有效规避渠道的价格竞争问题。但斌等(2011)证实了渠道产品互补合作策略可以协调双渠道供应链。Yan(2011)指出,品牌差异化可以缓解渠道冲突。

二、双渠道供应链的定价策略

双渠道供应链定价策略研究主要有两类:一类文献探讨了服务水平、需求转移、促销努力等影响定价的因素;另一类文献则考察了不同供应链成员建立线上渠道时的定价策略。

(一)影响双渠道供应链定价的因素

服务水平对双渠道供应链的定价决策有非常重要的影响。Yao和Liu(2005)用Bertrand和Stackelberg博弈研究了在线直销渠道与传统零售渠道的定价策略,分析了传统零售渠道为顾客提供增值服务对在线渠道定价的影响。Yan和Zhi(2009)研究了双渠道供应链中的服务竞争对渠道定价的影响。Yan和Zhi(2010)还进一步研究了双渠道供应链中零售商的服务水平对于渠道定价的影响。Dan等(2012)研究了双渠道供应链中的定价与服务问题,指出零售商服务水平和零售渠道的顾客忠诚度对双渠道制造商和零售商的定价决策有显著的影响。肖剑等(2010)研究了双渠道供应链中制造商与零售商的服务合作定价问题,指出渠道价格和需求受制造商在电子渠道的边际服务成本和零售商在电子渠道的边际服务成本影响。杨浩雄等(2017)将消费者服务敏感度作为制造商与零售商分担服务成本的衡量指标,研究了服务合作双渠道供应链的最优定价策略。

服务和价格的差异所导致的渠道间的消费者需求转移也对定价策略有一定影响。丁正平和刘业政(2013)研究了三种双渠道供应链结构下消费者渠道转移行为对最优定价的影响。罗美玲等(2014)分析了线上渠道和线下渠道同时提供服务导致的需求转移对供应链各方的定价、服务水平和利润的影响。

还有一些学者研究了促销努力对定价策略的影响。李建斌和李赟(2016)指出,在零售商之间存在价格竞争和双向"搭便车"的情形下,最优零售价格与促销努力水平、批发价格及"搭便车"系数有关。肖迪和金雯雯(2018)研究了C2B(Customer to Business,消费者到企业)电商情境下零售端存在价格竞争的供应链定价策略,考察了个性化定制努力程度、交叉价格影响系数等多种因素对C2B电商企业和传统企业价格决策的影响。Ranjan和Jha(2019)研究了销售的努力水平和产品绿色度对双渠道供应链最优定价的影响。

除了上述受到广泛关注的因素,一些学者还对质量信息、风险偏好程度、公平关切等影响因素进行了研究。邓力等(2019)研究了双渠道供应链中质量信息对制造商和零售商定价策略的影响。Li等(2014)研究了双渠道供应链中零售商风险规避系数对制造商和零售商定价决策的影响。Heitz(2013)研究了公平因素和"搭便车"行为对双渠道供应链制造商和零售定价和绩效的影响。邹清明和叶广宇(2018)将公平关切行为偏好引入双渠道供应链决策中,指出渠道成员的公平关切行为偏好不影响制造商的直销渠道产品定价,但零售商的零售价与回收价、制造商的批发价与回收转移价格受到渠道成员公平关切行为的影响。

(二)不同供应链成员建立线上渠道时的定价策略

一些学者探讨了制造商建立线上渠道时的定价策略。Arya等(2008)指出,在双渠道情况下,制造商能够从分散控制和采用转移价格高于其边际生产成本的策略中获益。Yoo和Lee(2011)指出,当制造商同时开通线上和线下渠道时,线上渠道和线下渠道的零售价格一致时最优。陈云等(2008)研究了分别由电子零售商和制造商建立的网上直销渠道组成的两类双渠道供应链的定价问题。Cattani等(2006)通过研究制造商同时开通线上直销渠道和传统零售渠道的定价问题,提出了三种电子渠道的定价策略:一是保持批发价格不变;二是保持零售价格不变;三是按照利润最大化原则定价。郭亚军等(2008)讨论了以制造商为主导的Stackelberg定价策略和Bertrand定价策略,提出了不同批发价格范围下的制造商和分销商的最优定价策略。林杰和曹凯(2014)通过研究双渠道闭环供应链指出,当制造商主导市场时,产品零售价、直销渠道产品价格和产品批发价低于零售商主导市场的情形。李波等(2019)运用均值—方差模型分析了风险规避型制造商主导下双渠道供应链的定价策略,提出制造商选择低定价策略对零售商、消费者及供应链整体利润均有利,但会削弱其对渠道的控制力。

零售商建立网上直销渠道时的定价问题也被很多学者所关注。潘伟等(2010)对零售商具有实体商店与网上商店的双渠道动态定价问题进行了研究。金磊等(2013)研究了实体零售商建立网络渠道的定价策略,指出线上价格始终要低于线下价格。刘汉进等(2015)认为,当零售商处于主导地位时,应该采取不同的双渠道价格策略。王旭坪等(2017)基于三种不同的博弈权力结构,讨论了跨境电商双渠道零售模式的定价决策问题,指出跨境电商应采取线上线下集中定价策略以赚取更多的收益。

三、双渠道供应链的库存策略

关于双渠道供应链的库存策略,现有文献分别从线上直销渠道与传统零售渠道之间不存在库存转移和存在库存转移两种情境进行了论述。

学者分别从制造商与零售商的角度,讨论了不存在库存转移下的双渠道供应链库存策略。一些学者从制造商的视角考察了最优库存策略。Ayansoabb(2006)研究了在需求和订货提前期随机情况下的双渠道库存分配政策。Bendoly等(2007)研究了制造商库存不足时的双渠道库存分配问题,指出存在一个在线需求水平临界值,决定了库存分配战略。Yao等(2009)研究了双渠道供应链的三种不同的库存策略。夏海洋和黄培清(2007)采用报童模型研究了不同运作模式下双渠道供应链的库存策略,指出由制造商管理库存时,供应链整体收益更高,但制造商的利润将受损。柏庆国和徐贤浩

(2015)针对具有学习行为的双渠道供应链,研究了两种分销渠道并存的最优库存策略。另外一些学者则从零售商视角探讨最优库存策略。Huh和Janakiraman(2008)研究了双渠道下零售商的订货策略与库存分配策略。Agatz等(2008)在考虑缺货成本和配送成本的基础上,研究了双渠道供应链库存优化策略。柏庆国等(2017)研究了零售商同时具有线上和线下分销渠道时,易变质产品在联合库存下的库存优化问题。

还有一些学者从联合契约、补货策略、库存合作等方面,对存在库存转移的双渠道供应链库存策略进行了研究,很多学者借助契约考察了库存协调机制。Boyaci(2005)研究了双渠道分销系统中制造商和零售商的库存决策问题,指出可以通过新的两部分补偿佣金合同来实现最优库存水平。Geng和Mallik(2007)研究双渠道分销策略下由渠道间顾客转移而导致的库存竞争问题,指出削减零售商订单和反向收益分享合同可以作为制造商最优库存分配策略。但斌和徐广业(2013)讨论了以制造商为主导的双渠道供应链的库存协调问题,建立了能够协调双渠道供应链的双方收益共享契约模型。此外,也有不少学者借助马尔科夫模型分析最优库存策略。Kevin和Monahan(2005)研究了一个双渠道马尔科夫模型,给出了在双渠道环境下库存成本为长期平均库存持有成本和长期平均订单流失成本之和,指出渠道搜索成本的减少会增加库存成本,给出了最优库存策略。Takahashi等(2011)在Kevin等人的基础上,利用马尔科夫模型,对双渠道供应链库存成本增加了生产和快速配置成本,给出了unit-for-unit的补货方式。徐琪等(2015)指出,通过实施库存合作转运策略,可以使双渠道供应链维持较高的服务水平,实现库存共享,提高供应链整体获利能力。

四、供应链质量控制机制中的信息共享

近年来一些学者开始研究双渠道供应链的逆向物流问题。Jing和Bell(2012)研究了顾客退货对双渠道供应链的最优定价、订货决策及利润的影响。Ren等(2014)在同时考虑价格和服务因素的条件下研究了双渠道竞争下

的消费者退货问题。Li等(2017)讨论了制造商在双渠道下是否应该实施退货政策。Radhi和Zhang(2019)研究了零售商在同时开通线上线下渠道时,同渠道和跨渠道的退货策略。朱晓东等(2017)设计了制造商与分销商、线上回收商的收益成本共享契约,可以协调双渠道回收成本差异下的闭环供应链。谢家平等(2018)则研究了电商闭环供应链的回收策略和协调机制,通过设计"收益共享—成本共担"契约,实现系统的协调。

目前对全渠道供应链的研究处于起步阶段,一些文献依然在探讨全渠道零售的内涵,而另一些文献则分析了全渠道不同策略下供应链的运营决策问题。

(一)全渠道零售的内涵

Rigby(2011)提出了全渠道零售(omni channel retailing)的概念,认为全渠道零售就是通过整合所有可用的购物渠道来为顾客提供无缝的购物体验。王聪和杨德礼(2017)指出,一家企业兼具网上商店及线下实体店,并且网上商店与线下实体店全品类价格相同,即可称为全渠道零售。Burdin(2017)进一步从空间维度对渠道进行分类,认为全渠道零售是从单渠道到多渠道再到交叉渠道,最后到全渠道的演化结果,并勾勒出零售渠道变革路线图。Levy等(2013)认为,全渠道零售是零售商协调多种零售渠道的优势,带给顾客卓越的无缝式消费体验的一种战略或策略。Saghiri等(2017)构建了包含购买过程、渠道代理与渠道类型三个维度的全渠道零售模型。

(二)考虑全渠道零售的供应链运营策略

一些学者对全渠道零售情境下供应链的运营策略进行了初步探讨。线上购买店内提货(buy online, pick up in store, BOPIS)、运送到店(ship to store, STS)两种策略受到了广泛关注。Gallino和Moreno(2014)研究了BOPIS可以实现全渠道供应链的协调。Gao和Su(2017)指出,BOPIS并不适用于所有产品,有可能会减少线下商店的流量,并提出可以通过跨渠道分享BOPIS收入的策略，来缓解全渠道冲突。范辰等(2018)从全渠道合作的角度，分别从制造商主导和零售商主导两个角度探讨了在BOPIS模式下的最优定价、服务水平和单位补偿问题。Aflaki和Swinney(2016)研究了面对策略型消费者时，全渠道是否应该采取BOPIS模式的问题，并检验了BOPIS模式的价值。Gallino等(2017)研究了全渠道下零售商的运送到店策略，指出该策略可以有效提高零售商的销售额。Jasin和Sinha (2015)研究了全渠道下零售商从店铺发运(ship from store)的策略。

全渠道零售情境下的定价和逆向物流问题也开始进入一些学者的视野。Cachon和Feldman(2015)研究了全渠道下零售商的定价问题并指出，动态价格折扣策略是最佳的。牛志勇等(2017)指出，消费者公平偏好是全渠道零售商采取线上线下同价策略的驱动因素之一。王聪和杨德礼(2017)从链与链竞争的角度指出，线上线下同价的全渠道竞争策略会增加零售商、所在供应链的制造商及其竞争供应链制造商的利润，降低消费者福利。

第三节　平台理论

有关平台理论的研究主要从产品开发平台、双边交易平台和平台对组织战略和创新活动的影响三个方面开展。由于产品开发平台与本课题关系不密切，因此不再详细阐述，本书将重点关注后两部分内容。总体来说，平台理论的研究大多围绕着“多边架构”和“网络效应”两大特征展开。

一、双边交易平台

互联网经济的兴起推动了双边交易平台的蓬勃发展。双边交易平台的运行模式拓展了传统的单边市场企业，从传统的厂商—消费者的“价格—需求”结构转向两边用户相互关联的平台型结构，并在近几年来成了研究热点。双边交易平台是从企业内走向市场的交易治理形式，研究的问题主要围绕着单个平台的双边价格策略和多平台的企业竞争策略展开。其中,单个平台价格策略包括平台本身的定价及基于平台网络外部性的定价,多平台竞争性策略包含价格竞争及平台兼容性、排他性交易和捆绑销售等非价格竞争。

在双边市场研究领域,定价策略成为学者们研究的焦点。Rochet和Tirole(2003)指出,双边市场的出现降低了交易成本。一些学者从平台中的个体出发,考虑平台定价策略。Abhishek等(2016)考虑了制造商通过传统渠道、网络渠道销售同一种产品的情况,其中网络渠道包括代理(平台模式)和分销(分销模式)两种模式,认为对于定价权(服务、管理)的控制是影响网络零售商选择不同模式的重要因素。Hagiu和Wright(2016)基于零售价格控制权配置将零售企业划分为传统商店、连锁超市、双边零售平台三种基本类型,并把零售商的经营模式分为分销模式、平台模式及分销与平台混合模式。还有一些学者的研究表明,平台定价可能会受到其他因素的影响。Rochet和Tirole(2006)总结了决定平台价格结构的五项因素:交叉网络外部性大小、用户需求价格弹性高低、供应商市场实力强弱、用户多重归属、平台的绑定销售策略。Eisenmann等(2014)概括了影响平台价格结构设计的六项因素:交叉网络外部性、同边网络外部性、用户价格敏感度、用户质量敏感度、用户品牌价值、产出或服务成本。

网络外部性也是双边市场研究的重要议题,很多学者从不同视角考察了网络外部性对平台的影响。Hajji等(2012)假设商品具有网络外部性,研究了最优动态定价策略。邱甲贤等(2016)在电子交易平台实证考察了交叉网络外部性和自网络外部性对双边市场参与方的效用和利润的影响,研究发现借入者的规模对借出者收入、借出者总规模对借入者需求均产生了正的交叉网络外部性,借入者之间存在负的自网络外部性,而借出者之间存在正的自网络外部性。段文奇和柯玲芬(2016)基于交叉网络效应导致用户加入双边平台的效用随用户规模动态变化,提出了根据用户规模进行适应性动态定价的策略。

在双边市场发展的过程中,用户逐渐从同质走向异质(Rochet & Tirole,2003),平台也从垄断走向竞争(Armstrong,2006)。多平台竞争策略的研究逐渐兴起，价格策略依然是其中的主要议题。Armstrong（2006）使用Hotelling线性城市研究了竞争平台的价格策略，指出均衡状况下价格结构取决于交叉网络外部性、费用结构及用户是否可以进入平台这三个因素。纪汉霖和王小芳（2014）使用类似方法研究了平台规模差异化对企业竞争的影响，比较了两个规模不等平台的定价策略。Caillaud和Jullien（2003）认为，竞争性双边平台可以通过设计事前注册费与事后交易费来内部化网络外部性并实现有效的市场均衡。曲创等（2009）则基于双边市场视角，探讨线下零售商的通道费原理和竞争策略。多平台竞争策略除涉及一般定价策略，还涉及非价格策略，包括平台兼容性、排他性交易和捆绑销售等。Doganoglu和Wright（2006）对平台企业的兼容性策略进行了研究。Katz和Shapiro（1985）在产品兼容性不同的条件下考察了网络外部性产品市场中厂商之间的竞争问题，结论表明，网络外部性的强弱程度对厂商的兼容性偏好影响不同。对于排他性交易策略，破坏竞争对手采用同样方式的能力，是使用排他性的合同作为一个战略来避免对手平台获得有价值的产品（Mantena et al.，2007）。Armstrong和Wright（2007）也对平台企业排他性交易策略进行了研究，进一步考虑了产品具有差异性的平台竞争问题。Rochet和Tirole（2008）对平台的捆绑销售策略进行了研究。此外，随着网络经济学的研究，平台市场势力、社会福利和垄断规制等亦受到广泛关注（曲创和刘重阳，2016）。

二、平台对组织战略和创新活动的影响

这方面的研究通常立足于多边架构对组织生产和创新活动的重构，同时关注企业与产业和区域的跨层互动，涉及多主体和多重逻辑的复杂生态治理等内容（王节祥和蔡宁，2018）。已经有一些文献对特定产业创新平台，如老年人的社会化网络服务平台进行了研究。但这些研究对平台的界定和设计是十分泛化的，较少涉及网络效应和多边架构。

实际上，以往关于产业和区域创新平台也有学者进行过研究，在2005年左右受到了国内学者的广泛关注（王节祥和蔡宁，2018）。此外，由于传统产

业转型的需求，骆品亮和傅联英(2014)研究了传统零售企业的平台化转型，这加速了对平台型组织内涵、转型路径及相应战略决策的研究。一方面，对于平台型创新企业来说，一些行为决策可能受网络效应等因素的影响。如Sun等(2004)探讨了具有网络效应的市场上创新企业的最优产品策略，发现主要决定因素是网络效应的强度及内部商业化策略的成本。另一方面，消费者购买商品除了获得商品本身的效用，还可以获得网络效应(Economides，1992；倪得兵和唐小我，2006)。故而部分学者开始考虑网络效应对战略创新平台的生产和组织的影响，并对网络效应的内涵进行了相关研究。如Katz和Shapiro(1985)表示，网络效应指的是用户消费某物品的效用会随着消费该物品的其他用户的数量增加而增加，即消费呈现出正反馈或规模报酬递增的现象。Hagiu(2010)指出，网络效应采用"快速变大战略"(get-big-fast，GBF)，即采取快速并购战略以提高其平台的用户安装基础(即扩大用户基础)。很多研究表明，网络效应的关键是增加用户基数，平台规模随着用户基数的增加而增大，会进一步增强网络效应(邱勇和赵容，2015)。也有一些学者通过经济效益的视角研究网络效应。龚丽敏和江诗松(2016)表示，网络效应可以让平台集聚更多的用户资源，与此同时，由于用户资源的增多，平台也能够带给用户更多的价值。消费者在拥有更多用户的平台上拥有更高的价值，那么他们在进行消费选择时会优先考虑用户基数大的平台。平台网络效应带来的规模经济实现了平台企业的价值，通过网络效应实现供需主体的集聚经济与规模经济，是所有平台商业模式创新的基础。Amir和Lazzati(2011)的研究表明，由于网络效应的交叉性，在平台一方受益的同时，也增加了另一方的福利，而平台带来的溢出效应也使其他相关领域获益，从而增加了整个社会福利。而一些企业在网络效应下的平台竞争中开始重新考虑自身的组织架构。孙军和高彦彦(2016)基于Hotelling模型研究了网络效应下的平台竞争，当平台战略成为企业的主要竞争模式时，企业之间的寡头竞争非但不能实现寡头利润，而且产品的网络效应越大，价格竞争就越激烈，产品的价格甚至为负，在这种情形下，企业之间的合并重组便成为产业发展新常态。

一些微观研究也反过来影响着宏观产业和区域研究(Gawer & Cusumano,2014)。如吴义爽和徐梦周(2011)研究发现,个体制造企业通过服务平台战略,不仅获取了源于服务产业的新利润增长点和竞争优势,也在产业层面上催化了生产性服务业的集聚与分工深化。平台的发展涉及各个不同主体,生态系统日益成为平台研究的重要视角,而如何规范平台的网络交易等行为却少有人关注,特别是在生态内部主导者和参与者等多个主体、商业和公益等多重逻辑成为研究的难点和趋势。汪旭晖和张其林(2015)系统阐释了“平台—政府”双元管理范式下的平台资源配置、平台定价、税务征管、外部监管及内部管理,认为“平台—政府”双元征管模式将成为未来的发展趋势,平台参与外部监管有助于提升监管效率。

第四节　赋能理论

赋能的概念最初是在积极心理学中提出的,它强调通过言语行为、态度及所处环境的变化给予他人正面能量。后来,赋能概念被引入管理学,最初有关赋能的研究主要集中在个人层面,强调企业由上而下地释放权力,特别是员工们自主工作的权力,从而通过去中心化的方式驱动企业组织扁平化,最大限度地发挥个人才智和潜能。近年来,赋能的研究逐渐开始跨越到组织乃至平台层面。

一、个人层面

个人层面的赋能研究以“授权赋能”为主,决策权下放的思想成为授权赋能的核心。Karasek(1979)认为,授权赋能与员工工作压力负相关,即当员工获得参与决策及工作自主权时,工作压力明显降低。Mainiero(1986)研究表明,高度的工作依赖或无权力的工作的个体比有权力的工作的个体更容易放弃和默许,无权力的工作可能导致个人工作时有心无力,因此管理层要下放权力，给予员工自主权。Conger和Kanungo(1988)从心理学视角研究授权赋能，将其定义为自我效能的动机概念，不仅包括权力的授予和下放，还包括正式的组织管理实践和通过信息提高下属自我效能感的过程。Spreitzer(1995)、Bowen和Lawler(1992)认为，授权赋能就是赋予员工权力来增强其自我效能感的内在过程。Sigler和Pearson(2000)指出，授权赋能可以提高员工的组织承诺。王辉等(2008)用实证研究方法对领导授权赋能行为进行研究，说明了授权赋能行为包括六个因素，即个人发展支持、过程控制、权力委任、结果和目标控制、参与决策、工作指导。李伟和梅继霞(2018)通过实证研究方法表明，领导授权赋能行为可以促进员工创新。

二、组织层面

组织层面的赋能则是近年来才逐渐兴起的，强调用组织的资源为个体、小组乃至团队提供平台化的支持。周文辉等(2017)通过案例研究方法探讨了战略创业两大困境，说明了战略创业是员工与顾客赋能的价值共创过程，企业可以通过结构赋能、领导赋能、心理赋能与顾客赋能来优化价值共创环境。其中，结构赋能强调建立赋能机制，有权的人可以将权力授予无权的人。Lincoln等(2010)、罗仲伟等(2017)分别从“赋权”原理和“赋能”原理阐释了组织从“赋权”到“赋能”的激励演化过程中的原理，进一步提出了以组织平台化支撑和小组自组织方式实现组织激励约束的框架。胡海波和卢海涛(2018)采用案例研究法，从数字化赋能视角解析了资源赋能和结构赋能在企业成长各个阶段的作用机理，表明了数字化赋能是商业生态系统中价值共创构建的关键。孙新波和苏钟海(2018)探索了制造业企业实现敏捷制造的过程机理，研究表明通过对企业资源进行数据化、标准化和联网化处理可实现对数据赋能，进而驱动制造业企业实现敏捷制造。上述研究已经开始体现将组织视为平台的理念，深化和拓展了“赋能”的内涵，但并没有突破组织的边界，依然局限于组织的内部。

三、平台赋能

近几年，随着平台经济的快速崛起，“赋能”的理念逐渐突破了组织边界，“平台赋能”的理念应运而生。汪旭晖和张其林（2016）梳理了平台型电商企业管理模式的建构过程并将这种创新型管理界定为“温室管理模式”，强调平台可凭借市场搭建功能不断创设细分市场，进而引导平台卖家自主选择合适的市场，这种温室管理模式蕴含着平台赋能的理念。王节祥和盛亚（2017）探讨了平台赋能的内涵，即由核心企业集聚研发能力、生产经验和产业资源，搭建基础区块对平台供需双边用户进行“赋能”。Leong等（2016）通过对中国两个偏远村庄的深入案例研究，揭示了农村电商的发展逻辑，以及数字化技术如何通过关键参与者赋能农村，从而形成一个完善的农村电子商务生态系统。Sun等（2018）将数据赋能引入WEEE收集业务生态系统，提出了在线平台通过结构、心理和资源赋能供应商、顾客等其他参与者，进一步拓展了数据赋能的应用领域。Lenka等（2017）研究了数字化能力如何通过感知和响应机制与客户共同创造价值，强调了数据赋能在价值协同创造过程中的作用，并进一步将数据赋能划分为连接能力、智能能力和分析能力三个维度。周文辉等（2018）回顾了已有的赋能研究，进一步明确了在互联网环境下，创业平台可以从结构赋能、领导赋能、心理赋能、资源赋能、文化赋能五个维度对企业进行赋能，从而有效地提高创业绩效。

第五节　文献述评

从现有研究来看，双渠道是电商供应链研究的主要切入点，目前全渠道已成为电商供应链研究的新热点，但上述研究都没有探讨平台型电商企业对供应链成员的赋能行为。平台理论主要从双边市场及平台战略等较为宏观的维度对平台经济及相关经营主体的行为进行分析，很少涉及较为微观的运营层面。

第一,现有电商供应链的研究主要集中在“渠道”,而有关平台型电商企业的赋能行为对供应链成员运营决策影响的相关研究还不多见。已有研究大多将电商看作产品销售的渠道之一,有关双渠道供应链的研究主要探讨了其与传统渠道同时存在的情况下渠道之间的冲突及协调机制;而有关全渠道供应链的研究虽然考察了各种渠道整合情境下的运营决策,但很少探讨平台型电商企业的赋能行为对供应链成员决策的影响。事实上,平台型电商企业之所以能够成为整合者,在很大程度上就是因为它能够为电商供应链的参与者赋能。因此,有必要对平台型电商企业的赋能行为及其对供应链成员决策的影响进行深入研究。

第二,平台理论的研究主要聚焦于较为宏观的层面,即对双边市场与网络效应进行了较为深入的探讨,但对微观的平台型企业赋能行为的考察还方兴未艾。随着平台型企业的迅猛发展,平台理论的研究也日渐深入,已有研究一方面从双边市场经济学入手,侧重于定价策略的研究;另一方面从平台战略入手,主要考察多边架构对组织经营及创新活动的重构。近年来平台型企业日益壮大,对平台参与者的赋能行为也不断增加,这已经引起了一些研究者的关注,但相关研究依然处于起步阶段,有待进一步深入。

第三,赋能理论的研究正在实现从个体层面到平台层面的跨越,但相关研究依然较少且以定性研究为主。“赋能”一词虽然最早来源于心理学,但近年来被平台型电商企业频繁使用,这促使学术界开始对赋能理论的内涵加以补充和丰富,并将其场景拓展到组织乃至平台层面,从平台战略的视角发展赋能理论。不过,相关研究依然较少,主要采用案例研究的方法探讨平台型企业赋能行为的内涵,从价值共创视角对赋能效果进行讨论,并没有完全打开赋能行为的黑箱,也没有定量地讨论赋能行为对电商供应链成员运营决策及绩效的影响。

第三章　卖家模式下考虑数据赋能的平台供应链决策机制

第一节　问题提出

本章在平台数据赋能(platform data empowerment,PDE)的背景下,根据平台卖家模式的运作特点构建平台供应链模型。所谓平台卖家模式,是指平台从制造商处购买商品,再销售给零售商,代表性的平台如京东零售通平台。此处的平台数据赋能主要考察的是平台型电商企业对线下小型零售商(通常为社区小店)的赋能。具体来说,平台数据赋能就是要通过零售商的信息数据,结合平台本身类似商品的总体数据进行分析处理,提升线下小型零售商利用数据的能力,并根据各个小店消费数据信息,提供具有针对性的销售指导,帮助小店选择适销对路的商品,满足消费者的需求,进而大幅提升经营效率。数据赋能可以划分为三个维度:连接、智能和分析(Lenka et al.,2017)。数据赋能通过提升主体之间的连接能力、数据分析能力和信息运用能力,促进平台企业的价值共创(周文辉等,2018)。在进一步扩大数据赋能的应用领域后,平台可以赋予供应商、客户和其他参与者权力(Qiao et al.,2018)。基于上述讨论,本章认为平台数据赋能即平台企业通过一系列技术对上下游企业的运营数据进行分析处理,并结合平台本身类似商品的总体数据进行分析,帮助上下游企业成员准确把握终端消费者市场需求,不断提升上下游企业的运营效率。

平台型企业对线下小型零售商数据赋能的案例屡见不鲜，如阿里巴巴的天猫小店、Amazon Go无人便利店和Freshippo生鲜零售店。在平台数据为零售店赋能的过程中，线下零售商面临是否接受平台数据赋能的问题。而当线下零售店接受数据赋能后，平台提升对零售商的数据赋能水平能够提升零售商的数据运用能力。与此同时，数据赋能水平的提升也会使平台的运营成本增加，因而平台需要在数据赋能投入和收益之间进行权衡。此外，供应链成员均追求自身利益最大化，有效的供应链契约可以协调多方的运营决策，优化供应链的整体绩效，提升每个供应链成员的利润(Cachon，2004)。因此，作为平台供应链的主导者，平台型企业有必要考虑如何通过适当的供应链契约来提高供应链成员的利润水平。Gong等(2018)在互联网平台与上游供应商的合作当中采取了利润分享和收益共享契约。前者意味着平台分享了供应商一定比例的利润，而后者意味着平台分享了供应商一定比例的收益。与之类似，本章中平台和线下零售商之间采用的也是上述两种供应链契约。

因此，本章提出了以下三个研究问题：平台给出什么条件才能让线下零售商愿意接受平台的数据赋能？零售商接受平台数据赋能时，平台对零售店的最优数据赋能水平是多少？如何设计平台与线下零售商的供应链契约，以达成双方绩效的帕累托改进？本章将在平台卖家模式的情境下对上述问题进行研究，为平台推进对线下零售商的数据赋能和优化平台供应链上下游之间的收益分配提供思路和借鉴。

第二节　模型描述和假设

一、符号描述

本章研究了平台对零售商数据赋能的情境下供应链成员间的博弈策略均衡，构建了一个平台企业和n个同质的独立零售商组成的单周期二级供应链模型，其中各方都是完全理性和风险中性的。每个零售店覆盖一个独占的区域，这意味着这些零售店之间没有价格和销售竞争（Moon & Feng，2017；Yu et al.，2009）。例如，现实中接受京东赋能的零售店之间的竞争几乎是微乎其微的，绝大多数零售店只覆盖某一特定区域，并且这些零售店销售的产品大多是同质的。在平台供应链中，平台型企业作为领导者，先决定对零售商的数据赋能水平s和批发价格w，然后零售商i同时决策销售努力e_i和零售价p_i。平台供应链的结构见图3-1。

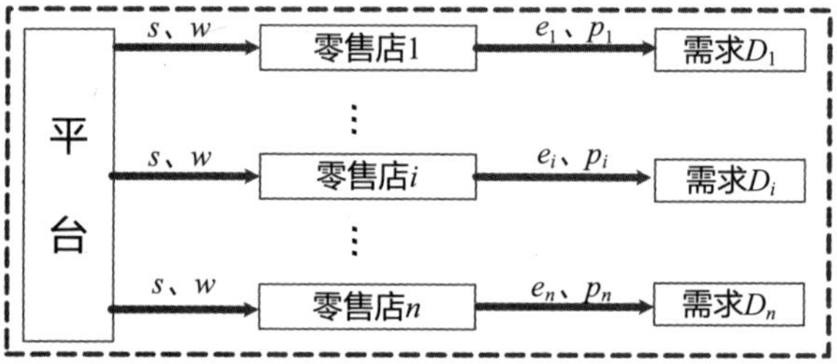

图3-1　平台供应链的结构

本章模型所用到的符号及含义见表3-1。

表3-1　模型中的符号

变量	符号	含义
决策变量	p_i	零售价格
	e_i	零售商销售努力
	w	批发价格
	s	数据赋能水平，$s\in[0,1]$
参数	D	市场需求
	a_i	市场初始规模
	γ	销售努力对需求影响参数
	k	零售商的数据运用程度，$k\in[0,1]$
	c	零售商数据运用能力，$c=ks$
	α	零售商数据运用能力对需求的影响系数
	η	零售商销售努力成本系数
	φ	平台数据赋能成本系数
	λ_R、λ_P	收益共享比例、利润分享比例

二、模型假设

为了建立数学模型，本章给出如下假设：

假设1： 平台以采购价 w_b 从品牌供应商购货，然后以 w 的批发价格出售给 n 个独立的零售商。本章主要探讨平台与零售商之间的博弈，因而假定 w_b 是外生变量，由市场决定（Berger & Lee，2006）。

假设2： 零售商 i 的销售努力成本和平台的赋能成本分别为 $\eta e_i^2/2$ 和 $\varphi s^2/2$，其中 $\eta(\eta>0)$ 和 $\varphi(\varphi>0)$ 为销售努力成本系数和赋能平台成本系数。本章考虑的PDE成本类似于广告努力成本（Giovanni，2011），是由电子商务平台开发软件系统提升零售商的数据分析能力而产生的。该二次成本函数被诸多文献使用（Ali et al.，2018；Giovanni，2011），反映了数据赋能投资的收益递减。

假设3： 为不失一般性，假设零售商的边际生产成本保持不变，并将边际生产成本设为零。边际生产成本是销售努力成本以外的成本。通常，边际生产成本被假定为常数（Li et al.，2009；Palsule-Desai，2013）。

假设4： 在收益共享契约和利润共享契约下，平台型企业作为领导者设定从零售商处分享的利润或收益的比例分别为 λ_P 及 λ_R，均为外生变量，且 λ_P、$\lambda_R \in (0,1)$（Gong et al.，2018）。此外，根据商业实践可假设零售商分享的利润和收益比例满足：$\lambda_P>\lambda_R$。在现实中，平台型企业总是倾向于采用收益共享契约，而不是利润分享契约，以避免承担来自零售商的任何额外运营成本风险。然而，当利润分享的比例较高时，虽然平台需要承担更多的运营风险，但由于能够获得更高的利润，依然有可能会选择利润分享契约（Gong et al.，2018）。

三、模型描述

许多研究采用了线性需求函数，同样地，本章假设零售商 i 的产品需求函数也是线性的，即需求随着零售价格的增加而减少，随着PDE水平和销售努力水平的增加而增加：

$$D_i = a - p_i + \alpha c + \gamma e_i \tag{3-1}$$

其中，a表示零售商的初始市场规模；e_i表示零售商i的销售努力；γ表示零售商的销售努力对需求的影响参数，$\gamma > 0$；c表示零售商的数据运用能力，$\alpha(\alpha > 0)$表示数据运用能力对需求的影响系数，α越大，平台对零售商的数据赋能越有效。特别地，零售商的数据运用能力$c = ks$，其中，s表示平台数据赋能水平，$s \in [0,1]$；$k = 1$表示当数据得到充分利用时零售商的数据运用程度，$k \in [0,1]$。

此时市场总需求为：

$$D = \sum_{i=1}^{n} D_i = \sum_{i=1}^{n} (a_i - p_i + \gamma e_i) + n\alpha ks, \quad i = 1, 2, \cdots, n \tag{3-2}$$

第三节　模型分析

本节首先讨论了无数据赋能情境下的供应链决策，接着对数据赋能情境下的供应链分别探讨了作为基准情境的集中决策和分散决策下的不同供应链系统的均衡解。

一、无数据赋能情境下的供应链(NS)

首先讨论零售商在无赋能情境下的收益均衡，这时的供应链相当于传统连锁店，那么零售商i的产品需求函数为$D_i = a - p_i + \gamma e_i$。本节的决策顺序为：上游供应商首先决策批发价格$w$，然后下游零售商$i$同时决策销售努力$e_i$和零售价$p_i$。

零售商的利润函数为：

$$\max_{(p_i, e_i)} \Pi_i^{NS} = (p_i - w) D_i - \frac{1}{2} \eta e_i^2 \tag{3-3}$$

为了保证零售商获得利润的非负性，本节假设始终满足$\eta>\gamma^2/2$。

引理3-1　在无数据赋能情境下的零售商利润Π_i^{NS}是销售努力e_i和销售价格p_i的严格凹函数。

证明：由(3-3)式可得零售商利润Π_i^{NS}的Hessian矩阵为$H=\begin{bmatrix}-2 & \gamma \\ \gamma & -\eta\end{bmatrix}$，由于$-2<0,-\eta<0$，所以$|H|=2\eta-\gamma^2>0$，零售商利润$\Pi_i^{NS}$是关于$e_i$和$p_i$的联合严格凹函数，因此$\Pi_i^{NS}$有极大值。**证毕！**

命题3-1　无数据赋能情境下供应链的均衡解如下：

(1)零售商的最优销售努力e_i^{NS*}、最优销售价格p_i^{NS*}分别为：

$e_i^{NS*}=\dfrac{A\gamma}{\eta}\left[a_i-\dfrac{1}{2n}\sum\limits_{i=1}^{n}(a_i+w_b)\right],p_i^{NS*}=Aa_i+\dfrac{1-A}{2n}\sum\limits_{i=1}^{n}(a_i+w_b)$；

(2)供应商的最优批发价格和市场需求分别为：

$w^{NS*}=(a+w_b)/2,D_i^{NS*}=A(a-w_b)/2$；

(3)零售商和供应商的利润分别为：

$\Pi_i^{NS}=A(a-w_b)^2/8,\Pi_i^{NS}=nA(a-w_b)^2/4$。其中，$A=\eta/(2\eta-\gamma^2)$。

证明：引理3-1保证零售商利润Π_i^{NS}关于销售努力和销售价格的一阶导数有最优解，零售商获得正效用。如果$\eta\leqslant\gamma^2/2$，那么零售商投入的销售努力有负效用。引理3-1表明零售商投入的销售努力不应过高，这时销售努力成本系数有一个下限。Tsay和Agrawal(2004)及Xiao和Yang(2008)在服务投入方面给出了类似的解释。

由$\partial\Pi_i^{NS}/\partial p_1=\cdots=\partial\Pi_i^{NS}/\partial p_n=0$和$\partial\Pi_i^{NS}/\partial e_1=\cdots=\partial\Pi_i^{NS}/\partial e_n=0$联立：

$$\begin{cases}\partial\Pi_i^{NS}/\partial p_i=a+w-2p_i+\gamma e_i=0,i=1,2,\cdots,n\\ \partial\Pi_i^{NS}/\partial e_i=\gamma(p_i-w)-\eta e_i=0,i=1,2,\cdots,n\end{cases}$$

求解可得销售努力和销售价格关于批发价格的反应函数分别为：

$$e_i^{NS}=A\gamma(a-w)/\eta \tag{3-4}$$

$$p_i^{NS}=A(a-w)+w \tag{3-5}$$

其中，$A=\eta/(2\eta-\gamma^2)$。上游供应商利润函数为：

$$\max_{(w)} \Pi_i^{NS}=\sum_{i=1}^{n}(w-w_b)D_i \tag{3-6}$$

根据上式可得批发价格为：$w^{NS*}=\frac{1}{2n}\sum_{i=1}^{n}(a_i+w_b)$

可以得到上游供应商利润为：

$$\Pi_i^{NS*}=\frac{1}{2}A\left[a_i-\frac{1}{2n}\sum_{i=1}^{n}(a_i+w_b)\right]^2 \tag{3-7}$$

证毕！

由命题3-1可知，p_i^{NS*}，e_i^{NS*}，D_i^{NS*}和利润Π_i^{NS*}都是w_b的减函数。此外，观察到p_i^{NS*}，e_i^{NS*}，D_i^{NS*}以及利润Π_i^{NS*}随着η的增大而减小，但随着γ的增大而上升。也就是说，如果零售商有更低的销售努力成本，或者销售努力对需求的影响越大，他就会愿意付出更高的销售努力，产品的零售价格和利润也就会更高。但是，很多小型的零售商缺乏利用其经营数据的能力，销售努力成本很高，却无法获得较高的利润。在这种情况下，这些零售商可以通过接受平台的数据赋能来提升其数据利用能力，就能够精确地选择适销对路的产品以改善其经营绩效。

二、有数据赋能的集中情境下的供应链（SC）

在本节中，我们将集中决策视为基准情境，平台和所有的零售商由同一决策者决策，使供应链利润最大化。决策者首先决定数据赋能水平s，然后同时决策销售努力e_i和零售价p_i。

此时供应链利润为：

$$\max_{(p_i,e_i,s)} \Pi^{SC}=\sum_{i=1}^{n}(p_i-w_b)D_i-\frac{1}{2}\varphi s^2-\frac{1}{2}\eta\sum_{i=1}^{n}e_i^2 \tag{3-8}$$

其中，$D_i=a-p_i+\alpha ks+\gamma e_i$。

求解得出销售努力和销售价格关于数据赋能水平的反应函数后，继而得

出供应链需求函数和供应链利润函数分别为

$$D_i = nA(a + \alpha_k s - w_b)$$

$$\max_{(s)} \Pi^{SC} = \frac{nA}{2}(a + \alpha_k s - w_b)^2 - \frac{1}{2}\varphi s^2$$

引理3-2　在集中决策情境下的利润 Π^{SC*} 是数据赋能水平 s 的严格凹函数。

证明：由式(3-8)可得 $\partial^2 \Pi^{SC}/\partial s^2 = nA\alpha^2 k^2 - \varphi < 0$，此时供应链利润 Π^{SC*} 是数据赋能水平 s 的严格凹函数。**证毕！**

类似于引理3-1，引理3-2表明平台的赋能投入不应该过高，这时赋能成本系数有一个下限。

引理3-3　集中决策情境下的数据赋能成本系数 φ 应满足 $\varphi \geq nA\alpha k(a_i - w_b + \alpha k)$，使得 $\forall s \in [0,1]$。

证明：由引理3-2可知 Π^{SC} 是 s 的严格凹函数，对式(3-8)求 s 的一阶导数并令其为零可得最优数据赋能水平 s^{SC*}。由 $s \in [0,1]$ 可知 $\varphi \geq nA\alpha k(a - w_b + \alpha k)$。**证毕！**

引理3-3给出了集中决策下数据赋能水平满足 $\varphi \geq nA\alpha k(a - w_b + \alpha k)$，这时赋能成本系数有一个严苛的下限。结合 $\eta > \gamma^2/2$ 可得零售商销售努力成本系数满足的条件为 $\eta > \varphi\gamma^2 / [2\varphi - n\alpha k(a_i - w_b + \alpha k)]$。

基于引理3-2和引理3-3可以得到命题3-2：

命题3-2　平台供应链在集中决策下的均衡解如下：

(1)供应链的最优数据赋能水平为：$s^{SC*} = \dfrac{A\alpha k}{\varphi - nA\alpha^2 k^2}\sum_{i=1}^{n}(a_i - w_b)$；

(2)最优销售努力 e^{SC*} 和最优销售价格 p^{SC*} 分别为：

$$e_i^{SC*} = \frac{A\gamma}{\eta}\left[a_i - w_b + \frac{A\alpha^2 k^2}{\varphi - nA\alpha^2 k^2}\sum_{i=1}^{n}(a_i - w_b)\right],$$

$$p_i^{SC*} = A\left[a_i - w_b + \frac{A\alpha^2 k^2}{\varphi - nA\alpha^2 k^2}\sum_{i=1}^{n}(a_i - w_b)\right] + w_b;$$

(3)市场需求和供应链的利润分别为：

$$D^{SC*}=\frac{A\varphi}{\varphi-nA\alpha^2k^2}\sum_{i=1}^{n}(a_i-w_b),\Pi^{SC*}=\frac{A\varphi}{2(\varphi-nA\alpha^2k^2)}\sum_{i=1}^{n}(a_i-w_b)^2$$

证明：根据引理3-3，使用逆推归纳法可得：

$$s^{SC*}=\frac{A\alpha k}{\varphi-nA\alpha^2k^2}\sum_{i=1}^{n}(a_i-w_b),$$

$$e_i^{SC*}=\frac{A\gamma}{\eta}\left[a_i-w_b+\frac{A\alpha^2k^2}{\varphi-nA\alpha^2k^2}\sum_{i=1}^{n}(a_i-w_b)\right],$$

$$p_i^{SC*}=A\left[a_i-w_b+\frac{A\alpha^2k^2}{\varphi-nA\alpha^2k^2}\sum_{i=1}^{n}(a_i-w_b)\right]+w_b$$

将上述式子带入供应链需求和利润函数可得：

$$D^{SC*}=\frac{A\varphi}{\varphi-nA\alpha^2k^2}\sum_{i=1}^{n}(a_i-w_b)\text{和}\Pi^{SC*}=\frac{A\varphi}{2(\varphi-nA\alpha^2k^2)}\sum_{i=1}^{n}(a_i-w_b)^2$$

证毕！

命题3-2表明，平台的网络效应和零售商的数据运用能力可以提高整个供应链系统的利润，也说明随着零售商数量n的增多，零售商商品需求量增大，平台供应链整体利润增加。这意味着平台吸引新的线下零售商的加入对于平台供应链是有益的。此外，供应链中零售商数量的增加也会导致更高的平台数据赋能水平、销售努力水平和零售价格，这最终会增加整条供应链的利润。这是因为，零售商数量的增加会进一步刺激市场需求，从而增加市场总规模，为平台带来更多的潜在利益，因而平台会提高其平台数据赋能水平。平台提高了零售商利用数据的能力，帮助他们准确把握客户的需求，最终增加了销量。当零售商发现平台进行数据赋能时，他们就会有动力去改善其销售工作。因此，PDE对零售商的需求有积极作用，从而吸引新的零售商加入平台，从长远来看，这有利于平台供应链系统的发展。

推论3-1 在集中决策(SC)情境下，各均衡解满足：

(1)$\frac{dD^{SC*}}{d\varphi}<0,\frac{ds^{SC*}}{d\varphi}<0,\frac{de^{SC*}}{d\varphi}<0,\frac{dp^{SC*}}{d\varphi}<0,\frac{d\Pi^{SC*}}{d\varphi}<0;$

(2)当$a_i=a$时，$\frac{d^2D^{SC*}}{dn^2}>0$，$\frac{d^2s^{SC*}}{dn^2}>0$，$\frac{d^2e^{SC*}}{dn^2}>0$，$\frac{d^2p^{SC*}}{dn^2}>0$，$\frac{d^2\Pi^{SC*}}{dn^2}>0$，此时$n\geqslant 2$。

证明：

(1)$$\frac{dD^{SC*}}{d\varphi}=-\frac{nA^2\alpha^2k^2}{(\varphi-nA\alpha^2k^2)^2}\sum_{i=1}^{n}(a_i-w_b)<0,$$

$$\frac{ds^{SC*}}{d\varphi}=-\frac{A\alpha k}{(\varphi-nA\alpha^2k^2)^2}\sum_{i=1}^{n}(a_i-w_b)<0,$$

$$\frac{de_i^{SC*}}{d\varphi}=-\frac{A^2\alpha^2k^2\gamma}{\eta(\varphi-nA\alpha^2k^2)^2}\sum_{i=1}^{n}(a_i-w_b)<0,$$

$$\frac{dp^{SC*}}{d\varphi}=-\frac{A^2\alpha^2k^2}{(\varphi-nA\alpha^2k^2)^2}\sum_{i=1}^{n}(a_i-w_b)<0,$$

$$\frac{d\Pi^{SC*}}{d\varphi}=-\frac{nA^2\alpha^2k^2}{2(\varphi-nA\alpha^2k^2)^2}\sum_{i=1}^{n}(a_i-w_b)^2<0。$$

(2)当$a_i=a$时，$$\frac{d^2D^{SC*}}{dn^2}=\frac{2A^3\alpha^4k^4\varphi(a-w_b)}{(\varphi-nA\alpha^2k^2)^3}>0,$$

$$\frac{d^2s^{SC*}}{dn^2}=\frac{2A^2\alpha^3k^3\varphi(a-w_b)}{(\varphi-nA\alpha^2k^2)^3}>0,$$

$$\frac{d^2e^{SC*}}{dn^2}=\frac{2A^3\alpha^4k^4\gamma\varphi(a-w_b)}{\eta(\varphi-nA\alpha^2k^2)^3}>0,\quad\frac{d^2p^{SC*}}{dn^2}=\frac{2A^3\alpha^4k^4\varphi(a-w_b)}{(\varphi-nA\alpha^2k^2)^3}>0,$$

$$\frac{d^2\Pi^{SC*}}{dn^2}=\frac{A^2\alpha^2k^2\varphi^2(a-w_b)^2}{(\varphi-nA\alpha^2k^2)^3}>0。$$ **证毕！**

推论3-1中的(1)说明了更高的平台数据赋能效率能够带来零售商商品需求量、数据赋能水平、销售努力、销售价格和供应链利润的增加。因此，平台应努力提升赋能效率，从而使整条平台供应链获益。结合命题3-2，在平台进行数据赋能后，供应链的商品需求量、数据赋能水平、销售努力、销售价格和利润不仅随着零售商数量n增加而增大，且呈凹函数形式的增长。那么$D^{SC*}, s^{SC*}, e^{SC*} p^{SC*}, \Pi^{SC*}$都会随着加入平台零售商的数量$n$的增加而加速上升，这是网络效应为平台及供应链其他成员带来的额外收益。因此，平台应尽可能争取更多的零售商加入，充分发挥网络效应的作用，提升整条供应链的经营绩效。

三、有数据赋能的分散

本节的决策顺序为：首先，平台作为领导者决定对零售商的数据赋能水平s和批发价格w，然后零售商i同时决策销售努力e_i和零售价p_i。

零售商i的利润函数为：

$$\max_{(p_i, e_i)} \Pi_i^{DC} = (p_i - w) D_i - \frac{1}{2} \eta e_i^2 \tag{3-9}$$

平台的利润函数为：

$$\max_{(w,s)} \Pi_P^{DC} = \sum_{i=1}^{n} (w - w_b) D_i - \frac{1}{2} \varphi s^2 \tag{3-10}$$

命题3-3 平台供应链在批发价格契约下的均衡解如下：

(1)平台的最优数据赋能水平为：$s^{DC*} = \frac{A\alpha k}{2\varphi - nA\alpha^2 k^2} \sum_{i=1}^{n} (a_i - w_b)$；

(2)零售商的最优销售努力e^{WP*}和最优销售价格p^{WP*}分别为：

$$e_i^{DC*} = \frac{A\gamma}{\eta} \left[a_i - w_b - \frac{\varphi - nA\alpha^2 k^2}{n(2\varphi - nA\alpha^2 k^2)} \sum_{i=1}^{n} (a_i - w_b) \right],$$

$$p_i^{DC*} = A(a_i - w_b) + \frac{\varphi(1-A) + nA^2\alpha^2 k^2}{n(2\varphi - nA\alpha^2 k^2)} \sum_{i=1}^{n} (a_i - w_b) + w_b;$$

(3)零售商的市场需求D_i^{WP*}和利润Π_i^{WP*}分别为：

$$D_i^{DC*} = A \left[a_i - w_b - \frac{\varphi - nA\alpha^2 k^2}{n(2\varphi - nA\alpha^2 k^2)} \sum_{i=1}^{n} (a_i - w_b) \right],$$

$$\Pi_i^{\mathrm{DC}*}=\frac{A}{2}\left[a_i-w_{\mathrm{b}}-\frac{\varphi-nA\alpha^2k^2}{n\left(2\varphi-nA\alpha^2k^2\right)}\sum_{i=1}^{n}\left(a_i-w_{\mathrm{b}}\right)\right]^2;$$

(4)平台的最优批发价格 $w^{\mathrm{WP}*}$ 和利润 $\Pi_i^{\mathrm{WP}*}$ 分别为：

$$w^{\mathrm{DC}*}=\frac{\varphi}{n\left(2\varphi-nA\alpha^2k^2\right)}\sum_{i=1}^{n}\left(a_i-w_{\mathrm{b}}\right)+w_{\mathrm{b}},$$

$$\Pi_i^{\mathrm{DC}*}=\frac{A\varphi}{2\left(2\varphi-nA\alpha^2k^2\right)}\sum_{i=1}^{n}\left(a_i-w_{\mathrm{b}}\right)^2;$$

证明：

根据引理 3-3，令 $\partial\Pi_i^{\mathrm{DC}}/\partial p_1=\cdots=\partial\Pi_i^{\mathrm{DC}}/\partial p_n=0$、$\partial\Pi_i^{\mathrm{DC}}/\partial e_1=\cdots=\partial\Pi_i^{\mathrm{DC}}/\partial e_n=0$，联立：

$$\begin{cases}\partial\Pi_i^{\mathrm{DC}}/\partial p_i=a_i+\alpha ks+w-2p_i+\gamma e_i=0, i=1,2,\cdots,n\\ \partial\Pi_i^{\mathrm{DC}}/\partial e_i=\gamma\left(p_i-w\right)-\eta e_i=0, i=1,2,\cdots,n\end{cases}\tag{3-11}$$

求解可得销售努力和销售价格关于数据赋能水平和批发价格的反应函数分别为：

$$e_i^{\mathrm{DC}}=\frac{A\gamma}{\eta}(a+\alpha ks-w)\tag{3-12}$$

$$p_i^{\mathrm{DC}}=A(a+\alpha ks-w)+w\tag{3-13}$$

根据引理3-3，通过逆推归纳法可得PDE水平和批发价格分别为：

$$s^{\mathrm{DC}*}=\frac{A\alpha k}{2\varphi-nA\alpha^2k^2}\sum_{i=1}^{n}\left(a_i-w_{\mathrm{b}}\right)\text{和}$$

$$w^{\mathrm{DC}*}=\frac{\varphi}{n\left(2\varphi-nA\alpha^2k^2\right)}\sum_{i=1}^{n}\left(a_i-w_{\mathrm{b}}\right)+w_{\mathrm{b}}\text{。}$$

那么，零售商需求函数为：

$$D_i^{\mathrm{DC}*}=A\left[a_i-w_{\mathrm{b}}-\frac{\varphi-nA\alpha^2k^2}{n\left(2\varphi-nA\alpha^2k^2\right)}\sum_{i=1}^{n}\left(a_i-w_{\mathrm{b}}\right)\right]\tag{3-14}$$

将上述式子代入式(3-9)、式(3-10)可得，平台和零售商的利润分别为：

$$\Pi_{\mathrm{P}}^{\mathrm{DC*}}=\frac{A\varphi}{2\left(2\varphi-nA\alpha^2k^2\right)}\sum_{i=1}^{n}\left(a_i-w_{\mathrm{b}}\right)^2 \text{和}$$

$$\Pi_i^{\mathrm{DC*}}=\frac{A}{2}\left[a_i-w_{\mathrm{b}}-\frac{\varphi-nA\alpha^2k^2}{n\left(2\varphi-nA\alpha^2k^2\right)}\sum_{i=1}^{n}\left(a_i-w_{\mathrm{b}}\right)\right]^2\text{。}$$ **证毕!**

由命题3-3可知,最终的均衡解会随着PDE成本系数的增加而增加,因此,平台应提高PDE的效率,这样会使整个供应链受益。而零售商和平台的利润是n的增函数。随着n的增加,平台提升了其数据赋能水平,不但使零售商愿意付出更高的销售努力,还增加了每个零售商的产品需求,这抵消了数据赋能水平上升所带来的成本增加,使平台得到了更高的收益。此外,零售商虽然付出了更高的销售努力,但零售价格的上升和需求的增加使其收益的提升超过了由此带来的成本,因而也能够获得更高的利润。综上,在有PDE的分散决策系统下,平台尽可能让更多的零售商加入,有助于供应链所有成员利润的提升。

推论3-2 当$\varphi\gamma^2/\left[2\varphi-n\alpha k(a_i-w_{\mathrm{b}}+\alpha k)\right]<\eta<\gamma^2$时,零售商会选择平台数据赋能。否则,零售商不会选择平台数据赋能。

证明:若零售商有数据赋能时的最优利润$\Pi_i^{\mathrm{WP*}}$大于无数据赋能时的最优利润$\Pi_i^{\mathrm{NS*}}$,即$\Pi_i^{\mathrm{DC*}}>\Pi_i^{\mathrm{NS*}}$,零售商会选择加入平台。

根据命题3-1和命题3-3可知:

$$\Pi_i^{\mathrm{DC*}}=\frac{A}{2}\left[a_i-w_{\mathrm{b}}-\frac{\varphi-nA\alpha^2k^2}{n\left(2\varphi-nA\alpha^2k^2\right)}\sum_{i=1}^{n}\left(a_i-w_{\mathrm{b}}\right)\right]^2 \text{和}$$

$$\Pi_i^{\mathrm{NS*}}=\frac{1}{2}A\left[a_i-\frac{1}{2n}\sum_{i=1}^{n}\left(a_i+w_{\mathrm{b}}\right)\right]^2\text{。}$$

假设$M=a_i-w_{\mathrm{b}}-\dfrac{\varphi-nA\alpha^2k^2}{n\left(2\varphi-nA\alpha^2k^2\right)}\sum_{i=1}^{n}\left(a_i-w_{\mathrm{b}}\right)$和

$N=a_i-\dfrac{1}{2n}\sum_{i=1}^{n}\left(a_i+w_{\mathrm{b}}\right)>0$,

$$\Pi_i^{DC*}-\Pi_i^{NS*}=\frac{A}{2}M^2-\frac{A}{2}N^2=\frac{A}{2}(M+N)(M-N)$$

$$M-N=\frac{A\alpha^2k^2}{2(2\varphi-nA\alpha^2k^2)}\sum_{i=1}^{n}(a_i-w_b)>0,\Pi_i^{DC*}-\Pi_i^{NS*}>0\text{恒成立。}$$

因此,可知$\varphi\gamma^2/[2\varphi-n\alpha k(a_i-w_b+\alpha k)]<\eta<\gamma^2$。**证毕!**

由推论3-2可知,当零售商的销售努力成本系数η较大,即销售努力效率较低时,零售商选择接受平台数据赋能对其提升利润无疑是有益的。首先,由于网络效应的作用,当n较大时,随着平台上零售商的增加,零售商选择平台数据赋能越有利;其次,当γ较小时,零售商自身的销售努力对零售商商品需求量的影响较小,此时为了提高零售商的数据利用水平,帮助其选择适销对路的商品,选择平台数据赋能就显得非常必要。

这一点对于中小零售企业的现实意义是:(1)若平台上的零售商越多,那么效益较低的零售商就应该加入平台,选择接受平台的数据赋能。(2)当零售商自身的销售努力对零售商商品需求量有很大影响时,其凭借自身的营销能力即可获得较高的零售商商品需求量,那么就无须接受平台的数据赋能,反之则应接受。

命题3-4 比较NS系统和DS系统,可知:

(1)$e_i^{DC*}>e_i^{NS*}$;(2)$p_i^{DC*}>p_i^{NS*}$;(3)$D_i^{DC*}>D_i^{NS*}$。

证明:(1)$e_i^{DC*}-e_i^{NS*}=\dfrac{\gamma A^2\alpha^2k^2}{2\eta(2\varphi-nA\alpha^2k^2)}\sum_{i=1}^{n}(a_i-w_b)$,$\varphi-nA\alpha^2k^2>0$

可得$2\varphi-nA\alpha^2k^2>0$,因此,$e_i^{DC*}-e_i^{NS*}>0$。

(2)$p_i^{DC*}-p_i^{NS*}=\dfrac{A\alpha^2k^2(1+A)}{2(2\varphi-nA\alpha^2k^2)}\sum_{i=1}^{n}(a_i-w_b)$,因此,$p_i^{DC*}>p_i^{NS*}$。

(3)$D_i^{DC*}-D_i^{NS*}=\dfrac{\eta A\alpha^2k^2}{2[2\varphi(2\eta-\gamma^2)-n\eta\alpha^2k^2]}\sum_{i=1}^{n}(a_i-w_b)$,因此,$D_i^{DC*}-D_i^{NS*}>0$。

证毕!

由命题3-4的(1)可知,相比于无数据赋能的情况,零售商选择有数据赋能的平台提升了其销售努力。数据赋能水平越高,零售商的销售努力水平也越高。也就是说,平台对零售商的数据赋能可以影响零售商的销售努力。这说明,当零售商引入平台数据赋能后,可以产生一种"投桃报李"效应,即平台提升了零售商运用数据的能力,能够帮助零售商精准把握顾客需求,提升销售量,零售商就会愿意在销售努力上投入更多。

一般情况下,若提升价格,零售商的商品需求量会降低。但是,由命题3-4的(2)和(3)易知,零售商被平台数据赋能后,即便商品的销售价格提高,零售商的商品需求量还是会增加。这是因为,零售商通过引入平台数据赋能后,能够更精准地把握顾客需求,选择适销对路的产品。此外,由命题3-4的(1)可知,引入平台数据赋能后,零售商的销售努力也增加了,故而能够抵消商品的销售价格上涨对消费者的负面影响。也就是说,消费者感知到了零售商的销售努力服务提升,以及商品本身符合消费者的真正需求,那么即便价格较以往高一些,消费者也愿意买单。命题3-4说明,在零售商接受平台数据赋能的情况下,平台数据赋能对零售商的需求有正向的作用,也反映出零售商选择数据赋能的必要性。

四、有数据赋能的收益共享契约下的供应链(RS)

收益共享契约(revenue sharing contract)指的是零售商将其一部分比例的销售额分享给上游供应商,来获得比传统批发价格契约更低的批发价格,以此进行供应链绩效的改进。

首先,平台作为领导者和零售商达成收益共享契约,同时确定收益分享比例λ_R,然后平台决定对零售商的批发价格w和数据赋能水平s,最后零售商i决策销售努力e_i和零售价p_i。

此时零售商i的利润函数为

$$\max_{(p_i,e_i)} \Pi_i^{RS} = \left[(1-\lambda_R)p_i - w\right]D_i - \frac{1}{2}\eta e_i^2 \tag{3-15}$$

其中，$D_i = a_i - p_i + \alpha ks + \gamma e_i$。

平台的利润函数为：

$$\max_{(w,s)} \Pi_{\mathrm{P}}^{\mathrm{RS}} = \lambda_{\mathrm{R}} \sum_{i=1}^{n} p_i D_i + \sum_{i=1}^{n} (w - w_{\mathrm{b}}) D_i - \frac{1}{2} \varphi s^2 \tag{3-16}$$

命题3-5　平台供应链在收益共享契约下的均衡解如下：

(1)平台的最优数据赋能水平为：

$$s^{\mathrm{RS}*} = \frac{B_{\mathrm{R}} \alpha k}{2\varphi(1-\lambda_{\mathrm{R}} B_{\mathrm{R}}) - nB_{\mathrm{R}} \alpha^2 k^2} \sum_{i=1}^{n} (a_i - w_{\mathrm{b}});$$

(2)零售商的最优销售努力 $e^{\mathrm{RS}*}$ 和最优销售价格 $p^{\mathrm{RS}*}$ 分别为：

$$e_i^{\mathrm{RS}*} = \frac{B_{\mathrm{R}} \gamma (1-\lambda_{\mathrm{R}})}{\eta} \left\{ a_i - w_{\mathrm{b}} - \frac{\varphi(1-2\lambda_{\mathrm{R}} B_{\mathrm{R}}) - nB_{\mathrm{R}} \alpha^2 k^2}{n[2\varphi(1-\lambda_{\mathrm{R}} B_{\mathrm{R}}) - nB_{\mathrm{R}} \alpha^2 k^2]} \sum_{i=1}^{n} (a_i - w_{\mathrm{b}}) \right\},$$

$$p_i^{\mathrm{RS}*} = B_{\mathrm{R}}(a_i - w_{\mathrm{b}}) + \frac{\varphi(1-B_{\mathrm{R}})(1-2\lambda_{\mathrm{R}} B_{\mathrm{R}}) + nB_{\mathrm{R}}^2 \alpha^2 k^2}{n[2\varphi(1-\lambda_{\mathrm{R}} B_{\mathrm{R}}) - nB_{\mathrm{R}} \alpha^2 k^2]} \sum_{i=1}^{n} (a_i - w_{\mathrm{b}}) + w_{\mathrm{b}};$$

(3)零售商的市场需求 $D_i^{\mathrm{RS}*}$ 和利润 $\Pi_i^{\mathrm{RS}*}$ 分别为：

$$D_i^{\mathrm{RS}*} = B_{\mathrm{R}} \left\{ a_i - w_{\mathrm{b}} - \frac{\varphi(1-2\lambda_{\mathrm{R}} B_{\mathrm{R}}) - nB_{\mathrm{R}} \alpha^2 k^2}{n[2\varphi(1-\lambda_{\mathrm{R}} B_{\mathrm{R}}) - nB_{\mathrm{R}} \alpha^2 k^2]} \sum_{i=1}^{n} (a_i - w_{\mathrm{b}}) \right\},$$

$$\Pi_i^{\mathrm{RS}*} = \frac{B_{\mathrm{R}}(1-\lambda_{\mathrm{R}})}{2} \left\{ a_i - w_{\mathrm{b}} - \frac{\varphi(1-2\lambda_{\mathrm{R}} B_{\mathrm{R}}) - nB_{\mathrm{R}} \alpha^2 k^2}{n[2\varphi(1-\lambda_{\mathrm{R}} B_{\mathrm{R}}) - nB_{\mathrm{R}} \alpha^2 k^2]} \sum_{i=1}^{n} (a_i - w_{\mathrm{b}}) \right\}^2;$$

(4)平台的最优批发价格 $w^{\mathrm{RS}*}$ 和利润 $\Pi_0^{\mathrm{RS}*}$ 分别为：

$$w^{\mathrm{RS}*} = (1-\lambda_{\mathrm{R}}) \left\{ \frac{\varphi(1-2\lambda_{\mathrm{R}} B_{\mathrm{R}})}{n[2\varphi(1-\lambda_{\mathrm{R}} B_{\mathrm{R}}) - nB_{\mathrm{R}} \alpha^2 k^2]} \sum_{i=1}^{n} (a_i - w_{\mathrm{b}}) + w_{\mathrm{b}} \right\},$$

$$\Pi_{\mathrm{P}}^{\mathrm{RS}*} = \frac{B_{\mathrm{R}} \varphi}{2[2\varphi(1-\lambda_{\mathrm{R}} B_{\mathrm{R}}) - nB_{\mathrm{R}} \alpha^2 k^2]} \sum_{i=1}^{n} (a_i - w_{\mathrm{b}})^2;$$

其中，$B_{\mathrm{R}} = \eta / [2\eta - (1-\lambda_{\mathrm{R}})\gamma^2]$。

证明：根据引理3，令 $\partial \Pi_i^{RS}/\partial p_1=\cdots=\partial \Pi_i^{RS}/\partial p_n=0$，

$$\begin{cases}\partial \Pi_i^{RS}/\partial p_i=(1-\lambda_R)(a_i-p_i+\alpha ks+\gamma e_i)-\left[(1-\lambda_R)p_i-w\right]=0(i=1,2,\cdots,n)\\ \partial \Pi_i^{RS}/\partial e_i=\gamma\left[(1-\lambda_R)p_i-w\right]-\eta e_i=0(i=1,2,\cdots,n)\end{cases} \tag{3-17}$$

求解可得：

$$e_i^{RS}=\frac{B_R\gamma}{\eta}\left[(1-\lambda_R)(a_i+\alpha ks)-w\right] \tag{3-18}$$

$$p_i^{RS}=B_R(a_i+\alpha ks)+\frac{1-B_R}{1-\lambda_R}w \tag{3-19}$$

我们可以得到均衡解如下：

$$s^{RS*}=\frac{B_R\alpha k}{2\varphi(1-\lambda_R B_R)-nB_R\alpha^2k^2}\sum_{i=1}^{n}(a_i-w_b),$$

$$w^{RS*}=(1-\lambda_R)\left\{\frac{\varphi(1-2\lambda_R B_R)\sum_{i=1}^{n}(a_i-w_b)}{n\left[2\varphi(1-\lambda_R B_R)-nB_R\alpha^2k^2\right]}+w_b\right\},$$

$$e_i^{RS*}=\frac{B_R\gamma(1-\lambda_R)}{\eta}\left\{a_i-w_b-\frac{\varphi(1-2\lambda_R B_R)-nB_R\alpha^2k^2}{n\left[2\varphi(1-\lambda_R B_R)-nB_R\alpha^2k^2\right]}\sum_{i=1}^{n}(a_i-w_b)\right\},$$

$$p_i^{RS*}=B_R(a_i-w_b)+\frac{\varphi(1-B_R)(1-2\lambda_R B_R)+nB_R^2\alpha^2k^2}{n\left[2\varphi(1-\lambda_R B_R)-nB_R\alpha^2k^2\right]}\sum_{i=1}^{n}(a_i-w_b)+w_b。$$

因此，零售商的需求为：

$$D_i^{RS*}=B_R\left\{a_i-w_b-\frac{\varphi(1-2\lambda_R B_R)-nB_R\alpha^2k^2}{n\left[2\varphi(1-\lambda_R B_R)-nB_R\alpha^2k^2\right]}\sum_{i=1}^{n}(a_i-w_b)\right\}$$

将上述式子代入(3-15)和(3-16)，可得：

$$\Pi_i^{RS*}=\frac{B_R(1-\lambda_R)}{2}\left\{a_i-w_b-\frac{\varphi(1-2\lambda_R B_R)-nB_R\alpha^2k^2}{n\left[2\varphi(1-\lambda_R B_R)-nB_R\alpha^2k^2\right]}\sum_{i=1}^{n}(a_i-w_b)\right\}^2,$$

$$\Pi_{\mathrm{P}}^{\mathrm{RS}*}=\frac{B_{\mathrm{R}}\varphi}{2\left[2\varphi\left(1-\lambda_{\mathrm{R}}B_{\mathrm{R}}\right)-nB_{\mathrm{R}}\alpha^2k^2\right]}\sum_{i=1}^{n}\left(a_i-w_{\mathrm{b}}\right)^2\text{。}$$ **证毕!**

推论3-3　在收益共享契约下，PDE水平和收益共享比例λ_{R}有以下关系：

(1)当$\varphi\gamma^2/\left[2\varphi-n\alpha k(a_i-w_{\mathrm{b}}+\alpha k)\right]<\eta\leqslant\gamma^2$，$\frac{\mathrm{d}s^{\mathrm{RS}*}}{\mathrm{d}\lambda_{\mathrm{R}}}\leqslant 0$；

(2)当$\eta>\gamma^2$，$\frac{\mathrm{d}s^{\mathrm{RS}*}}{\mathrm{d}\lambda_{\mathrm{R}}}>0$。

证明:根据命题3-5和假设4,

$$\frac{\mathrm{d}s^{\mathrm{RS}*}}{\mathrm{d}\lambda_{\mathrm{R}}}=\frac{2\eta\varphi\alpha k\left(\eta-\gamma^2\right)}{\left\{2\varphi\left[\left(2-\lambda_{\mathrm{R}}\right)\eta-\left(1-\lambda_{\mathrm{R}}\right)\gamma^2\right]-n\eta\alpha^2k^2\right\}^2}\sum_{i=1}^{n}\left(a_i-w_{\mathrm{b}}\right)$$，可得$\lambda_{\mathrm{P}}>\lambda_{\mathrm{R}}$。

显然，如果$\eta>\gamma^2$，$\frac{\mathrm{d}s^{\mathrm{RS}*}}{\mathrm{d}\lambda_{\mathrm{R}}}>0$；反之，则$\frac{\mathrm{d}s^{\mathrm{RS}*}}{\mathrm{d}\lambda_{\mathrm{R}}}<0$。

证毕!

推论3-3说明，如果$\eta\in(\varphi\gamma^2/\left[2\varphi-n\alpha k(a-w_{\mathrm{b}}+\alpha k)\right],\gamma^2)$，则PDE水平随着收益共享比例的增加而减少。也就是说，如果零售商的销售成本系数很低，那么数据赋能的水平会随着λ_{R}的增加而减少。这似乎与现实情况不符，但事实上，零售商的销售努力水平随着收益共享比例的增加而迅速下降，使产品的销售量急剧下降而导致平台的收入降低。因此，为了减少损失，平台会降低PDE水平。反之，当销售努力的成本系数较高或者销售努力对需求的影响较小时，收益共享比例的提高会增加平台的收入。因此，平台有动力提高数据赋能的水平，同时也可以增加零售商的市场需求。此外，不难发现零售商销售努力的水平随着收益共享比例的增加而降低。这意味着，零售商的收入分配给平台的比例越大，零售商的利润就越低，从而会减少他们的销售努力水平。

五、有数据赋能的利润分享契约下的供应链(PS)

利润分享契约(profit sharing contract)类似于收益共享契约,强调上游供应商分担下游零售商一定的成本风险,如批发价格或其他成本,与此同时获得比传统批发价格契约更低的批发价格,从而促进供应链绩效的改进。由于零售商的销售努力成本包括促销努力成本和个人的销售热情投入等,在实际中分担的可操作性不强,本节主要考虑平台分担下游零售商的批发价格。

首先,平台作为领导者和零售商达成利润分享契约,同时确定利润分享比例λ_P,然后平台决定对零售商的批发价格w和数据赋能水平s,最后零售商i决策销售努力e_i和零售价p_i。

此时零售商i的利润函数为:

$$\max_{(p_i,e_i)} \Pi_i^{PS} = (1-\lambda_P)\left[(p_i - w)D_i\right] - \frac{1}{2}\eta e_i^2 \tag{3-20}$$

此处$D_i = a_i - p_i + \alpha ks + \gamma e_i$。

平台的利润函数为:

$$\max_{(w,s)} \Pi_P^{PS} = \lambda_P \sum_{i=1}^{n}\left[(p_i - w)D_i\right] + \sum_{i=1}^{n}(w - w_b)D_i - \frac{1}{2}\varphi s^2 \tag{3-21}$$

命题3-6 平台供应链在利润分享契约下的均衡解如下:

(1)平台的最优数据赋能水平为:

$$s^{PS*} = \frac{B_P\alpha k}{2\varphi(1-\lambda_P B_P) - nB_P\alpha^2k^2}\sum_{i=1}^{n}(a_i - w_b);$$

(2)零售商的最优销售努力e^{PS*}和最优销售价格p^{PS*}分别为:

$$e_i^{PS*} = \frac{B_P\gamma(1-\lambda_P)}{\eta}\left\{a_i - w_b - \frac{\varphi(1-2\lambda_P B_P) - nB_P\alpha^2k^2}{n\left[2\varphi(1-\lambda_P B_P) - nB_P\alpha^2k^2\right]}\sum_{i=1}^{n}(a_i - w_b)\right\},$$

$$p_i^{PS*} = B_P(a_i - w_b) + \frac{\varphi(1-B_P)(1-2\lambda_P B_P) + nB_P^2\alpha^2k^2}{n\left[2\varphi(1-\lambda_P B_P) - nB_P\alpha^2k^2\right]}\sum_{i=1}^{n}(a_i - w_b) + w_b;$$

(3)零售商的市场需求D_i^{PS*}和利润Π_i^{PS*}分别为：

$$D_i^{PS*}=B_P\left\{a_i-w_b-\frac{\varphi(1-2\lambda_P B_P)-nB_P\alpha^2k^2}{n\left[2\varphi(1-\lambda_P B_P)-nB_P\alpha^2k^2\right]}\sum_{i=1}^{n}(a_i-w_b)\right\},$$

$$\Pi_i^{PS*}=\frac{B_P(1-\lambda_P)}{2}\left\{a_i-w_b-\frac{\varphi(1-2\lambda_P B_P)-nB_P\alpha^2k^2}{n\left[2\varphi(1-\lambda_P B_P)-nB_P\alpha^2k^2\right]}\sum_{i=1}^{n}(a_i-w_b)\right\}^2;$$

(4)平台的最优批发价格w^{PS*}和利润Π_0^{PS*}分别为：

$$w^{PS*}=\frac{\varphi(1-2\lambda_P B_P)}{n\left[2\varphi(1-\lambda_P B_P)-nB_P\alpha^2k^2\right]}\sum_{i=1}^{n}(a_i-w_b)+w_b,$$

$$\Pi_P^{PS*}=\frac{B_P\varphi}{2\left[2\varphi(1-\lambda_P B_P)-nB_P\alpha^2k^2\right]}\sum_{i=1}^{n}(a_i-w_b)^2;$$

其中，$B_P=\eta/\left[2\eta-(1-\lambda_P)\gamma^2\right]$。

证明：根据引理3-3，令$\partial\Pi_i^{PS}/\partial p_1=\cdots=\partial\Pi_i^{PS}/\partial p_n=0$和$\partial\Pi_i^{PS}/\partial e_1=\cdots=\partial\Pi_i^{PS}/\partial e_n=0$，联立得：

$$e_i^{PS}=\frac{B_P\gamma}{\eta}(a_i+\alpha ks-w) \tag{3-22}$$

$$p_i^{PS}=B_P(a_i+\alpha ks-w)+w \tag{3-23}$$

均衡解如下：

$$s^{PS*}=\frac{B_P\alpha k}{2\varphi(1-\lambda_P B_P)-nB_P\alpha^2k^2}\sum_{i=1}^{n}(a_i-w_b),$$

$$w^{PS*}=\frac{\varphi(1-2\lambda_P B_P)}{n\left[2\varphi(1-\lambda_P B_P)-nB_P\alpha^2k^2\right]}\sum_{i=1}^{n}(a_i-w_b)+w_b,$$

$$e_i^{PS*}=\frac{B_P\gamma(1-\lambda_P)}{\eta}\left\{a_i-w_b-\frac{\varphi(1-2\lambda_P B_P)-nB_P\alpha^2k^2}{n\left[2\varphi(1-\lambda_P B_P)-nB_P\alpha^2k^2\right]}\sum_{i=1}^{n}(a_i-w_b)\right\},$$

$$p_i^{PS*}=B_P(a_i-w_b)+\frac{\varphi(1-B_P)(1-2\lambda_P B_P)+nB_P^2\alpha^2k^2}{n\left[2\varphi(1-\lambda_P B_P)-nB_P\alpha^2k^2\right]}\sum_{i=1}^{n}(a_i-w_b)+w_b。$$

零售商的需求为：

$$D_i^{\mathrm{PS}*}=B_{\mathrm{P}}\left\{a_i-w_{\mathrm{b}}-\frac{\varphi\left(1-2\lambda_{\mathrm{P}}B_{\mathrm{P}}\right)-nB_{\mathrm{P}}\alpha^2k^2}{n\left[2\varphi\left(1-\lambda_{\mathrm{P}}B_{\mathrm{P}}\right)-nB_{\mathrm{P}}\alpha^2k^2\right]}\sum_{i=1}^{n}\left(a_i-w_{\mathrm{b}}\right)\right\}$$

将上述式子代入式(3-20)和式(3-21)可得：

$$\Pi_i^{\mathrm{PS}*}=\frac{B_{\mathrm{P}}\left(1-\lambda_{\mathrm{P}}\right)}{2}\left\{a_i-w_{\mathrm{b}}-\frac{\varphi\left(1-2\lambda_{\mathrm{P}}B_{\mathrm{P}}\right)-nB_{\mathrm{P}}\alpha^2k^2}{n\left[2\varphi\left(1-\lambda_{\mathrm{P}}B_{\mathrm{P}}\right)-nB_{\mathrm{P}}\alpha^2k^2\right]}\sum_{i=1}^{n}\left(a_i-w_{\mathrm{b}}\right)\right\}^2,$$

$$\Pi_{\mathrm{P}}^{\mathrm{PS}*}=\frac{B_{\mathrm{P}}\varphi}{2\left[2\varphi\left(1-\lambda_{\mathrm{P}}B_{\mathrm{P}}\right)-nB_{\mathrm{P}}\alpha^2k^2\right]}\sum_{i=1}^{n}\left(a_i-w_{\mathrm{b}}\right)^2$$ 。**证毕！**

需要指出的是，PS契约和RS契约下的均衡解除了批发价格外，其他的表达式形式都一样，如数据赋能水平、销售努力。因此，PS契约下的最优数据赋能水平、销售努力和市场需求具有命题3-5分析中RS契约下的相关性质。在PS契约下，每个平台供应链成员的利润随着PDE成本系数的增加而增加。因此，平台应该提高数据赋能水平，使整条平台供应链受益。

推论3-4 $s^{X*}(n)>s^{X*}(n-1), X^*=DC, RS, PS$。

证明：

通过

$$s_{i=n}^{\mathrm{PS}*}-s_{i=n-1}^{\mathrm{PS}*}=\frac{B_{\mathrm{P}}\alpha k\sum_{i=1}^{n}\left(a_i-w_{\mathrm{b}}\right)}{2\varphi\left(1-\lambda_{\mathrm{P}}B_{\mathrm{P}}\right)-nB_{\mathrm{P}}\alpha^2k^2}-\frac{B_{\mathrm{P}}\alpha k\sum_{i=1}^{n-1}\left(a_i-w_{\mathrm{b}}\right)}{2\varphi\left(1-\lambda_{\mathrm{P}}B_{\mathrm{P}}\right)-(n-1)B_{\mathrm{P}}\alpha^2k^2},$$

由于 $2\varphi\left(1-\lambda_{\mathrm{P}}B_{\mathrm{P}}\right)-nB_{\mathrm{P}}\alpha^2k^2<2\varphi\left(1-\lambda_{\mathrm{P}}B_{\mathrm{P}}\right)-(n-1)B_{\mathrm{P}}\alpha^2k^2$，可知 $s_{i=n}^{\mathrm{PS}*}>s_{i=n-1}^{\mathrm{PS}*}$。

同样可得 $s_{i=n}^{\mathrm{DC}*}>s_{i=n-1}^{\mathrm{DC}*}$ 和 $s_{i=n}^{\mathrm{RS}*}>s_{i=n-1}^{\mathrm{RS}*}$。**证毕！**

推论3-4表明，在DC、RS和PS情境下，平台的PDE水平会随着零售商数量的增加而增加，因此PDE的成本也随之增加。当一个新的零售商加入平台时，意味着市场基础规模的扩大，适当提高PDE水平有助于提高平台的盈利能力和零售商运用数据的能力。此外，零售商为了获得更多的利润，也会提高销售努力水平，这也将进一步促进消费者的需求。因此，平台的利润将会大幅增加，这不仅可以抵消PDE成本的增加，也能够为平台带来额外的利润。

推论3-5 如果$a_{i-1}<a_i$，则$e_{i-1}^{X^*}<e_i^{X^*}$且$\Pi_{i-1}^{X^*}<\Pi_i^{X^*}$，$X^*=DC,RS,PS$。

证明：$e_i^{DC^*}-e_{i-1}^{DC^*}=\dfrac{A\gamma}{\eta}(a_i-a_{i-1})$，由于$a_i>a_{i-1}$，可知$e_i^{DC^*}-e_{i-1}^{DC^*}>0$。同样可得$e_i^{PS^*}>e_{i-1}^{PS^*}$和$e_i^{RS^*}>e_{i-1}^{RS^*}$。通过同样的方法，我们可知$\Pi_{i-1}^{X^*}<\Pi_i^{X^*}$，此时$X^*=DC,RS,PS$，**证毕!**

由推论3-5中可知，在每个情境中，零售商i的最优销售努力水平和利润都随着需求规模a_i的增加而增加。当市场上的需求规模较大时，零售商需要付出更高的销售努力水平才能吸引更多的消费者。一方面，需求规模的扩大导致销售努力成本的增加。另一方面，需求规模的扩大也为零售商带来更多的收入。在扣除成本后，推论3-5意味着需求规模的扩大可以增加零售商的利润。也就是说，当需求规模扩大时，零售商应该投入更多的销售努力以增加利润。此外，平台应选择需求规模更大的零售商，因为他们愿意提供更高的销售努力水平。

第四节 数值分析

前文分析了不同情境下供应链成员的决策均衡，但部分模型均衡解的表达式较为复杂，很难得到直观结论，因此本节通过算例来进一步分析重要的参数对供应链成员决策的作用，以及对供应链成员利润的影响。除了批发价格决策，RS契约下的均衡解与PS契约下的均衡解具有相同的形式。接下来用一个RS契约的数值例子来说明前文的一些结论。根据企业的实际情况对各参数进行赋值，$\varphi=6$，$k=0.5$，$\alpha=0.5$，$w_b=0.3$。

一、零售商数量n对供应链成员利润的影响

这里用算例分析零售商数量n对平台供应链成员利润的影响。设定$\alpha_i=1$，$\eta=0,06$，$\gamma=0.2$，$\lambda_R=0.18$，零售商数量n以10为增量在[50，150]范围内变化，如图3-2所示。

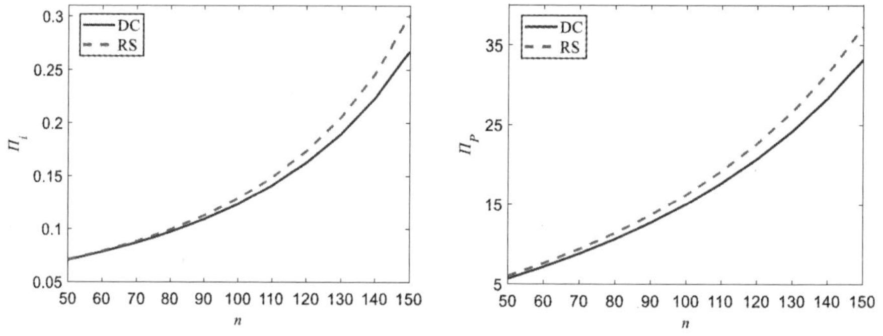

(a) (b)

图3-2 零售商数量对供应链成员利润的影响

命题3-2说明了集中决策下供应链的利润随零售商数量的增加而增加。图3-2的(a)和(b)表示在DC和RS情境下零售商的数量对零售商的利润和平台利润的影响。我们可以发现，零售商的利润和平台利润都随着零售商数量n的增加而增加。由图3-2(a)可以看出，平台上零售商越多，零售商越愿意加入，从而说明了网络效应的存在。同时，平台也会从中受益。在这种情况下，RS契约下供应链成员的利润要优于DC情境。

由图3-2的(a)和(b)可以看出，随着平台上零售商数量的增加，零售商和平台都可以受益。这是因为随着零售商数量的增加，平台数据源增加，这使得平台能够提升零售商运用数据的能力，帮助他们更准确地把握客户需求，增加销售量。因此，随着平台上零售商数量的增加，平台提供与零售商分享收入或利润的契约，这对双方都是有利的。此外，平台应努力推动更多的线下零售商接受平台数据赋能，以获得更多的利润。

二、销售努力对需求影响系数γ对供应链成员利润的影响

这里用算例分析销售努力对需求影响系数g对供应链成员利润的影响。假设$a_i=1, n=100, \eta=0.06, \lambda_R=0.18$，销售努力对需求影响系数$g$以0.04为增量在[0.1,0.27]范围内变化，如图3-3所示。

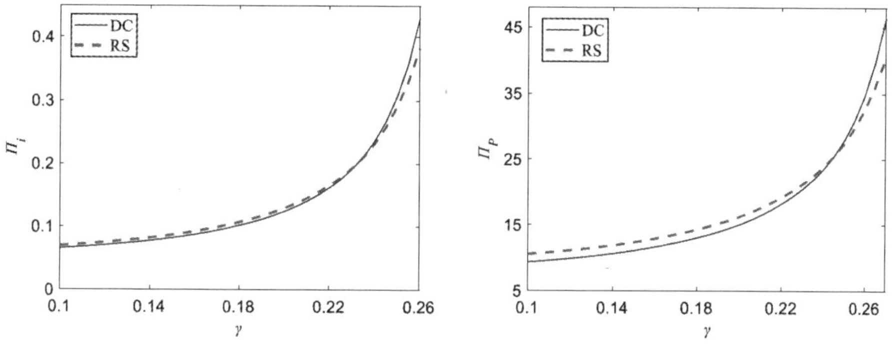

(a)　　　　(b)

图3-3　销售努力对需求影响系数γ对供应链成员利润的影响

图3-3的(a)和(b)分别表示销售努力对需求影响系数γ对零售商利润和平台利润的影响。我们可以看到，零售商和平台的利润都随着γ的增大而增加。这是因为零售商的需求受到γ的积极影响。γ越大，零售商销售努力越大。图3-3(a)表明，零售商的利润和收益共享比例有关，当γ在[0.1,0.26]内时，零售商的最优利润从RS情境逐渐变为DC情境。图3-3的(b)表明，当$\gamma>0.24$时，平台利润在DC情境下要高于RS情境。特别地，如果$\gamma=0.24$，不同情境下利润是相等的。

为了了解不对称的市场规模对每个零售商利润的影响，我们将通过数值模拟分析以下算例。假设市场规模以1%的增量在[0.8,1.8]范围内变化。为了探讨不对称的市场规模对利润的影响，我们选择了三个具有代表性的零售商，其市场规模分别为0.8(最小规模)、1.3(中等规模)、1.8(最大规模)。假设$\lambda_R=0.18$和$\lambda_P=0.38$，且$\lambda_P>\lambda_R$恒成立。

由图3-4(a)可知，随着市场需求规模的减少，DC情境和RS情境的零售商利润曲线将会相交。也就是说，当销售努力系数小于某个值时，需求规模较低的零售商会更倾向于RS情境而非DC情境。这是因为PDE对于不同需求规模的零售商利润的影响是不一样的，平台数据赋能对于需求规模小的零售商有更大的帮助。因此，零售商的收益共享有利于提高PDE水平，从而大大提高他们的收入。由此我们可以发现，当市场需求规模较小时，零售商愿意选择RS契约。相反，对于需求规模较高的零售商而言，PDE对于市场需求的影响相对较小，那么平台对提高零售商收入的作用就小。因此，高需求规模的零售商不会选择与平台共享收益，而是选择DC情境。比较DC情境和PS情境也有类似的解释，见图3-4(b)。

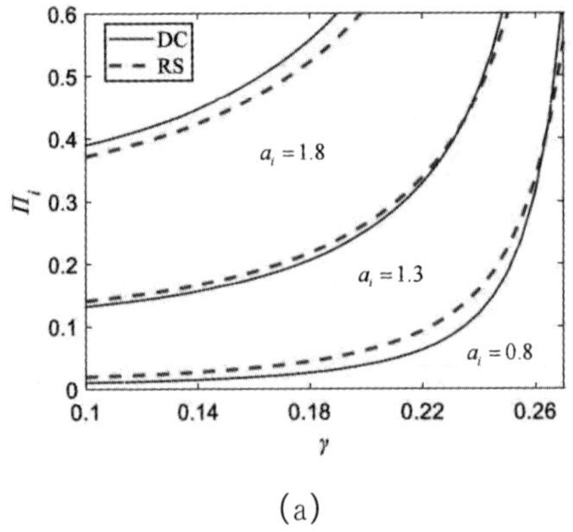

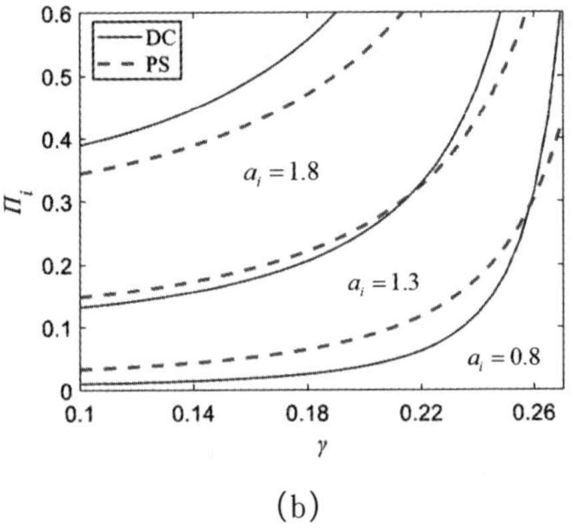

图3-4　市场需求规模a_i对零售商利润的影响

四、λ_R和λ_P对RS和PS契约下批发价格的影响

下面用算例来说明λ_R和λ_P对RS和PS下批发价格的影响。本节设定$a_i=1,\gamma=0.2,n=50,\eta=0.6$，分担比例$\lambda$以0.1为增量在[0,1]范围内变化，如　图3-5所示。

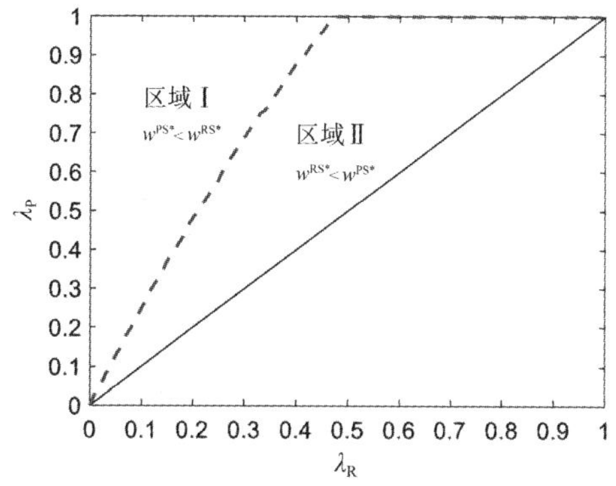

图3-5　λ_P, λ_R对RS和PS契约下批发价格的影响

由命题3-6可知，除批发价格外，RS情境和PS情境下的均衡解形式相似，批发价格具有调节作用。比较DC、RS和PS情境下的批发价格，可以知道DC情境的批发价格高于RS和PS情境的批发价格。这是因为零售商采用RS和PS契约将收入(利润)的一部分分享给上游平台，从而获得比DC情境更低的批发价格。由图3-5进一步比较可知，在区域Ⅰ中，利润分享模式的最优批发价格低于收益共享模式的最优批发价格，即$w^{RS*} > w^{PS*}$；在区域Ⅱ中，收益共享的最优批发价格低于利润分享的最优批发价格，即$w^{RS*} < w^{PS*}$。

因此，零售商可以根据利润比例和收入分成比例来选择商品的批发价格。零售商若希望以最低批发价格进货，当利润(收益)分享系数在区域Ⅰ时应选择利润分享模式(PS)，在区域Ⅱ时应选择收益共享模式(RS)。

第五节　本章小结

本章探讨了一个平台和多个零售商之间的决策均衡，其中市场需求受到平台的数据赋能和零售商的销售努力的影响。平台需要决策批发价格和数据赋能的水平，而零售商需要决定销售努力和销售价格。

首先，本章研究了零售商愿意加入电商平台的条件，发现零售商的利润与其销售努力成本系数和销售努力对需求的影响有关。结果表明,当零售商的销售努力成本系数较低、销售努力对需求的影响较弱时,零售商应选择数据赋能从而加入平台,这意味着零售商的销售努力更有效率。

其次,本章研究了零售商数量对平台网络效应的影响。本章采用建模的方法研究了平台网络效应,发现零售商在平台上的数量越多,零售商获得的利润就越多,零售商也就更加有意愿加入平台。这也说明平台数据赋能是一种特殊的规模经济,即随着平台上零售商的增加,平台对单个零售商的边际成本可以忽略不计。因而,对于平台型企业来说,应努力推动更多线下零售商加入平台,以获取更多利润。

最后,本章还尝试在平台和零售商之间建立批发价格契约、收益共享契约和利润分享契约。当零售商的销售努力成本系数较低时,零售商在批发价格契约下的利润较高。当零售商的销售努力成本系数较高时,若收益(利润)比例在相同的范围内,相比于收益共享契约,平台的利润在利润分享契约下较高。

第四章　中介模式下考虑数据赋能的平台供应链决策机制

第三章讨论了在卖家模式下平台型企业进行数据赋能的供应链决策机制研究，本章则讨论与之相对应的另一种模式，即中介模式下平台型企业考虑数据赋能的供应链决策机制研究。在这种模式下，平台型企业甄选优质制造商，并允许制造商通过平台将产品以一定的价格销售给线下零售店，线下零售店再将产品销售给消费者。例如，阿里巴巴旗下的阿里零售通采用的就是这种模式，零售通平台充当了第三方交易中介的角色。由于平台向制造商提供数据赋能大大增加了其成本，因此平台会向制造商收取佣金以获取利润。例如，按照产品类别不同，天猫会收取商家在平台产品销售额的0.5%～5%作为佣金，京东则会收取3%～8%的佣金(李佩和魏航，2018)；类似地，亚马逊平台的卖家每卖出一件产品，就会向亚马逊支付一笔费用(Jiang et al.，2010)，苹果和谷歌也会向在App Store和谷歌Play上销售应用程序软件的供应商收取一定比例的费用。

然而，供应链各成员都在追寻自身利润的最大化，这容易导致双重边缘化，最终影响供应链的整体绩效(Donohue，2000)。因此，需要提出一个有效的协调机制对供应链成员的行为进行协调。在实践中，天猫每年会向商家收取3999元的技术服务费和佣金，这本质上是一份由两部分内容组成的合同。现有研究表明，平台可以通过两部分收费制合同更好地收取和分配商家费用(Reisinger，2014)。两部分收费制合同在零售市场和批发市场都很常见，并能很好地协调供应链(Corbett et al.,2004;Xu et al.,2016;Bai et al.,2017)。此外,有的企业还会采用成本分担合同。例如,城市拍档提供一系列服务和设施,帮助线下门店运营,并向其收取3000元押金,这实际上是线下零售门店分担了一部分平台数据赋能的成本。因此,本章将这两种合同应用于平台数据赋能中,探讨哪种合同更有利于协调平台供应链,从而达到帕累托改进。

基于此,本章主要探讨以下三个问题:(1)制造商在什么条件下愿意接受平台的数据赋能?(2)当制造商接受平台数据赋能后,平台为零售商付出的最佳数据赋能水平是多少?(3)制造商、电商平台和零售商之间采取什么样的协调机制能有效实现帕累托改进?为了解决这些问题,我们将博弈论的方法应用到供应链中,建立了传统供应链与平台数据赋能下的供应链的两种不同模型。在平台数据赋能的情境下,平台用数字技术赋能其他供应链成员,并产生数据赋能成本,而零售商和制造商都受益于数据赋能所带来的市场需求的增长。

第一节　不考虑平台的传统供应链(N)

本节考虑由一个制造商和n个独立零售商组成的单周期供应链博弈模型,他们均追求自身利益最大化。我们用下标m和i分别表示制造商和零售商。在本节中,零售商i在一个具有潜在市场规模a_i的本地市场中提供一种产品,其中$a_i>0$并且$A=\sum_{i=1}^{n}a_i$。零售商i面临的产品市场需求函数为$D_i=a_i-bp_i(i=1,2,\cdots,n)$,其中$b$为市场需求对价格的敏感系数,并且$b>0$。制造商的单位物流成本为$c_r$,其中$c_r<a_i$。在决策顺序中,制造商首先设定批发价$w$,零售商再决定售价$p_i(i=1,2,\cdots,n)$。

制造商的利润函数为:

$$\Pi_m=\sum_{i=1}^{n}(w-c_r)\left(a_i-bp_i\right),i=1,2,\cdots,n \tag{4-1}$$

零售商的利润函数为：

$$\Pi_i=(p_i-w)(a_i-bp_i),i=1,2,\cdots,n \tag{4-2}$$

引理4-1：在N模型下，产品的最优零售价格和最优批发价格分别是$p_i^{\mathrm{N}}=\frac{a_i}{2b}+\frac{A}{4nb}+\frac{c_{\mathrm{r}}}{4}$和$w^{\mathrm{N}}=\frac{A}{2nb}+\frac{c_{\mathrm{r}}}{2}$。

因此，零售商i的市场需求为$D_i^{\mathrm{N}}=\frac{a_i}{2}-\frac{A}{4n}-\frac{bc_{\mathrm{r}}}{4}$，零售商$i$的利润为$\Pi_i^{\mathrm{N}}=\frac{b}{4}(\frac{a_i}{b}-\frac{A}{2nb}-\frac{c_{\mathrm{r}}}{2})^2$，制造商$m$的利润为$\Pi_{\mathrm{m}}^{\mathrm{N}}=\frac{nb}{8}(\frac{A}{2nb}-c_{\mathrm{r}})^2$。

证明：对式(4-2)求关于零售价格p_i的二阶偏导，可得$\frac{\partial^2\Pi_{\mathrm{R}i}^{\mathrm{N}}}{\partial {p_i}^2}=-2b<0$，即存在唯一的$p_i$使得$\Pi_{\mathrm{R}i}^{\mathrm{N}}$取得最大值，由$\frac{\partial\Pi_{\mathrm{R}i}}{\partial p_i}=a_i-2bp_i+bw=0$，可得零售价格关于批发价格的反应函数为：

$$p_i=\frac{a_i}{2b}+\frac{w}{2} \tag{4-3}$$

将式(4-3)代入式(4-1)中，求关于批发价格w的二阶偏导，可得$\frac{\partial^2\Pi_{\mathrm{m}}}{\partial w^2}=-nb<0$，即制造商的利润是关于批发价格的严格凹函数。由$\frac{\partial\Pi_{\mathrm{m}}}{\partial w}=A-\frac{na_i+nbw}{2}-(w-c_{\mathrm{r}})nb\frac{1}{2}=0$可得，产品的最优批发价格为：

$$w^{\mathrm{N}}=\frac{A}{2nb}+\frac{c_{\mathrm{r}}}{2} \tag{4-4}$$

将式(4-4)代入式(4-3)中可得产品的最优零售价格为：$p_i^{\mathrm{N}}=\frac{a_i}{2b}+\frac{A}{4nb}+\frac{c_{\mathrm{r}}}{4}$。

将产品最优批发价格与零售价格分别代入需求函数、零售商i和制造商的利润函数可得，市场需求为$D_i^{\mathrm{N}}=\frac{a_i}{2}-\frac{A}{4n}-\frac{bc_{\mathrm{r}}}{4}$，零售商的最佳利润为$\Pi_{\mathrm{R}i}^{\mathrm{N}}=\frac{b}{4}(\frac{a_i}{b}-\frac{A}{2nb}-\frac{c_{\mathrm{r}}}{2})^2$，制造商$m$的利润为$\Pi_{\mathrm{m}}^{\mathrm{N}}=\frac{nb}{8}(\frac{A}{2nb}-c_{\mathrm{r}})^2$。**证毕！**

我们发现D_i^{N},Π_i^{N}和$\Pi_{\mathrm{m}}^{\mathrm{N}}$是关于单位物流成本$c_{\mathrm{r}}$的递减函数,这意味着如果制造商的单位物流成本降低,市场对产品的需求就会提高,制造商和零售商都会更有利可图。然而在现实中,生产企业的物流成本居高不下,尤其是一些中小企业,由于缺乏高效的物流配送体系,很难降低自身的物流成本。但如果平台强大的配送能力和成熟的物流体系能帮助制造商有效降低物流成本,制造商就有很强的动力与平台合作。

命题4-1:在N模型下,当$a_i=a$时,存在:

1. $\frac{\mathrm{d}p_i^{\mathrm{N}}}{\mathrm{d}n}=\frac{\mathrm{d}w^{\mathrm{N}}}{\mathrm{d}n}=\frac{\mathrm{d}D_i^{\mathrm{N}}}{\mathrm{d}n}=\frac{\mathrm{d}N_i^{\mathrm{N}}}{\mathrm{d}n}=0$;

2. $\frac{\mathrm{d}\Pi_{\mathrm{m}}^{\mathrm{N}}}{\mathrm{d}n}>0,\frac{\mathrm{d}^2\Pi_{\mathrm{m}}^{\mathrm{N}}}{\mathrm{d}n^2}=0$。

证明:当零售商基础市场相同时,$A=na_i$,对w^{N}、p_i^{N}、D_i^{N}、$\Pi_{\mathrm{R}i}^{\mathrm{N}}$求关于$n$的一阶导可得$\frac{\mathrm{d}p_i^{\mathrm{N}}}{\mathrm{d}n}=\frac{\mathrm{d}w^{\mathrm{N}}}{\mathrm{d}n}=\frac{\mathrm{d}D_i^{\mathrm{N}}}{\mathrm{d}n}=\frac{\mathrm{d}\Pi_{\mathrm{R}i}^{\mathrm{N}}}{\mathrm{d}n}=0$,对$\Pi_{\mathrm{m}}^{\mathrm{N}}$求关于$n$的一阶导和二阶导分别可得$\frac{\mathrm{d}\Pi_{\mathrm{m}}^{\mathrm{N}}}{\mathrm{d}n}=\frac{b}{8}(\frac{a}{b}-c_{\mathrm{r}})^2>0,\frac{\mathrm{d}^2\Pi_{\mathrm{m}}^{\mathrm{N}}}{\mathrm{d}n^2}=0$。**证毕!**

命题4-1表明,零售商的参与不会扩大产品的市场需求,因此利润不会上升。也就是说,当制造商选择传统供应链模式时,供应链成员无法通过网络效应来实现价值共创。

第二节　考虑平台赋能的供应链

与传统的单边市场相比,电子商务平台构建的双边市场就有可能借助双边关系产生网络效应,从而提升供应链成员的预期利润。当制造商通过平台向零售商分销产品时,平台数据赋能能够提高零售商的数据利用能力,这在一定程度上会影响市场需求。本节研究的接受赋能的零售店(如一些天猫店)位于欠发达地区的城市里,这些杂货店只覆盖特定的区域,因而彼此之间并不存在直接的竞争关系。由于进货渠道类似,因而它们出售的大多数产品都是同质的。正如Moon和Feng(2017)研究的由一个供应商和n个独立零售商组成的供应链一样,他们假设每个零售商都有自己的特定区域,彼此之间不存在价格和库存竞争。同样,Shao等(2011)研究了分散供应链中的转运激励,在分散供应链中,垄断者通过相同的零售商分销产品,零售商之间也是相互独立的。

本节假设市场需求是:

$$D_i = a_i - bp_i + \alpha k_i s, i = 1, 2, \cdots, n$$

其中,k_i和s分别表示零售商i的数据利用率和平台的数据赋能水平,$k_i \in [0,1]$,$s \in [0,1]$,并且$K = \sum_{i=1}^{n} k_i$,$A_s = \sum_{i=1}^{n} a_i^2$,$K_s = \sum_{i=1}^{n} k_i^2$,$K_a = \sum_{i=1}^{n} a_i k_i$。特别地,$k_i = 1$反映了零售商$i$充分利用了数据,因而零售商$i$使用数据的能力可以表示为$k_i s$。$\alpha$表示零售商$i$使用数据的能力对需求的影响系数,$\alpha > 0$。

若制造商接受平台数据赋能,其单位物流成本会降低到c_p。在实践中,平台拥有成熟的物流体系,能够帮助制造商降低物流成本,从而提升物流效率。比如,阿里巴巴的菜鸟网络,能够通过大数据资源精准掌握货物的情况,计算出最省力的运输路线,这不仅能降低制造商的运输成本,还可以提高天猫商家的运营效率。此外,与菜鸟合作的商家可以提前发货到其仓库,菜鸟提供两个月的免费保管服务,从而进一步降低了商家的物流成本。因此,我们假设$c_p \leqslant c_r$。

电商平台作为交易中介,会对平台上的商家销售额收取一定比例的费用(Wang et al.,2016)。相应地,本节假设平台向商家收取佣金率为R的费用。此外,平台付出的数据赋能成本为$\frac{1}{2}\varphi s^2$,其中φ是数据赋能成本系数,衡量平台数据赋能的效率。同时,假设$\varphi > \max\left\{\frac{\alpha^2 K_s}{2b}, \frac{R\alpha^2 K^2}{4nb\tau}\right\}$以保证市场需求的最优决策是非负的。在这里,平台数据赋能成本类似于广告努力成本(Giovanni,2011),它是通过开发电子商务平台的软件系统来提高零售商的数据分析能力而产生的,这种二次成本函数已被以前的文献广泛使用(Ali et al.,2018)。为了不失一般性,我们假设零售商i的边际成本和制造商的单位生产成本保持不变。进一步地,为了简化模型,我们将其归一化为零。在通常情况下,边际生产成本会被假定为常数(Li,2009;Palsule-Desai,2013)。

一、供应链分散决策(D)

在分散决策下,供应链各成员都寻求自身利润的最大化,称为模型D。作为Stackelberg的领导者,平台通过预测产品的批发价w和零售价p_i来决定平台数据赋能水平s。然后,制造商确定批发价w,并通过平台分销产品。零售商i则根据平台数据赋能水平s和批发价格w设定零售价格p_i,并将商品销售给顾客。

零售商i的利润函数为:

$$\Pi_i=(p_i-w)(a_i-bp_i+\alpha k_i s),i=1,2,\cdots,n \tag{4-5}$$

制造商的利润函数为:

$$\Pi_{\mathrm{m}}=\sum_{i=1}^{n}[(1-R)w-c_{\mathrm{p}}](a_i-bp_i+\alpha k_i s),i=1,2,\cdots,n \tag{4-6}$$

平台的利润函数为:

$$\Pi_{\mathrm{p}}=\sum_{i=1}^{n}Rw(a_i-bp_i+ak_i s)-\frac{1}{2}\varphi s^2,i=1,2,\cdots,n \tag{4-7}$$

引理4-2:在模型D中,供应链成员均衡解如下:

$$s^{\mathrm{D}}=\frac{RA\alpha K}{4nb\varphi-R\alpha^2K^2},p_i^{\mathrm{D}}=\frac{a_i}{2b}+\frac{c_{\mathrm{p}}}{4(1-R)}+\frac{2b\varphi+R\alpha^2Kk_i}{2b(4nb\varphi-R\alpha^2K^2)}A,$$

$$w^{\mathrm{D}}=\frac{2\varphi A}{4nb\varphi-R\alpha^2K^2}+\frac{c_{\mathrm{p}}}{2(1-R)}。$$

因此,市场需求为:$D_i^{\mathrm{D}}=\frac{a_i}{2}-\frac{bc_{\mathrm{p}}}{4(1-R)}-\frac{2b\varphi-R\alpha^2Kk_i}{2(4nb\varphi-R\alpha^2K^2)}A$,

零售商i的利润为:$\Pi_i^{\mathrm{D}}=b\left[\frac{a_i}{2b}-\frac{c_{\mathrm{p}}}{4(1-R)}-\frac{2b\varphi-R\alpha^2Kk_i}{2b(4nb\varphi-R\alpha^2K^2)}A\right]^2$,

制造商的最优利润为：$\Pi_{\mathrm{m}}^{\mathrm{D}}=\dfrac{nb}{2(1-R)}\left[\dfrac{2\varphi A(1-R)}{4nb\varphi-R\alpha^2K^2}-\dfrac{c_{\mathrm{p}}}{2}\right]^2$，

平台的最优利润为：$\Pi_{\mathrm{p}}^{\mathrm{D}}=\dfrac{\varphi RA^2}{2(4nb\varphi-R\alpha^2K^2)}-\dfrac{nbRc_{\mathrm{p}}^2}{8(1-R)^2}$。

证明：对式(4-5)求关于零售价格p_i的二阶偏导，由$\dfrac{\partial^2\Pi_{\mathrm{R}i}}{\partial p_i^2}=-2b<0$可得，零售商$i$的利润是关于零售价格的严格凹函数，由$\dfrac{\partial\Pi_{\mathrm{R}i}}{\partial p_i}=a_i+\alpha k_i s-2bp_i+bw=0$求解，可得零售商价格关于平台数据赋能水平$s$和批发价格$w$的反应函数为：

$$p_i=\frac{a_i+\alpha k_i s+bw}{2b} \tag{4-8}$$

将式(4-8)代入式(4-6)中，求关于批发价格的二阶偏导，由$\dfrac{\partial^2\Pi_{\mathrm{m}}}{\partial w^2}=-nb(1-R)<0$可得，制造商利润是关于批发价格的严格凹函数，由$\dfrac{\partial\Pi_{\mathrm{m}}}{\partial w}=0$可得批发价格关于平台数据赋能水平$s$的反应函数为：

$$w=\frac{A+\alpha k_i s}{2nb}+\frac{c_{\mathrm{p}}}{2(1-R)} \tag{4-9}$$

将式(4-8)和式(4-9)代入式(4-7)可得$\dfrac{\partial^2\Pi_{\mathrm{p}}}{\partial s^2}<0$，即平台利润是关于数据赋能水平的严格凹函数，由$\dfrac{\partial\Pi_{\mathrm{p}}}{\partial s}=0$可得，平台最优数据赋能水平为：

$$s^{\mathrm{D}}=\frac{RA\alpha K}{4nb\varphi-R\alpha^2K^2} \tag{4-10}$$

将式(4-10)分别代入式(4-8)和式(4-9)中可得最优零售价格和最优批发价格分别为：$w^{\mathrm{D}}=\dfrac{2\varphi A}{4nb\varphi-R\alpha^2K^2}+\dfrac{c_{\mathrm{p}}}{2(1-R)}$和$p_i^{\mathrm{D}}=\dfrac{a_i}{2b}+\dfrac{c_{\mathrm{p}}}{4(1-R)}+\dfrac{2b\varphi+R\alpha^2Kk_i}{2b(4nb\varphi-R\alpha^2K^2)}A$。

将最优决策分别代入市场需求及利润函数中可求得：$D_i^{\mathrm{D}}=\frac{a_i}{2}-\frac{bc_{\mathrm{p}}}{4(1-R)}-\frac{2b\varphi-R\alpha^2Kk_i}{2(4nb\varphi-R\alpha^2K^2)}A$，$\Pi_{\mathrm{R}i}^{\mathrm{D}}=b(\frac{a_i}{2b}-\frac{c_{\mathrm{p}}}{4(1-R)}-\frac{2b\varphi-R\alpha^2Kk_i}{2b(4nb\varphi-R\alpha^2K^2)}A)^2$，$\Pi_{\mathrm{m}}^{\mathrm{D}}=\frac{nb}{2(1-R)}(\frac{2\varphi A(1-R)}{4nb\varphi-R\alpha^2K^2}-\frac{c_{\mathrm{p}}}{2})^2$，$\Pi_{\mathrm{p}}^{\mathrm{D}}=\frac{\varphi RA^2}{2(4nb\varphi-R\alpha^2K^2)}-\frac{nbRc_{\mathrm{p}}^2}{8(1-R)^2}$

证毕！

我们发现，平台数据赋能水平s^{D}、零售价格p_i^{D}和批发价格w^{D}都随着佣金率R的增加而增加。这是因为，当制造商需要向平台支付高额佣金时，平台就有动力增加数据赋能投入。同时，制造商为了确保自己的利润，会提高批发价，而批发价的上涨又会导致零售商提高零售价格以最大化其收益。

命题4-2：在模型D中，当$a_i=a$、$k_i=k$时，各成员的均衡决策与利润存在如下关系：

$\frac{\mathrm{d}p_i^D}{\mathrm{d}n}>0$，$\frac{\mathrm{d}^2p_i^D}{\mathrm{d}n^2}>0$；$\frac{\mathrm{d}s^D}{\mathrm{d}n}>0$，$\frac{\mathrm{d}^2s^D}{\mathrm{d}n^2}>0$；

$\frac{\mathrm{d}w^{\mathrm{D}}}{\mathrm{d}n}>0$，$\frac{\mathrm{d}^2w^{\mathrm{D}}}{\mathrm{d}n^2}>0$；$\frac{\mathrm{d}D_i^{\mathrm{D}}}{\mathrm{d}n}>0$，$\frac{\mathrm{d}^2D_i^{\mathrm{D}}}{\mathrm{d}n^2}>0$；

$\frac{\mathrm{d}\Pi_i^{\mathrm{D}}}{\mathrm{d}n}>0$；当$n<n_1^{\mathrm{D}}$时，$\frac{\mathrm{d}^2\Pi_i^{\mathrm{D}}}{\mathrm{d}n^2}<0$，否则$\frac{\mathrm{d}^2\Pi_i^{\mathrm{D}}}{\mathrm{d}n^2}>0$；

$\frac{\mathrm{d}\Pi_{\mathrm{m}}^{\mathrm{D}}}{\mathrm{d}n}>0$；当$n<n_2^{\mathrm{D}}$时，$\frac{\mathrm{d}^2\Pi_{\mathrm{m}}^{\mathrm{D}}}{\mathrm{d}n^2}<0$，否则$\frac{\mathrm{d}^2\Pi_{\mathrm{m}}^{\mathrm{D}}}{\mathrm{d}n^2}>0$；

当$n<n_3^{\mathrm{D}}$时，$\frac{\mathrm{d}\Pi_{\mathrm{p}}^{\mathrm{D}}}{\mathrm{d}n}<0$，否则$\frac{\mathrm{d}\Pi_{\mathrm{p}}^{\mathrm{D}}}{\mathrm{d}n}>0$；$\frac{\mathrm{d}^2\Pi_{\mathrm{p}}^{\mathrm{D}}}{\mathrm{d}n^2}>0$

证明：当$a_i=a$、$k_i=k$时，即$A=na$、$K=nk$。

(1)分别对最优决策、市场需求，可得：

$\frac{\mathrm{d}p_i^{\mathrm{D}}}{\mathrm{d}n}=\frac{3R\varphi a\alpha^2k^2}{(4b\varphi-nR\alpha^2k^2)^2}>0$，$\frac{\mathrm{d}^2p_i^{\mathrm{D}}}{\mathrm{d}n^2}=\frac{6R^2\varphi a\alpha^4k^4}{(4b\varphi-nR\alpha^2k^2)^3}>0$，

$\frac{\mathrm{d}s^{\mathrm{D}}}{\mathrm{d}n}=\frac{4R\varphi ab\alpha k}{(4b\varphi-nR\alpha^2k^2)^2}>0$、$\frac{\mathrm{d}^2s^{\mathrm{D}}}{\mathrm{d}n^2}=\frac{8R^2\varphi ab\alpha^3k^3}{(4b\varphi-nR\alpha^2k^2)^3}>0$，

$$\frac{\mathrm{d}w^{\mathrm{D}}}{\mathrm{d}n}=\frac{2R\varphi a\alpha^2k^2}{(4b\varphi-nR\alpha^2k^2)^2}>0,\frac{\mathrm{d}^2w^{\mathrm{D}}}{\mathrm{d}n^2}=\frac{4R^4\varphi a\alpha^4k^4}{(4b\varphi-nR\alpha^2k^2)^3}>0,$$

$$\frac{\mathrm{d}D_i^{\mathrm{D}}}{\mathrm{d}n}=\frac{R\varphi ab\alpha^2k^2}{(4b\varphi-nR\alpha^2k^2)^2}>0,\frac{\mathrm{d}^2D_i^{\mathrm{D}}}{\mathrm{d}n^2}=\frac{2R^2\varphi ab\alpha^4k^4}{(4b\varphi-nR\alpha^2k^2)^3}>0;$$

(2) $\frac{\mathrm{d}\Pi_{Ri}^{\mathrm{D}}}{\mathrm{d}n}=\frac{R\varphi a\alpha^2k^2}{(4b\varphi-nR\alpha^2k^2)^2}\left[a-\frac{bc_{\mathrm{p}}}{2(1-R)}-\frac{a(2b\varphi-nR\alpha^2k^2)}{4b\varphi-nR\alpha^2k^2}\right]$，根据需求表达式可得 $\frac{a}{2}-\frac{bc_{\mathrm{p}}}{4(1-R)}-\frac{a(2b\varphi-nR\alpha^2k^2)}{2(4b\varphi-nR\alpha^2k^2)}>0$，因此 $\frac{\mathrm{d}\Pi_{Ri}^{\mathrm{D}}}{\mathrm{d}n}>0$；$\frac{\mathrm{d}^2\Pi_{Ri}^{\mathrm{D}}}{\mathrm{d}n^2}=\frac{2R^2\varphi ab\alpha^4k^4}{(4b\varphi-nR\alpha^2k^2)^4}\left[3a\varphi-\frac{c_{\mathrm{p}}(4b\varphi-nR\alpha^2k^2)}{2(1-R)}\right]$，当 $n>\frac{4b\varphi}{R\alpha^2k^2}-\frac{6a\varphi(1-R)}{c_{\mathrm{p}}R\alpha^2k^2}$ 时，$\frac{\mathrm{d}^2\Pi_{\mathrm{R}i}^{\mathrm{D}}}{\mathrm{d}n^2}>0$；当 $n<\frac{4b\varphi}{R\alpha^2k^2}-\frac{6a\varphi(1-R)}{c_{\mathrm{p}}R\alpha^2k^2}$ 时，$\frac{\mathrm{d}^2\Pi_{\mathrm{R}i}^{\mathrm{D}}}{\mathrm{d}n^2}<0$；

(3) $\frac{\mathrm{d}\Pi_{\mathrm{m}}^{\mathrm{D}}}{\mathrm{d}n}=\frac{2b}{1-R}\left[\frac{\varphi a(1-R)}{4b\varphi-nR\alpha^2k^2}-\frac{c_{\mathrm{p}}}{4}\right]\left[\frac{\varphi a(1-R)}{4b\varphi-nR\alpha^2k^2}(1+\frac{2nR\alpha^2k^2}{4b\varphi-nR\alpha^2k^2})-\frac{c_{\mathrm{p}}}{4}\right]$，因为 $\left[\frac{\varphi a(1-R)}{4b\varphi-nR\alpha^2k^2}-\frac{c_{\mathrm{p}}}{4}\right]^2>0$，且 $1+\frac{2nR\alpha^2k^2}{4b\varphi-nR\alpha^2k^2}>1$，因此 $\frac{\mathrm{d}\Pi_{\mathrm{m}}^{\mathrm{D}}}{\mathrm{d}n}>0$；

$\frac{\mathrm{d}^2\Pi_{\mathrm{m}}^{\mathrm{D}}}{\mathrm{d}n^2}=4Rab\alpha^2k^2\varphi^2\frac{a(1-R)(8b\varphi+nR\alpha^2k^2)-2bc_{\mathrm{p}}(4b\varphi-nR\alpha^2k^2)}{(4b\varphi-nR\alpha^2k^2)^4}$，当 $n>\frac{8b^2\varphi c_{\mathrm{p}}-8ab\varphi(1-R)}{2Rb\alpha^2k^2c_{\mathrm{p}}+Ra\alpha^2k^2(1-R)}$ 时，$\frac{\mathrm{d}^2\Pi_{\mathrm{m}}^{\mathrm{D}}}{\mathrm{d}n^2}>0$，当 $n<\frac{8b^2\varphi c_{\mathrm{p}}-8ab\varphi(1-R)}{2Rb\alpha^2k^2c_{\mathrm{p}}+Ra\alpha^2k^2(1-R)}$ 时，$\frac{\mathrm{d}^2\Pi_{\mathrm{m}}^{\mathrm{D}}}{\mathrm{d}n^2}<0$；

(4) $\frac{\mathrm{d}\Pi_{\mathrm{p}}^{\mathrm{D}}}{\mathrm{d}n}=2bR\left[(\frac{\varphi a}{4b\varphi-nR\alpha^2k^2})^2-(\frac{c_{\mathrm{p}}}{4(1-R)})^2\right]$，当 $n>\frac{4b\varphi}{R\alpha^2k^2}-\frac{4a\varphi(1-R)}{c_{\mathrm{p}}R\alpha^2k^2}$ 时，$\frac{\mathrm{d}\Pi_{\mathrm{p}}^{\mathrm{D}}}{\mathrm{d}n}>0$；当 $n<\frac{4b\varphi}{R\alpha^2k^2}-\frac{4a\varphi(1-R)}{c_{\mathrm{p}}R\alpha^2k^2}$ 时，$\frac{\mathrm{d}\Pi_{\mathrm{p}}^{\mathrm{D}}}{\mathrm{d}n}<0$；

$$\frac{\mathrm{d}^2 \Pi_{\mathrm{P}}^{\mathrm{D}}}{\mathrm{d}n^2}=\frac{4bR^2\varphi^2 a^2\alpha^2 k^2}{(4b\varphi-nR\alpha^2 k^2)^3}>0$$。**证毕！**

命题4-2表明，当零售商数量增加时，平台数据赋能水平s^{D}、零售价格p_i^{D}和批发价格w^{D}会增加，零售商、制造商和平台的利润也会增加。这是因为，越来越多的零售商参与到平台供应链中，会吸引有意愿与平台合作的制造商，因为这能够让他们接触到更多的客户，并使平台的利润也得到提升。因此，平台会倾向于提高数据赋能的投入，以帮助零售商准确把握客户需求，提高销售额。反过来，制造商的收入增加，支付给平台的佣金也会增加，这抵消了平台付出更高的数据赋能水平而增加的成本，平台的收入也会得以增加。这意味着，平台型企业应该努力吸引更多的零售商加入，以增强网络效应，使利润得以提升。

我们根据上述结论，通过仿真来展示网络效应。根据假设和实际情况，基本参数值分配如下：$a_i=10000$，$b=1000$，$\alpha=10$，$k=0.5$，$c_{\mathrm{r}}=2$，$c_{\mathrm{p}}=1.5$，$R=0.1$，$\varphi=10$，其中$\varphi>\frac{\alpha^2 K_{\mathrm{s}}}{2b}$。

从图4-1中我们发现，在模型D中，供应链成员的利润随着零售商数量n的增加而增加，这进一步证明了同边和跨边网络效应的存在。也就是说，加入平台的零售商越多，对整条供应链及供应链中的每个成员都越有利。同时，图4-1表明制造商和零售商的利润随着n的增加而有较快增加，而平台的利润虽然也保持上升但速度较慢。这表明网络效应更有利于平台的双边成员。

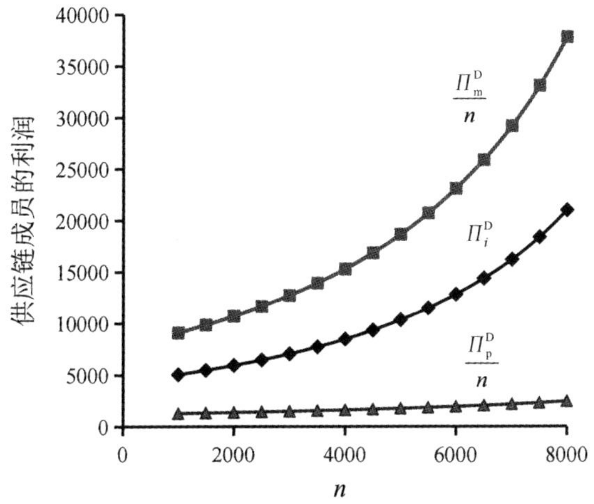

图4-1　零售商数量对供应链成员利润的影响

命题4-3:通过比较模型N和模型D可以得出,制造商接受平台数据赋能的条件是:

如果$\alpha>\alpha_1$,则$\Pi_m^D>\Pi_m^N$,否则$\Pi_m^D<\Pi_m^N$;

如果$\alpha>\alpha_2$,则$\Pi_i^D>\Pi_i^N$,否则$\Pi_i^D>\Pi_i^N$,

其中,$\alpha_1=\sqrt{\frac{4nb\varphi}{RK^2}\left(1-\frac{(1-R)A}{\sqrt{1-R}\,(A-nbc_r)+nbc_p}\right)}$,

$$\alpha_2=\frac{2nb}{RK}\sqrt{\frac{RK\varphi(c_p-c_r+Rc_r)}{nbc_pK-(1-R)(AK-2nk_iA+nbc_rK)}}。$$

如果$R\leqslant1-\frac{c_p^2}{c_r^2}$且$n>n_4^D$,则$\alpha_1>0$,否则$\alpha_1=0$;

如果$R\leqslant1-\frac{c_p}{c_r}$且$n>n_5^D$,则$\alpha_2>0$,否则$\alpha_2=0$。

证明:$\Pi_m^D-\Pi_m^N=\frac{nb}{2(1-R)}\left[\frac{2\varphi A(1-R)}{4nb\varphi-R\alpha^2K^2}-\frac{c_p}{2}\right]^2-\frac{nb}{8}\left(\frac{A}{nb}-c_r\right)^2$,当

$\alpha^2>\frac{4nb\varphi}{RK^2}\left[1-\frac{(1-R)A}{\sqrt{1-R}\,(A-nbc_r)+nbc_p}\right]$时,$\Pi_m^D>\Pi_m^N$,否则$\Pi_m^D<\Pi_m^N$;

$$\Pi_{Ri}^{D}-\Pi_{Ri}^{N}=\frac{b}{4}\left[\frac{a_i}{b}-\frac{c_p}{2(1-R)}-\frac{2\varphi b-R\alpha^2Kk_i}{b(4nb\varphi-R\alpha^2K^2)}A\right]^2-\frac{b}{4}\left(\frac{a_i}{b}-\frac{A}{2nb}-\frac{c_r}{2}\right)^2$$

，因为需求函数的非负性，所以 $\frac{a_i}{b}-\frac{c_p}{4(1-R)}-\frac{2\varphi b-R\alpha^2Kk_i}{b(4nb\varphi-R\alpha^2K^2)}A>0$，所以 $\frac{a_i}{b}-\frac{c_p}{2(1-R)}-\frac{2\varphi b-R\alpha^2Kk_i}{b(4nb\varphi-R\alpha^2K^2)}A>0$。同样地，因为 $D_i^N=\frac{a_i}{2}-\frac{A}{4n}-\frac{bc_r}{4}>0$，所以 $\frac{a_i}{2}-\frac{A}{2nb}-\frac{bc_r}{2}>0$，因此，当 $\left[\frac{a_i}{b}-\frac{c_p}{2(1-R)}-\frac{2\varphi b-R\alpha^2Kk_i}{b(4nb\varphi-R\alpha^2K^2)}A\right]-\left(\frac{a_i}{b}-\frac{A}{2nb}-\frac{c_r}{2}\right)>0$，即 $\alpha>\frac{2nb}{RK}\sqrt{\frac{RK\varphi(c_p-c_r+Rc_r)}{nbc_pK-(1-R)(AK-2nk_iA+nbc_rK)}}$ 时，$\Pi_{Ri}^{D}>\Pi_{Ri}^{N}$，否则，$\Pi_{Ri}^{D}<\Pi_{Ri}^{N}$。

证毕!

命题4-3说明：首先，如果平台数据赋能足够好并且有效地增加了产品的市场需求，即 $\alpha>\alpha_1$，那么制造商会倾向于接受电商平台的数据赋能。其次，如果平台能够通过其成熟的物流系统帮助制造商降低物流成本，即使其数据赋能对市场需求的影响不是那么大，制造商也会更愿意加入该平台。这凸显了强大物流系统的重要性，即平台的物流体系越成熟，越有可能吸引制造商的加入。此外，如果平台有效地扩大了市场需求，零售商将更愿意接受其数据赋能。因此，平台型企业最好大幅提高其数据赋能对需求的正面效应，这样才能吸引更多的零售商加入其中。

接下来，我们分析一些重要参数对供应链成员利润的影响。首先，我们讨论零售商使用数据的能力对需求的影响系数 α 和佣金率 R 如何影响零售商的利润。

图4-2显示了三个区域的供应链成员利润。阈值 $\hat{R}^D$ 满足 $\Pi_i^D(\hat{R}^D)=\Pi_i^N(\hat{R}^D)$，阈值 $\tilde{R}^D$ 满足 $\Pi_m^D(\tilde{R}^D)=\Pi_m^N(\tilde{R}^D)$。在区域Ⅰ中，制造商和零售商的

利润都高于传统供应链的利润，即可以实现帕累托改进。此外，从区域Ⅰ可以看出，随零售商数据运用能力对市场需求的影响越来越大，该平台可以向制造商收取更高的佣金比例。以淘宝为例，淘宝小二（为淘宝商家提供服务支持的人）将全力帮助零售商提高数据运用能力，阿里巴巴也将组织各种活动，分享如何更好地利用数据提升市场需求的经验。当零售商数据运用能力对市场需求的影响很大时，该平台可以向制造商收取高佣金，同时实现供应链成员的帕累托改进。在区域Ⅱ，零售商的利润高于传统供应链下零售商的利润，而制造商的利润低于传统供应链下制造商的利润。而在区域Ⅲ中，制造商和零售商的利润都低于传统供应链的利润，因此，只要平台数据赋能可以有效地扩大零售商的市场需求，并且对制造商收取不太高比例的佣金，他们会更愿意接受平台数据赋能，以获得更高的利润。此外，如果平台数据赋能的效果并不显著，但只要佣金较低，制造商也还是愿意加入的。

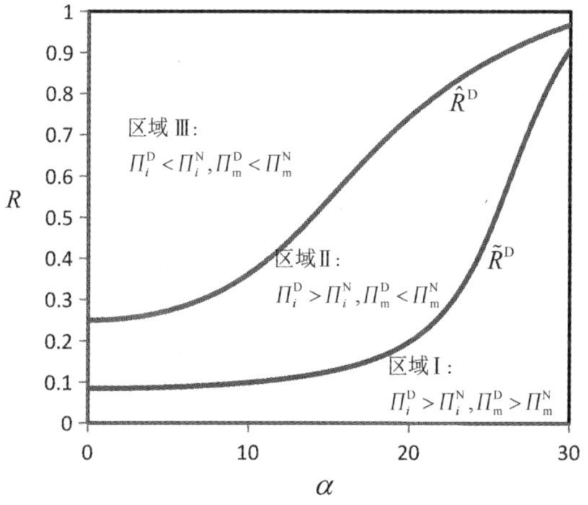

图4-2　α和R对零售商和制造商利润的影响

接下来，我们分析α和c_p对供应链成员利润的影响。图4-3显示，供应链成员的利润可以分为三个区域。阈值$\hat{c}_p^D$满足$\Pi_i^D(\hat{c}_p^D)=\Pi_i^N(\hat{c}_p^D)$，阈值$\tilde{c}_p^D$满足$\Pi_m^D(\tilde{c}_p^D)=\Pi_m^N(\tilde{c}_p^D)$。在区域Ⅲ中，当平台数据赋能的有效性较低，制造商的物流成本降低的幅度较少，因此零售商和制造商会继续选择传统供应链；在区域Ⅱ中,零售商的利润高于在传统供应链中的利润,但制造商的利润低于其在传统供应链中的利润,这是因为增加的销售额和较低的物流成本带来的额外收益无法补偿支付给平台的佣金。区域Ⅰ的情况与上述两个区域差异较大,此时平台数据赋能效果显著,制造商物流成本大幅降低,零售商和制造商都会倾向于接受平台数据赋能。在区域Ⅰ中,制造商的额外收益明显高于需要支付给平台的佣金,因而会选择接受平台数据赋能。

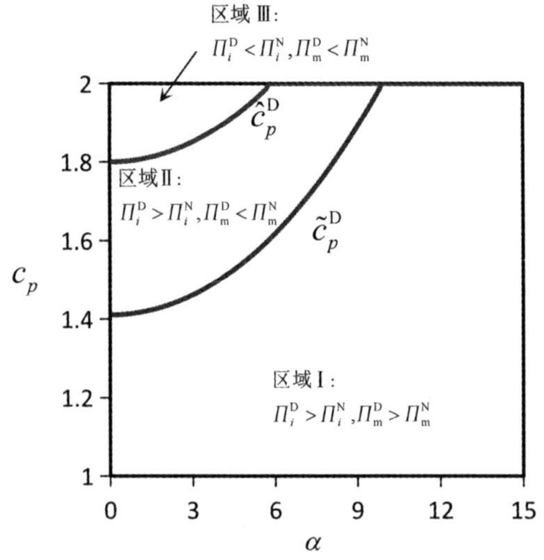

图4-3 α和c_p对零售商和制造商利润的影响

下面,我们研究不同情况下佣金率R和制造商单位物流成本c_p对供应链成员利润的影响。图4-4表明,对于平台而言,在区域Ⅰ中,降低制造商的单位物流成本可以提高佣金率,有助于提高平台的利润。这也解释了为什么平台会大力推广其物流系统。值得一提的是,制造商的单位物流成本的降低并不是无限的,有一个佣金率的上限,过高的佣金率将导致制造商“步行投票”。与图4-2相比,可以看出平台数据赋能对需求促进优于降低制造商的单位物流成本,平台可以向制造商收取更高的费用。因此,平台提升数据赋能水平更具有投资价值。

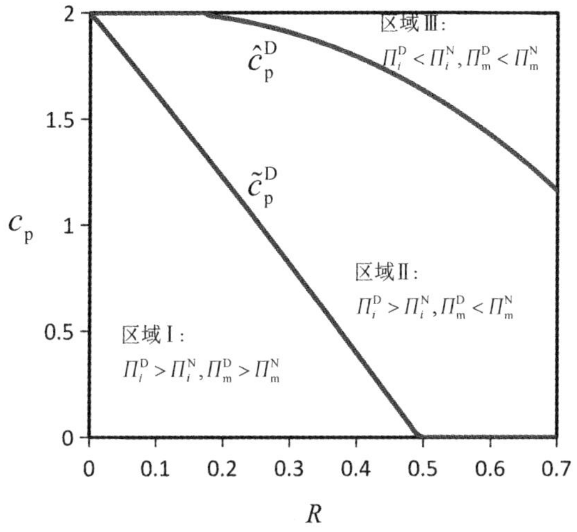

图4-4　R和c_{p}对零售商和制造商利润的影响

二、基于成本分担契约的供应链决策(S)

平台在向供应链成员进行数据赋能的前期,为了吸引更多商家,通常不收取佣金费用。然而,随着越来越多的零售商加入平台,网络效应逐渐显现,平台的力量也会不断增强,在供应链中逐渐占据主导地位。此时,平台往往会要求零售商支付一定的费用来分担部分的数据赋能成本。因此,本节建立了一个成本分担契约的模型,研究该契约是否能够提高供应链成员的绩效,这被称为“模型S”。此时,供应链的决策顺序为:平台首先进行数据赋能的投入并提供成本分担契约,也就是平台承担τ比例的数据赋能成本,其余部分由所有零售商分担,即每个零售商分担$\dfrac{1-\tau}{n}$比例的成本,我们记作$\tau_n=\dfrac{1-\tau}{n}$。接下来,制造商通过平台以单位批发价w向零售商销售产品,零售商向制造商收取比例为R的佣金。然后,零售商i审查合同,若签订合同后获得的利润比分散决策下更高,就会接受合同,并决定零售价格。最后,产品在销售季开始时立即交付,零售商i将其售卖给顾客。基于上述假设,供应链成员的利润函数如下。

零售商i的利润为：

$$\Pi_i=(p_i-w)(a_i-bp_i+\alpha k_i s)-\frac{1}{2}\tau_n\varphi s^2, i=1,2,\cdots,n \tag{4-11}$$

制造商m的利润为：

$$\Pi_{\mathrm{m}}=\sum_{i=1}^{n}[(1-R)w-c_{\mathrm{p}}](a_i-bp_i+\alpha k_i s), i=1,2,\cdots,n \tag{4-12}$$

平台p的利润为：

$$\Pi_{\mathrm{p}}=\sum_{i=1}^{n}Rw(a_i-bp_i+\alpha k_i s)-\frac{1}{2}\tau\varphi s^2, i=1,2,\cdots,n \tag{4-13}$$

引理4-3：模型S中的均衡解如下：

$$s^{\mathrm{S}}=\frac{RA\alpha K}{4nb\varphi\tau-R\alpha^2K^2},$$

$$p_i^{\mathrm{S}}=\frac{a_i}{2b}+\frac{c_{\mathrm{p}}}{4(1-R)}+\frac{2b\varphi\tau+R\alpha^2Kk_i}{2b(4nb\varphi\tau-R\alpha^2K^2)}A,$$

$$w^{\mathrm{S}}=\frac{2\varphi A\tau}{4nb\varphi\tau-R\alpha^2K^2}+\frac{c_{\mathrm{p}}}{2(1-R)}。$$

因此，市场需求$D_i^{\mathrm{S}}=\dfrac{a_i}{2}-\dfrac{bc_{\mathrm{p}}}{4(1-R)}-\dfrac{2b\varphi\tau-R\alpha^2Kk_i}{2(4nb\varphi\tau-R\alpha^2K^2)}A$，

零售商i的利润为：

$$\Pi_i^{\mathrm{S}}=b\left[\frac{a_i}{2b}-\frac{c_{\mathrm{p}}}{4(1-R)}-\frac{2b\varphi\tau-R\alpha^2Kk_i}{2b(4nb\varphi\tau-R\alpha^2K^2)}A\right]^2-\frac{\tau_n\varphi R^2A^2\alpha^2K^2}{2(4nb\varphi\tau-R\alpha^2K^2)^2},$$

制造商m的最优利润为：$\Pi_{\mathrm{m}}^{\mathrm{S}}=\dfrac{nb}{2(1-R)}\left[\dfrac{2\varphi\tau A(1-R)}{4nb\varphi\tau-R\alpha^2K^2}-\dfrac{c_{\mathrm{p}}}{2}\right]^2$，

平台p的最优利润为：$\Pi_{\mathrm{p}}^{\mathrm{S}}=\dfrac{\varphi\tau RA^2}{2(4nb\varphi\tau-R\alpha^2K^2)}-\dfrac{nbRc_{\mathrm{p}}^2}{8(1-R)^2}$。

证明：对式(4-11)求关于零售价格p_i的二阶偏导，可得$\dfrac{\partial^2\Pi_i}{\partial p_i^2}=-2b<0$，

即零售商利润是零售价格的严格凹函数，由$\dfrac{\partial \Pi_i}{\partial p_i}=a_i+\alpha k_i s-2bp_i+bw=0$可得，零售商价格关于平台数据赋能水平和批发价格的反应函数为：

$$p_i=\frac{a_i+\alpha k_i s+bw}{2b} \tag{4-14}$$

相似地，将式(4-14)代入式(4-12)中可得批发价格关于平台数据赋能的反应函数为：

$$w=\frac{A+\alpha Ks}{2nb}+\frac{c_{\mathrm{p}}}{2(1-R)} \tag{4-15}$$

与上述过程一样，将式(4-14)和式(4-15)代入式(4-13)中，由$\dfrac{\mathrm{d}\Pi_{\mathrm{p}}^{\mathrm{S}}}{\mathrm{d}s}=\dfrac{RK\alpha}{4nb}(A+\alpha Ks)-\hat{\tau}\varphi s=0$可得，平台最优数据赋能水平为$s^{\mathrm{S}}=\dfrac{RA\alpha K}{4nb\varphi\tau-R\alpha^2K^2}$，将其代入式(4-14)和式(4-15)可得，最优零售价格与批发价格分别为$p_i^{\mathrm{S}}=\dfrac{a_i}{2b}+\dfrac{c_{\mathrm{p}}}{4(1-R)}+\dfrac{2b\varphi\tau+R\alpha^2Kk_i}{2b(4nb\varphi\tau-R\alpha^2K^2)}A$，$w^{\mathrm{S}}=\dfrac{2\varphi A\tau}{4nb\varphi\tau-R\alpha^2K^2}+\dfrac{c_{\mathrm{p}}}{2(1-R)}$。将最优决策变量代入需求函数与利润函数，可得最优市场需求和供应链成员最佳利润。

从上述均衡解形式来看，成本分担契约下的供应链与分散决策下的供应链具有相似的性质。在成本分担契约下，平台的数据赋能水平随着分担比例τ的减小而减小，即如果零售商分担了较高比例的数据赋能成本，平台会积极增加数据资源的投入，提高赋能水平。相反，如果零售商不愿意分摊成本或分摊总成本的比例较低，平台将不会有效地对其进行赋能以提高其数据利用能力。

命题4-4：在模型S中，当$a_i=a$，$k_i=k$时，供应链各成员的均衡决策和利润具有以下性质：

$$\frac{\mathrm{d}p_i^{\mathrm{S}}}{\mathrm{d}n}>0,\frac{\mathrm{d}^2 p_i^{\mathrm{S}}}{\mathrm{d}n^2}>0;\frac{\mathrm{d}s^{\mathrm{S}}}{\mathrm{d}n}>0,\frac{\mathrm{d}^2 s^{\mathrm{S}}}{\mathrm{d}n^2}>0;\frac{\mathrm{d}w^{\mathrm{S}}}{\mathrm{d}n}>0,\frac{\mathrm{d}^2 w^{\mathrm{S}}}{\mathrm{d}n^2}>0;\frac{\mathrm{d}D_i^{\mathrm{S}}}{\mathrm{d}n}>0,\frac{\mathrm{d}^2 D_i^{\mathrm{S}}}{\mathrm{d}n^2}>0;$$

如果$n<n_1^{\mathrm{S}}$,则$\frac{\mathrm{d}\Pi_i^{\mathrm{S}}}{\mathrm{d}n}<0$,否则$\frac{\mathrm{d}\Pi_i^{\mathrm{S}}}{\mathrm{d}n}>0$;

如果$n<n_2^{\mathrm{S}}$,则$\frac{\mathrm{d}^2\Pi_i^{\mathrm{S}}}{\mathrm{d}n^2}<0$,否则$\frac{\mathrm{d}^2\Pi_i^{\mathrm{S}}}{\mathrm{d}n^2}>0$;

如果$n<n_3^{\mathrm{S}}$,则$\frac{\mathrm{d}^2\Pi_{\mathrm{m}}^{\mathrm{S}}}{\mathrm{d}n^2}<0$,否则$\frac{\mathrm{d}^2\Pi_{\mathrm{m}}^{\mathrm{S}}}{\mathrm{d}n^2}>0$;

如果$n<n_4^{\mathrm{S}}$,则$\frac{\mathrm{d}\Pi_{\mathrm{p}}^{\mathrm{S}}}{\mathrm{d}n}<0$,否则$\frac{\mathrm{d}\Pi_{\mathrm{p}}^{\mathrm{S}}}{\mathrm{d}n}>0$;$\frac{\mathrm{d}^2\Pi_{\mathrm{p}}^{\mathrm{S}}}{\mathrm{d}n^2}<0$。

证明:当$a_i=a,k_i=k$时,

(1)$\frac{\mathrm{d}p_i^{\mathrm{S}}}{\mathrm{d}n}=\frac{3R\varphi a\tau\alpha^2k^2}{(4b\tau\varphi-Rn\alpha^2k^2)^2}>0,\frac{\mathrm{d}^2 p_i^{\mathrm{S}}}{\mathrm{d}n^2}=\frac{6R^2\varphi a\tau\alpha^4k^4}{(4b\tau\varphi-Rn\alpha^2k^2)^3}>0,$

$\frac{\mathrm{d}s^{\mathrm{S}}}{\mathrm{d}n}=\frac{4R\varphi ab\tau\alpha k}{(4b\tau\varphi-Rn\alpha^2k^2)^2}>0,\frac{\mathrm{d}^2 s^{\mathrm{S}}}{\mathrm{d}n^2}=\frac{8R^2\varphi ab\tau\alpha^3k^3}{(4b\tau\varphi-Rn\alpha^2k^2)^3}>0,$

$\frac{\mathrm{d}w^{\mathrm{S}}}{\mathrm{d}n}=\frac{2R\varphi a\tau\alpha^2k^2}{(4b\tau\varphi-Rn\alpha^2k^2)^2}>0,\frac{\mathrm{d}^2 w^{\mathrm{S}}}{\mathrm{d}n^2}=\frac{4R^2\varphi a\tau\alpha^4k^4}{(4b\tau\varphi-Rn\alpha^2k^2)^3}>0,$

$\frac{\mathrm{d}D_i^{\mathrm{S}}}{\mathrm{d}n}=\frac{R\varphi ab\tau\alpha^2k^2}{(4b\tau\varphi-Rn\alpha^2k^2)^2}>0,\frac{\mathrm{d}^2 D_i^{\mathrm{S}}}{\mathrm{d}n^2}=\frac{2R^2\varphi ab\tau\alpha^4k^4}{(4b\tau\varphi-Rn\alpha^2k^2)^3}>0;$

(2) $\frac{\mathrm{d}\Pi_{\mathrm{R}i}^{\mathrm{S}}}{\mathrm{d}n}=\frac{2R\varphi ab\tau\alpha^2k^2}{(4b\tau\varphi-Rn\alpha^2k^2)^2}\left\{\frac{\varphi a[\tau(1+2R)-2R]}{4b\tau\varphi-Rn\alpha^2k^2}-\frac{c_{\mathrm{p}}}{4(1-R)}\right\}$, 当 $n>\frac{4b\varphi\tau}{R\alpha^2k^2}-4a\varphi(1-R)\frac{\tau(1+2R)-2R}{c_{\mathrm{p}}R\alpha^2k^2}$时,$\frac{\mathrm{d}\Pi_{\mathrm{R}i}^{\mathrm{S}}}{\mathrm{d}n}>0$,否则$\frac{\mathrm{d}\Pi_{\mathrm{R}i}^{\mathrm{S}}}{\mathrm{d}n}<0$;

$\frac{\mathrm{d}^2\Pi_{\mathrm{R}i}^{\mathrm{S}}}{\mathrm{d}n^2}=\frac{R^2\varphi ab\tau\alpha^4k^4}{(4b\tau\varphi-Rn\alpha^2k^2)^3}\left[6\varphi a\frac{\tau(1+2R)-2R}{4b\tau\varphi-Rn\alpha^2k^2}-\frac{c_{\mathrm{p}}}{4(1-R)}\right]$, 当 $n>\frac{4b\varphi\tau}{R\alpha^2k^2}-6a\varphi(1-R)\frac{\tau(1+2R)-2R}{c_{\mathrm{p}}R\alpha^2k^2}$时,$\frac{\mathrm{d}^2\Pi_{\mathrm{R}i}^{\mathrm{S}}}{\mathrm{d}n^2}>0$,否则$\frac{\mathrm{d}^2\Pi_{\mathrm{R}i}^{\mathrm{S}}}{\mathrm{d}n^2}<0$;

(3)$\frac{\mathrm{d}\Pi_{\mathrm{m}}^{\mathrm{S}}}{\mathrm{d}n}=\frac{2b}{1-R}\left[\frac{\varphi a\tau(1-R)}{4b\tau\varphi-Rn\alpha^2k^2}-\frac{c_{\mathrm{p}}}{4}\right]\left[\frac{\varphi a\tau(1-R)}{4b\tau\varphi-Rn\alpha^2k^2}(1+\right.$

$\frac{2nR\alpha^2k^2}{4b\tau\varphi-Rn\alpha^2k^2})-\frac{c_p}{4}\Big]$，由于$\left[\frac{\varphi a\tau(1-R)}{4b\tau\varphi-Rn\alpha^2k^2}-\frac{c_p}{4}\right]^2>0$，且$1+$

$\frac{2nR\alpha^2k^2}{4b\tau\varphi-Rn\alpha^2k^2}>1$，所以$\frac{\mathrm{d}\Pi_m^S}{\mathrm{d}n}>\frac{2b}{1-R}\left[\frac{\varphi a\tau(1-R)}{4b\varphi\tau-nR\alpha^2k^2}-\frac{c_p}{4}\right]^2>0$；

$$\frac{\mathrm{d}^2\Pi_m^S}{\mathrm{d}n^2}=4Rabk^2\alpha^2\tau^2\varphi^2\frac{a(1-R)(8b\tau\varphi+Rn\alpha^2k^2)-2bc_p(4b\tau\varphi-Rn\alpha^2k^2)}{(4b\tau\varphi-Rn\alpha^2k^2)^4},$$

当$n>8b\varphi\tau\frac{bc_p-a(1-R)}{R\alpha^2k^2[a(1-R)+2bc_p]}$，$\frac{\mathrm{d}^2\Pi_m^S}{\mathrm{d}n^2}>0$，否则$\frac{\mathrm{d}^2\Pi_m^S}{\mathrm{d}n^2}<0$；

(4) $\frac{\mathrm{d}\Pi_p^S}{\mathrm{d}n}=\frac{2R^2ba^2\tau^2\varphi^2}{(4b\varphi\tau-nR\alpha^2k^2)}-\frac{bRc_p^2}{8(1-R)^2}$，当$n>\frac{4\varphi\tau}{R\alpha^2k^2}(b-a\frac{1-R}{c_p})$时，$\frac{\mathrm{d}\Pi_p^S}{\mathrm{d}n}>0$，否则$\frac{\mathrm{d}\Pi_P^S}{\mathrm{d}n}<0$；

$$\frac{\mathrm{d}^2\Pi_p^S}{\mathrm{d}n^2}=\frac{4R^2a^2b\tau^2\varphi^2\alpha^2k^2}{(4b\varphi\tau-nR\alpha^2k^2)^3}>0$$。**证毕!**

类似于命题4-2，我们发现供应链成员的决策与零售商的数量密切相关，即参加平台的零售商数量越多，平台数据赋能水平s^S、零售价p_i^S和批发价w^S越高，这是因为平台的双边市场产生了积极的网络效应。这意味着，平台对制造商的价值很大程度上取决于网络另一端的用户（零售商）数量。因此，对于平台企业来说，吸引更多的零售商加入并接受数据赋能是至关重要的事情。

接下来进一步比较了模型S和模型D中供应链成员的利润。图4-5表明，所有供应链成员的利润都在增加，利润增长率随着零售商数量的增加而增加。此外，当零售商数量超过一定规模时，零售商和制造商的利润增长率比平台更高，这表明网络效应对制造商和零售商更有利。上述结论是在平台向制造商收取一定佣金费率的情况下得出的，平台不会只为他人铺路，因此它有动机通过不断提高对制造商收取佣金率来增加利润。许多制造商指出，平台通过各种借口向他们收取更多费用，这在很大程度上侵蚀了制造商的利润。

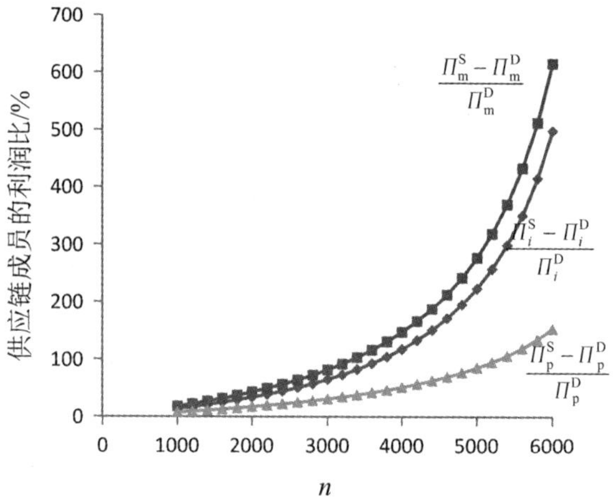

图4-5　n对供应链成员利润的影响

命题4-5:与供应链分散决策相比,存在:

1. $s^{S}>s^{D}$;$w^{S}>w^{D}$;$p_i^{S}>p_i^{D}$;

2. $D_i^{S}>D_i^{D}$;$\Pi_m^{S}>\Pi_m^{D}$;$\Pi_p^{S}>\Pi_p^{D}$。

证明:(1)$s^{S}-s^{D}=\dfrac{RA\alpha K}{4nb\varphi\tau-R\alpha^2K^2}-\dfrac{RA\alpha K}{4nb\varphi-R\alpha^2K^2}$,因为$0<\tau<1$,因此$s^{S}>s^{D}$。同样地,$w^{S}-w^{D}=\dfrac{2\varphi A\tau}{4nb\varphi\tau-R\alpha^2K^2}-\dfrac{2\varphi A}{4nb\varphi-R\alpha^2K^2}>0$,$p_i^{S}-p_i^{D}=\left[\dfrac{2b\varphi\tau+R\alpha^2Kk_i}{2b(4nb\varphi\tau-R\alpha^2K^2)}-\dfrac{2b\varphi+R\alpha^2Kk_i}{2b(4nb\varphi-R\alpha^2K^2)}\right]>0$。

(2)$\Pi_m^{S}-\Pi_m^{D}=\dfrac{nb}{2(1-R)}\left[(2\varphi\tau A\dfrac{1-R}{4nb\varphi\tau-R\alpha^2K^2}-\dfrac{c_p}{2})^2-(2\varphi A\dfrac{1-R}{4nb\varphi-R\alpha^2K^2}-\dfrac{c_p}{2})^2\right]$,因为$0<\tau<1$,则$\dfrac{2\varphi\tau A(1-R)}{4nb\varphi\tau-R\alpha^2K^2}>\dfrac{2\varphi A(1-R)}{4nb\varphi-R\alpha^2K^2}$,因此$\Pi_m^{S}>\Pi_m^{D}$,相似的,$\Pi_p^{S}>\Pi_p^{D}$;$\Pi_{Ri}^{S}-\Pi_{Ri}^{D}=$

$$b\left[\frac{a_i}{2b}-\frac{c_p}{4(1-R)}-\frac{2b\varphi\tau-R\alpha^2Kk_i}{2b(4nb\varphi\tau-R\alpha^2K)}A\right]^2-b\left[\frac{a_i}{2b}-\frac{c_p}{4(1-R)}-\right.$$

$$\left.\frac{2b\varphi\tau-R\alpha^2Kk_i}{2b(4nb\varphi-R\alpha^2K^2)}A\right]^2-\frac{\tau_n\varphi R^2A^2\alpha^2K^2}{2(4nb\varphi-R\alpha^2K^2)^2},$$

当$\tau_n<\frac{2b(4nb\varphi\tau-R\alpha^2K^2)^2}{\varphi R^2A^2\alpha^2K^2}\left[\left(\frac{a_i}{2b}-\frac{c_{\mathrm{p}}}{4(1-R)}-\frac{2b\varphi\tau-R\alpha^2Kk_i}{2b(4nb\varphi\tau-R\alpha^2K)}A\right)^2-\left(\frac{a_i}{2b}-\frac{c_{\mathrm{p}}}{4(1-R)}-\frac{2b\varphi\tau-R\alpha^2Kk_i}{2b(4nb\varphi-R\alpha^2K^2)}A\right)^2\right]$时，$\Pi_{\mathrm{R}i}^{\mathrm{S}}>\Pi_{\mathrm{R}i}^{\mathrm{D}}$，否则$\Pi_{\mathrm{R}i}^{\mathrm{S}}<\Pi_{\mathrm{R}i}^{\mathrm{D}}$。

证毕！

命题4-5说明，成本分担契约下的平台赋能水平比其在供应链分散决策下更高，因此该契约有助于激发平台进行数据赋能的热情，进而提升制造商和零售商的经营绩效。然而，较高的平台数据赋能水平也会导致较高的产品批发价和零售价。因此从消费者的角度来看，产品的购买会成本更高。如果这种契约能带来比分散决策更高的收益，那么供应链成员会接受这种契约。

此外，使用成本分担契约，只要零售商的分担比例不太高，零售商、制造商和平台都有可能获得更高的利润。显然，让零售商分担赋能成本有助于提高平台的盈利能力。更为重要的是，平台盈利能力的提升会使其进一步提高对数据赋能水平的投入。在数据赋能水平显著提升的情况下，市场需求会扩大，零售商获得的订单增加，这会增加其销售额，最终也会提升制造商的利润。

在这里我们使用两个数值实验来讨论零售商的数量n、需求系数α和成本分担率τ如何影响零售商的利润。在图4-6和图4-7中，基本参数与图4-1相同，$\tau=0.5$，$n=200$。在图4-6中，阈值$\hat{R}^{\mathrm{S}}$满足$\Pi_i^{\mathrm{S}}(\hat{R}^{\mathrm{S}})=\Pi_i^{\mathrm{D}}(\hat{R}^{\mathrm{S}})$。在图4-7中，阈值$\hat{\tau}^{\mathrm{S}}$满足，若$\tau>\hat{\tau}^{\mathrm{S}}$，即$\Pi_i^{\mathrm{S}}(\hat{\tau}^{\mathrm{S}})>\Pi_i^{\mathrm{D}}(\hat{\tau}^{\mathrm{S}})$；反之，$\Pi_i^{\mathrm{S}}(\hat{\tau}^{\mathrm{S}})\leqslant\Pi_i^{\mathrm{D}}(\hat{\tau}^{\mathrm{S}})$。

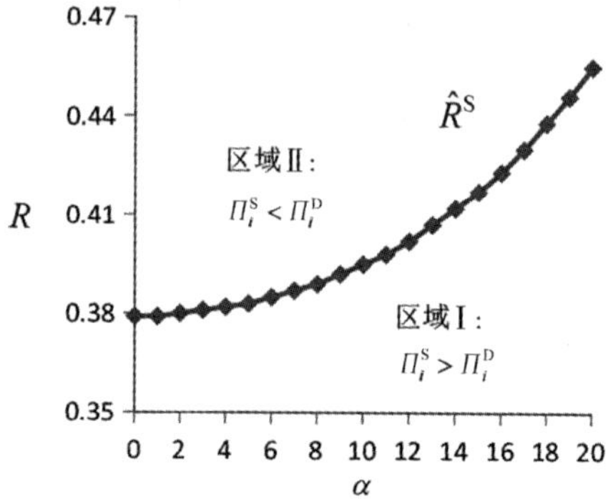

图4-6 α和R对零售商利润的影响

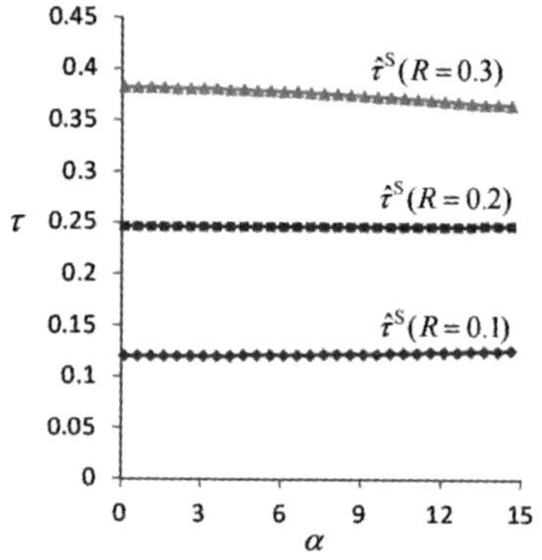

图4-7 α和τ对零售商利润的影响

由图4-6可知零售商使用数据的能力对需求的影响系数α和佣金率R如何影响零售商的利润。在区域Ⅰ中,模型S中零售商的利润高于模型D中零售商的利润;在区域Ⅱ中,模型S中零售商的利润低于模型D中零售商的利润。此外,尽管批发价格更高(由于制造商支付的佣金比例更高),但随着零售商数据运用能力对需求的影响增加,零售商仍接受成本分摊合同。这表明,数字赋能带来的需求增加弥补了批发成本的上升。

图4-7分析了零售商使用数据的能力对需求的影响系数α和成本分担率τ对零售商利润的影响。我们发现,当平台上零售商数量较多、佣金比例适中、数据赋能效果明显时,无论成本分担比例高还是低,模型S中零售商的利润总是高于模型D中零售商的利润,这进一步证明了成本分担合同的优势。

三、拓展：垂直集成系统

虽然成本分担契约在一定条件下提高了所有成员的利润，但仍然不能达到集中决策的效果。然而，在现实中，一些电子商务平台采取了类似于集中决策的模式，如云集。这里我们首先分析集中决策系统下的供应链决策，称为“模型C”。此时，制造商、平台和零售商作为一个统一的企业共同运作，目标是利润最大化。这个统一的企业代表制造商、平台和零售商做出所有决定。它首先确定平台数据赋能水平s，然后设定零售价格p_i。此时供应链总利润函数为：

$$\Pi=\sum_{i=1}^{n}(p_i-c_p)(a_i-bp_i+\alpha k_i s)-\frac{1}{2}\varphi s^2, i=1,2,\cdots,n \tag{4-16}$$

引理4-4：在模型C中，最优零售价格和平台数据赋能水平分别为：

$$p_i^C=\frac{a_i}{2b}+\frac{c_p}{2}+\frac{\alpha^2 k_i(K_a-bc_pK)}{2b(2b\varphi-\alpha^2K_s)}, s^C=\frac{\alpha(K_a-bc_pK)}{2b\varphi-\alpha^2K_s}。$$

因此，供应链面临的市场需求和最大利润分别为：

$$D_i^C=\frac{a_i}{2}-\frac{bc_p}{2}+\frac{\alpha^2 k_i(K_a-bc_pK)}{2(2b\varphi-\alpha^2K_s)},$$

$$\Pi^C=\frac{A_s}{4b}+\frac{nbc_p^2}{4}+\frac{\alpha^2(K_a-bc_pK)^2}{4b(2b\varphi-\alpha^2K_s)}-\frac{c_pA}{2}。$$

证明：对式(4-16)求关于零售价格的二阶偏导可得供应链利润是关于零售价格的严格凹函数，由$\frac{\partial \Pi^C}{\partial p_i}=a_i-2bp_i+\alpha k_i s+bc_p=0$可得，零售价格关于平台数据赋能水平的反应函数为：

$$p_i=\frac{a_i}{2b}+\frac{\alpha k_i s}{2b}+\frac{c_p}{2} \tag{4-17}$$

将式(4-17)代入式(4-16)中求关于平台数据赋能的二阶偏导，由$\frac{\partial^2 \Pi^C}{\partial s^2}=\frac{\alpha^2}{2b}\sum_{i=1}^{n}k_i^2-2\varphi<0$，所以供应链利润是关于平台数据赋能水平的严格凹函

数。由 $\frac{\partial \Pi^{\mathrm{C}}}{\partial s}=\frac{1}{4b}(2\alpha^2 s\sum_{i=1}^{n}k_i{}^2+2\alpha\sum_{i=1}^{n}a_i k_i-2bc_{\mathrm{p}}\alpha\sum_{i=1}^{n}k_i)-\varphi s=0$ 可得最优平台数据赋能水平为 $s^{\mathrm{C}}=\frac{\alpha(K_{\mathrm{a}}-bc_{\mathrm{p}}K)}{2b\varphi-\alpha^2K_{\mathrm{s}}}$，将其代入式(4-17)中可得最优零售价格为 $p_i^{\mathrm{C}}=\frac{a_i}{2b}+\frac{c_{\mathrm{p}}}{2}+\frac{\alpha^2k_i(K_{\mathrm{a}}-bc_{\mathrm{p}}K)}{2b(2b\varphi-\alpha^2K_{\mathrm{s}})}$。

将最优零售价格和最优平台数据赋能水平分别代入市场需求函数和供应链利润函数中，可得供应链的最大市场需求和利润。**证毕！**

以上结果说明了网络效应的意义。随着平台上零售商数量的增加，产品的市场需求扩大，供应链的整体利润也会增加。因此，平台应该努力吸引新的零售商加入其中，从而使整个供应链受益。此外，平台的数据赋能水平会使产品零售价格提高，这似乎是违反直觉的，但实际上并不难理解。零售商数量的增加提高了平台的数据赋能水平，使平台能够更准确地把握消费者需求。因此，零售商的产品卖得更好，甚至可能供不应求，此时适当提高零售价对市场需求的影响不大。

命题4-6：在模型C中，当 $a_i=a, k_i=k$ 时，存在：

1. $\frac{\mathrm{d}p_i^{\mathrm{C}}}{\mathrm{d}n}>0,\frac{\mathrm{d}^2p_i^{\mathrm{C}}}{\mathrm{d}n^2}>0;\frac{\mathrm{d}s^{\mathrm{C}}}{\mathrm{d}n}>0,\frac{\mathrm{d}^2s^{\mathrm{C}}}{\mathrm{d}n^2}>0;\frac{\mathrm{d}D_i^{\mathrm{C}}}{\mathrm{d}n}>0,\frac{\mathrm{d}^2D_i^{\mathrm{C}}}{\mathrm{d}n^2}>0$；
2. $\frac{\mathrm{d}\Pi^{\mathrm{C}}}{\mathrm{d}n}>0,\frac{\mathrm{d}^2\Pi^{\mathrm{C}}}{\mathrm{d}n^2}>0$。

证明：(1) $\frac{\mathrm{d}p_i^{\mathrm{C}}}{\mathrm{d}n}=\frac{\varphi\alpha^2k^2(a-bc_{\mathrm{p}})}{(2b\varphi-n\alpha^2k^2)^2}>0$，$\frac{\mathrm{d}^2p_i^{\mathrm{C}}}{\mathrm{d}n^2}=\frac{2\varphi\alpha^4k^4(a-bc_{\mathrm{p}})}{(2b\varphi-n\alpha^2k^2)^3}>0$，

$\frac{\mathrm{d}s^{\mathrm{C}}}{\mathrm{d}n}=\frac{2b\varphi\alpha k(a-bc_{\mathrm{p}})}{(2b\varphi-n\alpha^2k^2)^2}>0,\frac{\mathrm{d}^2s^{\mathrm{C}}}{\mathrm{d}n^2}=\frac{4b\varphi\alpha^3k^3(a-bc_{\mathrm{p}})}{(2b\varphi-n\alpha^2k^2)^3}>0$，

$\frac{\mathrm{d}D_i^{\mathrm{C}}}{\mathrm{d}n}=\frac{b\varphi\alpha^2k^2(a-bc_{\mathrm{p}})}{(2b\varphi-n\alpha^2k^2)^2}>0,\frac{\mathrm{d}^2D_i^{\mathrm{C}}}{\mathrm{d}n^2}=\frac{2b\varphi\alpha^4k^4(a-bc_{\mathrm{p}})}{(2b\varphi-n\alpha^2k^2)^3}>0$；

(2) $\frac{\mathrm{d}\Pi^{\mathrm{C}}}{\mathrm{d}n}=\frac{b\varphi^2(a-bc_{\mathrm{p}})^2}{(2b\varphi-n\alpha^2k^2)^2}>0,\frac{\mathrm{d}^2\Pi^{\mathrm{C}}}{\mathrm{d}n^2}=\frac{2b\varphi^2\alpha^2k^2(a-bc_{\mathrm{p}})^2}{(2b\varphi-n\alpha^2k^2)^3}>0$。**证毕！**

命题4-6表明，当所有零售商同质时，零售价格、平台数据赋能水平、市场

需求和供应链利润都会随n的增加而增加，供应链中存在正的网络效应。随着越来越多的零售商接受平台数据赋能，平台会进一步增加数据赋能水平以吸引和留住零售商，使他们获得更高的效用，激发同侧网络效应。同时，为了获得更多的客户，一些优质制造商也会选择与平台合作，从而形成庞大的供应网络，产生双向网络效应。最终，平台和供应链成员借助互联网技术实现了价值共创。

在实践中，平台也会提供销售返利合同，分别为零售商i和制造商提供ϕ_i和ϕ_{m}比例的返利，其余ϕ_{p}归平台自己所有，这也保证了平台数据赋能水平能够达到集中决策下的水平。然后，制造商考虑是否接受合同，如果接受，其将通过平台以单位批发价向零售商销售产品，并将批发价设置为等于单位物流成本c_{p}。此时，平台不收佣金。接着，零售商i审查合同，只要它能产生比分散决策下更高的利润，就接受它，并决定零售价格。最后，产品在一个销售季开始时立即交付，零售商i把它销售给顾客。在渠道整合的文献中，大部分研究考察的是两层供应链结构，而对三层供应链的研究很少，本节建立了一个博弈模型来检验三层供应链中平台的纵向整合策略，这个情境称为“模型R”。

零售商i的利润函数为：

$$\Pi_i=\phi_i(p_i-c_{\mathrm{p}})(a_i-bp_i+\alpha k_i s),i=1,2,\cdots,n \tag{4-18}$$

制造商的利润函数为：

$$\Pi_{\mathrm{m}}=\sum_{i=1}^{n}\phi_{\mathrm{m}}(p_i-c_{\mathrm{p}})(a_i-bp_i+\alpha k_i s),i=1,2,\cdots,n \tag{4-19}$$

平台的利润函数：

$$\Pi_{\mathrm{p}}=\sum_{i=1}^{n}\phi_{\mathrm{p}}(p_i-c_{\mathrm{p}})(a_i-bp_i+\alpha k_i s)-\frac{1}{2}\varphi s^2,i=1,2,\cdots,n \tag{4-20}$$

引理4-5：在模型R中，最优零售价格$p_i^{\mathrm{R}}=\dfrac{a_i}{2b}+\dfrac{c_{\mathrm{p}}}{2}+\dfrac{\alpha^2 k_i(K_{\mathrm{a}}-bc_{\mathrm{p}}K)}{2b(2b\varphi-\alpha^2 K_{\mathrm{s}})}$。

所以，在模型R中，零售商i的需求和利润分别是：

$D_i^{\mathrm{R}}=\dfrac{a_i}{2}-\dfrac{bc_{\mathrm{p}}}{2}+\dfrac{\alpha^2 k_i(K_{\mathrm{a}}-bc_{\mathrm{p}}K)}{2(2b\varphi-\alpha^2 K_{\mathrm{s}})}$和

$$\Pi_i^{\mathrm{R}}=b\phi_i\left(\frac{a_i}{2b}-\frac{c_{\mathrm{p}}}{2}+\frac{\alpha^2 k_i(K_{\mathrm{a}}-bc_{\mathrm{p}}K)}{2b(2b\varphi-\alpha^2K_{\mathrm{s}})}\right)^2,$$

制造商和平台的最优利润分别为：

$$\Pi_{\mathrm{m}}^{\mathrm{R}}=b\phi_{\mathrm{m}}\left[\frac{A_{\mathrm{s}}}{4b^2}+\frac{nc_{\mathrm{p}}^2}{4}-\frac{c_{\mathrm{p}}A}{2b}+\frac{\alpha^2(4b\varphi-\alpha^2K_{\mathrm{s}})(K_{\mathrm{a}}-bc_{\mathrm{p}}K)^2}{4b^2(2b\varphi-\alpha^2K_{\mathrm{s}})^2}\right],$$

$$\Pi_{\mathrm{p}}^{\mathrm{R}}=b\phi_{\mathrm{p}}\left[\frac{A_{\mathrm{s}}}{4b^2}+\frac{nc_{\mathrm{p}}^2}{4}-\frac{c_{\mathrm{p}}A}{2b}+\frac{\alpha^2(4b\varphi-\alpha^2K_{\mathrm{s}})(K_{\mathrm{a}}-bc_{\mathrm{p}}K)^2}{4b^2(2b\varphi-\alpha^2K_{\mathrm{s}})^2}\right]-\frac{\varphi\alpha^2(K_{\mathrm{a}}-bc_{\mathrm{p}}K)^2}{2(2b\varphi-\alpha^2K_{\mathrm{s}})^2}。$$

证明：对式(4-18)求关于零售商价格的二阶偏导可知零售商利润是关于零售价格的严格凹函数，由$\frac{\partial \Pi_{\mathrm{R}i}^{\mathrm{R}}}{\partial p_i}=\phi_i(a_i-2bp_i+\alpha k_i s+bw)=0$可得，零售价格关于平台数据赋能水平和批发价格的反应函数为$p_i=\frac{a_i}{2b}+\frac{\alpha k_i s}{2b}+\frac{c_{\mathrm{p}}}{2}$，将$s^{\mathrm{T}}$和$w^{\mathrm{R}}$代入，可得$p_i^{\mathrm{R}}=\frac{a_i}{2b}+\frac{\alpha^2 k_i(a-bc_{\mathrm{p}}K)}{2b(2b\varphi-\alpha^2K_{\mathrm{s}})}+\frac{c_{\mathrm{p}}}{2}$。

将最优决策分别代入需求函数与利润函数中，可求得最优解。

证毕！

引理4-5表明，模型R中的最优决策与模型C中的相同，因此返利合同实现了集中决策下的利润。

命题4-7：在模型R中，当$a_i=a,k_i=k$时，存在：

1. $\frac{\mathrm{d}p_i^{\mathrm{R}}}{\mathrm{d}n}>0,\frac{\mathrm{d}^2p_i^{\mathrm{R}}}{\mathrm{d}n^2}>0;\frac{\mathrm{d}D_i^{\mathrm{R}}}{\mathrm{d}n}>0,\frac{\mathrm{d}^2D_i^{\mathrm{R}}}{\mathrm{d}n^2}>0;$

2. $\frac{\mathrm{d}\Pi_i^{\mathrm{R}}}{\mathrm{d}n}>0,\frac{\mathrm{d}^2\Pi_i^{\mathrm{R}}}{\mathrm{d}n^2}>0;$

3. $\frac{\mathrm{d}\Pi_{\mathrm{m}}^{\mathrm{R}}}{\mathrm{d}n}>0,\frac{\mathrm{d}^2\Pi_{\mathrm{m}}^{\mathrm{R}}}{\mathrm{d}n^2}>0;$

4. 当$n<n_1^{\mathrm{R}}$，则$\frac{\mathrm{d}\Pi_{\mathrm{p}}^{\mathrm{R}}}{\mathrm{d}n}>0$，否则$\frac{\mathrm{d}\Pi_{\mathrm{p}}^{\mathrm{R}}}{\mathrm{d}n}<0;$

当$n<n_2^{\mathrm{R}}$，则$\frac{\mathrm{d}^2\Pi_{\mathrm{p}}^{\mathrm{R}}}{\mathrm{d}n^2}>0$，否则$\frac{\mathrm{d}^2\Pi_{\mathrm{p}}^{\mathrm{R}}}{\mathrm{d}n^2}<0$。

证明：

(1)$\frac{\mathrm{d}p_i^{\mathrm{R}}}{\mathrm{d}n}=\frac{\varphi\alpha^2k^2(a-bc_{\mathrm{p}})}{(2b\varphi-n\alpha^2k^2)^2}>0\frac{\mathrm{d}^2p_i^{\mathrm{R}}}{\mathrm{d}n^2}=\frac{2\varphi\alpha^4k^4(a-bc_{\mathrm{p}})}{(2b\varphi-n\alpha^2k^2)^3}>0$,

$\frac{\mathrm{d}D_i^{\mathrm{R}}}{\mathrm{d}n}=\frac{b\varphi\alpha^2k^2(a-bc_{\mathrm{p}})}{(2b\varphi-n\alpha^2k^2)^2}>0$、$\frac{\mathrm{d}^2D_i^{\mathrm{R}}}{\mathrm{d}n^2}=\frac{2b\varphi\alpha^4k^4(a-bc_{\mathrm{p}})}{(2b\varphi-n\alpha^2k^2)^3}>0$;

(2)$\frac{\mathrm{d}\Pi_{\mathrm{R}i}^{\mathrm{R}}}{\mathrm{d}n}=\frac{2b\phi_i\alpha^2k^2\varphi^2(a-bc_{\mathrm{p}})^2}{(2b\varphi-n\alpha^2k^2)^3}>0$、

$\frac{\mathrm{d}^2\Pi_{\mathrm{R}i}^{\mathrm{R}}}{\mathrm{d}n^2}=\frac{6b\phi_i\alpha^4k^4\varphi^2(a-bc_{\mathrm{p}})^2}{(2b\varphi-n\alpha^2k^2)^4}>0$;

(3)$\frac{\mathrm{d}\Pi_{\mathrm{m}}^{\mathrm{R}}}{\mathrm{d}n}=\frac{b\phi_{\mathrm{m}}\varphi^2(2b\varphi+n\alpha^2k^2)(a-bc_{\mathrm{p}})^2}{(2b\varphi-n\alpha^2k^2)^3}>0$

$\frac{\mathrm{d}^2\Pi_{\mathrm{m}}^{\mathrm{R}}}{\mathrm{d}n^2}=\frac{2b\phi_{\mathrm{m}}\alpha^2k\varphi^2(4b\varphi+n\alpha^2k^2)(a-bc_{\mathrm{p}})^2}{(2b\varphi-n\alpha^2k^2)^4}>0$;

(4)$\frac{\mathrm{d}\Pi_{\mathrm{p}}^{\mathrm{R}}}{\mathrm{d}n}=\frac{b\varphi^2(a-bc_{\mathrm{p}})^2}{(2b\varphi-n\alpha^2k^2)^3}[\phi_{\mathrm{P}}(2b\varphi+n\alpha^2k^2)-2n\alpha^2k^2]$,

当$n<\frac{2b\varphi\phi_{\mathrm{P}}}{\alpha^2k^2(2-\phi_{\mathrm{P}})}$时，$\frac{\mathrm{d}\Pi_{\mathrm{p}}^{\mathrm{R}}}{\mathrm{d}n}>0$，否则，$\frac{\mathrm{d}\Pi_{\mathrm{p}}^{R}}{\mathrm{d}n}<0$;

$\frac{\mathrm{d}^2\Pi_{\mathrm{p}}^{\mathrm{R}}}{\mathrm{d}n^2}=\frac{2b\alpha^2k^2\varphi^2(a-bc_{\mathrm{p}})^2}{(2b\varphi-n\alpha^2k^2)^4}[\phi_{\mathrm{P}}(4b\varphi+n\alpha^2k^2)-2(b\varphi+n\alpha^2k^2)]$,

当$n<\frac{2b\varphi(2\phi_{\mathrm{P}}-1)}{\alpha^2k^2(2-\phi_{\mathrm{P}})}$时，$\frac{\mathrm{d}^2\Pi_{\mathrm{p}}^{\mathrm{R}}}{\mathrm{d}n^2}>0$，否则$\frac{\mathrm{d}^2\Pi_{\mathrm{p}}^{R}}{\mathrm{d}n^2}<0$。**证毕！**

与前面的命题相似，模型R的均衡解是n的增函数。此外，零售商和制造商拥有递增的规模收益，这充分显示了模型R中网络效应的价值。然而，只有当平台的返利率相对较高时，其规模收益才会呈现递增趋势。因此，平台和其他供应链成员需要平衡最优返利比例，以更好地发挥规模优势。接下来我们进一步分析零售商、制造商和平台都受益的ϕ_i、ϕ_{m}和ϕ_{p}的范围。

命题4-8：如果返利率ϕ_i，ϕ_{m}和ϕ_{p}分别满足$\phi_i>\tilde{\phi}_i$，$\phi_{\mathrm{m}}>\tilde{\phi}_{\mathrm{m}}$，$\tilde{\phi}_{\mathrm{p}}<\phi_{\mathrm{p}}<$

$1-\tilde{\phi}_{\mathrm{m}}-\tilde{\phi}_i$，供应链成员将比分散决策下更有利可图。

证明：由 $\Pi_{\mathrm{R}i}^{\mathrm{R}}-\Pi_{\mathrm{R}i}^{\mathrm{D}}>0$ 可得：

当 $\phi_i>\dfrac{4b^2(2b\varphi-\alpha^2K_{\mathrm{s}})^2}{[(a_i-bc_{\mathrm{p}})(2b\varphi-\alpha^2K_{\mathrm{s}})+\alpha^2k_i(K_{\mathrm{a}}-bc_{\mathrm{p}}K)]^2}\left[\dfrac{a_i}{2b}-\dfrac{c_{\mathrm{p}}}{4(1-R)}-\dfrac{2b\varphi-R\alpha^2Kk_i}{2b(4nb\varphi-R\alpha^2K^2)}A\right]^2$，此时零售商会接受返利契约；

由 $\Pi_{\mathrm{m}}^{\mathrm{R}}-\Pi_{\mathrm{m}}^{\mathrm{D}}>0$ 可得，当 $\phi_{\mathrm{m}}>\dfrac{n\phi_0}{1-R}\left[\dfrac{2\varphi A(1-R)}{4nb\varphi-R\alpha^2K^2}-\dfrac{c_{\mathrm{p}}}{2}\right]^2$。制造商会偏向于接受返利契约；

同理，由 $\Pi_{\mathrm{p}}^{\mathrm{R}}-\Pi_{\mathrm{p}}^{\mathrm{D}}>0$ 可得，存在 ϕ_{p} 并且存在一个阈值 $\tilde{\phi}_{\mathrm{p}}$ 使得平台偏向于提供返利契约。同时，由于 $\phi_{\mathrm{p}}+\phi_{\mathrm{m}}+\phi_i=1$，所以 $\tilde{\phi}_{\mathrm{p}}<\phi_{\mathrm{p}}<1-\tilde{\phi}_{\mathrm{m}}-\tilde{\phi}_i$。**证毕！**

命题4-8说明，存在一个返利比例范围，对平台、制造商和零售商而言，销售返利合同是三方共赢的，他们都通过供应链协调获得了额外的利润。这表明在平台数据赋能情境下，销售返利契约对于电商供应链的协调是有效的，而 ϕ_i、ϕ_{m} 和 ϕ_p 的具体数值很大程度上取决于供应链成员的议价能力。

在图 4-8 中，基本参数与图 4-6 中的参数相同。阈值 $\bar{\phi}_{\mathrm{p}}$ 满足 $\Pi_{\mathrm{p}}^{\mathrm{R}}(\bar{\phi}_{\mathrm{p}})=\Pi_{\mathrm{p}}^{\mathrm{S}}$，阈值 $\hat{\phi}_i$ 满足 $\Pi_i^{\mathrm{R}}(\hat{\phi}_i)=\Pi_i^{\mathrm{S}}$，阈值 $\tilde{\phi}_{\mathrm{m}}$ 满足 $\Pi_{\mathrm{m}}^{\mathrm{R}}(\tilde{\phi}_i)=\Pi_{\mathrm{m}}^{\mathrm{S}}$，阈值 $\tilde{R}^{\mathrm{D}}$ 满足 $\Pi_{\mathrm{m}}^{D}(\tilde{R}^{D})=\Pi_{\mathrm{m}}^{\mathrm{N}}(\tilde{R}^{\mathrm{D}})$。图4-8表明，在区域Ⅰ中，制造商和零售商的利润都高于在模型S中的利润。这意味着如果能合理设置利润分配机制，与模型S相比，模型V可以实现供应链成员利润的帕累托改进。

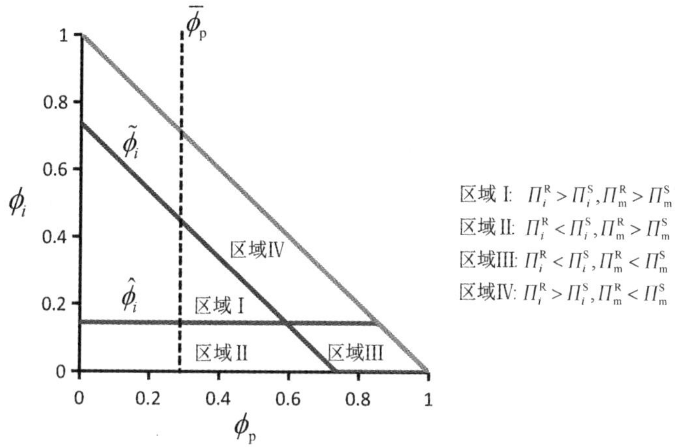

图4-8　ϕ_p和ϕ_i对供应链成员利润的影响

第三节　本章小结

本章在平台作为中介模式下研究了平台数据赋能的供应链决策机制，并进一步研究了成本分担契约和销售返利契约如何激励供应链成员接受平台数据赋能并实现帕累托协调。主要结论有以下三点：

（1）平台数据赋能可以有效地扩大零售商的市场需求，当制造商收取的佣金比例高于某一阈值时，零售商与制造商都会有意愿接受平台的数据赋能，以获得更高的利润。此外，即使平台数据赋能的效果并不显著，但只要佣金较低，零售商也还是愿意加入的。

（2）当零售商分担较高比例的数据赋能成本时，平台会积极增加数据资源的投入，提高赋能水平，但零售商不会愿意接受平台的数据赋能。相反，当每个零售商分摊的数据赋能成本相对较低时，零售商愿意接受成本分担契约。特别是随着平台上零售商数量的不断增加，网络效应逐渐显现，其收入会随之增加，也就会愿意分担更高的数据赋能成本。

（3）平台和其他供应链成员需要平衡最优返利比例，以便更好地发挥规模优势。

第五章　需求不确定情境下考虑数据赋能的平台供应链协调策略

第三、第四章讨论了需求确定情境下考虑数据赋能的平台供应链协调策略，而在商业实践中，企业往往面临诸多的不确定性，其中需求的不确定性是供应链管理尤其关注的问题，因而本章将进一步在需求不确定的情境下，探讨平台数据赋能行为对供应链成员决策的影响，并分析收益共享契约和成本分担契约在平台数据赋能情景中的协调效果和局限性。

本章探讨的商业情境与第四章类似，即阿里巴巴对线下“天猫小店”数据赋能的模式。在电商平台为线下零售商进行数据赋能的过程中，零售商需要选择是否接受数据赋能，而平台需要考虑提供多高的数据赋能水平。同时，由于供应链成员追求自身利益最大化的行为会影响数据赋能的效果，因此平台还需要制定相应的激励机制以协调供应链，提升供应链成员和整条供应链的利润。根据文献回顾可知，收益共享契约在音响租赁和电子商务行业中被广泛使用，且在大多情况下能够实现供应链协调（Li et al.，2009）。此外，在电商平台数据赋能的情境下，平台经常采用成本分担契约，对线下零售店收取一定的技术费用，来分担部分的数据赋能成本。例如，天猫小店通过收取一定的加盟费和技术服务费，允许零售小店使用其平台。那么，在数据赋能的情境下，收益共享契约与成本分担契约对平台供应链的协调效果如何？在何种条件下，上述契约会有更好的表现？本章将从定量角度对上述问题进行研究，为电商平台的数据赋能决策制定提供参考。

第一节　文献综述

关于不确定需求下供应链协调策略研究的文献汗牛充栋，大多数文献通常基于不同的研究问题选择适当的契约，如收益共享、成本分担、数量折扣及回购契约等，进行分析或是进行契约间的比较。Altintas等(2008)分析了在需求不确定的环境下，不依赖价格的数量折扣契约。Gurnani等(2010)考虑了价格对需求的影响，得出回购契约能够激励零售商达到最优订购量。Guler和Keskin(2013)研究了批发价、回购、收益共享、数量折扣和数量弹性契约对随机供求供应链的协调作用，研究表明，除了批发价契约，其他的契约都能够实现供应链的协调。Zhao等(2014)研究了市场需求不确定性水平如何影响回购契约在供应链管理中的适用性。Modak和Kelle(2019)在价格和交货时间依赖随机需求的情形下研究了双渠道供应链，讨论了交货提前期和客户的渠道偏好对最佳运营的影响，使用数量折扣协调供应链及Nash讨价还价模型进行剩余利润的分配。Ren等(2014)在需求不确定下，研究不同排放税政策对制造商利润和减排决策的影响，同时证明了更高的需求不确定性可能会促使制造商在基于生产的排放税下增加对减排的投资。

此外，也有研究探讨了组合契约协调问题。赵正佳(2015)针对需求不确定且依赖价格的易逝品设计数量折扣契约，且以需求加法模式描述需求函数，得出单独的数量折扣契约无法协调供应链，但数量折扣和转移支付的组合契约可以使利润最大化。朱宝琳等(2018)讨论了在产需不确定条件下，三级供应链中风险规避零售商的最优订购策略决策，以及风险共担和GL组合契约协调供应链的条件。刘家国等(2019)探究了在采取事前订单形式的双边随机供应链系统中，结合缺货惩罚和余货补偿的收益共享契约是否能有效地协调供应链。

本章主要研究需求不确定环境下平台数据赋能的协调机制。通过对不同情境与机制下供应链成员最优决策量及最优利润的比较，分析收益共享和成本分担两种协调机制在何种条件下能够达到集中决策状态下的最优解，哪种机制更能协调供应链，以及需求不确定对决策和供应链成员利润的影响。

第二节　模型描述

由供应商、平台企业和n个同质且不存在竞争的零售商组成的单周期供应链系统如图5-1所示。需要说明的是，考虑n个零售商同质且不存在竞争主要是基于如下理由：首先，一些文献已经研究了一个供应商和多个独立零售商组成的供应链系统，并且假设零售商之间不存在竞争（Yu et al.，2009；Moon & Feng，2017）；其次，本节设定也符合现实中平台数据赋能的行为，阿里赋能的天猫小店每个店大多只覆盖所在社区的一定范围，且基本销售同质的产品。因此本节假设线下零售商之间不存在竞争。在这个供应链系统中，供应商在平台上销售产品，并分享比例为R的销售收益给平台，零售商从平台处订货，平台作为中介对零售商进行数据赋能，即前文的中介模式。在这一模式中，批发价格w和零售价格p是外生的。供应商将商品运到平台的区域仓库内，但货权不发生转移，仍旧归供应商所有；零售商在平台订货后，平台通过自有物流系统向零售商供货，此时货权转移至零售商。

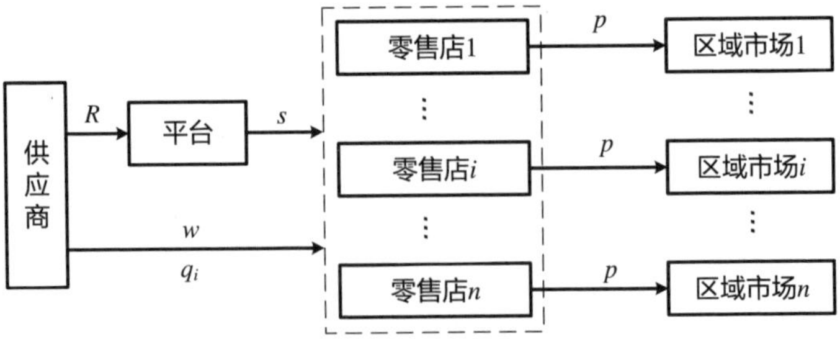

图5-1　平台数据赋能下供应链结构

一、符号说明

本模型中的符号及其含义见表5-1。

表5-1　本模型中的符号及其含义

	符号	含义
决策变量	q_i	零售商i的订购量
	s	平台数据赋能水平，$s \in [0,1]$
参数	d_i	市场实际需求
	a_i	市场初始规模
	w	单位批发价格
	p	单位零售价格
	φ	数据赋能成本系数
	α	市场需求对数据赋能水平的敏感系数
	k	零售商充分运用数据的程度
	γ	收益共享比例
	μ	成本分担比例
下标	i,P,S	零售商、平台企业、供应商
上标	NP	不考虑平台数据赋能
	DC	批发价格契约
	RS	收益共享契约
	CS	成本分担契约

二、模型假设

基于研究背景和建模需要，做出以下假设：

假设1：参考Taylor(2002)和Wu等(2019)对需求函数的描述，本章采用下面的需求函数模型：

$$d_i = a_i + \alpha ks$$

其中，$a_i(\geqslant 0)$表示不赋能情境下的随机市场需求，分布函数为$F_i(x)$，概率密度为$f_i(x)$，且$F_i(x)$严格递增并可微。α_i表示市场需求对数据赋能水平的敏感系数，$a_i \in [0, +\infty)$，α_i越大，表示数据赋能越有效。k表示零售商能够充分运用数据时所应该达到的数据能力，$k\in[0,+\infty)$，k越大，表示零售商越能达到充分利用时的数据能力。s表示平台数据赋能水平。

假设2：平台在达到数据赋能水平s时所带来的成本函数为：$\frac{1}{2}\varphi s^2$，该成本能够被零售商分摊。其中，$\varphi>0$，表示数据赋能成本系数，较多文献中均使用类似的成本函数（Wang & Shin，2015；Zhou et al.，2020）。

第三节　模型分析

本节主要考虑了两大类情境，一类是不考虑平台数据赋能，另一类是存在平台数据赋能，后者又包括分散决策、收益共享契约及成本分担契约三种不同的策略。前者主要探讨零售商加入平台的条件，后者则侧重分析供应链契约能够在多大程度上协调供应链。为了简化最终的利润函数，令$\Gamma(q_i,s)=\int_0^{q_i-\alpha ks}xf(x)\mathrm{d}x$，$A=\alpha kRw$。

一、不考虑平台数据赋能（NP）

这一情境下，零售商不接受平台合同，直接从供应商处订购商品，零售商仅决定订购量q_i。此时，零售商的利润函数为：

$$\Pi_{\mathrm{R}_i}^{\mathrm{NP}}=pE\left[\min\left(q_i,d_i\right)\right]-wq_i \tag{5-1}$$

其中，$pE\left[\min\left(q_i,d_i\right)\right]$表示零售商的销售收入，其中销售量是实际市场需求和订购量中的较小值，表示为$E\left[\min\left(q_i,d_i\right)\right]$，$E\left[\min\left(q_i,d_i\right)\right]=\int_0^{q_i}xf(x)\mathrm{d}x+\int_{q_i}^{+\infty}q_if(x)\mathrm{d}x$；$wq_i$表示零售商的采购成本。因此，式(5-1)可以表示为：

$$\Pi_{R_i}^{NP}=p\left\{\int_0^{q_i}xf(x)\mathrm{d}x+q_i\left[1-F_i(q_i)\right]\right\}-wq_i \tag{5-2}$$

命题5-1　不考虑平台数据赋能的情境下，供应链成员的决策及利润如下：

(1)零售商的最优订购量为$q_i^{NP}=F_i^{-1}(\frac{p-w}{p})$；

(2)零售商和供应商的最优利润函数分别为$\Pi_{R_i}^{NP}=p\Gamma(q_i^{NP*},0)$，$\Pi_M^{NP}=nwF_i^{-1}(\frac{p-w}{p})$；

(3)供应链总利润为$\Pi^{NP}=\sum_{i=1}^{n}\left[wF_i^{-1}(\frac{p-w}{p})+p\Gamma(q_i^{NP*},0)\right]$。

证明：对式(5-2)关于q_i求二阶偏导，由$\partial^2\Pi_{R_i}^{NP}/\partial q_i^2=-pf(q_i)<0$可知零售商的利润是订购量$q_i$的严格凹函数，因此存在这样$q_i$使$\Pi_{R_i}^{NP}$取得最大值，根据一阶条件，即$\partial\Pi_{R_i}^{NP}/\partial q_i=p\left[1-F_i(q_i)\right]-w=0$可得最优订购量。**证毕！**

二、考虑平台数据赋能的分散决策(DC)

这一情境下，零售商接受平台数据赋能，且双方以各自利益最大化为目标进行决策，决策顺序为：先由平台决定数据赋能水平s，零售商再决定采购量q_i。

平台的利润函数为：

$$\Pi_P^{DC}=\sum_{i=1}^{n}Rwq_i-\frac{1}{2}\varphi s^2 \tag{5-3}$$

零售商的利润函数为：

$$\Pi_{R_i}^{DC}=pE\left[\min\left(q_i,\mathrm{d}_i\right)\right]-wq_i \tag{5-4}$$

命题5-2　批发价格契约下，供应链成员的决策及利润如下：

(1)平台的最优数据赋能水平与零售商的订购量分别为$s^{DC}=\frac{nA}{\varphi}$，$q_i^{DC}=$

$F_i^{-1}(\frac{p-w}{p})+\frac{n\alpha kA}{\varphi}$;

(2)平台和零售商的利润分别为 $\Pi_{\mathrm{P}}^{\mathrm{DC}}=Rw\sum_{i=1}^{n}F_i^{-1}(\frac{p-w}{p})+\frac{(nA)^2}{2\varphi}$,

$\Pi_{\mathrm{R}_i}^{\mathrm{DC}}=p\Gamma(q_i^{\mathrm{DC}*},s^{\mathrm{DC}*})+\frac{n\alpha kA(p-w)}{\varphi}$;

(3)供应链总利润为:

$$\Pi^{\mathrm{DC}}=\sum_{i=1}^{n}\left[p\Gamma(q_i^{\mathrm{DC}},s^{\mathrm{DC}})+RwF_i^{-1}(\frac{p-w}{p})\right]+\frac{n^2\alpha kA(2p-2\mathrm{w}+Rw)}{2\varphi}。$$

证明:根据逆推归纳法,对式(5-4)求关于 q_i 的二阶偏导,由 $\partial^2\Pi_{\mathrm{R}_i}^{\mathrm{DC}}/\partial q_i^2=-pf(q_i-\alpha ks)<0$ 可知,零售商的利润是关于订购量 q_i 的严格凹函数,因此存在 $q_i(s)$,使 $\Pi_{\mathrm{R}_i}^{\mathrm{DC}}$ 取得最大值。

根据一阶条件,即 $\partial\Pi_{\mathrm{R}_i}^{\mathrm{DC}}/\partial q_i=p\left[1-F_i(q_i-\alpha ks)\right]-w=0$,可得订购量关于数据赋能水平的反应函数为:

$$q_i^{\mathrm{DC}}=F_i^{-1}(\frac{p-w}{p})+\alpha ks \tag{5-5}$$

将式(5-5)代入(5-3),对 s 求二阶偏导,由 $\partial^2\Pi_{\mathrm{P}}^{\mathrm{DC}}/\partial s^2=-\varphi<0$ 可知,平台的利润是关于数据赋能水平 s 的严格凹函数,因此存在唯一最优数据赋能水平,并且由一阶条件,即 $\partial\Pi_{\mathrm{P}}^{\mathrm{DC}}/\partial s=n\alpha kRw-\varphi s=0$ 可得,平台的最优数据赋能水平为 $s^{\mathrm{DC}}=\frac{nA}{\varphi}$。

证毕!

推论5-1:分散决策下的数据赋能水平、订购量及利润均随着 n 的递增而增大。

证 明 : $\frac{\partial q_i^{\mathrm{DC}}}{\partial n}=\frac{\alpha kA}{\varphi}>0$, $\frac{\partial s^{\mathrm{DC}}}{\partial n}=\frac{A}{\varphi}>0$, $\frac{\partial\Pi_{\mathrm{P}}^{\mathrm{DC}}}{\partial n}=\frac{nA}{\varphi}>0$, $\frac{\partial\Pi_{\mathrm{R}_i}^{\mathrm{DC}}}{\partial n}=p\Gamma(q_i^{\mathrm{DC}*},s^{\mathrm{DC}*})+\frac{\alpha kA(p-w)}{\varphi}>0$, $\frac{\partial\Pi^{\mathrm{DC}}}{\partial n}=\frac{n\alpha kA(2p-2\mathrm{w}+Rw)}{\varphi}>0$,

$\frac{\partial^2 \Pi_{\mathrm{P}}^{\mathrm{DC}}}{\partial n^2}=\frac{A}{\varphi}>0, \frac{\partial^2 \Pi^{\mathrm{DC}}}{\partial n^2}=\frac{\alpha k A(2p-2\mathrm{w}+Rw)}{\varphi}>0$。

证毕!

推论5-1说明:首先,随着平台参与者的数量不断增加,零售商订购量、平台数据赋能水平、供应链成员的利润及整条供应链的利润都会增长,这体现了网络效应为供应链成员和整条供应链带来的正效应,实现了供应链成员的共赢。零售商的利润是关于零售商数量的增函数,这意味着接受平台数据赋能的零售商越多,对每个零售商来说就越有利,因此零售商会倾向于选择加入规模大、参与者数量多的平台。值得注意的是,电商平台的利润及供应链整体利润随着平台参与者的数量增加呈凹函数上升,即随着线下零售商数量的增加而加速上升。也就是说,平台通过数据赋能吸引更多的参与者,在初期可能获得的收益有限,但随着参与者的增多,平台的收益会呈现指数式上涨的态势,这是由平台数据赋能所产生的“1+1>2”的网络效应所导致的。

其次,市场需求对数据赋能的敏感系数α的增加也能使订购量、数据赋能水平及利润增加。该系数越大,说明数据赋能对市场需求的影响越大,平台就会选择更高的数据赋能水平以扩大市场需求,帮助零售商销售更多的产品,这也会吸引更多的零售商加入,共同把蛋糕做大,提升整条供应链的利润。这就是京东、阿里巴巴等平台电商均提出要大力发展数据赋能线下零售便利小店的原因。京东提出5年内要开设100万家京东便利店,苏宁计划3年内拓展2万家苏宁小店,阿里规划1年内开设1万家天猫小店。这说明电商平台都在通过各种措施不断吸引线下零售小店加入平台,扩大网络效应,以增加平台收益。

再次,根据均衡解易知,最优决策变量与利润均随着成本分担系数φ的减小而增加,即更高的数据赋能效率也能带来与市场需求对数据赋能的敏感系数增加相似的效果。因此,对于平台来说,在市场需求对数据赋能较敏感的情况下,提升数据赋能效率能够使数据赋能发挥更大的作用。

最后,通过对考虑数据赋能下的分散决策(DC)与不考虑数据赋能水平的决策(NP)比较,易得 $\Pi_{R}^{DC*} > \Pi_{R}^{NP*}$,即零售商加入平台获得的利润总是比独立向供应商采购的利润高。这是由于在批发价格契约下,加入平台使零售商获得了平台的数据赋能而不需要支付额外的费用,单纯地享受了数据赋能带来的好处,获得了利润的增加。对于加盟阿里零售通或京东新通路的小店来说,除了能够获得稳定且有质量保证的供货,还能享受平台所提供的线上独有的"网红"品牌产品与数字化赋能工具等支持。比如,天猫小店能够通过零售通订购三只松鼠、百草味等网红品牌的产品,而这些产品是其他零售小店无法售卖的。因此,只要平台提供数据赋能,零售商一般总是会选择接受。当然,为了达到天猫小店的整体形象要求,一些零售商需要进行门店装修,装修所产生的成本可能会对其是否加入平台并接受数据赋能产生影响。但是,本节假设这些成本为零,暂时不对此类因素所产生的影响进行考察。

三、考虑平台数据赋能的收益共享契约(RS)

根据文献回顾可知,收益共享契约在电子商务行业中被广泛运用,且有较好的协调效果(Wang,2004;Li,2019),但这些文献并没有考虑到平台数据赋能情境。因此本节引入收益共享契约,考察其在平台数据赋能下对电商供应链成员行为的协调效果。假设平台收取比例为γ的收益共享率,令$\bar{\gamma}=1-\gamma$。此时,平台和零售商作为主要供应链成员,决策顺序为:平台先决定数据赋能水平s,零售商再确定采购量q_i。由于$F(x)$非负,假设$\gamma \leqslant 1-\frac{w}{p}$。

该情境下,平台的利润函数为:

$$\Pi_{P}^{RS}=\sum_{i=1}^{n}\left\{Rwq_i+\gamma pE\left[\min\left(q_i,d_i\right)\right]\right\}-\frac{1}{2}\varphi s^2 \tag{5-6}$$

零售商的利润函数为:

$$\Pi_{R_i}^{RS}=\bar{\gamma}pE\left[\min\left(q_i,\mathrm{d}_i\right)\right]-wq_i \tag{5-7}$$

命题5-3：收益共享契约下，供应链成员的决策及利润如下：

(1)平台的最优数据赋能水平和订购量分别为：$s^{\mathrm{RS}}=\dfrac{n\alpha k(Rw+\gamma p)}{\varphi}$，$q_i^{\mathrm{RS}}=F_i^{-1}(\dfrac{\bar{\gamma}p-w}{\bar{\gamma}p})+\dfrac{n\alpha^2k^2(Rw+\gamma p)}{\varphi}$；

(2)平台和零售商的利润分别为：

$$\Pi_{\mathrm{P}}^{\mathrm{RS}}=\sum_{i=1}^{n}\left[\gamma p\Gamma(q_i^{\mathrm{RS}*},s^{\mathrm{RS}*})+w\left(R+\frac{\gamma}{\bar{\gamma}}\right)F_i^{-1}(\frac{\bar{\gamma}p-w}{\bar{\gamma}p})\right]+\frac{n^2\alpha^2k^2(Rw+\gamma p)^2}{2\varphi},\Pi_{\mathrm{R}_i}^{\mathrm{RS}}=\bar{\gamma}p\Gamma(q_i^{\mathrm{RS}},s^{\mathrm{RS}})+\frac{n\alpha^2k^2(Rw+\gamma p)(\bar{\gamma}p-w)}{\varphi};$$

(3)供应链总利润为：

$$\Pi^{\mathrm{RS}}=\sum_{i=1}^{n}\left[p\Gamma(q_i^{\mathrm{RS}},s^{\mathrm{RS}})+w\left(R+\frac{\gamma}{\bar{\gamma}}\right)F_i^{-1}(\frac{\bar{\gamma}p-w}{\bar{\gamma}p})\right]+\frac{n^2\alpha^2k^2(Rw+\gamma p)(2p-\gamma p-2w+Rw)}{2\varphi}。$$

证明：根据逆推归纳法，首先对式(5-7)关于q_i求二阶偏导，由$\partial^2\Pi_{\mathrm{R}_i}^{\mathrm{RS}}/\partial q_i^{\ 2}=-\bar{\gamma}pf(q_i-\alpha ks)<0$，可知零售商的利润是订购量$q_i$的严格凹函数，因此，存在这样$q_i(s)$使$\Pi_{\mathrm{R}_i}^{\mathrm{RS}}$取得最大值。由一阶条件，即$\partial\Pi_{\mathrm{R}_i}^{\mathrm{RS}}/\partial q_i=\bar{\gamma}p[1-F_i(q_i-\alpha ks)]-w=0$，可得订购量关于数据赋能水平的反应函数为：

$$q_i=F_i^{-1}\left(\frac{\bar{\gamma}p-w}{\bar{\gamma}p}\right)+\alpha ks \tag{5-8}$$

将式(5-8)代入(5-6)，对s求二阶偏导，显然$\partial^2\Pi_{\mathrm{P}}^{\mathrm{RS}}/\partial s^2=-\varphi<0$，平台利润是数据赋能水平的严格凹函数，有唯一的最优数据赋能水平。由一阶条件，即$\partial\Pi_{\mathrm{P}}^{\mathrm{RS}}/\partial s=n\alpha k(Rw+\gamma p)-\varphi s=0$，可得最优数据赋能水平。

证毕！

推论5-2：(1)s^{RS}是γ的增函数；

(2)当$\bar{\gamma}^2 f\left(\frac{\bar{\gamma}p-w}{\bar{\gamma}p}\right)<\frac{\varphi w}{n\alpha^2k^2p^2}$时，$q_i^{RS}$是$\gamma$的增函数；否则，$q_i^{RS}$是$\gamma$的减函数。

证明：(1)$\frac{\partial s^{RS}}{\partial\gamma}=\frac{n\alpha kp}{\varphi}>0$；

(2)$\frac{\partial q_i^{RS}}{\partial\gamma}=\frac{\partial F^{-1}}{\partial\gamma}+\frac{n\alpha^2k^2p}{\varphi}=\frac{-w}{\bar{\gamma}^2pf\left(\frac{\bar{\gamma}p-w}{\bar{\gamma}p}\right)}+\frac{n\alpha^2k^2p}{\varphi}$，

令$\bar{F}_i(\frac{\bar{\gamma}p-w}{\bar{\gamma}p})=1-F_i(\frac{\bar{\gamma}p-w}{\bar{\gamma}p})$，$h(\frac{\bar{\gamma}p-w}{\bar{\gamma}p})=\frac{f(\frac{\bar{\gamma}p-w}{\bar{\gamma}p})}{\bar{F}(\frac{\bar{\gamma}p-w}{\bar{\gamma}p})}$，

$h'\left(\frac{\bar{\gamma}p-w}{\bar{\gamma}p}\right)>0$，则$\frac{\partial^2 q_i^{RS}}{\partial\gamma^2}=-\frac{2w}{\bar{\gamma}^3pf\left(\frac{\bar{\gamma}p-w}{\bar{\gamma}p}\right)}$

$-\frac{w^2\left[f\left(\frac{\bar{\gamma}p-w}{\bar{\gamma}p}\right)h\left(\frac{\bar{\gamma}p-w}{\bar{\gamma}p}\right)+\bar{F}_i\left(\frac{\bar{\gamma}p-w}{\bar{\gamma}p}\right)h'\left(\frac{\bar{\gamma}p-w}{\bar{\gamma}p}\right)\right]}{\bar{\gamma}^4p^2h^2\left(\frac{\bar{\gamma}p-w}{\bar{\gamma}p}\right)}<0$，因此，当

$\bar{\gamma}^2 f\left(\frac{\bar{\gamma}p-w}{\bar{\gamma}p}\right)<\frac{\varphi w}{n\alpha^2k^2p^2}$时，$\frac{\partial q_i^{RS}}{\partial\gamma}>0$；否则$\frac{\partial q_i^{RS}}{\partial\gamma}\leqslant 0$。

证毕！

由推论5-2(1)可知，数据赋能水平随着收益分享比例γ的增加而增加。显然，平台从零售商处获得的收益分享越高，就越有动力提升数据赋能水平。由推论5-2(2)可知，当收益共享比例低于一定阈值时，这一比例的提高促使平台提升数据赋能水平，市场需求得以增加，因此零售商有动力提升订购量使其利润增加；若收益共享比例过高，则零售商提升订购量所获的收益大部分会分给平台，因此零售商没有意愿订购更多的产品。

四、考虑平台数据赋能的成本分担契约(CS)

很多平台型电商企业，如京东、阿里巴巴等均采用成本分担契约，向线下加盟的零售小店收取一定的技术费用以分担其所付出的数据赋能成本。因此，本节同样引入成本分担契约，从定量角度考察成本分担契约对供应链成员决策的协调效果。假设μ为零售商数据赋能成本分担比例，令$\bar{\mu}=1-\mu$。此时，供应链的决策顺序为：先由平台决定数据赋能水平s，零售商再决定采购量q_i。

平台的利润函数为：

$$\Pi_{\mathrm{P}}^{\mathrm{CS}}=\sum_{i=1}^{n}Rwq_i-\frac{1}{2}\bar{\mu}\varphi s^2 \tag{5-9}$$

零售商的利润函数为：

$$\Pi_{\mathrm{R}_i}^{\mathrm{CS}}=pE\left[\min\left(q_i,d_i\right)\right]-wq_i-\frac{1}{2n}\mu\varphi s^2 \tag{5-10}$$

命题5-4：成本分担契约下，供应链成员的决策及利润如下：

(1)最优数据赋能水平和订购量分别为：$s^{\mathrm{CS}}=\dfrac{nA}{\bar{\mu}\varphi}$，$q_i^{\mathrm{CS}}=F_i^{-1}(\dfrac{p-w}{p})+\dfrac{n\alpha kA}{\bar{\mu}\varphi}$；

(2)平台和零售商的利润为：$\Pi_{\mathrm{P}}^{\mathrm{CS}}=Rw\sum\limits_{i=1}^{n}F_i^{-1}(\dfrac{p-w}{p})+\dfrac{(nA)^2}{2\bar{\mu}\varphi}$，$\Pi_{\mathrm{R}_i}^{\mathrm{CS}}=p\Gamma(q_i^{\mathrm{CS}},s^{\mathrm{CS}})+\dfrac{n\alpha kA\left[2\bar{\mu}\left(p-w\right)-\mu Rw\right]}{2\bar{\mu}^2\varphi}$；

(3)供应链总利润为：

$$\Pi^{\mathrm{CS}}=\sum_{i=1}^{n}\left[RwF_i^{-1}(\frac{p-w}{p})+p\Gamma(q_i^{\mathrm{CS}},s^{\mathrm{CS}})\right]+\frac{n^2\alpha kA\left[\bar{\mu}(2p-2w+Rw)-\mu Rw\right]}{2\bar{\mu}^2\varphi}。$$

证明：根据逆推归纳法，对式(5-10)关于q_i^{CS}求二阶偏导，显然$\partial^2\Pi_{\mathrm{R}_i}^{\mathrm{CS}}/\partial q_i^{\mathrm{CS}^2}=-pf(q_i-\alpha ks)<0$，零售商利润是关于订购量的严格凹函数。

由一阶条件，即$\partial \Pi_{R_i}^{CS}/\partial q_i^{CS}=p\left[1-F(q_i-\alpha ks)\right]-w=0$，求解可得订购量关于数据赋能水平的反应函数为：

$$q_i^{CS}=F^{-1}(\frac{p-w}{p})+\alpha ks \tag{5-11}$$

将式(5-11)代入(5-9)，对s求导，显然$\partial^2 \Pi_P^{CS}/\partial s^2=-\bar{\mu}\varphi<0$，平台利润是关于数据赋能水平的严格凹函数，因此有唯一的最优数据赋能水平。由一阶条件，即$\partial \Pi_P^{CS}/\partial s=n\alpha kRw-\bar{\mu}\varphi s=0$可得最优数据赋能水平。

证毕！

推论5-3：(1)q_i^{CS}，s^{CS}，Π_P^{CS}是μ的增函数。

(2)当$\mu<\dfrac{2(p-w)-Rw}{2(p-w)+Rw}$时，$\Pi_{R_i}^{CS}$是$\mu$的增函数；否则，$\Pi_{R_i}^{CS}$是$\mu$的减函数。

证明：(1)$\dfrac{\partial q_i^{CS}}{\partial \mu}=\dfrac{n\alpha kA}{\bar{\mu}^2\varphi}>0$；$\dfrac{\partial s^{CS}}{\partial \mu}=\dfrac{nA}{\bar{\mu}^2\varphi}>0$；$\dfrac{\partial \Pi_P^{CS}}{\partial \mu}=\dfrac{(nA)^2}{2\bar{\mu}^2\varphi}>0$；

(2)$\dfrac{\partial \Pi_R^{CS}}{\partial \mu}=\dfrac{n\alpha kA}{2\varphi}\dfrac{\left[2\bar{\mu}(p-w)-(1+\mu)Rw\right]}{\bar{\mu}^3}$，当$\mu<\dfrac{2(p-w)-Rw}{2(p-w)+Rw}$时，$\dfrac{\partial \Pi_R^{CS}}{\partial \mu}>0$；当$\mu\geqslant\dfrac{2(p-w)-Rw}{2(p-w)+Rw}$时，$\dfrac{\partial \Pi_R^{CS}}{\partial \mu}\leqslant 0$。**证毕！**

由推论5-3可知，平台数据赋能水平是成本分担系数的增函数。也就是说，零售商为平台分担的成本越多，平台越愿意提高数据赋能水平。同时，零售商的订购量也会随着μ的增加而增加。对于平台来说，成本分担总是有益的，零售商订购量的增加及成本分担总额的增加能够超过数据赋能水平增加所产生的成本，最终使它的利润随着μ的增加而增加。因此，作为供应链的主导者，电商平台在多数情况下更倾向于提供成本分担契约。

相反，对于零售商来说，平台数据赋能水平提高所带来的需求增加促使其订购更多的货物，但当μ超过一定的阈值后，增加订购量带来的利润增加无法抵消支付给平台的数据赋能费用,最终利润会随着μ的增加而减少。总的来说,由于平台的利润始终随着成本分担系数的增加而增加,因而平台有尽可能提升成本分担系数的冲动,但过高的成本分担系数对零售商是不利的。因此,如何确定合适的成本分担比例,实现供应链成员的帕累托改进,从而形成良好的供应链合作关系,是平台型电商企业必须认真思考的问题。

第四节　比较分析

为了便于后续分析,表5-2是五种情境下供应链均衡决策情况,通过比较各情境下的均衡解,得出以下相关结论。

表5-2　均衡决策

	q_i	s	Π_{P}	Π_{R}
不加入平台NP	$F_i^{-1}(\frac{p-w}{p})$			$p\Gamma(q_i^{\mathrm{NP}*},0)$
批发价格决策DC	$F_i^{-1}(\frac{p-w}{p})+\frac{n\alpha kA}{\varphi}$	$\frac{nA}{\varphi}$	$Rw\sum_{i=1}^{n}F_i^{-1}(\frac{p-w}{p})+\frac{(nA)^2}{2\varphi}$	$p\Gamma(q_i^{\mathrm{DC}*},s^{\mathrm{DC}*})+\frac{n\alpha kA(p-w)}{\varphi}$
收益共享RS	$F_i^{-1}(\frac{\bar{\gamma}p-w}{\bar{\gamma}p})+\frac{n\alpha^2k^2(Rw+\gamma p)}{\varphi}$	$\frac{n\alpha k(Rw+\gamma p)}{\varphi}$	$\sum_{i=1}^{n}\left[\begin{array}{l}\gamma p\Gamma(q_i^{\mathrm{RS}*},s^{\mathrm{RS}*})\\+w\left(R+\frac{\gamma}{\bar{\gamma}}\right)F_i^{-1}(\frac{\bar{\gamma}p-w}{\bar{\gamma}p})\end{array}\right]+\frac{n^2\alpha^2k^2(Rw+\gamma p)^2}{2\varphi}$	$\bar{\gamma}p\Gamma(q_i^{\mathrm{RS}*},s^{\mathrm{RS}*})+\frac{n\alpha^2k^2(Rw+\gamma p)(\bar{\gamma}p-w)}{\varphi}$
成本分担CS	$F_i^{-1}(\frac{p-w}{p})+\frac{n\alpha kA}{\bar{\mu}\varphi}$	$\frac{nA}{\bar{\mu}\varphi}$	$Rw\sum_{i=1}^{n}F_i^{-1}(\frac{p-w}{p})+\frac{(nA)^2}{2\bar{\mu}\varphi}$	$p\Gamma(q_i^{\mathrm{CS}*},s^{\mathrm{CS}*})+\frac{n\alpha kA[2\bar{\mu}(p-w)-\mu Rw]}{2\bar{\mu}^2\varphi}$

命题5-5:当$\gamma>\frac{Rw\mu}{p\bar{\mu}}$时,$s^{\mathrm{DC}}<s^{\mathrm{CS}}<s^{\mathrm{RS}}$;否则,$s^{\mathrm{DC}}<s^{\mathrm{RS}}<s^{\mathrm{CS}}$。

证明:将s^{DC}, s^{RS}, s^{CS}两两比较,首先易得$s^{\mathrm{RS}}-s^{\mathrm{DC}}=\frac{n\alpha k\gamma p}{\varphi}>0$;$s^{\mathrm{CS}}-$

$s^{\mathrm{DC}}=\dfrac{n\alpha k\mu Rw}{\bar{\mu}\varphi}>0$;

$$s^{\mathrm{RS}}-s^{\mathrm{CS}}=\frac{n\alpha k\left(\bar{\mu}\gamma p-\mu Rw\right)}{\bar{\mu}\varphi}\text{，当}\gamma>\frac{Rw\mu}{p\bar{\mu}}\text{时，}s^{\mathrm{CS}}<s^{\mathrm{RS}}\text{，否则，}s^{\mathrm{CS}}\geqslant s^{\mathrm{RS}}\text{。}$$

证毕!

命题5-5表明,无论收益共享比例和成本分担比例的取值如何,这两个契约下的数据赋能水平均比批发价格契约下的大。显然,平台能从零售商处获得收益共享契约下一定比例的零售商收益,或是在成本分担契约下由零售商分担一定比例的成本以抵消部分的平台数据赋能成本。因此,相比批发价格契约,平台在这两种契约下更倾向于付出更高的数据赋能水平。此外,两种契约对数据赋能的提升效果则取决于成本分担比例及收益共享比例的大小,当收益共享比例与成本分担比例的关系满足$\gamma>\dfrac{Rw\mu}{p\bar{\mu}}$时,收益共享契约的效果优于成本分担契约。

命题5-6:$q_i^{\mathrm{CS}}>q_i^{\mathrm{DC}}$。

证明:$q_i^{\mathrm{CS}}-q_i^{\mathrm{DC}}=\dfrac{\mu n\alpha kA}{\bar{\mu}\varphi}>0$。

证毕!

由于收益共享契约下的订购量较为复杂,因此命题5-6主要比较成本分担契约与批发价格决策下的最优订购量。通过比较可得,不论成本分担比例的取值如何,批发价格决策下的订购量始终小于成本分担契约。结合命题5-5对平台数据赋能水平的比较,批发价格决策下的数据赋能水平最低,那么对市场需求的提升也最低。与之相比,在成本分担契约下,零售商会通过订购更多的商品来满足增长的市场需求。同时,在成本分担契约下,零售商需要帮助平台承担一部分的数据赋能水平,因此需要通过提高订购量来获取更高的收益,并且随着成本分担比例的增加,零售商的订购量也会不断增加,以获得更高的经营利润来抵消成本分担所带来的损失。

第五节　数值分析

由于收益共享契约下的订购量与利润函数表达式均较为复杂,难以与其余情境的均衡解进行直接比较。因此,本节通过数值分析进一步比较γ和μ的取值对不同契约下最优订购量及供应链成员利润的影响。此外,根据假设,$F(x)$为非负增函数,收益共享比例需满足$\gamma \leqslant 1-\frac{w}{p}$,即收益共享比例的横轴取值为$(0,1-\frac{w}{p}]$。假设随机市场需求为服从参数分别为1.2和81的伽玛分布。本节进行如下赋值:$\alpha=15$, $\varphi=40$, $R=0.2$, $p=1.5$, $w=0.6$, $n=100$, $k=0.9$。

一、最优订购量的比较

图5-2探究了收益共享比例与成本分担比例对零售商订购量的影响。首先,收益共享和成本分担契约下的零售商订购量均大于批发价格契约,且订购量随着收益共享比例或成本分担比例的增加而增加,这说明即使零售商分享给平台的利润或分担的成本在不断增加,但数据赋能带来的市场需求提升仍旧促使其不断增加订货量。其次,当收益共享比例和成本分担比例相等或相似时,收益共享契约的效果在可取的范围内(即$\gamma \leqslant 1-\frac{w}{p}$)始终优于成本分担契约。当成本分担比例的取值超过一定阈值后,成本分担契约对订货量的提升效果将超过收益共享契约,并且随着成本分担比例的增加,会达到甚至超过采用集中决策时的订货量。因此,若平台希望零售商订购更多的商品,可以选择提供较高收益共享比例的契约或更高成本分担比例的契约。

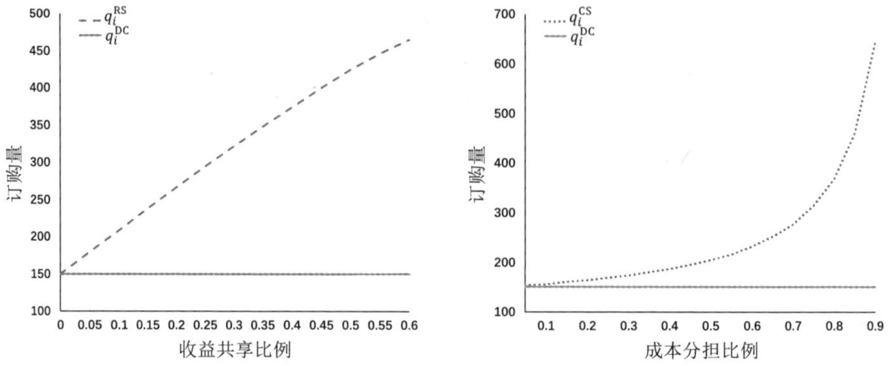

(a)γ对订购量的影响　　(b)μ对订购量的影响

图5-2　γ，μ对订购量的影响

二、供应链成员最优利润的比较

接下来考察收益共享或成本分担比例对供应链成员利润的影响，如图5-3及图5-4所示。

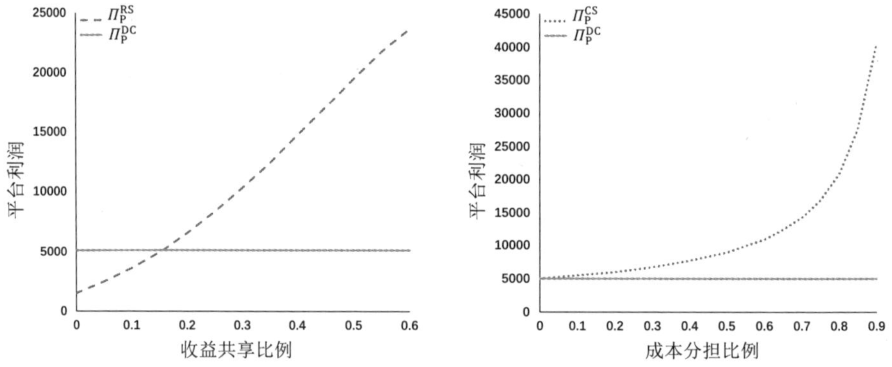

(a)γ对平台利润的影响　　(b)μ对平台利润的影响

图5-3　γ，μ对平台利润的影响

首先，分散决策下平台的利润始终低于成本分担契约。显然，随着成本分担比例的增加，平台数据赋能的成本在很大程度上被零售商分担，而零售商却依旧不断增加订购量，因此平台的利润持续提高。其次，收益共享契约

下的平台利润在收益共享比例较小时会低于分散决策,但随着共享比例的增加,就会逐渐超越分散决策。但是,当收益共享比例超过一定阈值后,平台利润又会有所下降。综上,对于平台而言,采用成本分担契约是获利更多且更有保障的选择,这也解释了在现实情况下,淘宝、京东等电商平台都采取成本分担策略向零售小店收取数据赋能费用的原因。

由图5-4可知,与平台利润有所不同,当收益共享比例较低时,零售商的收益比批发价格契约下的收益高,但当比例超过一定值后会小于批发价格契约。结合实际情况来看,通常平台收取零售商的利润比例不会超过30%,在这一范围内收益共享比例的增加能够改善零售商的利润。但当分享收益过多后,零售商的收益会减少,最终比批发价格契约下的利润更低。与之相比,成本分担契约下零售商的利润在大多情况下会随着分担比例的增加而递增,只有当成本分担比例取值特别高(约大于0.8)时,零售商利润才会随着分担比例的增加而减少。由此可见,在大多数情况下,即便平台让零售商分担较多的成本,对于零售商而言,依然更愿意接受成本分担契约,因为接受成本分担契约会获得更高的利润。

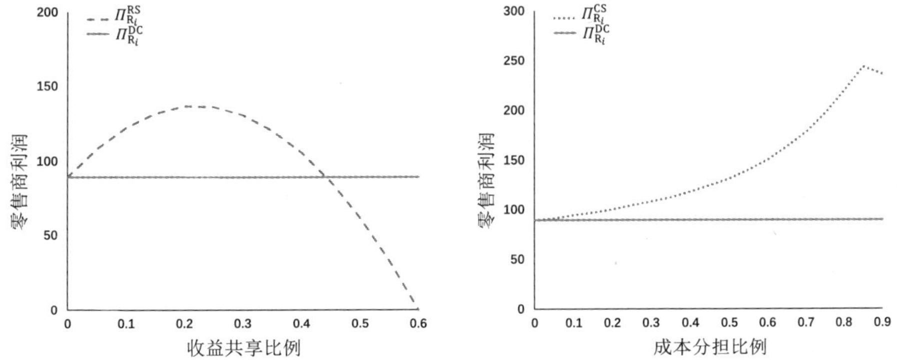

(a)γ对零售商利润的影响　　(b)μ对零售商利润的影响

图5-4　γ,μ对零售商利润的影响

虽然成本分担契约的效果超越收益共享契约时需要满足的分担系数μ较大,但由于平台的数据赋能成本是由所有参与者分担,实际上每个零售商的

分担比例仅为$\frac{\mu}{n}$,即接受平台数据赋能的零售商越多,每个零售商需要分担的成本越低。因此,即使μ较大,零售商和平台也均能获益。例如,零售商加盟天猫小店或京东便利店时,平台要求支付的加盟费或技术服务费等使用平台信息化技术的费用就是一种对平台数据赋能投入的分担。同时,平台参与者的增加也进一步减少了零售商的分担比例,体现了平台网络效应对数据赋能的积极作用。

此外,通过比较图5-3和图5-4可以发现,平台提供的收益共享比例或成本分担比例需要在一定范围内,才能优化双方的利润,并且无论收益共享比例和成本分担比例取值如何,平台和零售商都不会选择批发价格契约。也就是说,即使零售商在批发价格契约下能够单纯地获得数据赋能带来的好处,但该契约下数据赋能水平明显低于收益共享契约和成本分担契约,对利润的提升效果也不如这两个契约。在实践中,零售商通过大数据体系帮助零售商根据区域位置进行货品选择与货架重组,使零售商的货架产出比提升30%;通过智能选品帮助零售商选购差异化的产品,降低了库存成本,引进优质品牌商,使零售商获得优质的商品来源,完成良性升级。在三只松鼠与零售通达成合作后,全国一万多家天猫小店一天就能实现450多万元的营业额。这说明平台数据赋能对市场需求的提升是十分明显的,即使零售商需要分享较大比例的利润或承担平台的成本,平台数据赋能对利润增长的积极作用足以抵消这些成本,同时也能帮助上游供应商获得更多的收益。

三、零售商数量n对供应链成员利润的影响

推论5-1表明,集中决策下平台和零售商的利润随着平台参与者n的增加而增加,本节则通过数值仿真进一步分析协调契约下参与者数量n对供应链成员利润的影响。本节进行如下赋值:$\alpha=10$, $\varphi=40$, $R=0.2$, $p=1.5$, $w=0.6$, $n=100$, $k=2$。

由图5-5和图5-6可以很清晰地观察到,零售商数量n在不同情境下对供

应链成员利润的影响。显然，在批发价格契约、成本分担契约及收益共享契约下，双方的利润均随着零售商数量的增加而增加。首先，对于平台而言，收益共享契约与成本分担契约下的网络效应明显优于批发价格契约，且随着零售商数量的不断增加，成本分担契约下平台利润的增加最快。因此，平台需要在其发展过程中制定合适的供应链协调契约以吸引更多的平台参与者，从而获取更多的利润。其次，对于零售商而言，成本分担契约下的网络效应同样更有优势，并且随着零售商数量的增加，相比其他两个契约的优势更大。也就是说，平台上现有参与者的数量越多，零售商的利润也越高，也就更愿意加入平台。那么，零售商选择参与者数量更多的电商平台对自己更有利。

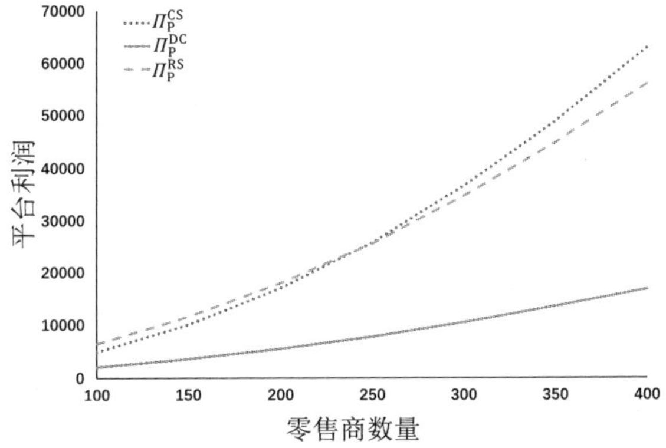

图5-5　n对平台利润的影响

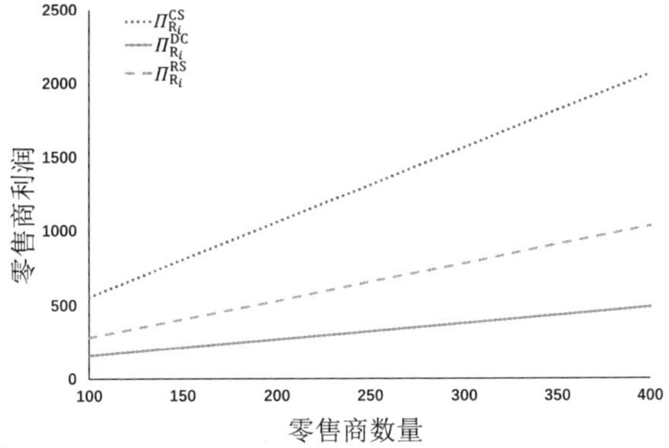

图5-6　n对零售商利润的影响

综上，随着参与平台的零售商数量的增加，电商平台和零售商双方都可以获得更高的收益。这是由于参与者的增加，平台获得的数据也会相应增加，同时与批发价格契约相比，收益共享契约或成本分担契约的使用能够抵消部分平台数据赋能投入成本，因此平台有动力不断提高数据赋能水平。这能够更加准确地帮助零售商预测和满足顾客需求，进而提升商品实际市场需求，增加零售商的利润，这对供应商双方都是有利的。

举例来说，亚马逊在最开始推出无人零售技术时，也只是设想将其运用在自营的Amazon Go线下便利店中，但近期却决定向相关第三方零售商出售该技术。根据RBC Capital的预估，亚马逊的这项业务的规模可以达到100亿美元，并且其中超过50%的收入将来自对外授权。这说明亚马逊也通过向第三方提供成本分担契约进行数据赋能，目的是不断扩大参与者数量以利用网络效应获得更高的收益。

四、市场需求的敏感性及数据运用能力对供应链成员决策的影响

市场需求敏感性α表示平台数据赋能对市场需求的影响程度，数据运用能力k表示零售商运用数据的能力，根据本章关于市场需求的假设，这两个因素会同时对市场需求的增加带来正向影响，每增加一单位的数据赋能水平，市场需求会增加αk。本节通过数值仿真分析市场敏感性及数据运用能力同时发生变动时对供应链成员利润的影响，并设定不同的收益共享比例与成本分担比例，考察收益共享比例与成本分担比例的变化对供应链成员选择的影响。本节进行如下赋值：$\varphi=40$，$R=0.2$，$p=1.5$，$w=0.6$，$n=100$。市场需求敏感系数及数据运用能力分别以2和1为增量，在[0,20]和[0,5]的范围内变化。

图5-7(a)(b)(c)中，在区域1内，零售商偏好成本分担契约，平台偏好收益共享契约；在区域2内，零售商和平台均偏好成本分担契约；在区域3内，双方的偏好则与区域1恰好相反。在图5-7(d)中，在区域2内零售商和平台均

偏好收益共享契约。具体来说，当零售商运用数据的能力k减小，平台数据赋能对市场需求的影响程度α需增加才能使双方的选择维持在区域1中。在这一区域中，供应链成员双方仅有一方对市场需求的影响较大，此时零售商希望平台能够提高数据赋能水平以促进市场需求的增加，并且通过成本分担契约帮助平台分担部分数据赋能成本以提高数据赋能水平，因此零售商偏好成本分担契约。相比之下，平台更偏好借助收益共享契约直接获取部分零售商的利润。当k与α均较大时，选择则相反。

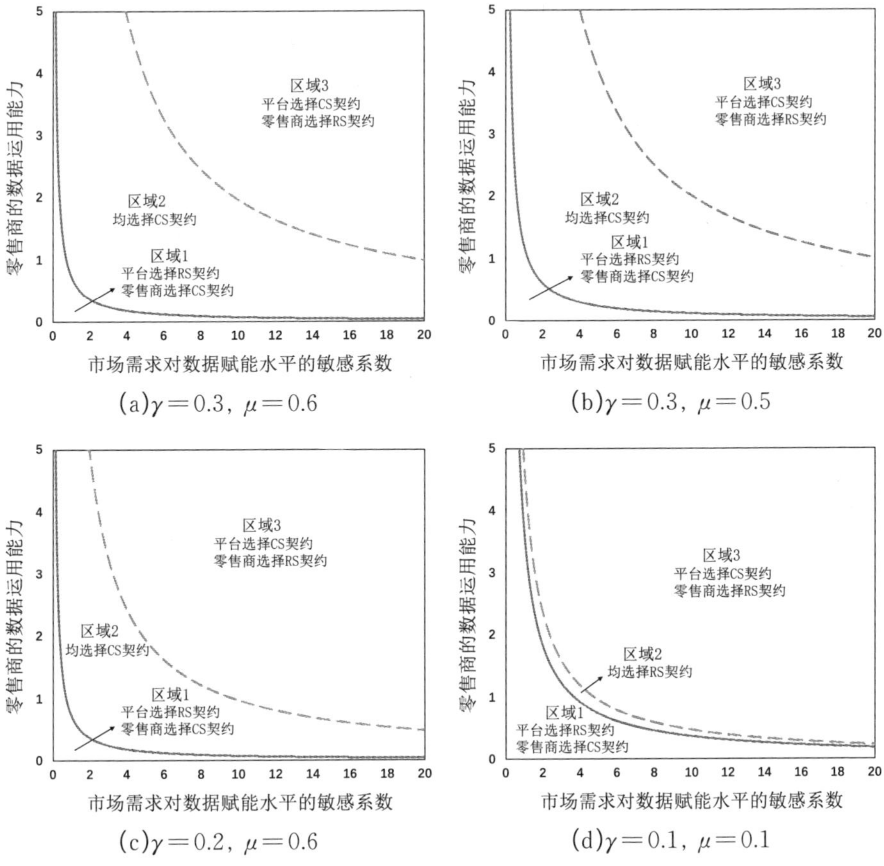

图5-7　α、k对供应链成员利润的影响

由图5-7(a)(b)(c)知，当收益共享系数在[0.2,0.3]而成本分担系数在

[0.5,0.6]的取值范围内,市场需求敏感性及数据运用能力的取值一方极低或两者均较低(即区域1)或两者取值均较高时(区域3)时,平台与零售商的偏好不统一,总是一方偏好成本分担契约而另一方偏好收益共享契约;当两者取值中等或一方取值较低(即区域2)时,双方都偏向于成本分担契约。由图5-7(d)可知,当收益共享比例及成本分担比例均很小时($\gamma=0.1$, $\mu=0.1$),才会出现双方均选择收益共享契约的区域(区域2),而在此设置下选择成本分担契约的范围(区域3)远大于区域2。由此可见,在大多情况下,成本分担契约的适用性都更高。同时结合上一节对平台参与者数量的分析,随着平台参与者的增加,成本分担契约的效果会也更加优于收益共享契约。因此,对于供应链主导者平台来说,提供合适的成本分担契约能够获得更高的收益,也更容易让零售商接受。

此外,比较图5-7(a)与(b)可以发现,当成本分担系数变小时,成本分担契约在均衡结果中出现的可能性会变小,偏好不统一的区域3则会变大。这说明,当成本分担比例μ较小时,即使数据赋能水平与数据运用能力对市场需求的提升较大,平台也没有较强的意愿去决策较高的数据赋能水平。在这种情况下,零售商即使分担比例比(a)低,也更愿意接受收益共享契约,以获得更高的数据赋能水平来提升市场需求。比较图5-7(a)与(c)可知,当收益共享比例变小时,成本分担契约在均衡结果中出现的可能性同样会变小,而偏好不统一的区域1会变大。也就是说,随着收益共享比例的减少,平台反而有更大的意愿选择收益共享契约。这可能是由于γ的减少使零售商的订购量增加明显,其增加带来的效果能够抵消减少γ对平台收益带来的负面影响。

第六节　拓展:考虑乘法需求函数的情形

上文的研究主要考虑的是需求加法函数下平台数据赋能的供应链协调问题,一些文献也使用需求乘法模型研究供应链协调问题,即供应链成员的努力以乘数的方式影响市场需求(Taylor,2012;褚宏睿等,2014)。在商业实践中,存在一些产品需求受数据赋能影响较大的情况,因此本节考虑需求乘法函数下的供应链协调问题,假设零售商i的需求函数为:$d_i = a_i \alpha ks$。

本节的决策顺序及使用的契约与上文相同,不同情境下的求解过程也相同,以集中情境为例,供应链整体利润为:

$$\max_{q,s\geqslant 0} \Pi^{SC} = \left\{ pE\left[\min\left(q_i, d_i\right)\right] - \bar{R}wq_i \right\} - \frac{1}{2}\varphi s^2,$$

即

$$\max_{q,s\geqslant 0} \Pi^{SC} = \sum_{i=1}^{n} \left\{ p\left[\int_0^{\frac{q_i}{\alpha ks}} \alpha ksxf(x)\mathrm{d}x + \int_{\frac{q_i}{\alpha ks}}^{+\infty} q_i f(x)\mathrm{d}x\right] - \bar{R}wq_i \right\} - \frac{1}{2}\varphi s^2。$$

根据决策顺序对利润进行求导,最终得到最优订购量和数据赋能水平分别为:

$$q_i^{SC*} = \frac{\alpha^2 k^2 p}{\varphi} \sum_{i=1}^{n} \left[F_i^{-1}\left(\frac{p - \bar{R}w}{p}\right) \int_0^{F_i^{-1}\left(\frac{p-\bar{R}w}{p}\right)} xf(x)\mathrm{d}x \right],$$

$$s^{SC*} = \frac{\alpha kp}{\varphi} \sum_{i=1}^{n} \int_0^{F_i^{-1}\left(\frac{p-\bar{R}w}{p}\right)} xf(x)\mathrm{d}x。$$

考虑乘法需求函数的不同情境下的均衡决策如表5-3所示,其中令$\Gamma(q_i, s) = \int_0^{\frac{q_i}{\alpha ks}} xf(x)\mathrm{d}x$,$\Gamma(F_i^{-1}) = \int_0^{F_i^{-1}} xf(x)\mathrm{d}x$。

由表5-3可知,在考虑乘法需求函数的情形下,在NP情境下的订购量与前文一致,其余均衡解及利润表达式均与前文差异较大且更为复杂,难以直接比较。因此我们借助数值仿真对结果进行比较。

为了观察基础模型与协调契约在需求加法和乘法模型下的变动是否存在差异,在拓展部分假设$a_i = a$,同时使用与需求加法模型下相同的赋值:$\alpha = 15$, $\varphi = 40$, $R = 0.2$, $p = 1.5$, $w = 0.6$, $n = 100$, $k = 0.9$。

表 5-3　均衡决策对比

	q_i	s	Π_P	Π_R
不加入平台 NP	$F_i^{-1}(\frac{p-w}{p})$			$p\Gamma(q_i^{N^*},0)$
批发价格决策 DC	$\alpha ks^{DC}F_i^{-1}(\frac{p-w}{p})$	$\frac{A}{\varphi}\sum_{i=1}^{n}F_i^{-1}(\frac{p-w}{p})$	$\frac{A^2}{2\varphi}\left[\sum_{i=1}^{n}F_i^{-1}(\frac{p-w}{p})\right]^2$	$\alpha ksp\Gamma(q_i^{DC},s^{DC})$
收益共享 RS	$\alpha ks^{RS}F_i^{-1}(\frac{\bar{\gamma}p-w}{\bar{\gamma}p})$	$\frac{\alpha k}{\varphi}\sum_{i=1}^{n}\left[\left(Rw+\frac{\gamma w}{\bar{\gamma}}\right)F_i^{-1}(\frac{\bar{\gamma}p-w}{\bar{\gamma}p}) +\gamma p\Gamma\left(F_i^{-1}(\frac{\bar{\gamma}p-w}{\bar{\gamma}p})\right)\right]$	$\sum_{i=1}^{n}\left\{Rwq_i^{RS} +\gamma pE\left[\min\left(q_i^{RS},d_i\right)\right]\right\} -\frac{1}{2}\varphi s^{RS}$	$\bar{\gamma}p\Gamma(q_i^{RS},s^{RS})+\frac{n\alpha^2k^2(Rw+\gamma p)(\bar{\gamma}p-w)}{\varphi}$
成本分担 CS	$\alpha ks^{CS}F_i^{-1}(\frac{p-w}{p})$	$\frac{A}{\bar{\mu}\varphi}\sum_{i=1}^{n}F_i^{-1}(\frac{p-w}{p})$	$\frac{\left[A\sum_{i=1}^{n}F_i^{-1}(\frac{p-w}{p})\right]^2}{2\bar{\mu}\varphi}$	$p\Gamma(q_i^{CS},s^{CS})+\frac{\sum_{i=1}^{n}\mu\left[AF_i^{-1}(\frac{p-w}{p})\right]^2}{2\bar{\mu}^2\varphi}$

由图5-8及图5-9可知，与需求加法函数设定相比，需求乘法函数设定下的最优决策有所不同。首先，在需求函数为乘法形式时，收益共享契约的平台数据赋能水平与零售商订购量均随着收益共享比例的增加先增后减，甚至当收益分享比例高于一定阈值后，订购量会比分散情境下的更小。其次，成本分担契约在需求乘法函数下的效果明显更优于收益共享契约。这是由于成本分担下平台数据赋能水平在大多比例下都高于收益共享契约，并且数据赋能的效果对市场需求的增加是成倍数的。因此，成本分担契约下的订购量远大于收益共享契约，甚至在成本分担比例较高时比集中情境下的订购量更高。

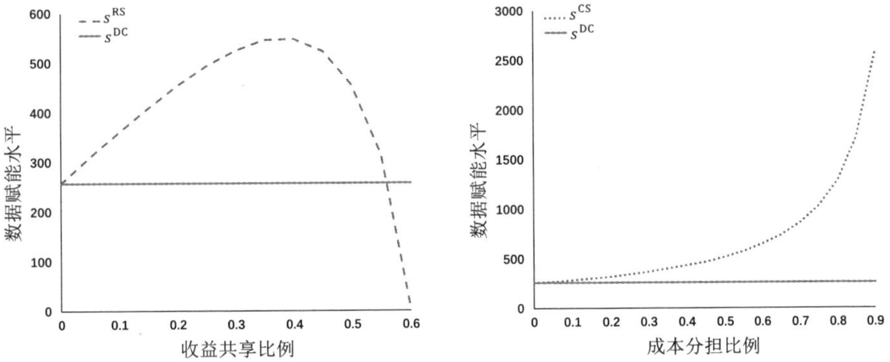

(a)γ对数据赋能水平的影响　　(b)μ对数据赋能水平的影响

图5-8　γ，μ对数据赋能水平的影响

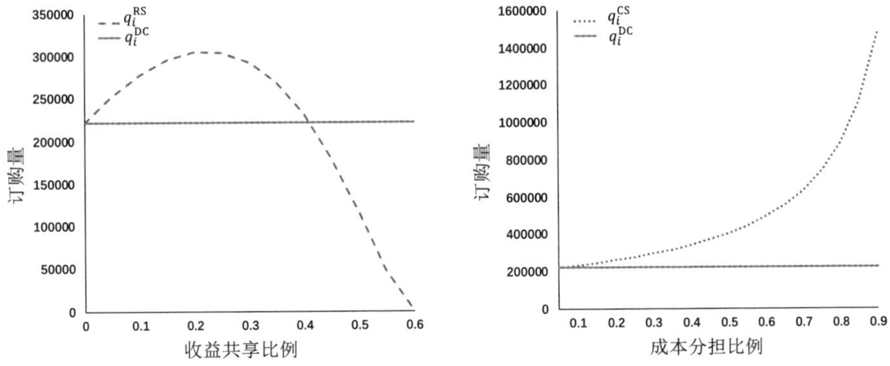

(a)γ对订购量的影响　　(b)μ对订购量的影响

图5-9　γ，μ对订购量的影响

接下来，进一步分析与需求加法函数设定相比，需求乘法函数设定下的供应链成员利润有怎样的不同。由图5-10可知，在需求乘法模型的设定下，对于平台来说，在收益共享比例取值较小或成本分担比例取值较大时，两类契约的效果相当，但随着比例增加，成本分担契约下平台利润一直增加，而收益共享契约下平台的利润则随着分担比例增加而减少。这是因为在成本分担契约下，零售商的订购量一直增加，这能够抵消平台数据赋能水平增加带来的成本。与之相比，在收益共享契约下，当共享比例较高时，零售商订购量甚至会低于批发价格契约，但平台的数据赋能水平在绝大多数情况下仍然高于批发价格契约，因此平台的成本无法被零售商分享的收益抵消。

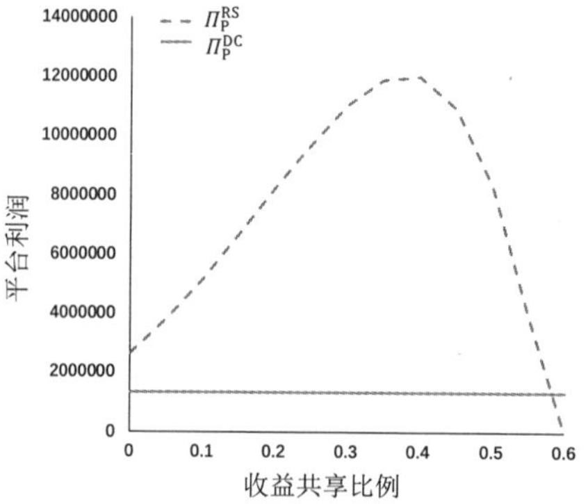

(a)γ对平台利润的影响

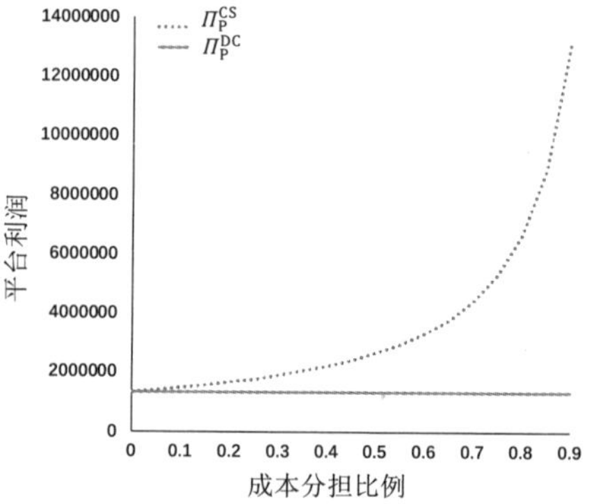

(b)μ对平台利润的影响

图5-10　γ，μ对平台利润的影响

由图5-11可知，对零售商来说，在相同的系数设定下与需求加法函数的仿真结果不同，收益共享契约下的利润始终较低且远低于分散情境。这是由于在该契约下，零售商的订购量与平台数据赋能水平均低于分散情境，而零售商仍旧需要分享一定比例的利润给平台，使其原本就低的利润更低。成本分担契约则有较好的效果，并且当分担比例较高时，其利润高于分散情境。也就是说，较高的成本分担比例对供应链成员双方都是有益的。结合需求加法模型的分析，平台可以对一些受数据赋能影响较大的品类设定比受数据赋能影响较少的品类更低的成本分担比例。

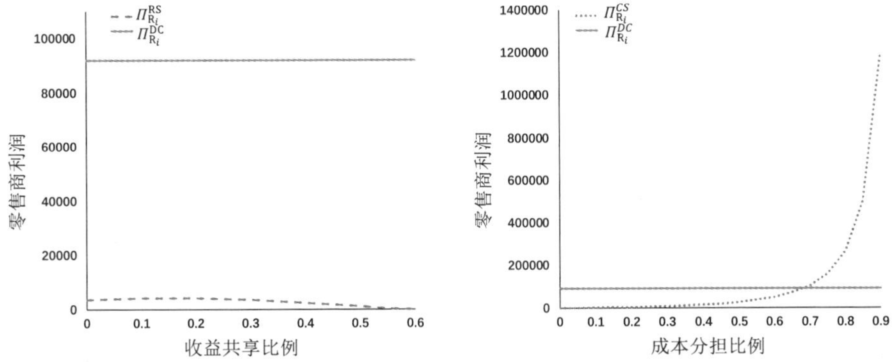

(a)γ对零售商利润的影响　　(b)μ对零售商利润的影响

图5-11　γ，μ对零售商利润的影响

第七节　本章小结

本章通过构建一个供应商、一个电商平台和n个同质零售商组成的供应链模型，对不考虑数据赋能情境、分散决策、收益共享契约及成本分担契约四种不同情境下电商平台向线下零售商数据赋能的行为进行研究。本章的研究表明：

(1)平台数据赋能对零售商总是有益的，只要平台提供数据赋能，零售商总是会选择接受。

(2)收益共享契约和成本分担契约都能在一定程度上协调供应链。对于零售商利润，即使平台设定较高的收益共享比例或成本分担比例，其利润依旧大于批发价格契约。对于平台利润，在成本分担契约下，它的利润始终随着成本分担比例的增大而增加，且高于收益共享契约。这也解释了现实情境中电商平台选择成本分担的原因。此外，市场需求敏感性及数据运用能力也对供应链利润及契约的选择产生影响。在大多情况下，成本分担契约的适用性更高，只有当成本分担比例或收益共享比例都很小时，才会出现双方均选择收益共享契约的情况。

(3)零售商和平台的利润随着零售商加入平台数量的增加而增加,这体现了平台的网络效应,并且平台的收益随着零售商数量的增加呈现出加速上涨的趋势,形成了一种特殊的规模经济。此外,当平台参与者数量足够多时,平台对单个零售商的边际成本甚至可以忽略不计。

(4)与需求加法模型的结果不同,在需求乘法模型下,成本分担契约的效果明显优于收益共享契约。这说明,当数据赋能对市场需求提升的效果很大时,成本分担契约更加有效,而收益共享契约下零售商的订购量和利润甚至在大多情况下比批发价格契约更低。

在实际运用中,平台通常会对零售商的加入设置条件。比如,阿里巴巴规定小店的面积需要达到50平方米以上,门店为自有产权或剩余租赁期限在一年以上。此外,平台会对小店的位置、客流等方面进行资质审查。因此,对于零售商来说,作为供应链跟随者,只要其符合加入条件,选择接受平台数据赋能在多数情况下都是有益的选择。对于平台来说,作为供应链主导者,需要制定能够使双方受益的协调契约。比如,当数据赋能对市场需求的影响较小时,可以设定共享比例中等的收益共享契约;当数据赋能对市场需求的影响较大且参与者数量较多时,可以设定比例较高的成本分担契约。此外,平台应通过制定合适的契约不断吸引新参与者的加入,扩大平台的网络效应,以便让自身及整条供应链获取更多的利润。

第六章　需求不确定情境下考虑数据赋能的平台供应链成本分担策略选择

第一节　问题的提出

上一章讨论了在需求不确定的情境下平台向线下零售商数据赋能时的平台供应链协调策略，验证了数据赋能对提升整条平台供应链绩效的有效性。在商业实践中，平台型电商企业除了向线下零售商数据赋能，还会对线上零售商进行数据赋能。例如，阿里巴巴旗下的菜鸟网络在2018年发布了“智能供应链大脑”系统，利用大数据及算法优化供应链决策。而雀巢成为第一家使用该智能中心的品牌方，雀巢可以通过该系统查看其订单量、运输时间、库存金额及周转天数等数据，并基于此优化生产、库存和销售管理，其天猫官方旗舰店的库存周转天数大幅下降40%，吸引新顾客的效率则提升了超过98%。由于数据赋能可以有效提升电商供应链的绩效，很多平台型电商企业纷纷开始对零售商进行数据赋能的实践：京东基于大数据为全棉时代提供精准营销、供应链等全方位的支持；苏宁云商则依托其全场景资源和数据优势，向品牌商进行数据赋能以打通消费端和生产端，为消费者提供定制化的商品和服务。

在平台型电商企业向线上零售商赋能的过程中，存在诸多值得深入探讨的问题。首先，并非所有的零售商都会接受平台型电商企业的数据赋能，因而需要探讨零售商接受平台数据赋能的条件。此外，平台型电商企业进行数据赋能要付出成本，零售商也需要投入成本，应采用怎样的机制分担上述成本在商业实践中也处于探索阶段。目前，阿里巴巴、京东等平台型电商企业对线上零售商并未直接收取数据赋能的相关费用，仅收取一定比例的佣金作为允许在平台销售商品的条件，但未来则可能会通过收取使用费或提高营销费用的方式向零售商收取费用，即让零售商间接分担平台部分数据赋能的成本。因此，有必要探讨何种成本分担机制更有利于促进双方合作并提升平台数据赋能的效果，以实现电商供应链成员的合作共赢。

在平台数据赋能的情境下，需要考察平台型电商企业与零售商之间的合作机制，这就涉及供应链成员协同运营的问题。Togar 和 Ramaswami（2004）指出，供应链协同是指供应链成员通过共同努力、信息共享和共同决策等合作，增强供应链响应能力和效率，进而提升供应链绩效。李凯等（2019）探讨了独立研发与合作研发模式下的信息分享策略对供应链绩效的影响。Lee 和 Cho（2014）研究了供应链和零售商之间如何设计供应商管理库存合同的问题，指出包含寄售库存和缺货成本分担的库存管理合同有助于供应商和零售商的库存合作。Ahmadi-Javid 和 Hoseinpour（2012）研究了促销成本分担问题，证明了在斯塔克伯格博弈和纳什静态博弈中，通过促销费用的分担可以使供应链成员的收益得到提高。Gurnani 等（2010）在需求不确定的情况下，探究了制造商如何设计契约机制以激励零售商达到最优订购量。彭鸿广和骆建文（2015）研究了在研发和制造成本不确定的情况下不同成本分担系数对研发努力的激励程度的影响。周艳菊等（2015）探究了成本分担契约对低碳供应链成员的订货量与利润的促进作用。

本章将从报童模型出发，运用建模的方法，探究在平台数据赋能的情境下，平台供应链中平台型电商企业与线上零售商的成本分担策略，为供应链成员优化运营决策提供参考。

第二节　模型描述和基本假设

本章构建了由一个平台型电商企业和一个线上零售商构成的供应链系统。在该模型中，平台型电商企业与零售商互为合作关系，平台向零售商进行数据赋能，零售商作为合作者，可以接受数据赋能也可以拒绝；若接受，则通过对数据运用进行投资的形式与平台型电商企业合作。因此，在零售商选择接受数据赋能后，平台型电商企业与零售商分别决策数据赋能水平s_P及数据运用的投入水平s_R。零售商以w的价格从供应商处订购产品，订购量为q，最后以p的零售价格销售给消费者。在这一模式中，批发价格w和零售价格p是固定的，分别由供应商及市场决定。

参考Karray等(2017)对需求函数的描述，本章对平台数据赋能情境下的市场需求采用如下的函数形式：

$$d = d_0 + \alpha s_P + \beta s_R$$

其中，$d_0(\geqslant 0)$表示无数据赋能情境下的随机市场需求，其分布函数为$F(x)$，概率密度为$f(x)$，且$F(x)$为严格递增并可微的函数。α表示市场需求对平台数据赋能水平的敏感系数，$\alpha \in [0, +\infty)$，α越大，表示平台数据赋能越有效，即平台数据赋能对市场需求的促进作用越强。β表示市场需求对零售商数据运用投入水平的敏感系数，$\beta \in [0, +\infty]$，β越大，表示零售商的数据运用能力越有效，即零售商通过数据的运用能更好地提升市场需求。

平台数据赋能水平为s_P时所产生的成本为：$\varphi_P s_P^2/2$，而零售商在不接受平台赋能情境下数据运用投入水平为s_R时所产生的成本为$\varphi_R s_R^2/2$，其中$\varphi_P, \varphi_R > 0$，且φ_P, φ_R为平台数据赋能成本系数和在无数据赋能情境下零售商数据运用投入的成本系数。类似的成本函数还被Kaya和Özer(2010)采用。在零售商接受平台数据赋能的情况下，数据运用的投入水平s_R产生的成本为$(1+\eta)\varphi_R s_R^2/2$，这是由于零售商与平台型电商企业进行合作后，需要在双方的数据运用合作方面投入更多的管理成本，例如与平台型电商企业数据团队的磨合成本、团队间合作沟通的成本等，这些成本使数据赋能情境下零售商数据运用投入的成本有所增加，这里我们假设增加了η倍。

本章以无数据赋能（NP）的情境为基准模型，在此基础上研究电商平台对线上零售商数据赋能及线上零售商进行数据运用投入的情况，具体讨论了三种平台数据赋能的情境：(1)分散决策（DC）；(2)平台分担零售商数据运用投入成本契约（RS）；(3)零售商分担平台数据赋能成本契约（PS）。

第三节　基本模型构建

一、无数据赋能情境（NP）

在这一情境中，平台型电商企业不提供数据赋能服务，即$s_P=0$，仅收取比例为R的佣金作为允许零售商在平台上销售产品的条件。为简化表达式，令$\overline{R}=1-R$，$\tilde{R}=\bar{R}p-w$。此外，为了保证订购量非负，本节假设$\overline{R}p\geqslant w$。此时，零售商只需决策自身的数据运用投入水平s_R及从供应商处订购产品的数量q，需求函数为$d=d_0+\beta s_R$。此时零售商的利润函数为：

$$\Pi_R^{NP}=\overline{R}pE\left[\min\left(q,d\right)\right]-wq-\frac{1}{2}\varphi_R s_R^2 \tag{6-1}$$

由式(6-1)可得Π_R^{NP}的Hessian矩阵为：

$$H=\begin{bmatrix}-\overline{R}p\beta^2 f\left(q-\beta s_R\right)-\varphi_R & \overline{R}p\beta f\left(q-\beta s_R\right)\\ \overline{R}p\beta f\left(q-\beta s_R\right) & -\overline{R}pf\left(q-\beta s_R\right)\end{bmatrix}$$

易得H为负定矩阵，即Π_R^{NP}是s_R^{NP}，q^{NP}的联合严格凹函数，存在最优s_R^{NP}，q^{NP}使Π_R^{NP}取得极大值。由式(6-1)可得一阶条件为：

$$\begin{cases}\dfrac{\partial \Pi_R^{NP}}{\partial q}=\overline{R}p\left[1-F\left(q-\beta s_R\right)\right]-w=0\\[2ex] \dfrac{\partial \Pi_R^{NP}}{\partial s_R}=\overline{R}\beta pF\left(q-\beta s_R\right)-\varphi_R s_R=0\end{cases}$$

求解可得在无平台数据赋能的情境下，零售商最优数据运用水平与订购量分别为：

$$s_{\mathrm{R}}^{\mathrm{NP}}=\frac{\beta\tilde{R}}{\varphi_{\mathrm{R}}}$$

$$q^{\mathrm{NP}}=F^{-1}\left(\frac{\tilde{R}}{\overline{R}\,p}\right)+\frac{\beta^{2}\tilde{R}}{\varphi_{\mathrm{R}}}$$

二、分散决策模型(DC)

在分散决策的情境下，零售商选择接受平台赋能，同时平台与零售商均以自身利润最大化为目标进行决策，决策顺序为：平台型电商企业与零售商同时决定数据赋能水平 s_{P} 及数据运用投入水平 s_{R}，零售商再决定订购量 q。

此时平台型电商企业的利润函数为：

$$\Pi_{\mathrm{P}}^{\mathrm{DC}}=\left[\min\left(q,d\right)\right]-\frac{1}{2}\varphi_{\mathrm{P}}s_{\mathrm{P}}^{2} \tag{6-2}$$

零售商的利润函数为：

$$\Pi_{\mathrm{R}}^{\mathrm{DC}}=\overline{R}\,pE\left[\min\left(q,d\right)\right]-wq-\frac{1}{2}(1+\eta)\varphi_{\mathrm{R}}s_{\mathrm{R}}^{2} \tag{6-3}$$

首先考察零售商的订购量决策，由式(6-3)易知，零售商的利润是关于订购量的严格凹函数，存在最优的订购量使其利润得到极大值，即：

$$q^{\mathrm{DC}}=F^{-1}\left(\frac{\tilde{R}}{\overline{R}\,p}\right)+\alpha s_{\mathrm{P}}+\beta s_{\mathrm{R}} \tag{6-4}$$

将式(6-4)代入式(6-2)和式(6-3)中，分别对平台与零售商的利润函数关于 $s_{\mathrm{P}}, s_{\mathrm{R}}$ 求导，由 $\partial^{2}\Pi_{\mathrm{R}}^{\mathrm{DC}}/\partial s_{\mathrm{R}}^{2}=-(1+\eta)\varphi_{\mathrm{R}}<0$，以及 $\partial^{2}\Pi_{\mathrm{P}}^{\mathrm{DC}}/\partial s_{\mathrm{P}}^{2}=-\varphi_{\mathrm{P}}<0$ 可知，存在唯一最优 s_{P} 和 s_{R} 使双方利润均取到极大值。由一阶条件 $\begin{cases}\partial\Pi_{\mathrm{R}}^{\mathrm{DC}}/\partial s_{\mathrm{R}}=\beta\tilde{R}-(1+\eta)\varphi_{\mathrm{R}}s_{\mathrm{R}}=0\\ \partial\Pi_{\mathrm{P}}^{\mathrm{DC}}/\partial s_{\mathrm{P}}=\alpha Rp-\varphi_{\mathrm{P}}s_{\mathrm{P}}=0\end{cases}$，解出 $s_{\mathrm{P}}^{\mathrm{DC}}$ 和 $s_{\mathrm{R}}^{\mathrm{DC}}$，再将其代回式(6-4)，即可求得 q^{DC}。因此，在分散决策情境下，平台型电商企业最优数据赋能水平及零

售商最优数据运用水平为：

$$s_{\mathrm{P}}^{\mathrm{DC}}=\frac{\alpha Rp}{\varphi_{\mathrm{P}}},\quad s_{\mathrm{R}}^{\mathrm{DC}}=\frac{\beta\tilde{R}}{(1+\eta)\varphi_{\mathrm{R}}}$$

零售商最优订购量分别为：

$$q^{\mathrm{DC}}=F^{-1}\left(\frac{\tilde{R}}{\overline{R}\,p}\right)+\frac{R\alpha^{2}p}{\varphi_{\mathrm{P}}}+\frac{\beta^{2}\tilde{R}}{(1+\eta)\varphi_{\mathrm{R}}}$$

零售商接受平台数据赋能的前提是能够从中获得更多的利润，结合分散决策和无赋能情境下的利润函数，可得零售商接受平台数据赋能的条件，见命题6-1。

命题6-1：当$\eta\leqslant\frac{2\alpha^{2}Rp\varphi_{\mathrm{R}}}{\beta^{2}\varphi_{\mathrm{P}}\tilde{R}-2\alpha^{2}Rp\varphi_{\mathrm{R}}}$时，零售商选择接受平台数据赋能；否则，零售商将拒绝接受平台数据赋能。

证明：$\Pi_{\mathrm{R}}^{\mathrm{DC}}-\Pi_{\mathrm{R}}^{\mathrm{NP}}=\tilde{R}\left[\frac{\alpha^{2}Rp}{\varphi_{\mathrm{P}}}-\frac{\eta\beta^{2}\tilde{R}}{2(1+\eta)\varphi_{\mathrm{R}}}\right]$，当$\eta\leqslant\frac{2\alpha^{2}Rp\varphi_{\mathrm{R}}}{\beta^{2}\varphi_{\mathrm{P}}\tilde{R}-2\alpha^{2}Rp\varphi_{\mathrm{R}}}$时，$\Pi_{\mathrm{R}}^{\mathrm{DC}}-\Pi_{\mathrm{R}}^{\mathrm{NP}}\geqslant0$，否则$\Pi_{\mathrm{R}}^{\mathrm{DC}}-\Pi_{\mathrm{R}}^{\mathrm{NP}}<0$。**证毕！**

由命题6-1可知，只有双方数据运用合作所增加的管理成本不太大时，零售商才会接受平台的数据赋能。因此，对于平台型电商企业来说，总结与零售商合作的经验，形成成熟的数据运用合作方法论以有效降低零售商因合作而产生的额外管理成本，是推动平台数据赋能发展的有效手段。

命题6-2：零售商的数据运用投入水平与订购量在NP及DC情境下的关系满足：(1)$s_{\mathrm{R}}^{\mathrm{NP}}\geqslant s_{\mathrm{R}}^{\mathrm{DC}}$；(2)$q^{\mathrm{DC}}\geqslant q^{\mathrm{NP}}$。

证明：(1)$s_{\mathrm{R}}^{\mathrm{NP}}-s_{\mathrm{R}}^{\mathrm{DC}}=\frac{\eta\beta(p-w)}{(1+\eta)\varphi_{\mathrm{R}}}\geqslant0$；

(2)$q^{\mathrm{NP}}-q^{\mathrm{DC}}=\frac{\eta\beta^{2}\tilde{R}}{(1+\eta)\varphi_{\mathrm{R}}}-\frac{R\alpha^{2}p}{\varphi_{\mathrm{P}}}$，由命题6-1可知，$\frac{\alpha^{2}Rp}{\varphi_{\mathrm{P}}}-\frac{\eta\beta^{2}\tilde{R}}{2(1+\eta)\varphi_{\mathrm{R}}}\geqslant0$，因此，$q^{\mathrm{NP}}-q^{\mathrm{DC}}\leqslant0$。**证毕！**

由命题6-2可知，零售商在接受平台数据赋能后，自身数据运用投入水平会下降，但是订购量仍然会高于不接受数据赋能的情形。这是由于零售商在接受平台数据赋能后，平台的数据赋能使市场需求增加，这能够抵消零售商降低自身数据运用投入对市场需求产生的消极影响。因此，平台数据赋能有助于零售商在扩大销售的同时减少数据运用的投入成本，提升零售商的利润。例如，阿里通过线上数据赋能，借助天猫C2M定制算法模型，使品牌商更精准地洞察消费者需求，反向推动产品设计与生产，品牌商售罄率超过九成，业绩同比增长156%，同时与品牌商进行合作新品研发帮助品牌商将新品研发的准备期从10个月缩短至1个月。但需要指出的是，零售商在接受平台数据赋能后倾向于降低自身的数据运用投入水平，这实际上是一种“搭便车”的行为。而零售商适当提升其数据运用投入水平，能更好地发挥数据赋能的效果，因此平台有必要通过设计合适的契约来激励零售商提升其数据运用投入水平。

第四节　成本分担契约

成本分担契约是较为常见的供应链协调契约，在电商供应链中也多有应用，平台型电商企业常常采用向零售商收取软件使用费的形式让其分担数据赋能所产生的成本。因此，本章引入了成本分担契约，考察在平台数据赋能的情境下该契约对电商供应链成员决策的影响。由于平台型电商企业与零售商均有投入，因而考虑了两种成本分担策略：(1)平台型电商企业分担零售商的数据运用投入成本；(2)零售商分担平台型电商企业的数据赋能成本。

一、平台分担零售商的数据运用投入成本(RS)

在这一成本分担策略中，平台通过分担零售商部分数据运用投入成本来激励零售商提高数据运用投入水平。假设平台型电商企业的成本分担比例为λ_{RS},则零售商需要承担的数据运用投入比例为$\bar{\lambda}_{RS}=1-\lambda_{RS}$。采用该策略时供应链成员的决策顺序与分散决策一致。

此时,平台型电商企业与零售商的利润分别为:

$$\Pi_{P}^{RS}=\left[\min\left(q,d\right)\right]-\frac{1}{2}\varphi_{P}s_{P}^{2}-\frac{1}{2}\lambda_{RS}\left(1+\eta\right)\varphi_{R}s_{R}^{2} \tag{6-5}$$

$$\Pi_{R}^{RS}=\bar{R}\,pE\left[\min\left(q,d\right)\right]-wq-\frac{1}{2}\bar{\lambda}_{RS}\left(1+\eta\right)\varphi_{R}s_{R}^{2} \tag{6-6}$$

由式(6-5)易知,零售商的利润是关于订购量的严格凹函数,存在最优的订购量使其利润得到极大值。根据一阶条件可得:

$$q^{RS}=F^{-1}\left(\frac{\tilde{R}}{\bar{R}\,p}\right)+\alpha s_{P}+\beta s_{R} \tag{6-7}$$

将式(6-7)代入式(6-5)和式(6-6)中,分别关于s_P,s_R求导,由$\partial^2\Pi_{P}^{RS}/\partial s_{P}^{2}=-\varphi_{P}<0$,$\partial^2\Pi_{R}^{RS}/\partial s_{R}^{2}=-\bar{\lambda}_{RS}\left(1+\eta\right)\varphi_{R}<0$可知存在唯一最优$s_P$,$s_R$使双方利润均取到极大值。由一阶条件$\begin{cases}\partial\Pi_{R}^{RS}/\partial s_{R}=\beta\tilde{R}-\bar{\lambda}_{RS}\left(1+\eta\right)\varphi_{R}s_{R}=0\\ \partial\Pi_{P}^{RS}/\partial s_{P}=\alpha Rp-\varphi_{P}s_{P}=0\end{cases}$,可知在RS策略下,平台型电商企业最优数据赋能水平为$s_{P}^{RS}=\dfrac{\alpha Rp}{\varphi_{P}}$,零售商最优数据运用水平为:$s_{R}^{RS}=\dfrac{\beta\tilde{R}}{\bar{\lambda}_{RS}\left(1+\eta\right)\varphi_{R}}$。再将$s_{P}^{RS}$,$s_{R}^{RS}$代回式(6-7),求得零售商的最优订购量为:

$$q^{RS}=F^{-1}\left(\frac{\tilde{R}}{\bar{R}\,p}\right)+\frac{R\alpha^{2}p}{\varphi_{P}}+\frac{\beta^{2}\tilde{R}}{\bar{\lambda}_{RS}\left(1+\eta\right)\varphi_{R}}。$$

推论6-1:在RS情境下,s_{R}^{RS},q^{RS},Π_{R}^{RS},Π_{P}^{RS}与λ_{RS}的关系满足:

(1)s_{R}^{RS},q^{RS},Π_{R}^{RS}是λ_{RS}的增函数;

(2)当$\lambda_{P}\leqslant\dfrac{3Rp-p+w}{Rp+p-w}$时,$\Pi_{P}^{RS}$是$\lambda_{RS}$的增函数;否则,$\Pi_{P}^{RS}$是$\lambda_{RS}$的减函数。

证明：

(1)$\frac{\partial s_{\mathrm{R}}^{\mathrm{RS}}}{\partial \lambda_{\mathrm{RS}}}=\frac{\lambda_{\mathrm{RS}}\beta\tilde{R}}{\bar{\lambda}_{\mathrm{RS}}^{2}(1+\eta)\varphi_{\mathrm{R}}}>0$，可得 $s_{\mathrm{R}}^{\mathrm{RS}}$ 是 λ_{RS} 的增函数，同理可得其他结论；

(2)$\frac{\partial \Pi_{\mathrm{P}}^{\mathrm{RS}}}{\partial \lambda_{\mathrm{RS}}}=\frac{\beta^{2}\tilde{R}\left[3Rp-p+w-\lambda_{\mathrm{RS}}(Rp+p-w)\right]}{2\bar{\lambda}_{\mathrm{RS}}^{3}(1+\eta)\varphi_{\mathrm{R}}}$，

当 $\lambda_{\mathrm{RS}}\leqslant\frac{3Rp-p+w}{Rp+p-w}$ 时，$\frac{\partial \Pi_{\mathrm{P}}^{\mathrm{RS}}}{\partial \lambda_{\mathrm{RS}}}\geqslant 0$，否则 $\frac{\partial \Pi_{\mathrm{P}}^{\mathrm{RS}}}{\partial \lambda_{\mathrm{RS}}}<0$。**证毕！**

由推论6-1易知，平台型电商企业分担零售商数据投入成本的比例越大，则零售商越有动力提升其数据运用的投入水平，而数据运用投入水平的提升使市场需求增加，因此零售商的订购量和利润均会随着平台分担零售商成本的比例的增加而增加。

对于平台型电商企业来说，当其分担零售商的数据投入成本的比例低于某一阈值时，它的利润随着分担比例的增加而有所提升，这是因为零售商订购量增加为其带来的收益可以抵消其分担的成本。然而，若其分担成本的比例高于某一阈值时，平台型电商企业的利润则会随着分担比例增加而降低，这主要是由于零售商订购量增加所带来的收益已无法抵消过高的分担成本。在平台型电商企业提供数据赋能的初期，为了吸引商家的加入，往往会向零售商提供免费的数据赋能产品，这间接分担了零售商数据运营投入的成本。例如，京东平台在2017年发布了其一站式运营数据开放平台“京东商智”时，向商家开放了Beta版免费试用，有80%的商家参与了试用，并且都取得了不错的经营效果。

二、零售商分担平台的数据赋能成本(PS)

在零售商分担平台型电商企业数据赋能成本的策略下，零售商需要向平台型电商企业缴纳一定比例的费用以分担其进行数据赋能的成本。假设零售商的数据赋能成本分担比例为λ_{PS}，那么平台型电商企业与零售商的利润函数分别为：

$$\Pi_{P}^{RS}=\left[\min\left(q,d\right)\right]-\frac{1}{2}\bar{\lambda}_{PS}\varphi_{P}s_{P}^{2} \tag{6-8}$$

$$\Pi_{R}^{PS}=\bar{R}\,pE\left[\min\left(q,d\right)\right]-wq-\frac{1}{2}\left(1+\eta\right)\varphi_{R}s_{R}^{2}-\frac{1}{2}\lambda_{PS}\varphi_{P}s_{P}^{2} \tag{6-9}$$

求解与RS情形类似，可得平台型电商企业最优数据赋能水平及零售商最优数据运用投入水平为：

$$s_{P}^{PS}=\frac{\alpha Rp}{\bar{\lambda}_{PS}\varphi_{P}},\quad s_{R}^{PS}=\frac{\beta\tilde{R}}{\left(1+\eta\right)\varphi_{R}}$$

零售商最优订购量为：

$$q^{PS}=F^{-1}\left(\frac{\tilde{R}}{\bar{R}\,p}\right)+\frac{R\alpha^{2}p}{\bar{\lambda}_{PS}\varphi_{P}}+\frac{\beta^{2}\tilde{R}}{\left(1+\eta\right)\varphi_{R}}$$

推论6-2：在PS情境下，s_{P}^{PS}，q^{PS}，Π_{P}^{PS}，Π_{R}^{PS}与λ_{PS}的关系满足：

（1）s_{P}^{PS}，q^{PS}，Π_{P}^{PS}是λ_{PS}的增函数；

（2）当$\lambda_{PS}\leqslant\frac{2\bar{R}\,p-2w-Rp}{2\bar{R}\,p-2w+Rp}$时，$\Pi_{R}^{PS}$是$\lambda_{PS}$的增函数；否则，$\Pi_{R}^{PS}$是$\lambda_{PS}$的减函数。

证明：（1）$\frac{\partial s_{P}^{PS}}{\partial\lambda_{PS}}=\frac{\lambda_{PS}\alpha Rp}{\bar{\lambda}_{PS}\varphi_{P}}>0$，$\frac{\partial q^{PS}}{\partial\lambda_{PS}}=\frac{\lambda_{PS}\alpha^{2}Rp}{\bar{\lambda}_{PS}^{2}\varphi_{P}}>0$，$\frac{\partial\Pi_{P}^{PS}}{\partial\lambda_{PS}}=\frac{\lambda_{PS}\alpha^{2}R^{2}p^{2}}{2\bar{\lambda}_{PS}^{2}\varphi_{P}}>0$；

（2）$\frac{\partial\Pi_{R}^{PS}}{\partial\bar{\lambda}_{PS}}=\frac{\alpha^{2}Rp\left[-\bar{\lambda}_{PS}\left(2\bar{R}\,p-2w+Rp\right)-2Rp\right]}{2\bar{\lambda}_{PS}^{3}\varphi_{P}}$，

当$\lambda_{PS}\leqslant\frac{2\bar{R}\,p-2w-Rp}{2\bar{R}\,p-2w+Rp}$时，$\frac{\partial\Pi_{P}^{PS}}{\partial\lambda_{PS}}\geqslant0$，否则$\frac{\partial\Pi_{P}^{PS}}{\partial\lambda_{PS}}<0$。**证毕！**

由推论6-2可知，在PS情境下，平台的数据赋能水平和利润会随着零售商成本分担比例的增加而上升。而对于零售商而言，零售商的订购量随着成本分担比例的增加而增加，而零售商的利润仅在成本分担比例低于某个阈值

时，才会随着分担比例的增加而上升；当成本分担比例超过该阈值时，零售商的利润反而会有所下降。这主要是由于平台数据赋能水平的上升对需求具有促进作用，使零售商的利润和订购量有所上升，其增加的收益在成本分担比例较小时可以抵消零售商分担的成本，使零售商的利润会随着分担比例的提升而增加。但若零售商分担成本的比例高于某一阈值时，其增加的销售收益无法抵消过高的分担成本，零售商的利润就会随着分担比例的增加而减少。在实践中，电商平台在数据赋能产品成熟后可能会对零售商收取一定的产品使用费以分担自身数据赋能成本，如京东为商家提供了“京东商智”数据平台，并按季度向商家收取一定的使用费。

第五节　比较分析

本部分将对不同情境下平台型电商企业的数据赋能水平、零售商数据运用投入水平及供应链成员的利润进行比较分析，考察成本分担机制对供应链成员利润及运营决策的影响。不同模式下的均衡结果对比见表6-1。

表6-1　均衡结果对比

模式	s_R	s_P	q
不考虑平台数据赋能(NP)	$s_R^{NP}=\dfrac{\beta\tilde{R}}{\varphi_R}$	$s_P^{NP}=0$	$q^{NP}=F^{-1}\left(\dfrac{\tilde{R}}{\overline{R}p}\right)+\dfrac{\beta^2\tilde{R}}{\varphi_R}$
分散决策(DC)	$s_R^{DC}=\dfrac{\beta\tilde{R}}{(1+\eta)\varphi_R}$	$s_P^{DC}=\dfrac{\alpha Rp}{\varphi_P}$	$q^{DC}=F^{-1}\left(\dfrac{\tilde{R}}{\overline{R}p}\right)+\dfrac{R\alpha^2p}{\varphi_P}+\dfrac{\beta^2\tilde{R}}{(1+\eta)\varphi_R}$
平台分担零售商的数据运用投入成本(RS)	$s_R^{RS}=\dfrac{\beta\tilde{R}}{\overline{\lambda}_{RS}(1+\eta)\varphi_R}$	$s_P^{RS}=\dfrac{\alpha Rp}{\varphi_P}$	$q^{RS}=F^{-1}\left(\dfrac{\tilde{R}}{\overline{R}p}\right)+\dfrac{R\alpha^2p}{\varphi_P}+\dfrac{\beta^2\tilde{R}}{\overline{\lambda}_{RS}(1+\eta)\varphi_R}$

续表

模式	s_R	s_P	q
零售商分担平台的数据赋能成本(PS)	$s_R^{PS}=\dfrac{\beta\tilde{R}}{(1+\eta)\varphi_R}$	$s_P^{PS}=\dfrac{\alpha Rp}{\overline{\lambda}_{PS}\varphi_P}$	$q^{PS}=F^{-1}\left(\dfrac{\tilde{R}}{\overline{R}p}\right)+\dfrac{R\alpha^2 p}{\overline{\lambda}_{PS}\varphi_P}+\dfrac{\beta^2\tilde{R}}{(1+\eta)\varphi_R}$

命题6-3:零售商的数据投入水平满足以下关系:$s_R^{RS}\geqslant s_R^{DC}=s_R^{PS}$。

证明:将 s_R^{RS}, s_R^{DC}, s_R^{PS} 两两比较,易得 $s_R^{DC}=s_R^{PS}$;$s_R^{RS}-s_R^{DC}=s_R^{RS}-s_R^{PS}=\dfrac{\beta\lambda_{RS}\tilde{R}}{\overline{\lambda}_{RS}(1+\eta)\varphi_R}>0$。**证毕!**

由命题6-3可知,RS情境下零售商的数据运用投入水平始终高于或等于DC和PS情境,这说明后面两种情境相对不利于激发零售商进行数据运用投入的积极性。此外,DC和PS情境下零售商的数据运用投入水平相同,这意味着零售商分担平台型电商企业数据赋能的成本并不会使其自身的数据运用投入被"挤出",至少不会比分散决策的情境差。

命题6-4:平台型电商企业的数据赋能水平满足以下关系:$s_P^{PS}\geqslant s_P^{DC}=s_P^{RS}$。

证明:将s_P^{RS}, s_P^{DC}, s_P^{PS}两两比较,首先易得$s_P^{DC}=s_P^{RS}$;$s_P^{PS}-s_P^{DC}=s_P^{PS}-s_P^{RS}=\dfrac{\alpha Rp\left(1-\overline{\lambda_R}\right)}{\overline{\lambda_R}\varphi_P}>0$。**证毕!**

命题6-4表明,与PS情境相比,DC和RS情境对平台型电商企业进行数据赋能的激励作用较弱。此外,DC和RS情境下平台的数据赋能水平相同,这意味着平台型电商企业分担零售商的数据运用投入成本并不会减少其数据赋能的投入,依然能够与DC情境持平。

命题6-5:平台型电商企业的利润满足以下关系:

当$\lambda_{RS}\geqslant\dfrac{3Rp-p+w}{2Rp}$时,$\Pi_P^{RS}<\Pi_P^{DC}<\Pi_P^{PS}$;

当$\lambda_{RS}<\dfrac{3Rp-p+w}{2Rp}$且$\dfrac{\varphi_R}{\varphi_P}\leqslant A_1$时，$\Pi_P^{DC}<\Pi_P^{PS}\leqslant\Pi_P^{RS}$；

当$\lambda_{RS}<\dfrac{3Rp-p+w}{2Rp}$且$\dfrac{\varphi_R}{\varphi_P}>A_1$时，$\Pi_P^{DC}<\Pi_P^{RS}<\Pi_P^{PS}$。

其中，$A_1=\dfrac{\beta^2\lambda_{RS}\bar{\lambda}_{PS}(Rp+2\bar{\lambda}_{RS}Rp-p+w)}{Rp^2\alpha^2\lambda_{PS}(1+\eta)\bar{\lambda}_{RS}^2}$。

证明：(1) 将 $\Pi_P^{DC},\Pi_P^{RS},\Pi_P^{PS}$ 两两比较，首先易得 $\Pi_P^{DC}-\Pi_P^{PS}=\dfrac{-\lambda_{PS}\alpha^2R^2p^2}{\overline{\lambda_{PS}}\varphi_P}<0$，$\Pi_P^{DC}-\Pi_P^{RS}=\dfrac{\beta^2\tilde{R}\lambda_{RS}\left(Rp+2\bar{\lambda}_{RS}Rp-p+w\right)}{\bar{\lambda}_{RS}^2(1+\eta)\varphi_R}$，可知，当$\lambda_{RS}<\dfrac{3Rp-p+w}{2Rp}$时，$\Pi_P^{DC}<\Pi_P^{RS}$，否则$\Pi_P^{DC}>\Pi_P^{RS}$。

$$\Pi_P^{RS}-\Pi_P^{PS}=\frac{-\lambda_{PS}\alpha^2R^2p^2}{\overline{\lambda_{PS}}\varphi_P}+\frac{\beta^2\tilde{R}\lambda_{RS}\left(Rp+2\overline{\lambda_{RS}}Rp-p+w\right)}{\overline{\lambda_{RS}}^2(1+\eta)\varphi_R},$$

当$\dfrac{\varphi_R}{\varphi_P}\leqslant A_1$时，$\Pi_P^{PS}<\Pi_P^{RS}$，否则$\Pi_P^{PS}>\Pi_P^{RS}$。**证毕！**

首先，由命题6-5可知，当平台型电商企业的成本分担比例较小时，其在PS还是RS情境下利润较高取决于其与零售商的数据运用投入成本系数的比值。当这一比值小于某一阈值，即零售商在数据运用方面更有效率时，则平台型电商企业在RS情境下利润较高，即其选择分担零售商的数据运用投入成本更有利，反之亦然。其次，当平台型电商企业的成本分担比例较大时，其在RS情境下的利润甚至会低于DC情境，这是由平台型电商企业分担的成本过多导致的。

命题6-6：零售商的利润满足以下关系：

当$\lambda_{PS}\geqslant\dfrac{Rp}{2\left(\bar{R}p-w\right)}$时，$\Pi_R^{PS}<\Pi_R^{DC}<\Pi_R^{RS}$；

当$\lambda_{PS}<\dfrac{Rp}{2\left(\bar{R}p-w\right)}$且$\dfrac{\varphi_R}{\varphi_P}\geqslant A_2$时，$\Pi_R^{DC}<\Pi_R^{RS}<\Pi_R^{PS}$；

当$\lambda_{PS} < \dfrac{Rp}{2(\overline{R}p - w)}$且$\dfrac{\varphi_R}{\varphi_P} < A_2$时，$\Pi_R^{DC} < \Pi_R^{PS} < \Pi_R^{RS}$；

其中，$A_2 = \dfrac{R\beta^2\lambda_{RS}\overline{\lambda}_{PS}^2}{2Rp\alpha^2\lambda_{PS}\overline{\lambda}_{RS}(1+\eta)(\overline{\lambda}_{PS} - p)}$。

证明过程与命题6-5类似，不再赘述。命题6-6主要探讨零售商在不同情境下的利润比较。当零售商的成本分担比例较小时，其在PS还是RS情境下利润较高取决于其数据运用投入成本系数与平台型电商企业数据赋能成本系数的比值。当这一比值大于某一阈值，即平台型电商企业的数据赋能效率较高时，则零售商在PS情境下利润较高，即其选择分担平台型电商企业的数据赋能成本更有利，反之亦然。其次，当零售商的成本分担比例较大时，其在PS情境下的利润甚至会低于DC情境，这是由零售商分担的成本过多导致的。最后，结合命题6-5可知，供应链成员可以设定合适的成本分担比例，使平台型电商企业与零售商的利润相比DC情境均有所上升，实现帕累托改进。事实上，平台型电商企业的数据运用效率往往更高。因此，一般由平台向零售商数据赋能，并收取一定的使用费以分担平台数据赋能成本。当然，费用分担的比例通常不会太高，以免打击零售商的积极性。

第六节　算例分析

前几节对三种不同情境下的均衡结果进行了讨论，但在部分情境下供应链成员利润较为复杂，难以得到直观的结论。因此本节通过算例进一步分析模型重要参数的变化对供应链成员利润和策略选择的影响。

一、成本分担比例对利润的影响

先设定模型中的参数，令$\alpha=30$，$\beta=20$，$\eta=0.2$，$\varphi_P=65$，$\varphi_R=40$，$R=0.16$，$p=10$，$w=6.5$。首先，考察三种不同情境下两个不同成本分担比例的

变化对平台型电商企业利润的影响。令$\lambda_{RS}, \lambda_{PS} \in [0,0.5]$,并且分别在RS和PS情境中同步变化,如图6-1所示。

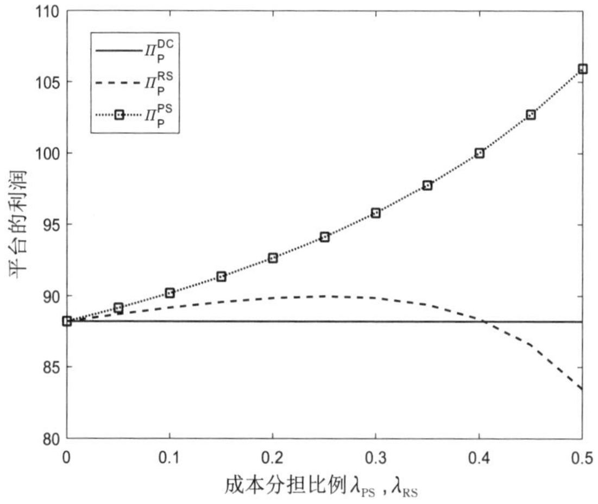

图6-1　成本分担比例对平台利润的影响

首先,平台型电商企业选择PS契约的利润始终高于RS契约,同时随着成本分担比例的增大而上升。当成本分担比例较小时,在RS情境下,平台利润高于DC情境,这主要是由于虽然平台需要分担零售商部分数据运营投入成本,但零售商数据运用的投入有助于市场需求提升,所带来的收益大于平台型电商企业分担的成本,因此利润会有所提升。但随着成本分担比例的增加,RS情境下的平台利润会随着成本分担比例的增加而下降,甚至会低于DC情境下的利润。这是由于市场需求增加所带来的收益已无法弥补平台分担的成本。

类似地,下面考察成本分担比例对零售商利润的影响,如图6-2所示。由图6-2可知,对于零售商来说,不论是在RS还是PS情境,其利润始终比DC情境下的利润高,这主要是由于平台数据赋能或平台分担零售商数据投入成本均有助于提升零售商的数据运用投入水平,从而扩大市场需求,使零售商的利润增加。而当成本分担比例较小时,PS情境下零售商的利润甚至比RS情境下还要高。

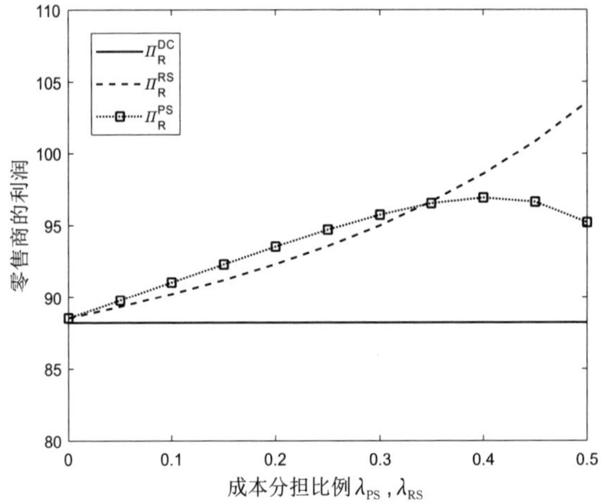

图6-2　成本分担比例对零售商利润的影响

这个结论很有趣,这意味着零售商虽然分担了平台型电商企业的数据赋能成本,但其利润反而比平台型电商企业分担其部分数据运用投入成本时还要高。这是因为平台数据赋能和零售商的数据运用投入虽然都会使市场需求增加,但前者的效果高于后者,因此零售商因市场需求增加所产生的收益高于其分担的成本。而当成本分担比例过高时,平台数据赋能为零售商所带来的收益已不能抵消其分担的成本,零售商的利润增速就会缓慢下降,最终导致其利润低于RS情境。

结合成本分担比例对平台型电商企业及零售商利润的影响,当成本分担比例较小时,PS契约和RS契约均能促进平台和零售商的利润增加,若成本分担比例在适当范围内,双方均会倾向于选择PS契约。在商业实践中,平台型电商企业作为主导者,往往选择有利于自身的契约,即PS契约,虽然目前平台型电商企业向部分零售商提供数据赋能时并未收取相关费用,但从平台提供的其他方面的数据服务可以看出,实际上平台大多还是采取收取一定费用的策略。例如,当企业租用阿里云服务器构建数字化平台时,阿里云会提供按月收费、按量收费、竞价计费等各类阶梯式计价收费方案。

二、成本系数对供应链成员契约选择的影响

设定模型中的参数为$\eta=0.2$，$R=0.16$，$p=10$，$w=6.5$，$\lambda_{\mathrm{RS}}=\lambda_{\mathrm{PS}}=0.25$，$\alpha=30$，$\beta=20$。零售商及平台的成本系数以5为增量，分别在[10,30]及[25,45]的范围内变化，结果如图6-3所示。

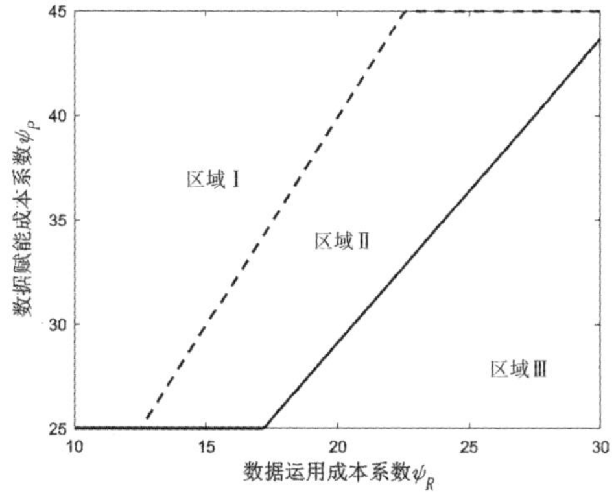

图6-3　成本系数对供应链成员契约选择的影响

图6-3分为3个区域，在区域Ⅰ中，平台型电商企业和零售商均倾向于RS契约；在区域Ⅱ中，平台倾向于RS契约，零售商则倾向于PS契约；在区域Ⅲ中，平台和零售商均倾向于PS契约。

较为直观的解释为，在区域Ⅰ内，零售商数据运用效率远高于平台数据赋能的效率，若平台提供较高的数据赋能水平，将消耗较高的赋能成本。因此，平台更愿意通过分担零售商的数据运用投入成本以提高零售商的数据运用水平，使市场需求能够增加。

然而，当零售商数据运用效率较低，平台数据赋能效率较高时，双方对协调契约的偏好会发生改变，都会更偏向于接受零售商分担平台数据赋能成本的模式，即区域Ⅲ。在商业实践中，平台型电商企业的市场规模远大于单个零售商，数据量十分庞大，但在前期，由于软件开发等技术对大数据的收集、处理及分析能力较弱，数据赋能效率较低，因此对于供应链主导者，平台型电商企业在数据赋能前期可以选择分担零售商的数据运用投入成本；而随着平

台数据赋能效率的提升，平台型电商企业可以向零售商收取一定的技术费用，以分担其数据赋能成本。

三、市场需求敏感系数对契约选择的影响

市场需求敏感系数可以体现数据赋能水平及数据运用的投入水平对市场需求的影响。当敏感系数较高时，数据赋能水平及数据运用投入水平的变动对市场需求的影响较大；而当系数接近零时，数据水平对市场需求几乎没有影响。本节通过数值仿真，讨论当数据赋能水平及数据运用投入水平对市场需求的敏感系数同时发生变化时，供应链成员双方对不同类型成本分担契约的偏好。设定成本系数分别为30和10，零售商及平台的市场需求敏感系数分别以5和10为增量在[0,40]及[0,50]的范围内变化。设定模型中的参数为：$\varphi_{\mathrm{P}}=30$，$\varphi_{\mathrm{R}}=10$，$\eta=0.2$，$\lambda_{\mathrm{PS}}=0.4$，$\lambda_{\mathrm{RS}}=0.2$ $R=0.16$，$p=10$，$w=6.5$。结果如图6-4所示。

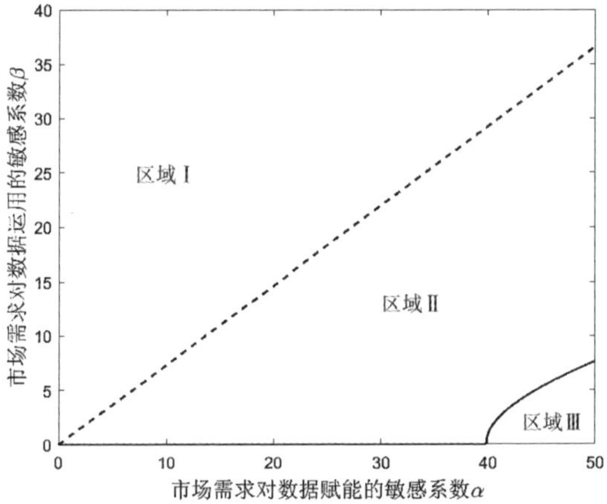

图6-4　市场需求敏感系数对契约选择的影响

由图6-4可知，在区域Ⅰ，平台和零售商都倾向于选择RS契约；在区域Ⅱ内，零售商偏好RS契约而平台偏好PS契约；而在区域Ⅲ内，平台与零售商均偏好PS契约。这表明，平台的数据赋能水平和零售商的数据运用投入水平

的增加对需求的提升有正向作用,当自身的数据赋能水平或数据运用投入水平对需求影响较大时,倾向于选择让另一方分担自身成本的契约。

在商业实践中,平台型电商企业的大数据分析对市场需求产生的影响是巨大的。例如,阿里巴巴借助新零售数据赋能新品计划,将品牌商的研发周期几乎缩短了一半,海外新品引入速度从150天减至15天;天猫基于对消费者大数据的分析,开展“跨界实验室”,将深受消费者喜爱的品牌跨界混搭,瞬间就形成了全民热议的话题,如六神与RIO联合推出的六神风味鸡尾酒在开卖当天仅用17秒即售罄。由电商平台主导的数据赋能极大地提高甚至创造市场需求,因此在商业实践中,通常市场需求对平台数据赋能的敏感系数的取值往往大于零售商的数据运用的敏感系数,结合图6-4,对于供应链成员来说,零售商分担平台数据赋能成本契约,对双方都是更有利的。

第七节　本章小结

本章讨论了在平台型电商企业向线上零售商数据赋能,且线上零售商同时进行数据运用投入的情况下,零售商接受数据赋能的条件,以及怎样的成本分担机制更有助于发挥数据赋能的积极作用。主要结论有如下三点:

(1)本章的研究表明,平台数据赋能虽然能够提高零售商的数据运用能力,进而增加市场需求,但平台型电商企业与零售商的合作可能会产生额外的成本,只有双方数据运用合作所增加的管理成本不太大时,零售商才会接受平台的数据赋能。

(2)本章对分散决策、零售商分担平台型电商企业的数据赋能成本契约及平台型电商企业分担零售商数据运用投入成本契约三种情境进行了比较分析。研究表明,平台型电商企业分担零售商的数据运用投入成本不会降低其对数据赋能的投入,零售商分担平台型电商企业数据赋能的成本也不会降低其对数据运用的投入水平,至少不会比分散决策的情境差。

(3)本章的研究表明,成本系数及市场需求敏感性是影响供应链成员利润和策略选择的重要因素。当平台型电商企业或零售商一方的成本系数较高时,则意味着其数据运营效率较低,因此平台或零售商会倾向于选择分担成本系数较低一方成本的契约。与之相比,当平台或零售商的数据赋能水平及数据运用投入水平对市场需求影响较大时,平台型电商企业或零售商倾向于选择让敏感系数较低的一方分担其成本以达到更好的数据赋能效果,获得更高的利润。

第七章　考虑品牌赋能的平台供应链渠道冲突

前面几个章节关注的都是平台型企业的数据赋能行为，事实上平台型企业的赋能方式多种多样，品牌赋能也是其重要的赋能方式。很多线下零售店在品牌建设方面心有余而力不足，特别是在一些小城市、小城镇甚至乡村，虽然线下市场有丰富的客户需求，但个体经营的零售商店缺乏品牌影响力和管理，在市场竞争中没有优势。因此，这种零售商店希望得到平台型企业的帮助，获得优质的产品，提升品牌形象。与此同时，随着平台型企业之间线上竞争日益加剧，它们也有意愿拓展线下渠道，以增加新的利润增长点，如阿里巴巴的零售通、京东的新路通等都是积极的践行者。

零售通基于阿里巴巴强大的云平台运营能力，与三、四线城市的"夫妻老婆店"进行合作，允许这些传统小店使用阿里的品牌来销售产品，即品牌赋能这些传统小店。小店背靠阿里巴巴的背书，可以吸引更多的顾客，提高小店的人流量。同时，零售通又将阿里体系的淘宝、天猫、村淘等平台的优质供应链资源赋能给小店，为其提供订货、物流、营销、增值服务等，使其可以直接对接到品牌商和厂家，省去了传统商品流通渠道中层层交易的中间环节，降低了渠道成本。并且，零售通还能够帮助小店精确分析单店所需商品、摆放等运营细节，提升小店营销的精准性，帮助小店提升消费者体验，以更高的效率将人流量变现。

京东允许接受赋能的便利店使用其品牌来销售产品，并充分发挥这些散布在各个社区便利店的终端优势，来实现新零售战略。同时，便利店也可以借助京东的品牌背书吸引更多的顾客，从而提升坪效。商务部发布的《走进新零售时代——深度解读新零售》调研报告数据显示，经过改造升级后，很多便利店的销售额提升了50%以上。此外，京东还会为这些小店提供各种独有的优惠活动，比如京东和名创优品合作推出“卖货赢奖励”活动，店主只要通过京东掌柜宝进货名创优品的指定商品，每卖出一件商品，平台就奖励店主2～22元。

然而，平台品牌赋能还处于发展的初级阶段，电商平台还没有足够的力量来约束零售商的行为。由于机会主义的存在，零售商可能会从其他渠道订购一些批发价格更低、与正品相似但质量较差的假冒产品，并以平台的名义销售给消费者，这种“搭便车”的行为会损害消费者的利益，甚至可能危及他们的健康和安全，这也可能会损害平台的品牌美誉度，产生渠道冲突。科特勒等(2015)指出，在同一渠道内处于不同渠道层级的企业之间对于目标、角色及回报存在不同意见时，垂直渠道冲突就会发生。当平台型电商企业对合作伙伴赋能时，其与合作伙伴的目标和利益难免会存在不一致的情况，从而导致垂直渠道冲突发生。也就是说，渠道成员之间虽然相互依赖，但往往会因为利益诉求存在差异而产生分歧。以京东便利店为例，京东考虑到，如果便利店仅销售京东平台所提供的商品，由于品类存在局限性，可能会满足不了消费者的需求，因而京东允许店主通过其他渠道采购不到50%的商品，并要求零售商支付5000～20000元的质保金，以确保产品100%无假货，但并没有其他特别的措施来确保便利店不出售假货。虽然京东提供的产品质量好，但批发价较高，因此一些零售商为了提升自己的收益，便从其他批发价格较低的渠道订购一些质量上存在问题的产品。消费者一旦在便利店购买这些产品，就会认为是京东的产品存在质量问题，这严重损害了京东的品牌形象。基于上述背景，本章在信息对称的条件下，通过构建存在垂直渠道冲突的单周期二级供应链模型，研究作为核心企业的平台型电商企业与零售商之间垂直渠道冲突的管理策略，试图解决以下问题：(1)垂直渠道冲突对供应链成员的负面影响有多大?(2)在一些常见的场景下,零售商的最优订货决策和平台的最优授权级别是什么?(3)供应链激励机制能否鼓励零售商向平台订购更多的产品以减少垂直渠道冲突?

第一节　模型描述

本章构建了一个单周期两级供应链,包括一个电商平台(如京东新零售)、一个其他渠道的供应商、一个零售商(如京东便利店),如图7-1所示。其中电商平台的实力雄厚,资源丰富,提供的产品质量较好,但是价格相对也较高;其他渠道的供应商经营管理水平较低,产品存在一定的不合格率λ,而单位不合格产品会对电商平台造成商誉丧失c_f。零售商销售的产品包含两类,一是以批发价格w_p从电商平台订购的产品,订购量为q_p;二是以批发价格w_s从其他渠道的供应商订购的产品,订购量为q_s。此外,本章假设$w_p = w_s + u$,其中u为外生变量,短期内无法改变(Porras & Dekker,2006),同时$u > 0$,即平台产品的批发价格高于其他渠道。此外,为了确保电商平台能够盈利,假设$w_p > \lambda c_f$。

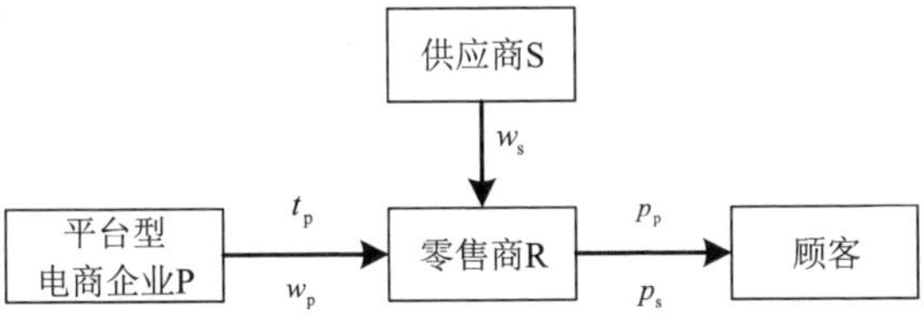

图7-1　存在垂直渠道冲突的两级供应链

零售商销售的两种产品的市场价格分别是p_p和p_s,由于劣质品和正品具有相似的功能,两者之间的替代率为β,$\beta \in (0,1]$,表示两渠道产品之间必然存在竞争,β越小,产品差异越大,价格竞争越弱。

在电商平台与零售商的合作中,平台为零售店铺提供水平为t_p的品牌赋能,帮助其提升品牌影响力和竞争力。其中,t_p是一个内生变量,这是因为随着新零售的发展,许多电商平台都将线下零售店的开发提升到了战略地位,平台品牌赋能呈现出连续性、多样化和个性化的特点,这需要平台在平台品牌赋能的水平上进行决策。例如,近年来京东与知名品牌合作,通过公关和营销活动,不断对线下零售门店进行品牌赋能,阿里零售通则通过“城市合作伙伴”为线下门店提供定制化营销解决方案,提升天猫便利店的独特性。此外,$t_p \geqslant 0$ 表明至少平台的品牌赋能不会损害零售商的利益。本章假设平台品牌赋能的成本函数为:

$$C=\frac{k}{2}t_p^2$$

其中,k 为平台品牌赋能的成本系数,$k>0$ 表示平台品牌赋能会给平台带来成本(Zhang et al.,2013)。为了确保电商平台提供的平台品牌赋能水平非负且取值范围为[0,1],假设 $k(\beta+1)>\theta^2\gamma^2$ 且 $k\geqslant\frac{\theta\gamma(2a-w_s-\lambda c_f)+2\theta^2\gamma^2}{2(\beta+1)}$。

本章在市场需求确定的情况下,采用需求逆函数(Xiao et al.,2008;Cachon & Kök,2010),假设平台和其他渠道提供的产品价格函数为:

$$p_p=a-q_p-\beta q_s+\gamma g$$

$$p_s=a-q_s-\beta q_p+\gamma g$$

其中 $g=\theta t_p$,表明平台品牌赋能可以帮助零售商增强品牌力量,θ 为零售商品牌竞争力所能达到的最大值,γ 表示产品价格对商誉的反应系数,该系数总是非负的。

本章不考虑电商平台在供应商处的采购成本,也不考虑其他渠道供应商的生产成本。在上述假设下,零售商和电商平台的利润函数分别为:

$$\Pi_R=(p_p-w_p)q_p+(p_s-w_s)q_s \tag{7-1}$$

$$\Pi_P=w_s q_p-\lambda q_s c_f-\frac{k}{2}t_p^2 \tag{7-2}$$

第二节　模型分析

一、集中决策(CD)

在集中决策情境下，平台型电商企业与零售商是一个统一的整体，整条供应链是一体化的系统，这是一种比较理想的决策方式。在这种情境下，供应链成员做出的决策是全局最优的，并为分散决策下平台型电商供应链的管理策略提供基准。一体化下的决策者通过决策产品的订购量和赋能水平来最大化预期的渠道利润，一体化供应链利润为：

$$\Pi_{CD}=p_p q_p+(p_s-w_s)q_s-\frac{k}{2}t_p^2-\lambda q_s c_f \tag{7-3}$$

命题7-1：在集中决策下，当$2ak(1-\beta)>(w_s+\lambda c_f)(2k-\theta^2\gamma^2)$时，

(1)平台最优赋能水平为：$t_p^{CD*}=\dfrac{\theta\gamma(2a-w_s-\lambda c_f)}{2K_1}$；

(2)零售商从电商平台订购产品的最优数量为：

$$q_p^{CD*}=\frac{2ak(1-\beta)+(w_s+\lambda c_f)(2k\beta-\theta^2\gamma^2)}{4(1-\beta)K_1};$$

从其他渠道订购产品的最优数量为：

$$q_s^{CD*}=\frac{2ak(1-\beta)-(w_s+\lambda c_f)(2k-\theta^2\gamma^2)}{4(1-\beta)K_1};$$

其中，$K_1=k(\beta+1)-\theta^2\gamma^2$，$K_1>0$。

证明：对式(7-3)分别求关于q_s、q_p和t_p的二阶偏导，根据海塞矩阵可得当$k(\beta+1)-\theta^2\gamma^2>0$时，供应链利润是关于决策变量的严格凹函数。由$\dfrac{\partial\Pi_{CD}}{\partial q_p}=a-2q_p-2q_s\beta+t_p\theta\gamma=0$、$\dfrac{\partial\Pi_{CD}}{\partial q_s}=a-2q_s-c_f\lambda-2q_p\beta+\theta t_p\gamma-w_s=0$和$\dfrac{\partial\Pi_{CD}}{\partial t_p}=q_p\gamma\theta-kt_p+q_s\gamma\theta=0$可得最优决策变量分别为$q_p^{CD*}=$

$\dfrac{2ak(1-\beta)+(w_s+\lambda c_f)(2k\beta-\theta^2\gamma^2)}{4(1-\beta)K_1}$、$q_s^{CD*}=\dfrac{2ak(1-\beta)-(w_s+\lambda c_f)(2k-\theta^2\gamma^2)}{4(1-\beta)K_1}$

和 $t_p^{CD*}=\dfrac{\theta\gamma(2a-w_s-\lambda c_f)}{2K_1}$，并且因为 $0\leqslant t_p\leqslant 1$，存在 $k\geqslant \dfrac{\theta\gamma(2a-w_s-\lambda c_f)+2\theta^2\gamma^2}{2(1+\beta)}$。**证毕!**

推论7-1:在集中决策下，

(1)q_p^{CD*}是关于c_f的增函数,q_s^{CD*}和t_p^{CD*}是关于c_f的减函数;

(2)q_p^{CD*}、q_s^{CD*}和t_p^{CD*}是关于γ的增函数,是关于β和k的减函数。

证明:对各最优决策变量分别求关于c_f、γ、β和k的一阶导可得$\dfrac{\partial q_p^{CD*}}{\partial c_f}=\dfrac{\lambda(2k\beta-\theta^2\gamma^2)}{4(1-\beta)K_1^2}>0$，$\dfrac{\partial q_s^{CD*}}{\partial c_f}=-\dfrac{\lambda(2k\beta-\theta^2\gamma^2)}{4(1-\beta)K_1^2}<0$ 和 $\dfrac{\partial t_p^{CD*}}{\partial c_f}=-\dfrac{\theta\lambda\gamma}{2K_1}<0$。

$\dfrac{\partial q_p^{CD*}}{\partial \gamma}=\dfrac{\theta^2k\gamma(2a-w_s-\lambda c_f)}{2K_1^2}>0$,$\dfrac{\partial q_s^{CD*}}{\partial \gamma}=\dfrac{\theta^2k\gamma(2a-w_s-\lambda c_f)}{2K_1^2}>0$,

$\dfrac{\partial t_p^{CD*}}{\partial \gamma}=\dfrac{\theta(k+\theta^2\gamma^2+k\beta)(2a-w_s-\lambda c_f)}{2K_1^2}>0$;

$\dfrac{\partial q_p^{CD*}}{\partial k}=-\dfrac{\theta^2\gamma^2(2a-w_s-\lambda c_f)}{4K_1^2}<0$,$\dfrac{\partial q_s^{CD*}}{\partial k}=-\dfrac{\theta^2\gamma^2(2a-w_s-\lambda c_f)}{4K_1^2}<0$,

$\dfrac{\partial t_p^{CD*}}{\partial k}=-\dfrac{\theta\gamma(\beta+1)(2a-w_s-\lambda c_f)}{2K_1^2}<0$;

$$\frac{\partial q_p^{CD*}}{\partial \beta}=-\frac{2ak^2(1-\beta)^2-(w_s+\lambda c_f)\left[\theta^2\gamma^2(-2k+\theta^2\gamma^2-2k\beta)+2k^2(\beta^2+1)\right]}{4(1-\beta)^2K_1^2}$$,因为$2a>w_s+\lambda c_f$,

所以 $2ak^2(1-\beta)^2-(w_s+\lambda c_f)(\theta^4\gamma^4+2k^2\beta^2+2k^2-2k\theta^2\gamma^2-2k\beta\theta^2\gamma^2)>(k-\theta^2\gamma^2+k\beta)(w_s+\lambda c_f)>0$,所以$\dfrac{\partial q_p^{CD*}}{\partial \beta}<0$;

$$\frac{\partial q_{s}^{CD*}}{\partial \beta}=-\frac{(w_{s}+\lambda c_{f})(\theta^{2}\gamma^{2}+2k^{2}\beta^{2}+2k^{2}-2k\theta^{2}\gamma^{2}-2k\beta\theta^{2}\gamma^{2})}{4K_{1}^{2}(1-\beta)^{2}}<0,$$

$$\frac{\partial t_{p}^{CD*}}{\partial \beta}=-\frac{k\theta\gamma(w_{s}+\lambda c_{f})}{2K_{1}^{2}}<0。$$

证毕!

推论7-1(1)表明,集中决策下零售商从平台型电商企业的订购量q_{p}^{CD*}是关于商誉损失c_f的减函数,这是因为当c_f增加时,仿制品造成的损失会更大,零售商会从平台订购更多的产品。然而,平台品牌赋能水平随着c_f的增加而降低。这是因为,随着商誉损失的增加,平台会通过降低平台品牌赋能水平来降低成本,从而保证自身的利润。

推论7-1(2)表明,零售商从两种渠道订购的产品数量及电商平台进行平台品牌赋能的水平均随着γ的增加而增加。这很好理解,商誉对产品价格的影响越大,产品的价格就会越高,这会增加零售商和平台的利润,因而零售商从平台订购的产品数量就会增加,平台也会有意愿提升对平台品牌赋能的投入。

同时,零售商从两种渠道订购的产品数量及电商平台进行平台品牌赋能的水平随着β和k的增加而减少。一方面,若两种产品的可替代性增强,则产品之间的竞争就会更加激烈,导致价格下降,零售商的利润就会降低,零售商就有动力以较低的批发价格从其他供应商那里购买更多的产品,以此获得更多的利润。在这种情况下,对平台来说,其品牌赋能可能为其他渠道的产品做了"嫁衣",自身利益遭到损害,因此平台就会降低其品牌赋能水平。另一方面,若赋能成本系数增加,平台为了保证其自身利润,也会适当降低在品牌赋能上的投入。

二、分散决策(DD)

在分散决策下,平台型电商企业和零售商均追求自身利益最大化,此时供应链成员的决策顺序为:(1)平台型电商企业先决策品牌赋能水平 t_p;(2)接着零售商决定从平台型电商企业订购的产品数量 q_p 和从其他渠道供应商订购的产品数量 q_s;(3)最后,销售实现,双方观察到销售结果。

命题7-2:在分散决策下,

(1)平台型电商企业的最优赋能水平为:$t_p^{DD*}=\dfrac{\theta\gamma(u+w_s-\lambda c_f)}{2k(\beta+1)}$;

(2)零售商从电商平台订购产品的最优数量为:

$$q_p^{DD*}=\frac{(1-\beta)[a-w_s+\theta\gamma K_2(u+w_s-\lambda c_f)]-u}{2(1-\beta^2)};$$

从其他渠道订购产品的最优数量为:

$$q_s^{DD*}=\frac{(1-\beta)[a-w_s+\theta\gamma K_2(u+w_s-\lambda c_f)]+\beta u}{2(1-\beta^2)};$$

其中,$K_2=\dfrac{\theta\gamma}{2k(\beta+1)}$。

证明:对式(7-1)求关于 q_p 和 q_s 的一阶偏导可得其关于平台品牌赋能水平的反应函数为:$q_p^{DD}(t_p)=\dfrac{(a-w_s+\theta t_p\gamma)(1-\beta)-u}{2(1-\beta^2)}$、$q_s^{DD}(t_p)=\dfrac{(a-w_s+\theta t_p\gamma)(1-\beta)+u\beta}{2(1-\beta^2)}$,将其代入式(7-2)并对其求关于 t_p 的一阶偏导,

由 $\dfrac{\partial\Pi_p^{DD}}{\partial t_p}=\dfrac{-2kt_p(\beta+1)+\theta\gamma(u+w_s-\lambda c_f)}{2(\beta+1)}=0$,

可得 $t_p^{DD^*}=\dfrac{\theta\gamma(u+w_s-\lambda c_f)}{2k(\beta+1)}=K_2(u+w_s-\lambda c_f)$,其中,$K_2=\dfrac{\theta\gamma}{2k(\beta+1)}$。

将其代入反应函数可得 $q_p^{DD*}=\dfrac{(1-\beta)\left[a-w_s+\theta\gamma K_2(u+w_s-\lambda c_f)\right]-u}{2(1-\beta^2)}$,

$q_s^{DD*}=\dfrac{(1-\beta)\left[a-w_s+\theta\gamma K_2(u+w_s-\lambda c_f)\right]+\beta u}{2(1-\beta^2)}$,并且为了保证决策变量

的非负性，$(1-\beta)[a-w_s+\theta\gamma K_2(u+w_s-\lambda c_f)]\geqslant u$。**证毕！**

推论7-2：在分散决策下，q_p^{DD*} q_p^{DD*}、q_s^{DD*} 和 t_p^{DD*} 均是 γ 的增函数，是 c_f、β 和 k 的减函数。

证明：分别对最优决策变量求关于 γ，c_f，β 和 k 的导数可得：

$$\frac{\partial q_p^{DD*}}{\partial\gamma}=\frac{\theta^2\gamma(u+w_s-\lambda c_f)}{2k(\beta+1)^2}>0,\frac{\partial q_s^{DD*}}{\partial\gamma}=\frac{\theta^2\gamma(u+w_s-\lambda c_f)}{2k(\beta+1)^2}>0,$$

$$\frac{\partial t_p^{DD*}}{\partial\gamma}=\frac{\theta(u+w_s-\lambda c_f)}{2k(\beta+1)}>0;\frac{\partial q_p^{DD*}}{\partial c_f}=-\frac{\theta^2\lambda\gamma^2}{4k(\beta+1)^2}<0,$$

$$\frac{\partial t_p^{DD*}}{\partial c_f}=-\frac{\theta\lambda\gamma}{2k(\beta+1)}<0,\frac{\partial q_s^{DD*}}{\partial c_f}=-\frac{\theta^2\gamma^2\lambda}{4k(\beta+1)^2}<0;$$

$$\frac{\partial q_p^{DD*}}{\partial k}=-\frac{\theta^2\gamma^2(u+w_s-\lambda c_f)}{4k^2(\beta+1)^2}<0,\frac{\partial q_s^{DD*}}{\partial k}=-\frac{\theta^2\gamma^2(u+w_s-\lambda c_f)}{k^2(\beta+1)^2}<0,$$

$$\frac{\partial t_p^{DD*}}{\partial k}=-\frac{\theta\gamma(u+w_s-\lambda c_f)}{2k^2(\beta+1)}<0;$$

$$\frac{\partial q_p^{DD*}}{\partial\beta}=-\frac{(\beta-1)^2[ak(\beta+1)-kw_s(\beta+1)+\theta^2\gamma^2(u+w_s-\lambda c_f)]+2ku\beta(\beta+1)}{k(\beta-1)^2(\beta+1)^3}<0,$$

$$\frac{\partial t_p^{DD*}}{\partial\beta}=-\frac{\theta\gamma(u+w_s-\lambda c_f)}{2k(\beta+1)^2}<0,$$

$$\frac{\partial q_s^{DD*}}{\partial\beta}=-\frac{(\beta-1)^2[k(\beta+1)(a-w_s)+\theta^2\gamma^2(u+w_s-\lambda c_f)]-ku(\beta+1)(\beta^2+1)}{2k(\beta-1)^2(\beta+1)^3},$$

$$\frac{\partial q_s^{DD*}}{\partial\beta}=-\frac{(\beta-1)^2[k(\beta+1)(a-w_s)+\theta^2\gamma^2(u+w_s-\lambda c_f)]-ku(\beta+1)(\beta^2+1)}{2k(\beta-1)^2(\beta+1)^3},$$

令$f(k)=(\beta-1)^2\left[k(\beta+1)(a-w_s)+\theta^2\gamma^2(u+w_s-\lambda c_f)\right]-ku(\beta+1)(\beta^2+1)$，

$f'(k)=(\beta+1)\left[(\beta-1)^2(a-w_s)-u(\beta^2-1)\right]>0$，所以$f(k)>0$，因为$k>0$并且$f(k=0)=\theta^2\gamma^2(\beta-1)^2(u+w_s-\lambda c_f)>0$，所以$\frac{\partial q_s^{DD*}}{\partial\beta}<0$。

证毕!

从推论7-2中可知，与集中决策不同，在分散决策下，商誉损失c_f越大，零售商从平台型电商企业订购的产品量就越小。这不难理解，分散决策下零售商和平台型电商企业均追逐自身利润最大化，零售商并不会考虑到平台型电商企业的损失，为了自身利润的最大化，其会更多地从其他渠道订购批发价格更低的商品，而不是向平台型电商企业订购。随着商誉损失c_f的增大，其他渠道的低质量产品所导致的平台型电商企业的商誉损失也会增大，平台型电商企业考虑到自身利润，会通过减少对零售商的品牌赋能水平来降低赋能成本。同时，平台型电商企业的品牌赋能水平降低，会导致平台型电商企业产品的价格下降，由价格与需求的关系可以得到，零售商从其他渠道订购产品的数量也会减少。

三、成本分担契约下的供应链决策(CS)

平台型电商企业有时会让线下零售商分担部分品牌赋能成本，例如阿里巴巴每年都会向天猫小店收取3999元的技术服务费，作为小店使用天猫品牌和使用阿里零售通云POS系统等服务的费用。因此，本部分讨论零售商和平台型电商企业共同分担赋能成本的情况。假设零售商的赋能成本分担比例为$\mu(0\leqslant\mu\leqslant1)$(Zha et al.，2015)，此时平台型电商企业的赋能成本为$\frac{1}{2}(1-\mu)kt_p^2$，则零售商将承担的成本为$\frac{1}{2}\mu kt_p^2$。

供应链成员的决策顺序为：(1)平台型电商企业制定合同，决策零售商分担的赋能成本比例μ;(2)平台型电商企业决策品牌赋能水平t_p;(3)零售商决定从平台型电商企业订购的产品数量q_p和从其他渠道供应商订购的产品数量q_s;(4)最后,销售实现,双方观察到销售结果。

平台型电商企业的利润为:

$$\Pi_P^{CS}=w_p q_p-\frac{1}{2}(1-\mu)kt_p^2-\lambda q_s c_f \tag{7-4}$$

零售商的利润为:

$$\Pi_R^{CS}=(p_p-w_p)q_p-\frac{1}{2}\mu kt_p^2+(p_s-w_s)q_s \tag{7-5}$$

供应链总利润为:

$$\Pi_C^{CS}=p_p q_p+(p_s-w_s)q_s-\frac{1}{2}kt_p^2-\lambda q_s c_f \tag{7-6}$$

命题7-3:在成本分担契约的机制下,

(1)平台型电商企业的最优赋能水平为:$t_p^{CS*}=\dfrac{\theta\gamma(2a-w_s-\lambda c_f)}{2K_1}$;

(2)零售商从平台型电商企业的订购量为:

$$q_p^{CS*}=\frac{2k(1+\beta)[(1-\beta)(a-w_s)-u]+\theta^2\gamma^2[2u+(1-\beta)(w_s-\lambda c_f)]}{4K_1(1-\beta^2)};$$

从其他渠道的订购量为:

$$q_s^{CS*}=\frac{2k(1+\beta)[(1-\beta)(a-w_s)+u\beta]-\theta^2\gamma^2[(\beta-1)(w_s-\lambda c_f)+2u\beta]}{4K_1(1-\beta^2)};$$

(3)零售商分担的赋能成本比例为:

$$\mu^{CS*}=\frac{\theta^2\gamma^2(u+w_s-\lambda c_f)+k(1+\beta)(2a-u-2w_s)}{k(1+\beta)(2a-w_s-\lambda c_f)}。$$

证明:对式(7-5)分别求关于q_p^{CS}和q_s^{CS}的一阶偏导,由$\dfrac{\partial\Pi_R^{CS}}{\partial q_p}=a-2q_p-u-w_s-2\beta q_s+\theta\gamma t_p=0$和$\dfrac{\partial\Pi_R^{CS}}{\partial q_s}=a-2q_s-w_s-2\beta q_p+\theta\gamma t_p=0$可得$q_p^{CS}$和$q_s^{CS}$关于$t_p^{CS}$和$u^{CS}$的反应函数为:

$q_{\mathrm{p}}^{\mathrm{CS}}=\dfrac{-a+u+w_{\mathrm{s}}+a\beta-\beta w_{\mathrm{s}}-\theta\gamma t_{\mathrm{p}}+\theta\beta\gamma t_{\mathrm{p}}}{2(\beta^{2}-1)}$和

$q_{\mathrm{s}}^{\mathrm{CS}}=\dfrac{a\beta-a+u+\theta\beta\gamma t_{\mathrm{p}}-\beta w_{\mathrm{s}}-\beta u-\theta\gamma t_{\mathrm{p}}}{2(\beta^{2}-1)}$。将反应函数代入式(7-4),求关于$t_{\mathrm{p}}$的一阶偏导可得$t_{\mathrm{P}}^{\mathrm{CS}}$关于$u^{\mathrm{CS}}$的反应函数为:$t_{\mathrm{p}}^{\mathrm{CS}}=\dfrac{\theta\gamma(u+w_{\mathrm{s}}-\lambda c_{\mathrm{f}})}{-2k(\mu-1)(\beta+1)}$。

对式(7-4)求关于u^{CS}的一阶偏导,可得:

$\mu^{\mathrm{CS}^{*}}=\dfrac{\theta^{2}\gamma^{2}(u+w_{\mathrm{s}}-\lambda c_{\mathrm{f}})+k(\beta+1)(2a-u-2w_{\mathrm{s}})}{k(\beta+1)(2a-w_{\mathrm{s}}-\lambda c_{\mathrm{f}})}$,将其代入各反应函数可得$t_{\mathrm{p}}^{\mathrm{CS}^{*}}=\dfrac{\theta\gamma(2a-w_{\mathrm{s}}-\lambda c_{\mathrm{f}})}{2K_{1}}$,

$$q_{\mathrm{p}}^{\mathrm{CS}^{*}}=\frac{2k(\beta+1)\left[(1-\beta)(a-w_{\mathrm{s}})-u\right]+\theta^{2}\gamma^{2}\left[2u+(1-\beta)(w_{\mathrm{s}}-\lambda c_{\mathrm{f}})\right]}{4K_{1}(1-\beta^{2})},$$

$$q_{\mathrm{s}}^{\mathrm{CS}^{*}}=\frac{2k(\beta+1)\left[(1-\beta)(a-w_{\mathrm{s}})+u\beta\right]-\theta^{2}\gamma^{2}\left[(\beta-1)(w_{\mathrm{s}}-\lambda c_{\mathrm{f}})+2u\beta\right]}{4K_{1}(1-\beta^{2})}。$$

证毕!

推论7-3:在成本分担契约的机制下,

(1)$q_{\mathrm{p}}^{\mathrm{CS}^{*}}$、$q_{\mathrm{s}}^{\mathrm{CS}^{*}}$和$t_{\mathrm{p}}^{\mathrm{CS}^{*}}$是关于$c_{\mathrm{f}}$的减函数,$\mu^{\mathrm{CS}^{*}}$是关于$c_{\mathrm{f}}$的增函数;

(2)$q_{\mathrm{p}}^{\mathrm{CS}^{*}}$、$q_{\mathrm{s}}^{\mathrm{CS}^{*}}$、$t_{\mathrm{p}}^{\mathrm{CS}^{*}}$和$\mu^{\mathrm{CS}^{*}}$均是关于$\gamma$的增函数,是关于$\beta$和$k$的减函数。

证明:对各最优决策变量求关于c_{f},γ,k和β的一阶偏导可得:

$$\frac{\partial q_{\mathrm{p}}^{\mathrm{CS}^{*}}}{\partial c_{\mathrm{f}}}=-\frac{\theta^{2}\gamma^{2}\lambda}{4K_{1}(\beta+1)}<0,\frac{\partial q_{\mathrm{s}}^{\mathrm{CS}^{*}}}{\partial c_{\mathrm{f}}}=-\frac{\theta^{2}\gamma^{2}\lambda}{4K_{1}(\beta+1)}<0,$$

$$\frac{\partial t_{\mathrm{p}}^{\mathrm{CS}^{*}}}{\partial c_{\mathrm{f}}}=-\frac{\theta\gamma\lambda}{2K_{1}}<0,\frac{\partial\mu^{\mathrm{CS}^{*}}}{\partial c_{\mathrm{f}}}=\frac{\lambda K_{1}(2a-u-2w_{\mathrm{s}})}{k(\beta+1)(2a-w_{\mathrm{s}}-\lambda c_{\mathrm{f}})^{2}}>0;$$

$$\frac{\partial q_{\mathrm{p}}^{\mathrm{CS}^{*}}}{\partial\gamma}=\frac{\theta^{2}k\gamma(2a-w_{\mathrm{s}}-\lambda c_{\mathrm{f}})}{2(-k+\theta^{2}\gamma^{2}-k\beta)^{2}}>0,\frac{\partial q_{\mathrm{s}}^{\mathrm{CS}^{*}}}{\partial\gamma}=\frac{\theta^{2}k\gamma(2a-w_{\mathrm{s}}-\lambda c_{\mathrm{f}})}{2(-k+\theta^{2}\gamma^{2}-k\beta)^{2}}>0,$$

$$\frac{\partial t_{\mathrm{p}}^{\mathrm{CS}*}}{\partial \gamma}=\frac{\theta\left(k+\theta^{2}\gamma^{2}+k\beta\right)\left(2a-w_{\mathrm{s}}-\lambda c_{\mathrm{f}}\right)}{2\left(-k+\theta^{2}\gamma^{2}-k\beta\right)^{2}}>0,$$

$$\frac{\partial \mu^{\mathrm{CS}*}}{\partial \gamma}=\frac{2\theta^{2}\gamma\left(u+w_{\mathrm{s}}-\lambda c_{\mathrm{f}}\right)}{k\left(\beta+1\right)\left(2a-w_{\mathrm{s}}-\lambda c_{\mathrm{f}}\right)}>0;$$

$$\frac{\partial q_{\mathrm{p}}^{\mathrm{CS}*}}{\partial k}=-\frac{\theta^{2}\gamma^{2}\left(2a-w_{\mathrm{s}}-\lambda c_{\mathrm{f}}\right)}{4\left(-k+\theta^{2}\gamma^{2}-k\beta\right)^{2}}<0,$$

$$\frac{\partial q_{\mathrm{s}}^{\mathrm{CS}*}}{\partial k}=-\frac{\theta^{2}\gamma^{2}\left(2a-w_{\mathrm{s}}-\lambda c_{\mathrm{f}}\right)}{4\left(-k+\theta^{2}\gamma^{2}-k\beta\right)^{2}}<0,$$

$$\frac{\partial t_{\mathrm{p}}^{\mathrm{CS}*}}{\partial k}=-\frac{\theta\gamma\left(\beta+1\right)\left(2a-w_{\mathrm{s}}-\lambda c_{\mathrm{f}}\right)}{2\left(-k+\theta^{2}\gamma^{2}-k\beta\right)^{2}}<0,$$

$$\frac{\partial \mu^{\mathrm{CS}*}}{\partial k}=\frac{\theta^{2}\gamma^{2}\left(u+w_{\mathrm{s}}-\lambda c_{\mathrm{f}}\right)}{k^{2}\left(\beta+1\right)\left(w_{\mathrm{s}}+\lambda c_{\mathrm{f}}-2a\right)}<0;$$

$$\frac{\partial q_{\mathrm{p}}^{\mathrm{CS}*}}{\partial \beta}=-\frac{\begin{array}{c}2k^{2}\left(\beta+1\right)^{2}\left[\left(\beta-1\right)^{2}\left(a-w_{\mathrm{s}}\right)+2u\beta\right]+\\ \theta^{2}\gamma^{2}\left(-2k-2k\beta+\theta^{2}\gamma^{2}\right)\left[\left(\beta-1\right)^{2}\left(\lambda c_{\mathrm{f}}-w_{\mathrm{s}}\right)+4u\beta\right]\end{array}}{4K_{1}^{2}\left(\beta^{2}-1\right)^{2}}$$

令 $f(k)=2k^{2}\left(\beta+1\right)^{2}\left[\left(\beta-1\right)^{2}\left(a-w_{s}\right)+2u\beta\right]+$

$$\theta^{2}\gamma^{2}\left(-2k-2k\beta+\theta^{2}\gamma^{2}\right)\left[\left(\beta-1\right)^{2}\left(\lambda c_{\mathrm{f}}-w_{\mathrm{s}}\right)+4u\beta\right],$$

$$f'(k)=4\left(\beta+1\right)^{2}\left[\left(\beta-1\right)^{2}\left(a-w_{\mathrm{s}}\right)+2u\beta\right]>0,$$

因为 $\left(1-\beta\right)\left[a-w_{\mathrm{s}}+\theta\gamma K_{2}\left(u+w_{\mathrm{s}}-\lambda c_{\mathrm{f}}\right)\right]\geqslant u$，并且

$$f\left(k=\frac{\theta^{2}\gamma^{2}}{2\beta}\right)=\theta^{4}\gamma^{4}\left(\beta-1\right)^{2}\frac{\left(\beta-1\right)\left(a-w_{\mathrm{s}}+a\beta-\beta\lambda c_{\mathrm{f}}\right)-2u\beta}{2\beta^{2}}>0,$$

所以 $f(k)>0$。

相似的，可得：

$$\frac{\partial q_{\mathrm{s}}^{\mathrm{CS}*}}{\partial\beta}=\frac{-2k^2(\beta+1)^2\left[(\beta-1)^2(a-w_{\mathrm{s}})-u(\beta^2+1)\right]+\theta^2\gamma^2(-2k+\theta^2\gamma^2-2k\beta)\left[2u(\beta^2+1)+(\beta-1)^2(w_{\mathrm{s}}-\lambda c_{\mathrm{f}})\right]}{4(\beta^2-1)^2(k+k\beta-\theta^2\gamma^2)^2}<0;$$

$$\frac{\partial t_{\mathrm{p}}^{\mathrm{CS}*}}{\partial\beta}=\frac{\theta\gamma k(w_{\mathrm{s}}-2a+\lambda c_{\mathrm{f}})}{2(k+k\beta-\theta^2\gamma^2)^2}<0,\frac{\partial\mu^{\mathrm{CS}*}}{\partial\beta}=\frac{\theta^2\gamma^2(u+w_{\mathrm{s}}-\lambda c_{\mathrm{f}})}{k(\beta+1)^2(w_{\mathrm{s}}+\lambda c_{\mathrm{f}}-2a)}<0。$$

证毕！

推论7-3表明，在其他情况不变的情况下，随着单位不合格产品对电商平台造成的商誉损失增加，平台型电商企业会提升让零售商分担成本的比例，以降低自身损失。

此外，零售商对赋能成本的分担比例是关于价格对商誉反应系数的增函数，这是因为零售商赋能成本的分担比例增大可以激励平台型电商企业提升其赋能水平，而这意味着产品的价格会更高，如此一来，整条供应链的利润就会增大。再者，零售商对赋能成本的分担比例随着产品替代程度的增大而减小。这是因为两种产品的替代程度越大，产品的价格就会越低，零售商就会更有动力从批发价格低的其他渠道进货来提高自己的利润，而平台型电商企业为了确保自身利润，就需要减少让零售商分担的赋能成本比例。最后，零售商对赋能成本的分担比例还是关于赋能成本系数的减函数，这是因为在其他条件不变的情况下，赋能成本系数越大，平台型电商企业的赋能水平就越低，产品的价格也会相应降低，零售商为了提高自身利润，就会加大从批发价格低的其他渠道进货的力度，使平台企业遭受的商誉损失变大。因此，平台型电商企业需要减少零售商对赋能成本的分担比例，才能将商誉损失控制在可接受范围之内。

四、最小订购量契约下的供应链决策(QC)

本部分考虑采用最小订购量契约激励机制(Tsay,1999),假设平台型电商企业对零售商的订购行为采取奖励和惩罚措施,当零售商的订购量$q_p > T$时,平台型电商企业给予零售商超额完成的订购量奖励$\tau(q_p - T)$;当零售商的订购量$q_p < T$时,平台型电商企业给予零售商未完成的订购量惩罚$\tau(T - q_p)$。其中,$\tau(0 < \tau < 1)$为奖励惩罚系数;T为奖励惩罚标准,即平台型电商企业与零售商在契约中事先约定的销售目标,该标准值界定了触发激励机制的订购量。在商业实践中,京东采取了类似的策略,允许小店销售从其他渠道订购的商品,但同时也会要求这些小店从京东进货的比例要超过50%。

在最小订购量契约下,电商平台的利润函数为:

$$\Pi_P^{QC} = w_p q_p - \frac{k}{2} t_p^2 - \lambda q_s c_f - \tau(q_p - T) \tag{7-7}$$

零售商的利润函数为:

$$\Pi_R^{QC} = (p_p - w_p) q_p + (p_s - w_s) q_s + \tau(q_p - T) \tag{7-8}$$

命题7-4:在最小订购量契约下,

(1)平台型电商企业的最优赋能水平为:$t_p^{QC*} = \dfrac{\theta\gamma(2a - w_s - \lambda c_f)}{2K_1}$;

(2)零售商从平台型电商企业的订购量为:

$$q_p^{QC*} = \frac{2ak(1-\beta) + (w_s + \lambda c_f)(2k\beta - \theta^2\gamma^2)}{4K_1(1-\beta)};$$

零售商从其他渠道的订购量为:

$$q_s^{QC*} = \frac{2ak(1-\beta) - \lambda c_f\left[2k\beta^2 - \theta^2\gamma^2(2\beta - 1)\right] - w_s(2k - \theta^2\gamma^2)}{4K_1(1-\beta)};$$

(3)最优奖励惩罚系数为:

$$\tau^{QC*} = u + w_s + \beta\lambda c_f。$$

证明:对式(7-7)求关于q_p和q_s的一阶偏导可得其关于t_p和τ的反应函数

为：$q_{p}^{QC}=\dfrac{(\beta-1)(a-w_{s}+\theta\gamma t_{p})+u-\tau}{2(\beta^{2}-1)}$

和 $q_{s}^{QC}=\dfrac{(\beta-1)(a-w_{s}+\theta\gamma t_{p})+\beta(\tau-u)}{2(\beta^{2}-1)}$，

将其代入式(7-6)中并求关于 t_p 和 τ 的一阶偏导可得

$\tau^{QC*}=u+w_{s}+\beta\lambda c_{f}, t_{p}^{QC*}=\dfrac{\theta\gamma(2a-w_{s}-\lambda c_{f})}{2K_{1}}$，

将其代入反应函数中可分别求得最优订购量为：

$q_{p}^{QC*}=\dfrac{2ak(1-\beta)+(w_{s}+\lambda c_{f})(2k\beta-\theta^{2}\gamma^{2})}{4K_{1}(1-\beta)}$ 和

$q_{s}^{QC*}=\dfrac{2ak(1-\beta)-\lambda c_{f}[2k\beta^{2}-\theta^{2}\gamma^{2}(2\beta-1)]-w_{s}(2k-\theta^{2}\gamma^{2})}{4K_{1}(1-\beta)}$。**证毕！**

推论 7-4：在最小订购量契约的机制下，

(1)q_{s}^{QC*} 和 t_{p}^{QC*} 是关于 c_f 的减函数；q_{p}^{QC*} 是关于 c_f 的增函数；

(2)q_{p}^{QC*}、q_{s}^{QC*} 和 t_{p}^{QC*} 均是关于 γ 的增函数，是关于 β 和 k 的减函数。

证明：分别对各决策变量求关于 c_f, γ, k 和 β 的一阶偏导可得：

$\dfrac{\partial q_{p}^{QC*}}{\partial c_{f}}=-\dfrac{\lambda(\theta^{2}\gamma^{2}-2k\beta)}{4(\beta-1)(-k+\theta^{2}\gamma^{2}-k\beta)}>0$，

$\dfrac{\partial q_{s}^{QC*}}{\partial c_{f}}=\dfrac{(-\theta^{2}\gamma^{2}-2k\beta^{2}+2\theta^{2}\gamma^{2}\beta)\lambda}{4(\beta-1)(-k+\theta^{2}\gamma^{2}-k\beta)}<0$，

$\dfrac{\partial t_{p}^{QC*}}{\partial c_{f}}=\dfrac{\theta\lambda\gamma}{2(-k+\theta^{2}\gamma^{2}-k\beta)}<0$；

$\dfrac{\partial q_{p}^{QC*}}{\partial \gamma}=\dfrac{\theta^{2}\gamma k(2a-w_{s}-\lambda c_{f})}{2(-k+\theta^{2}\gamma^{2}-k\beta)^{2}}>0$，

$\dfrac{\partial q_{s}^{QC*}}{\partial \gamma}=\dfrac{\theta^{2}\gamma k(2a-w_{s}-\lambda c_{f})}{2(-k+\theta^{2}\gamma^{2}-k\beta)^{2}}>0$，

$$\frac{\partial t_{\mathrm{p}}^{\mathrm{QC}*}}{\partial \gamma}=\frac{\theta\left(k+\theta^{2}\gamma^{2}+k\beta\right)\left(2a-w_{\mathrm{s}}-\lambda c_{\mathrm{f}}\right)}{2\left(-k+\theta^{2}\gamma^{2}-k\beta\right)^{2}}>0;$$

$$\frac{\partial q_{\mathrm{p}}^{\mathrm{QC}*}}{\partial k}=-\frac{\theta^{2}\gamma^{2}\left(2a-w_{\mathrm{s}}-\lambda c_{\mathrm{f}}\right)}{4\left(-k+\theta^{2}\gamma^{2}-k\beta\right)^{2}}<0,$$

$$\frac{\partial q_{\mathrm{s}}^{\mathrm{QC}*}}{\partial k}=-\frac{\theta^{2}\gamma^{2}\left(2a-w_{\mathrm{s}}-\lambda c_{\mathrm{f}}\right)}{4\left(-k+\theta^{2}\gamma^{2}-k\beta\right)^{2}}<0,$$

$$\frac{\partial t_{\mathrm{p}}^{\mathrm{QC}*}}{\partial k}=-\frac{\theta\gamma\left(\beta+1\right)\left(2a-w_{\mathrm{s}}-\lambda c_{\mathrm{f}}\right)}{2\left(-k+\theta^{2}\gamma^{2}-k\beta\right)}<0;$$

$$\frac{\partial q_{\mathrm{p}}^{\mathrm{QC}*}}{\partial \beta}=-\frac{2ak^{2}\left(\beta-1\right)^{2}-\left[2k^{2}\left(\beta^{2}+1\right)+\theta^{2}\gamma^{2}\left(-2k+\theta^{2}\gamma^{2}-2k\beta\right)\right]\left(w_{\mathrm{s}}+\lambda c_{\mathrm{f}}\right)}{4\left(\beta-1\right)^{2}\left(-k+\theta^{2}\gamma^{2}-k\beta\right)^{2}},$$

令$f(k)=2ak^{2}\left(\beta-1\right)^{2}-\left[2k^{2}\left(\beta^{2}+1\right)+\theta^{2}\gamma^{2}\left(-2k+\theta^{2}\gamma^{2}-2k\beta\right)\right]\left(w_{\mathrm{s}}+\lambda c_{\mathrm{f}}\right)$,

因为$f''(k)=4\left[a\left(\beta-1\right)^{2}-\left(\beta^{2}+1\right)\left(w_{\mathrm{s}}+\lambda c_{\mathrm{f}}\right)\right]>0$，$f'\left(k=\dfrac{\theta^{2}\gamma^{2}}{\beta+1}\right)=$

$2\theta^{2}\gamma^{2}\left(\beta-1\right)^{2}\dfrac{2a-w_{\mathrm{s}}-\lambda c_{\mathrm{f}}}{\beta+1}>0$，并且因为$\dfrac{\partial q_{\mathrm{p}}^{\mathrm{QC}*}}{\partial \beta}<0$。

$$\frac{\partial q_{\mathrm{s}}^{\mathrm{QC}*}}{\partial \beta}=-\frac{2ak^{2}\left(\beta-1\right)^{2}+\left(\theta^{2}\gamma^{2}-2k\right)\left(\theta^{2}\gamma^{2}-2k\beta\right)\left(w_{\mathrm{s}}+\lambda c_{\mathrm{f}}\right)}{4\left(\beta-1\right)^{2}\left(-k+\theta^{2}\gamma^{2}-k\beta\right)^{2}}<0,$$

$$\frac{\partial t_{\mathrm{p}}^{\mathrm{QC}*}}{\partial \beta}=-\theta k\gamma\frac{2a-w_{\mathrm{s}}-\lambda c_{\mathrm{f}}}{2\left(-k+\theta^{2}\gamma^{2}-k\beta\right)^{2}}<0。$$

证毕！

从上述推论中可以得出，在最小订购量契约的激励下，零售商从平台型电商企业的订购量$q_{\mathrm{p}}^{\mathrm{QC}*}$是赋能成本系数$k$、产品替代率$\beta$的减函数，商誉损失$c_{\mathrm{f}}$和价格对商誉的反应程度$\gamma$的增函数，这与集中决策下的推论相同。单位不合格产品对电商平台造成的商誉损失c_{f}越大，平台型电商企业的奖励惩罚系数也会越大，这会激励零售商提高从平台型电商企业的订购量，减少从其他渠道的订购量,从其他渠道采购的不合格品对平台型电商企业造成的商誉损失风险也会相应降低。

第三节　均衡解分析

在不同的情境下,零售商的订购决策和电商平台的品牌赋能水平决策是供应链成员的关键决策变量,因此本节重点对这些决策变量在不同情境下的关系进行对比分析,并考察其对供应链成员利润的影响。

一、决策变量的比较

为了更深入地理解不同情境下供应链成员决策的差异,本小节对不同情境下重要的决策变量进行了对比分析。

推论 7-5: 在集中决策(CD)、分散决策(DD)、赋能成本分担机制(CS)、最小订购量激励机制(QC)下,平台型电商企业的品牌赋能水平关系为:

$$t_p^{QC*}=t_p^{CS*}=t_p^{CD*}>t_p^{DD*}。$$

证明: 由已知可得 $t_p^{QC*}=t_p^{CS*}=t_p^{CD*}=\dfrac{\theta\gamma(2a-w_s-\lambda c_f)}{2K_1}$, $t_p^{CD*}-t_p^{DD*}=\theta\gamma\dfrac{k(\beta+1)(2a-u-2w_s)+\theta^2\gamma^2(u+w_s-\lambda c_f)}{2kK_1(\beta+1)}>0$, 所以 $t_p^{CD*}=t_p^{QC*}=t_p^{CS*}>t_p^{DD*}$。**证毕!**

由推论 7-5 可知,通过品牌赋能成本分担契约和最小订购量契约的协调,平台型电商企业的最优品牌赋能水平均可达到集中决策下的水平,并且高于分散决策下的水平。这意味着平台型电商企业可以通过实施上述契约,更好地发挥品牌赋能的作用,零售商也可以在平台的支持下有更好的发展。

推论 7-6: 在集中决策(CD)、分散决策(DD)、赋能成本分担机制(CS)、最小订购量激励机制(QC)下,零售企业从平台型电商企业订购产品的订购量为:

$$q_{\mathrm{p}}^{\mathrm{CD}*}=q_{\mathrm{p}}^{\mathrm{QC}*}>q_{\mathrm{p}}^{\mathrm{CS}*}>q_{\mathrm{p}}^{\mathrm{DD}*}。$$

证明：由已知可得 $q_{\mathrm{p}}^{\mathrm{QC}*}=q_{\mathrm{p}}^{\mathrm{CD}*}$，$q_{\mathrm{p}}^{\mathrm{CS}*}-q_{\mathrm{p}}^{\mathrm{QC}*}=\dfrac{u+w_{\mathrm{s}}+\beta\lambda c_{\mathrm{f}}}{2(\beta^2-1)}<0$，$q_{\mathrm{p}}^{\mathrm{CS}*}-q_{\mathrm{p}}^{\mathrm{DD}*}=\theta^2\gamma^2\dfrac{k(\beta+1)(2a-u-2w_{\mathrm{s}})+\theta^2\gamma^2(u+w_{\mathrm{s}}-\lambda c_{\mathrm{f}})}{4K_1(\beta+1)^2}>0$。**证毕！**

推论7-6表明，在赋能成本分担契约和最小订购量契约的协调下，零售商从平台订购的最优产品数量均高于分散决策下的最优产品数量。同时，最小订购量激励机制下的零售商最优决策与集中决策下的相同，高于赋能成本分担机制。因此，平台型电商企业可以通过成本分担契约和最小订购量契约，有效地鼓励零售商向其订购更多的产品，这能够在一定程度上提升零售商销售的产品质量，而且采用最小订购量契约能够取得最佳的效果。

推论7-7：在集中决策（CD）、分散决策（DD）、赋能成本分担机制（CS）、最小订购量激励机制（QC）下，零售企业从其他渠道订购产品数量的关系为：

（1）若 $0<\gamma^2<\dfrac{\overline{\varphi}}{\theta^2}$，则 $q_{\mathrm{s}}^{\mathrm{CS}*}>q_{\mathrm{s}}^{\mathrm{DD}*}>q_{\mathrm{s}}^{\mathrm{QC}*}>q_{\mathrm{s}}^{\mathrm{CD}*}$；

（2）若 $\dfrac{\overline{\varphi}}{\theta^2}<\gamma^2<\dfrac{k(\beta+1)}{\theta^2}$，则 $q_{\mathrm{s}}^{\mathrm{CS}*}>q_{\mathrm{s}}^{\mathrm{QC}*}>q_{\mathrm{s}}^{\mathrm{DD}*}>q_{\mathrm{s}}^{\mathrm{CD}*}$。

证明：$q_{\mathrm{s}}^{\mathrm{CS}*}-q_{\mathrm{s}}^{\mathrm{QC}*}=\beta\dfrac{(u+w_{\mathrm{s}}+\beta\lambda c_{\mathrm{f}})}{2(1-\beta^2)}>0$，

$$q_{\mathrm{s}}^{\mathrm{CS}*}-q_{\mathrm{s}}^{\mathrm{DD}*}=\theta^2\gamma^2\frac{k(\beta+1)(2a-u-2w_{\mathrm{s}})+\theta^2\gamma^2(u+w_{\mathrm{s}}-\lambda c_{\mathrm{f}})}{4kK_1(\beta+1)^2}>0,$$

$$q_{\mathrm{s}}^{\mathrm{QC}*}-q_{\mathrm{s}}^{\mathrm{DD}*}=\frac{2k^2\beta(\beta+1)^2(u+w_{\mathrm{s}}+\beta\lambda c_{\mathrm{f}})+f(\theta^2\gamma^2)}{4K_1k(\beta-1)(\beta+1)^2},令$$

$$f(\theta^2\gamma^2)=\theta^2\gamma^2\left\{\begin{array}{c}k(\beta+1)[2a(\beta-1)-u(3\beta-1)-2w_{\mathrm{s}}(2\beta-1)-2\beta^2\lambda c_{\mathrm{f}}]+\\ \theta^2\gamma^2(u+w_{\mathrm{s}}-\lambda c_{\mathrm{f}})(\beta-1)\end{array}\right\}$$

和 $g(\theta^2\gamma^2)=2k^2\beta(\beta+1)^2(u+w_{\mathrm{s}}+\beta\lambda c_{\mathrm{f}})+f(\theta^2\gamma^2)$，

因为$g'(\theta^2\gamma^2)<0, g(0)=2k^2\beta(\beta+1)^2(u+w_s+\beta\lambda c_f)>0$，

以及$g\big(k(\beta+1)\big)=k^2(\beta-1)(\beta+1)^2(2a-w_s-\lambda c_f)<0$，因此存在$\bar{\varphi}>0$使得$g(\bar{\varphi})=0$，$\bar{\varphi}=g^{-1}(0)$。当$\theta^2\gamma^2\in(0,\bar{\varphi}]$时，$g(\theta^2\gamma^2)>0$，当$\theta^2\gamma^2\in(\bar{\varphi},k(\beta+1)]$时，$g(\theta^2\gamma^2)<0$。所以，当$0<\theta^2\gamma^2<\bar{\varphi}$时，$q_s^{QC*}<q_s^{DD*}$；当$\bar{\varphi}<\theta^2\gamma^2<k(\beta+1)$时，$q_s^{DD*}<q_s^{QC*}$。

证毕！

由推论7-7可以发现，无论商誉对价格的影响是大还是小，在成本分担契约下，零售商因为需要分担部分平台品牌赋能成本，为了弥补自身利润的下降，会从其他渠道订购批发价较低的产品。此外，当商誉对价格的影响很小时，零售商从其他渠道订购产品的售卖价格也会相对较低，获得的利润也较少。在最小订购量契约的奖惩机制下，零售商更倾向于从平台订购产品，因此零售商向其他渠道供应商订购的产品比集中决策下的数量少。反之，当商誉对价格的影响较大时，零售商从其他渠道订购的产品能够以较高的价格出售，其利润得以增加，因此其会更倾向于从其他渠道订购产品。

推论7-6和推论7-7都说明，最小订购量契约可以有效地激励零售商从平台型电商企业订购更多的产品，特别是在商誉对价格影响较小的情况下，可以减少从其他渠道订购的产品数量，这比赋能成本分担契约在减少渠道冲突和保证产品质量方面更有效。

推论7-8：不同情境下零售商从电商平台订购的产品数量与总数量的最优比例满足$r_p^{CD*}>r_p^{QC*}>r_p^{CS*}>r_p^{DD*}$。

证明：$r_s^{CD*}=\dfrac{q_s^{CD*}}{q_s^{CD*}+q_p^{CD*}}=\dfrac{2ak(\beta-1)+(w_s+\lambda c_f)(2k-\theta^2\gamma^2)}{2k(\beta-1)(2a-w_s-\lambda c_f)}$，

$$r_s^{DD*}=\frac{q_s^{DD*}}{q_s^{DD*}+q_p^{DD*}}=\frac{\begin{gathered}2ak(1-\beta^2)+2k(\beta+1)(-w_s+u\beta+\beta w_s)+\\ \theta^2\gamma^2(1-\beta)(u+w_s-\lambda c_f)\end{gathered}}{2(1-\beta)\begin{bmatrix}k(\beta+1)(2a-u-2w_s)+\\ \theta^2\gamma^2(u+w_s-\lambda c_f)\end{bmatrix}},$$

$$r_{\mathrm{s}}^{\mathrm{CS}*}=\frac{q_{\mathrm{s}}^{\mathrm{CS}*}}{q_{\mathrm{s}}^{\mathrm{CS}*}+q_{\mathrm{p}}^{\mathrm{CS}*}}=\frac{\begin{array}{c}2ak(1-\beta^2)+2k(\beta+1)(-w_{\mathrm{s}}+u\beta+\beta w_{\mathrm{s}})-\\ \theta^2\gamma^2\left[2u\beta+(\beta-1)(w_{\mathrm{s}}-\lambda c_{\mathrm{f}})\right]\end{array}}{(1-\beta)\left[\begin{array}{c}k(\beta+1)(2a-u-2w_{\mathrm{s}})+\\ \theta^2\gamma^2(u+w_{\mathrm{s}}-\lambda c_{\mathrm{f}})\end{array}\right]},$$

$$r_{\mathrm{s}}^{\mathrm{QC}*}=\frac{q_{\mathrm{s}}^{\mathrm{QC}*}}{q_{\mathrm{s}}^{\mathrm{QC}*}+q_{\mathrm{p}}^{\mathrm{QC}*}}=\frac{\begin{array}{c}2ak(1-\beta)-2k(w_{\mathrm{s}}+\beta^2\lambda c_{\mathrm{f}})+\\ \theta^2\gamma^2(w_{\mathrm{s}}-\lambda c_{\mathrm{f}}+2\beta\lambda c_{\mathrm{f}})\end{array}}{2(1-\beta)(-kw_{\mathrm{s}}+2ak-\theta^2\gamma^2\lambda c_{\mathrm{f}}+k\beta\lambda c_{\mathrm{f}})}。$$

$$r_{\mathrm{s}}^{\mathrm{DD}*}-r_{\mathrm{s}}^{\mathrm{CS}*}=\theta^2\gamma^2u\frac{\beta+1}{2(1-\beta)\left[\begin{array}{c}k(\beta+1)(2a-u-2w_{\mathrm{s}})+\\ \theta^2\gamma^2(u+w_{\mathrm{s}}-\lambda c_{\mathrm{f}})\end{array}\right]}>0,$$

$$r_{\mathrm{s}}^{\mathrm{CS}*}-r_{\mathrm{s}}^{\mathrm{QC}*}=\frac{\begin{array}{c}K_1\left[2k(\beta+1)(a-w_{\mathrm{s}})+\theta^2\gamma^2(w_{\mathrm{s}}-\lambda c_{\mathrm{f}})\right]\\ (u+w_{\mathrm{s}}+\beta\lambda c_{\mathrm{f}})\end{array}}{\begin{array}{c}(1-\beta)\left[k(2a-w_{\mathrm{s}})+\lambda c_{\mathrm{f}}(k\beta-\theta^2\gamma^2)\right]\\ \left[k(\beta+1)(2a-u-2w_{\mathrm{s}})+\theta^2\gamma^2(u+w_{\mathrm{s}}-\lambda c_{\mathrm{f}})\right]\end{array}}>0,$$

所以，$r_{\mathrm{s}}^{\mathrm{DD}*}>r_{\mathrm{s}}^{\mathrm{CS}*}>r_{\mathrm{s}}^{\mathrm{QC}*}>r_{\mathrm{s}}^{\mathrm{CD}*}$，同理可得，$r_{\mathrm{p}}^{\mathrm{SC}*}>r_{\mathrm{p}}^{\mathrm{QC}*}>r_{\mathrm{p}}^{\mathrm{CS}*}>r_{\mathrm{p}}^{\mathrm{DD}*}$。

证毕!

推论7-8表明，赋能成本分担契约和最小订购量契约都可以有效地鼓励零售商增加从平台订购产品数量的比例，减少从其他渠道订购产品数量的比例，其中该比例在最小订购量契约下高于赋能成本分担契约。

因此，平台型电商企业可以通过采用最小订购量契约，有效地提高零售商从平台订购产品的比例。虽然推论7-7表明，当$\frac{\overline{\varphi}}{\theta^2}<\gamma^2<\frac{k(\beta+1)}{\theta^2}$时，在最小订购量契约下，零售商从其他渠道订购的产品数量高于成本分担契约，但此时零售商在平台处订购的产品比例依然会高于其在赋能成本分担契约和分散决策下的订购比例。也就是说，平台还是可以通过提供最小订购量契约来刺激零售商产生更高的积极性从平台订货，而且这也可能会减少不合格

产品给平台带来的商誉损失。

此外，虽然推论7-6和推论7-7都表明，在赋能成本分担契约下，零售商从其他渠道订购的产品比集中决策下多，但成本分担契约也增加了其从平台处订购的产品数量。由推论7-8可知，成本分担契约下零售商从平台处订购的产品数量高于其在分散决策下的数量，这意味着成本分担契约总体上对鼓励零售商从平台订购更多产品仍有正向作用。

二、利润的比较

为了更好地分析平台型电商企业和零售商在不同情境下的利润变化，本节假设$w_s=0$，也就是零售商从其他渠道订购产品的批发价格为零。

推论7-9：赋能成本分担契约与分散决策下的平台和零售商的利润分别满足：

(1)$\Pi_P^{CS*}>\Pi_P^{DD*}$；

(2)$\Pi_R^{CS*}>\Pi_R^{DD*}$。

证明：$\Pi_P^{CS*}=\dfrac{4k(\beta+1)\left[a(u-\lambda c_f)(\beta-1)+u(u+\beta\lambda c_f)\right]}{8K_1(\beta^2-1)}$，

$$\Pi_R^{CS*}=\frac{2k(\beta+1)\left[2a(\beta-1)(a-u)-u^2\right]+\theta^2\gamma^2\left[2u(a\beta-a+u)+\lambda c_f(\beta-1)(u-2a)\right]}{8K_1(\beta^2-1)},$$

$$\Pi_P^{DD*}=\frac{\left[au(1-\beta)-u^2-\lambda c_f(a-a\beta+\beta u)-K_2(\lambda c_f-u)^2(\beta-1)\right](\theta\gamma-kK_2-k\beta K_2)}{2(1-\beta^2)},$$

$$\Pi_R^{DD*}=\frac{2a(\beta-1)(a-u)-u^2-2\theta\gamma K_2(\beta-1)(\lambda c_f-u)\left[2a-u+\theta\gamma K_2(u-\lambda c_f)\right]}{4(\beta^2-1)}。$$

因为$2k\beta>\theta^2\gamma^2$和$k\geqslant\dfrac{\theta\gamma(2a-w_s-\lambda c_f)+2\theta^2\gamma^2}{2(1+\beta)}$，

所以$\Pi_P^{CS*}-\Pi_P^{DD*}=\dfrac{\theta^2\gamma^2(u-\lambda c_f)\left[k(\beta+1)(2a-u)+\theta^2\gamma^2(u-\lambda c_f)\right]}{8kK_1(\beta+1)^2}>0$。

相似地，

$$\Pi_R^{CS*}-\Pi_R^{DD*}=\frac{\theta^2\gamma^2\left[k(\beta+1)(2a-2u+\lambda c_f)+\theta^2\gamma^2(w_p-\lambda c_f)\right]\left[k(\beta+1)(2a-u)+\theta^2\gamma^2(u-\lambda c_f)\right]}{8K_1k^2(\beta+1)^3},$$

令$f(k)=k(\beta+1)(2a-u)+\theta^2\gamma^2(u-\lambda c_f)$，

$\dfrac{\partial f(k)}{\partial k}=(\beta+1)(2a-u)>0$并且$k>\dfrac{\theta^2\gamma^2}{\beta+1}$，这表明$f\left(k=\dfrac{\theta^2\gamma^2}{\beta+1}\right)=\theta^2\gamma^2(2a-\lambda c_f)>0$且$f(k)=k(\beta+1)(2a-u)+\theta^2\gamma^2(u-\lambda c_f)>0$，因此$\Pi_R^{CS*}>\Pi_R^{DD*}$。

证毕！

显然，品牌赋能成本分担契约可以缓解电商平台与零售商之间的渠道冲突，与分散决策相比实现了利润的帕累托改进。

推论7-10：不同情境下，平台和零售商的总利润满足$\Pi_C^{CD*}>\Pi_C^{QC*}>\Pi_C^{CS*}>\Pi_C^{DD*}$。

推论7-10：$\Pi_C^{CD*}=\dfrac{4ak(1-\beta)(a-\lambda c_f)+\lambda^2c_f^2(2k-\theta^2\gamma^2)}{8(1-\beta)K_1}$，

$$\Pi_C^{CD*}=\frac{u(u+2\beta\lambda c_f)+2a(\beta-1)(a-\lambda c_f)-2K_2(\lambda c_f-u)(\beta-1)\left[\theta\gamma(2a-\lambda c_f)+K_2K_1(\lambda c_f-u)\right]}{4(\beta^2-1)}$$

$$\Pi_C^{CS*}=\frac{2K_1u(u+2\beta\lambda c_f)+\theta^2\lambda^2\gamma^2c_f^2(\beta-1)+4ak(\beta^2-1)(a-\lambda c_f)}{8K_1(\beta^2-1)},$$

$$\Pi_{\mathrm{C}}^{\mathrm{QC}*}=\frac{4ak(\beta-1)(a-\lambda c_{\mathrm{f}})+\lambda^2c_{\mathrm{f}}^2\left[-2k\beta^2+\theta^2\gamma^2(2\beta-1)\right]}{8(\beta-1)K_1}。$$

将上述利润两两相减可得：

$$\Pi_{\mathrm{C}}^{\mathrm{CS}*}-\Pi_{\mathrm{C}}^{\mathrm{DD}*}=\frac{\theta^2\gamma^2\left(-ku+2ak+2ak\beta+\theta^2\gamma^2u-k\beta u-\theta^2\gamma^2\lambda c_{\mathrm{f}}\right)^2}{8k^2(\beta+1)^3K_1}>0,$$

$$\Pi_{\mathrm{C}}^{\mathrm{CS}*}-\Pi_{\mathrm{C}}^{\mathrm{QC}*}=\frac{(u+\beta\lambda c_{\mathrm{f}})^2}{4(\beta^2-1)}<0,\Pi_{\mathrm{C}}^{\mathrm{QC}*}-\Pi_{\mathrm{C}}^{\mathrm{CD}*}=-\frac{1}{4}\lambda^2c_{\mathrm{f}}^2<0。$$

因此，$\Pi_{\mathrm{C}}^{\mathrm{CD}*}>\Pi_{\mathrm{C}}^{\mathrm{QC}*}>\Pi_{\mathrm{C}}^{\mathrm{CS}*}>\Pi_{\mathrm{C}}^{\mathrm{DD}*}$。

证毕!

从推论7-8和推论7-10可以看出，与品牌赋能成本分担契约相比，最小订购量契约不仅能更好地激励零售商向平台订购更多的产品，而且还能提高平台和零售商的利润。

命题7-5：在使用最小订购量契约的情境下，若平台向零售商提供$\tau(Q-T)$的订货激励机制，其中$\tau=w_{\mathrm{p}}+\beta\lambda c_{\mathrm{f}}$。则有$T_1,T_2,T_3,T_4,T_5,T_6,T_4>T_3>T_2>T_1,T_6>T_5$：

证明：通过式(7-6)和式(7-7)可得：

$$\Pi_{\mathrm{P}}^{\mathrm{QC}*}=\frac{\lambda c_{\mathrm{f}}\left\{\begin{array}{c}8TuK_1^2-4a^2\theta^2k\gamma^2+\\ \theta^2\gamma^2\left[4ak(\beta+2)+\lambda c_{\mathrm{f}}(K_1+k\beta-\theta^2\gamma^2)\right]-\\ 4ak^2(\beta+1)^2+8T\beta K_1^2\end{array}\right\}}{8K_1^2},$$

$$\Pi_{\mathrm{R}}^{\mathrm{QC}*}=\frac{\lambda c_{\mathrm{f}}\left\{\begin{array}{c}4(\beta-1)\left(-a^2k^2(\beta+1)+2TuK_1^2\right)+\\ 8T\beta(\beta-1)K_1^2+4ak(\beta^2-1)(\theta^2\gamma^2-k\beta)+\\ \lambda c_{\mathrm{f}}\left[\theta^4\gamma^4-2k\beta(\beta+1)(\theta^2\gamma^2-k\beta)\right]\end{array}\right\}}{8K_1^2(1-\beta)}。$$

并对其求关于T的一阶偏导可得$\frac{\partial\Pi_{\mathrm{P}}^{\mathrm{QC}*}}{\partial T}=u+\beta\lambda c_{\mathrm{f}}>0$，$\frac{\partial\Pi_{\mathrm{R}}^{\mathrm{QC}*}}{\partial T}=$

$-(u+\beta\lambda c_{\mathrm{f}})<0$。令 $\Pi_{\mathrm{P}}^{\mathrm{QC}}(T=T_1)=0$，$\Pi_{\mathrm{R}}^{\mathrm{QC}}(T=T_4)=0$ 可得：

$$T_1=\frac{4ka^2\theta^2\gamma^2-\lambda c_{\mathrm{f}}\left\{-4ak^2(\beta+1)^2+\theta^2\gamma^2\left[\lambda c_{\mathrm{f}}(K_1-\theta^2\gamma^2+k\beta)+4ak(\beta+2)\right]\right\}}{8K_1^2(u+\beta\lambda c_{\mathrm{f}})},$$

$$T_4=\frac{4a^2k^2(\beta^2-1)-\lambda c_{\mathrm{f}}\left\{\begin{array}{c}\lambda c_{\mathrm{f}}\left[\theta^4\gamma^4-2k\beta(\theta^2\gamma^2-k\beta)(\beta+1)\right]+\\4ak(\theta^2\gamma^2-k\beta)(\beta^2-1)\end{array}\right\}}{8K_1^2(\beta-1)(u+\beta\lambda c_{\mathrm{f}})},$$

因为 $\Pi_{\mathrm{P}}^{\mathrm{QC*}}>0$ 和 $\Pi_{\mathrm{R}}^{\mathrm{QC*}}>0$，当 $T\in(T_1,T_4)$ 时，存在：

$$T_4-T_1=-\frac{4ak(\beta-1)(a-\lambda c_{\mathrm{f}})+\lambda^2c_{\mathrm{f}}^2\left[2\beta(\theta^2\gamma^2-k\beta)-\theta^2\gamma^2\right]}{8K_1(1-\beta)(u+\beta\lambda c_{\mathrm{f}})}>0。$$

同理，令 $\Pi_{\mathrm{P}}^{\mathrm{QC}}(T=T_2)=\Pi_{\mathrm{P}}^{\mathrm{DC}}$、$\Pi_{\mathrm{R}}^{\mathrm{QC}}(T=T_3)=\Pi_{\mathrm{R}}^{\mathrm{DC}}$ 可得 $T_2=\dfrac{R_2+R_3}{w_{\mathrm{p}}+\beta\lambda c_{\mathrm{f}}}$，$T_3=$

$-\dfrac{R_4+R_5}{u+\beta\lambda c_{\mathrm{f}}}$，

其中，$R_2=\dfrac{1}{2(\beta^2-1)}\left\{u(u+\beta\lambda c_{\mathrm{f}})+\dfrac{1}{2}(u-\lambda c_{\mathrm{f}})(\beta-1)\left[2a+\theta\gamma\varphi(u-\lambda c_{\mathrm{f}})\right]\right\}$，

设 $A=\left[\lambda c_{\mathrm{f}}(K_1-\theta^2\gamma^2+k\beta)+4ak(\beta+2)\right]$，则

$$R_3=-\frac{1}{8K_1^2}\left\{\lambda c_{\mathrm{f}}\left[-4ak^2(\beta+1)^2+\theta^2\gamma^2A\right]-4a^2\theta^2\gamma^2k\right\},$$

$$R_4=\frac{1}{4(\beta^2-1)}\left\{\begin{array}{c}-u^2+2a(\beta-1)(a-u)+2\theta\gamma\varphi(\beta-1)(u-\lambda c_{\mathrm{f}})\\\left[2a-u+\theta\gamma\varphi(u-\lambda c_{\mathrm{f}})\right]\end{array}\right\},$$

$$R_5=\frac{\begin{array}{c}\lambda c_{\mathrm{f}}\left\{\lambda c_{\mathrm{f}}\left[\theta^4\gamma^4-2k\beta(\theta^2\gamma^2-k\beta)(\beta+1)\right]+4ak(\theta^2\gamma^2-k\beta)(\beta^2-1)\right\}-\\4a^2k^2(\beta^2-1)\end{array}}{8K_1^2(\beta-1)},$$

$$T_2-T_3=\frac{\begin{array}{c}8a\theta\gamma\varphi K_1(\beta-1)\left[uK_1-ak(\beta+1)+\theta^2\gamma^2\lambda c_{\mathrm{f}}\right]+\\2K_1^2u^2\left[\theta\gamma\varphi(\beta-1)(2\theta\gamma\varphi-1)+1\right]+R_6\end{array}}{8K_1^2(\beta^2-1)(u+\beta\lambda c_{\mathrm{f}})},$$

其中：

$R_6=\lambda c_f\left\{-4K_1^2u\left[2\theta^2\gamma^2\varphi^2(\beta-1)-\beta\right]+\lambda c_f K_1\left[2\beta^2K_1-4\varphi^2\theta^4\gamma^4(\beta-1)\right]\right\}>0$。

因此 $T_2<T_3$。

令 $f(T)=\Pi_R^{CS*}-\Pi_R^{QC*}$，$f'(T)=u+\beta\lambda c_f>0$，当 $f(T)=0$ 时，$T_6=-\dfrac{R_7+R_8}{u+\beta\lambda c_f}$，其中：

$$R_7=\frac{4ak(\beta^2-1)\left[ak-\lambda c_f(\theta^2\gamma^2-k\beta)\right]-\lambda^2c_f^2\left[\theta^4\gamma^4-2k\beta(\beta+1)(\theta^2\gamma^2-k\beta)\right]}{8(1-\beta)K_1^2},$$

$$R_8=\frac{2u^2K_1-(\beta-1)\left\{4ak(\beta+1)(a-u)+\theta^2\gamma^2\left[2a(u-\lambda c_f)+\lambda uc_f\right]\right\}}{8(1-\beta^2)K_1}。$$

同理，令 $g(T)=\Pi_P^{CS*}-\Pi_P^{QC*}$，$g'(T)=-(u+\beta\lambda c_f)<0$，当 $g(T)=0$ 时，$T_5=-\dfrac{R_9+R_{10}}{u+\beta\lambda c_f}$，其中：

$$R_9=\frac{\lambda c_f\left[\theta^2\gamma^2\left\{\lambda c_f\left[k(2\beta+1)-2\theta^2\gamma^2\right]+4ak(2+\beta)\right\}-4ak^2(\beta+1)^2\right]-4a^2\theta^2\gamma^2k}{8K_1^2},$$

$$R_{10}=\frac{ak(u-\lambda c_f)(\beta-1)+uk(u+\beta\lambda c_f)}{2K_1(1-\beta)}。$$

$$T_5-T_6=\frac{\begin{array}{c}2a\theta^2\gamma^2(\lambda c_f-u)(\beta-1)-\\ u\left\{2k(\beta+1)(u+2\beta\lambda c_f)+\theta^2\gamma^2\left[2u+\lambda c_f(\beta-1)\right]\right\}+\\ \lambda^2c_f^2(\beta+1)\left[\theta^2\gamma^2(2\beta-1)-2k\beta^2\right]\end{array}}{(1-\beta^2)(u+\beta\lambda c_f)K_1}<0。$$

证毕！

(1)当 $T\in(T_1,T_2]$ 时，平台的利润低于其在分散决策下的利润，而零售商的利润则高于其在分散决策下的利润；

(2)当 $T\in(T_2,T_3)$ 时，平台和零售商的利润均大于其在分散决策下的利润；

(3)当$T\in[T_3,T_4)$时,平台的利润高于其在分散决策下的利润,而零售商的利润则低于其在分散决策下的利润;

(4)当$T\in(T_5,T_6)$时,平台和零售商的利润均大于其在成本分担契约下的利润。

前三个结论说明,最小订购量契约可以在适当的范围内有效地减少平台品牌赋能下的供应链纵向渠道冲突。此外,命题7-5(4)表明,对于供应链成员来说,最小订购量契约的效果优于成本分担契约,因此,平台型电商企业可以根据实际情况选择自身和零售商都能接受的激励和惩罚标准,从而实现双赢。

第四节　算例分析

本节对不同情境下供应链成员的决策和利润进行算例分析与验证。为减少运算复杂性,在实际情况的基础上进行如下赋值:$a=1$,$\beta=0.4$,$\theta=0.2$,$\gamma=0.15$,$\lambda=0.2$,$c_f=0.15$,$u=0.2$,$k=0.005$,$w_s=0.2$。

一、奖励惩罚标准对决策均衡的影响

首先考察在最小订购量激励机制下,奖励惩罚标准的设置如何影响供应链成员的利润,结果如图7-2所示。

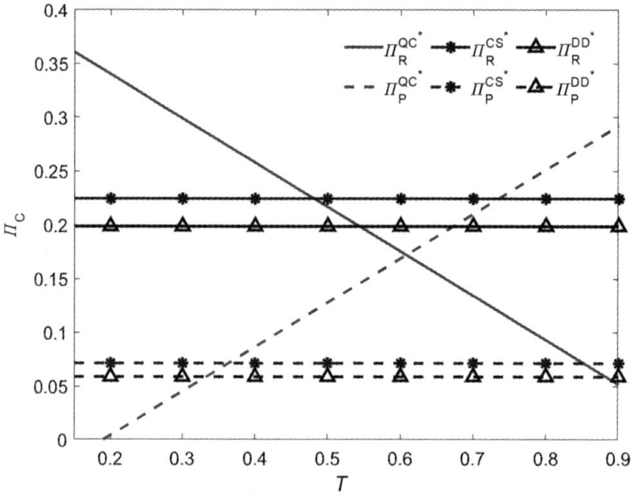

图7-2　T对供应链成员利润的影响

图7-2表明，成本分担契约下的平台与零售商的利润总是高于其在分散决策下的利润。最小订购量契约下的供应链成员利润则与奖惩标准有关，当$T\in(0.19, 0.33)$时，平台的利润低于其在成本分担契约和分散决策下的利润，但零售商的利润是最高的，即此时平台的利润受到了损失，最小订购量契约只对零售商有利；当$T\in(0.33,0.37)$时，零售商的利润在不同情境下仍然最高，平台的利润高于其在分散决策下的利润，但仍然低于其在赋能成本分担契约下的利润；当$T\in(0.37,0.48)$时，平台的利润在不断上升，平台和零售商的利润在三种情境下最高，即此时最小订购量契约是他们的最佳选择；当$T\in(0.48,0.55)$时，在三种不同的情境下，平台的利润达到了最高值，但是零售商的利润却在减少，虽然仍高于分散决策下的利润，但是要比成本分担契约下的利润低。也就是说，较高的奖惩标准会使零售商从平台订购价格相对较高的产品，最小订购量契约是平台的最佳选择，能够使平台的利润得以上升，但是零售商的利润却会因此下降。

综上，成本分担契约能够提高平台与零售商的利润，他们都愿意接受。与之相比，当奖惩标准T很低时，最小订购量契约能够带来的预期利润低于分散决策下的利润，因此平台不会愿意接受。只有在适当的范围内，平台和零售商的利润能够实现帕累托改进，最小订购量契约才会被零售商和平台接受。例如，阿里巴巴要求零售商每月必须从阿里零售通订购超过30%的产品，如果金额达到5000元，零售商可以获得奖励，这可以极大地鼓励他们从平台订购更多产品，使双方的利润都提高。否则，最小订购量契约将会降低一方的利润，无法缓解渠道冲突。

二、价格对商誉的反应程度对利润的影响

由图7-3可知，首先，在不同情境下，随着价格对商誉的反应程度的上升，平台型电商企业与零售商的总利润均呈上升趋势。这是因为，若价格对商誉的反应程度上升，产品价格就会上涨，这会使零售商从平台型电商企业订购更多的产品，增加双方的利润。然而，由于渠道冲突的存在，分散决策情境下的利润增长并不快，在三种情境下其总利润始终是最低的。

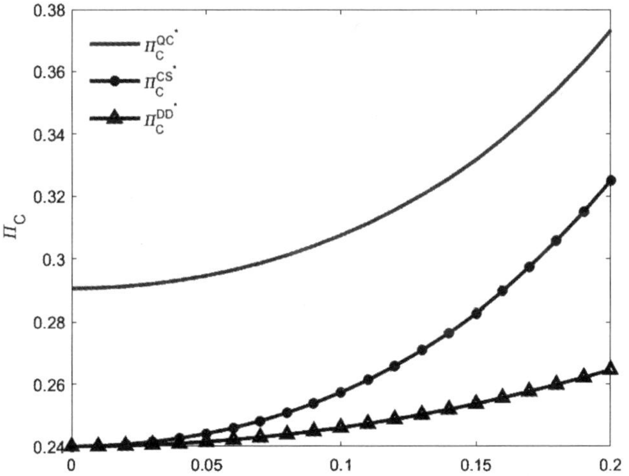

图7-3　γ对平台型电商企业与零售商利润和的影响

其次，随着γ的增加，成本分担契约和最小订购量契约对渠道冲突的影响逐渐增强，其中最小订购量契约的效果更好。当γ很小时，成本分担契约的效果并不明显，只有当γ较大时，它缓解渠道矛盾的效果才逐渐加强。

再次,随着γ的增加,两个契约缓解渠道冲突的效果差距在逐渐减小。因此,对于平台来说,有必要根据其提供的产品对商誉的影响程度来选择契约,对于价格受商誉影响较小的产品,可以选择最小订购量契约。例如,京东便利店主要经营零食和日用品,其价格受商誉影响较小,在最小订购量契约的激励下,零售商更愿意从平台订购产品以增加利润,渠道冲突能够有效减少。否则,上述两个契约平台均可以考虑。

最后,通过图7-2和图7-3的对比可以看出,最小订购量契约并不总是平台的最佳选择,如果奖惩机制设置不当,平台使用最小订购量契约会对其利润产生负面影响,这是一个值得注意的问题。

三、产品替代性对利润的影响

下面考察产品替代性对总利润的影响,如图7-4所示。随着β的增加,不仅平台与零售商的利润在减少,两个契约对渠道冲突的改善效果也在降低。值得注意的是,最小订购量契约下的利润下降趋势随着竞争的加剧而逐渐放缓,原因是平台设置的激励和惩罚系数会增加,这鼓励了零售商增加从平台订购的产品数量,由此带来的商誉损失会减少。随着产品竞争的加剧,最小订购量契约在提高利润方面的作用更加明显。

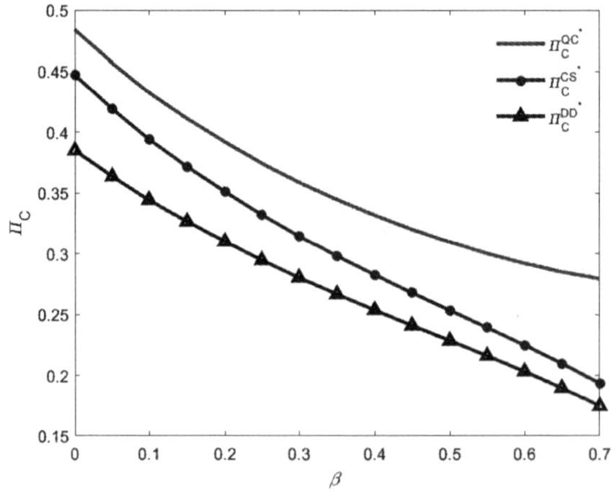

图7-4 β对平台型电商企业与零售商利润和的影响

由于产品替代性的增强会对总利润产生不利影响,平台型电商企业应采取产品差异化策略以减少渠道冲突。但需要注意的是,如果差异化导致平台提供的产品批发价格大幅上升,则零售商会更加有动力从供应商处订购更便宜的产品,不仅会使平台的收益减少,潜在的质量问题也会导致平台商誉的损失。因此,如何以较低的成本实现产品差异化是平台型电商企业需要重点关注的问题,小米追求"极致性价比"的策略值得平台型电商企业借鉴。

四、赋能成本系数对利润的影响

最后考察赋能成本系数对平台型电商企业与零售商总利润的影响。图7-5表明,在不同情境下,k的增加对平台与零售商的总利润均会有负面影响。这是因为,若赋能成本系数增加,平台为了保证利润就会提高产品的批发价格,零售商就会向其他渠道的供应商订购更多的产品以确保其利润,这又会导致平台的商誉损失增加。此外,图7-5还显示,当k在一个较小范围内增加时,采用两个契约的总利润下降迅速,但是当k在一个较大范围内增加时,总利润的下降趋势在逐渐放缓,其中最小订购量契约的表现总是优于成本分担契约。因此,当品牌赋能成本较高时,可以使用最小订购量契约来提升供应链成员的利润。

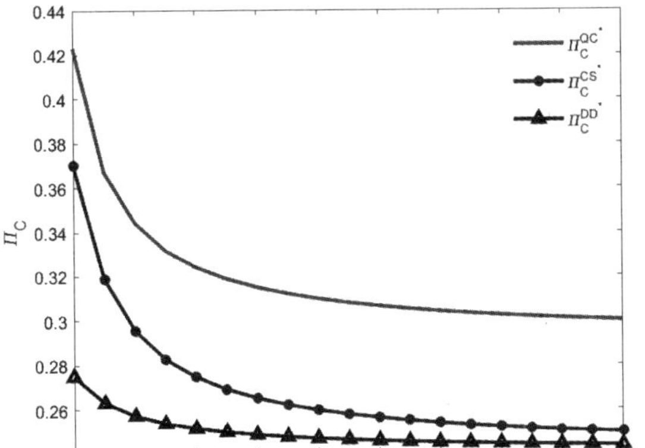

图7-5　k对平台型电商企业与零售商利润和的影响

此外，由于随着平台品牌赋能成本系数k的增加，平台型电商企业与零售商的总利润会下降，如何降低该系数是平台需要重点考虑的问题。平台可以通过事件营销、个性化定制等方式提高平台品牌赋能的效率，从而降低平台品牌赋能成本系数，京东就在这些方面进行了有益的尝试。例如，京东以大学生广告大赛为载体，为京东便利店开展了一项设计竞赛，不但为京东便利店找到了更好的广告方案，还成功地向社会宣传了京东便利店，大幅提升了京东便利店的知名度，以较低的成本达到了较好的品牌赋能效果。

第五节　本章小结

本章在平台型电商企业品牌赋能的情境下，通过构建一个二级供应链模型，探讨了如何缓解零售商的“搭便车”行为追逐短期利益及因目标不一致而造成的垂直渠道冲突，并进一步研究了成本分担契约和最小订购量契约对垂直渠道冲突的协调作用。主要结论有以下四点：

(1)渠道冲突会减少零售商从平台订购的产品数量，导致平台商誉损失。

(2)成本分担契约和最小订购量契约都能有效缓解渠道冲突，并且最小订购量契约的缓解效果大于成本分担契约。最小订购量契约不仅可以帮助平台型电商企业和零售商获得更多的利润，还可以实现与集中决策情境下相同的平台最优品牌赋能水平和零售商产品数量。

(3)电子商务平台通过差异化的产品策略可以降低两种产品之间的竞争程度，减少垂直渠道冲突，但不能实现供应链的协调，平台仍然需要设计合适的合同来改进自身订购的产品数量。

(4)随着两种产品竞争程度与平台品牌赋能成本的增加，成本分担契约的改善效果降低，而最小订购量契约的改善效果增大。然而，随着价格对商誉的反应系数提高，两个契约对渠道冲突的缓解作用都会增加。

第八章　品牌赋能情境下考虑信息不对称的平台供应链渠道冲突

第一节　问题提出

第七章在完全信息的条件下探讨了平台品牌赋能中的垂直渠道冲突，而在商业实践中常常会出现信息不对称的情况。比如，从其他渠道采购假货的便利店为了获得与京东合作的机会，可能会利用其与京东之间的信息不对称伪装成订购了高质量的产品。事实上，一些顾客确实在这些便利店买到过假货，这不但损害了消费者的利益，也损害了京东的品牌形象，对其商誉产生了较为严重的负面影响。基于上述背景，本章在平台型电商企业与线下小型零售商之间存在产品质量信息不对称的情境下，探讨如何设计合适的激励机制来缓解两者在品牌赋能过程中产生的垂直渠道冲突，实现供应链成员的共赢。

一些学者已经对信息不对称下的销售努力水平、订购量等方面的激励机制进行了研究，赵泉午等(2008)研究了在第三方物流企业努力成本信息不对称下，制造商如何激励其付出更多努力程度的激励机制设置问题。陈剑和徐鸿雁(2009)研究了在市场需求信息不对称下，制造商如何制定合适的契约来激励零售商提高销售努力水平。Lim(2001)研究了在产品质量信息不对称时，生产商如何设计激励契约提高供应商产品质量的问题。Guo(2009)研究了在产品质量信息不对称下，制造商可以通过批发价格激励机制来吸引零售商有效披露产品质量信息。石岿然等(2014)研究了在制造商产品质量投资信息不对称情况下,提升零售商销售努力水平的激励机制。

平台供应链研究最重要的视角是将线上销售视为另外一个渠道,在同时考虑线上和线下两个渠道的情境下探讨供应链的运营决策问题。Tsay 等(2004)研究了双渠道供应链的价格冲突问题,而李波等(2019)进一步探讨了供应链成员具有风险规避行为下的双渠道供应链定价策略。张学龙等(2016)则比较了不同的双渠道供应链价格冲突协调策略,并对策略的选择进行了讨论。

综上,虽然有关平台供应链渠道冲突的研究已经较为深入,但大多数对电商供应链渠道冲突研究的文献主要以线上渠道与线下渠道间由价格竞争等因素导致的水平渠道冲突为主,较少研究同一渠道内不同渠道层级成员间的垂直渠道冲突。此外,关于平台型电商企业赋能行为的研究大多采用案例研究的方法,定量地讨论平台型电商企业赋能行为对供应链成员决策影响的相关研究还不多见。因此,本章将在平台型电商企业品牌赋能的情景下,运用建模方法研究信息不对称条件下供应链的垂直渠道冲突问题,并探讨缓解冲突的机制;同时本章将平台型电商企业品牌赋能水平与零售商的采购决策纳入一个模型中讨论,考察了品牌策略对采购决策的影响,拓展了营销与运营交叉领域的研究思路。

第二节 模型描述和基本假设

本章考虑由一个平台型电商企业、一个其他渠道供应商和一个零售商构成的单周期的二级供应链结构模型。平台型电商企业从供应商处以 c_p 采购产品,并以 w_p 向零售商供货。其他渠道供应商则以 w_s 向零售商 R 供货,其生产成本为 c_s,为了便于研究问题,与 Zhang 和 Zhang(2015)类似,本章先不考虑平台型电商企业从供应商进货的采购成本及其他渠道供应商的生产成本,并在后面拓展部分讨论考虑平台型电商企业采购成本的情况。零售商分别以价格p_p和p_s销售两种产品给消费者。

需要特别指出的是，平台型电商企业与其他渠道供应商提供的产品功能相似，但质量存在差异。由于平台型电商企业实力雄厚，进货渠道正规，如京东、阿里巴巴等都会对供应商进行严格的筛选，产品质量能够保持在较高水平，因此假设其所有产品均为合格品；而其他渠道供应商则可能是一些中小规模的商家，由于管理水平较低，因而产品质量波动比较大，存在一定比例的不合格品。因此，我们令$w_p > w_s$，即表示平台型电商企业产品的批发价要高于其他渠道产品的批发价。w_p为一个外生变量，短期内不能改变（Zhang & Zhang，2015），在后面拓展部分将讨论w_p为决策变量的情况。为了分析方便，本章假设其他渠道供应商有两种类型，第一类的产品是质量较高的产品，不会对平台型电商企业造成商誉损失；第二类的产品质量较低，有λ的概率存在质量缺陷，单件不合格产品会对平台型电商企业造成商誉损失。假设一件不合格的商品会造成商誉损失c_L，$c_L > 0$。由于产品质量的不同，零售商从其他渠道的批发价也不同，即$w_s \in \{w_L, w_H\}$，其中$w_H > w_L$。

根据从其他渠道供应商订购的产品质量的不同，零售商也有两种类型，分别用H类型和L类型来表示：零售商为H类型，即表示零售商从产品质量较高的其他渠道供应商订购产品；零售商为L类型，即表示零售商从产品质量较低的其他渠道供应商订购产品。零售商明确地知道自己从其他渠道订购的产品质量水平，但是在制定决策前，平台型电商企业仅知道市场上存在两种类型的零售商，并不知道零售商从其他渠道订购产品的真实质量水平，只知道零售商为H类型的概率为ρ，L类型的概率为$1-\rho(0<\rho<1)$。

本章对零售商从平台型电商企业订购的产品和从其他渠道供应商订购的产品分别采用如下的反需求函数形式：

平台型电商企业所提供产品的价格函数为：

$$p_p = a - q_p - \beta q_s + \gamma g$$

其他渠道所提供产品的价格函数为：

$$p_s = a - q_s - \beta q_p + \gamma g$$

其中：a表示两种产品的保留价格；$\beta \in (0,1]$，β越小，产品的差异化越大，从而产品间的价格竞争越少；γ表示产品价格对品牌竞争力的反应程度；g表示零售商的品牌竞争力，即企业通过资源有效配置使自身品牌比竞争对手品牌更好地满足消费者需求，企业不断扩大市场份额获取高额利润，$g=\theta t_p$，$t_p \in (0,1]$，表示平台型电商企业品牌赋能零售商，帮助零售商提升自身品牌力。本章将t_p设定为决策变量是因为平台型电商企业在经营中需要对品牌赋能水平做出决策。例如，近年来京东通过博览会推荐、与知名品牌合作开展营销活动等多种形式持续性地对旗下便利店进行品牌赋能，而阿里零售则通过“城市拍档”为便利店提供定制化的营销方案以实现“千店千面”。平台型电商企业的赋能成本函数为：$kt_p^2/2$，其中$k>0$，k为赋能成本系数。为了使分析有意义，假设参数满足约束条件$k(\beta+1)-\theta^2\gamma^2>0$。

本章中平台型电商企业为了吸引零售商更多地向自己订货并确保零售商品的质量，设置的激励机制如下：它向零售商收取质量保证金T，并根据零售商订购产品的总量对零售商进行奖励。零售商每从平台企业订购1个单位的产品，平台企业就给予零售商α的奖励。此外，本章假设只有当平台型电商企业提供的激励机制给零售商带来的利润大于其保留利润M时，零售商才会接受合同。不失一般性，借鉴陈剑(2009)的办法，令该保留利润为0。

Chen(2005)研究了在信息不对称下，制造商如何设计合适的激励合同以获取零售商的私人信息，并提出了混合策略(pooling)与分离策略(seperating)。本章引入上述策略设计如下激励机制：(1)为两种类型的零售商设定相同的激励合同，称为混合策略，以下简称P策略；(2)为两种类型的零售商设定不同的合同供其选择，称为分离策略，以下简称S策略。在分离策略下，平台型电商企业通过合同的制定能够根据零售商选择的合同类型获得其私有信息。相应地，没有为零售商提供激励合同的情形，以下简称N策略。

本章模型所用到的符号见表8-1。

表8-1　模型中的符号

符号	含义
p_p	平台型电商企业产品的出清价格
p_s	其他渠道所提供产品的出清价格
q_p	零售商从平台型电商企业的订购量
q_s	零售商从其他供应商的订购量
β	表示两种产品之间的替代性，$\beta \in (0,1]$
γ	产品价格对品牌力的反应程度，$\gamma \geqslant 0$
t_p	平台型电商企业对零售商的赋能水平，$t_p \geqslant 0$
c_p	平台型电商企业从供应商处进货的采购成本
c_s	其他渠道供应商的生产成本
w_p	平台型电商企业向零售商供货的批发价格
w_s	零售商从其他渠道进购产品的批发价格
w_H	高类型零售商从其他渠道进购产品的批发价格
w_L	低类型零售商从其他渠道进购产品的批发价格
k	平台型电商企业的赋能水平的成本系数，$k>0$
c_L	单件不合格商品对平台企业造成的商誉损失
λ	其他渠道供应商所提供的产品不合格率
Π_P	平台型电商企业的利润
Π_R	零售商的利润
g	零售商的品牌力
T	平台型电商企业向零售商收取的质量保证金
θ	零售商品牌竞争力所能达到的最大值
α	平台型电商企业对零售商订购量的奖励系数

第三节 平台品牌赋能情境下的供应链策略

一、P策略

在P策略下，供应链成员的决策时间线如图8-1所示。首先，平台型电商企业给出激励合同并决策品牌赋能水平；其次，零售商选择是否接受合同；再次，如果接受合同，零售商则决策从平台型电商企业和其他渠道供应商订购产品的数量；最后，销售实现，双方观测到销售结果并获得相应的收益。

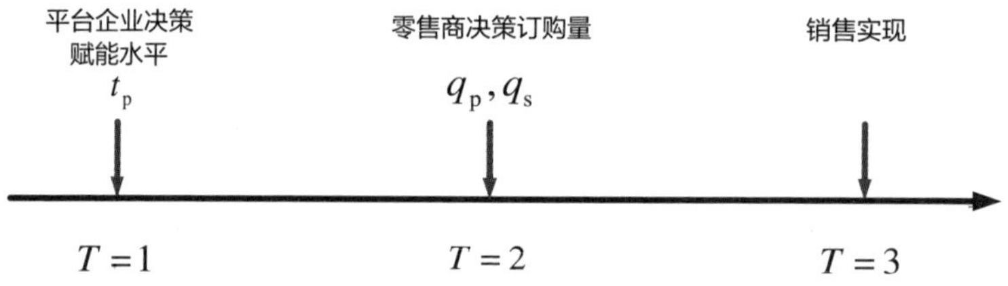

图8-1 供应链成员的决策时间线

用$s(\alpha, T)$表示平台型电商企业采取P策略时提供给零售商的激励合同。用q_{pH}(或q_{pL})与q_{sH}(或q_{sL})分别表示类型为H(或L)的零售商接受合同后从平台型电商企业和其他渠道零售商订购产品的数量。$r(s,i)$表示零售商接受合同后销售两种产品获得的毛利，即

$$r(s,i)=(p_{pi}-w_p)q_{pi}+(p_{si}-w_i)q_{si},\ i=\mathrm{H,L}$$

因而零售商的利润函数为：

$$\Pi_{Ri}=r(s,i)+\alpha q_{pi}-T,\ i=H,L \tag{8-1}$$

如果零售商接受合同，则平台型电商企业将通过决策激励系数α，向零售商收取的质量保证金T及品牌赋能水平t_p来实现期望利润最大化的目的。综上，建立平台型电商企业的激励模型如下：

$$\begin{aligned}\max_{t_p,T,\alpha}\Pi_p=&\rho\left[w_p q_{pH}-\frac{k}{2}t_p^2+T_H-\alpha_H q_{pH}\right]\\&+(1-\rho)\left[w_p q_{pL}-\frac{1}{2}kt_p^2-\lambda q_{sL}c_L+T_L-\alpha_L q_{pL}\right]\end{aligned} \tag{8-2}$$

$$s.t.\ r(s,i)+\alpha q_{pi}-T\geqslant 0,\ i=\mathrm{H,L} \tag{8-3}$$

$$(q_{pi},q_{si})\in Arg\max_{q_{pi},q_{si}} r(s,i)+\alpha q_{pi}-T,\ i=\mathrm{H,L} \tag{8-4}$$

其中，目标函数(8-2)中的第1项表示平台型电商企业在零售商为H类型零售商情形下获得的期望利润，第2项表示其在零售商为L类型零售商情形下获得的期望利润；式(8-3)是零售商的个体参与约束条件，保证零售商获得的利润不低于其保留利润；式(8-4)是零售商的激励相容约束条件，零售商在接受平台型电商企业提供的合同后，根据利润最大化决策q_{pi}和q_{si}。

命题8-1　在P策略下，平台型电商企业的最优品牌赋能水平为：

$$t_{\mathrm{p}}^{\mathrm{P}*}=\theta\gamma\frac{2a-w_{\mathrm{H}}-\lambda c_{\mathrm{L}}(1-\rho)}{2K_{\mathrm{p}}} \tag{8-5}$$

奖励系数为：

$$\alpha^{\mathrm{P}*}=w_{\mathrm{p}}+\beta(1-\rho)(w_{\mathrm{H}}-w_{\mathrm{L}}+\lambda c_{\mathrm{L}}) \tag{8-6}$$

零售商需要缴纳的质保金为：

$$\begin{aligned}T^{\mathrm{P}*}=&\frac{1}{4(1-\beta^2)}[2(1-\beta)(a+\theta\gamma t_{\mathrm{p}}^{\mathrm{P}*})(a-w_{\mathrm{p}}+\alpha^{\mathrm{P}*}-w_{\mathrm{H}}+\theta\gamma t_{\mathrm{p}}^{\mathrm{P}*})\\&-(\alpha^{\mathrm{P}*}-w_{\mathrm{p}})(w_{\mathrm{p}}-\alpha^{\mathrm{P}*}-2\beta w_{\mathrm{H}})+w_{\mathrm{H}}^2]\end{aligned} \tag{8-7}$$

其中，$K_1=k(\beta+1)-\theta^2\gamma^2$。

证明：由式(8-4)求得P策略下，零售商的最优订购量为：

$$q_{\mathrm{p}i}^{\mathrm{P}}=\frac{(1-\beta)(a+\theta\gamma t_{\mathrm{p}})-w_{\mathrm{p}}+\alpha+\beta w_{\mathrm{s}}}{2(1-\beta^2)} \tag{8-8}$$

$$q_{\mathrm{s}i}^{\mathrm{P}}=\frac{(1-\beta)(a+\theta\gamma t_{\mathrm{p}})-w_{\mathrm{s}}+\beta(w_{\mathrm{p}}-\alpha)}{2(1-\beta^2)} \tag{8-9}$$

将式(8-8)和式(8-9)代入(8-1)，对式(8-1)求w_{s}的一阶偏导，可以得到$\frac{\partial \Pi_{\mathrm{R}i}^{\mathrm{P}}}{\partial w_{\mathrm{s}}}<0$，其中$w_{\mathrm{s}}=w_{\mathrm{H}}$或$w_{\mathrm{L}}$。若要满足式(8-3)，则因$w_{\mathrm{H}}>w_{\mathrm{L}}$，所以只要满足$w_{\mathrm{s}}=w_{\mathrm{H}}$即可，即$r(s,H)+\alpha q_{\mathrm{pH}}-T\geqslant 0$。如果上述约束条件不是等式，则

平台型电商企业总会在不影响该约束条件成立的情况下，通过提高T来增加自己的利润。因此，上述约束条件取等式为：

$$T = r(s,H) + \alpha q_{\mathrm{pH}} \tag{8-10}$$

将式(8-10)代入式(8-2)，平台型电商企业的目标即为找到最优的t_{p}和a最大化期望利润Π_{p}。首先证明变量为t_{p}和a时，Π_{p}最大值的存在性。对Π_{p}求关于t_{p}和a的二阶导数，有$\frac{\partial^2 \Pi_{\mathrm{p}}}{\partial t_{\mathrm{p}}^2} = -\frac{k + k\beta - \theta^2\gamma^2}{\beta + 1} < 0$，$\frac{\partial^2 \Pi_P}{\partial \alpha^2} = \frac{1}{2(\beta^2 - 1)} < 0$，$\frac{\partial^2 \Pi_{\mathrm{p}}}{\partial \alpha \partial t_{\mathrm{p}}} = \frac{\partial^2 \Pi_{\mathrm{p}}}{\partial t_{\mathrm{p}} \partial \alpha} = 0$，可以求得$\Pi_{\mathrm{p}}$的Hessen矩阵负定，所以存在这样的$t_{\mathrm{p}}$和$a$使$\Pi_{\mathrm{p}}$取得最大值。根据式(8-2)，由一阶条件$\frac{\partial \Pi_{\mathrm{p}}}{\partial t_{\mathrm{p}}} = 0$与$\frac{\partial \Pi_{\mathrm{p}}}{\partial \alpha} = 0$可以得到式(8-5)和式(8-6)。将式(8-5)和式(8-6)代入式(8-10)，可以得到式(8-7)。

将式(8-5)和式(8-6)代入式(8-8)、式(8-9)，可得两种类型零售商的订购量为：

$$q_{\mathrm{pL}}^{\mathrm{P}*} = \frac{A + 2\beta\rho K_1\left[(1-\rho)(w_{\mathrm{H}} + \lambda c_{\mathrm{L}}) + \rho w_{\mathrm{L}}\right]}{4\rho K_{\mathrm{p}}(1-\beta^2)},$$

$$q_{\mathrm{sL}}^{\mathrm{P}*} = \frac{A + 2\rho K_1\left[\beta^2(\rho-1)(w_{\mathrm{H}} - w_{\mathrm{L}} + \lambda c_{\mathrm{L}}) - w_{\mathrm{L}}\right]}{4\rho K_{\mathrm{p}}(1-\beta^2)},$$

$$q_{\mathrm{pH}}^{\mathrm{P}*} = \frac{A - 2\rho\beta K_1\left[(\rho-1)(w_{\mathrm{H}} - w_{\mathrm{L}} + \lambda c_{\mathrm{L}}) - w_{\mathrm{H}}\right]}{4\rho K_{\mathrm{p}}(1-\beta^2)},$$

$$q_{\mathrm{sH}}^{\mathrm{P}*} = \frac{A + 2\rho K_1\left[\beta^2(\rho-1)(w_{\mathrm{H}} - w_{\mathrm{L}} + \lambda c_{\mathrm{L}}) - w_{\mathrm{H}}\right]}{4\rho K_{\mathrm{p}}(1-\beta^2)},$$

其中，$A = \rho(1-\beta)\left[2ak(\beta+1) - \theta^2\gamma^2 w_{\mathrm{H}} + \theta^2\gamma^2\lambda c_{\mathrm{L}}(\rho-1)\right]$。

当平台型电商企业没有向零售商提供激励机制（即$a=0$）时，P策略转变为N策略。此时，平台型电商企业的激励模型可以表示为：

$$\max_{t_p,T} \Pi_p=\rho\left[w_p q_{pH}-\frac{1}{2}kt_p^2+T\right]+\bar{\rho}\left[w_p q_{pL}-\frac{1}{2}kt_p^2-\lambda c_L q_{sL}+T\right] \tag{8-11}$$

$$s.t.\ r(s,i)-T\geqslant 0, i=H,\ L; \tag{8-12}$$

$$(q_{pi},q_{si})\in Arg\max_{q_{pi},q_{si}} r(s,i)-T,\ i=H,\ L \tag{8-13}$$

其中，目标函数(8-11)中的第1项，即$\rho\left[w_p q_{pH}-\frac{1}{2}kt_p^2+T\right]$表示平台型电商企业在零售商为H类型零售商情形下获得的期望利润，第2项，即$\bar{\rho}\left[w_p q_{pL}-\frac{1}{2}kt_p^2-\lambda c_L q_{sL}+T\right]$表示其在零售商为L类型零售商情形下获得的期望利润；式(8-12)是零售商的个体参与约束条件，保证零售商获得的利润不低于其保留利润；式(8-13)是零售商的激励相容约束条件，零售商根据利润最大化决策q_{pi}和q_{si}。

命题8-2　在N策略下，平台型电商企业的最优品牌赋能水平为：

$$t_p^{N*}=\theta\gamma\frac{2a-w_H-\lambda c_L(1-\rho)}{2K_p} \tag{8-14}$$

零售商需要缴纳的质保金为：

$$T^{N*}=\frac{1}{4(1-\beta^2)}\left[2(1-\beta)(a+\theta\gamma t_p^{N*})(a-w_p-w_H+\theta\gamma t_p^{N*})+w_H^2+w_p^2-2\beta w_p w_H\right] \tag{8-15}$$

证明：由式(8-13)求得N策略下零售商的最优订购量为：

$$q_{pi}^N=\frac{(1-\beta)(a+\theta\gamma t_p)-w_p+\beta w_s}{2(1-\beta^2)} \tag{8-16}$$

$$q_{si}^N=\frac{(1-\beta)(a+\theta\gamma t_p)-w_s+\beta w_p}{2(1-\beta^2)} \tag{8-17}$$

将式(8-16)和式(8-17)代入(8-3)，对式(8-3)求w_s的一阶偏导，可以得到$\frac{\partial \Pi_{Ri}^{N}}{\partial w_s}<0$,其中$w_s=w_H$或$w_L$。若要满足式(8-12),则因$w_H>w_L$,所以只要满足$w_s=w_H$即可,即$r(s,H)-T\geqslant 0$。如果上述约束条件不是等式,则平台型电商企业会在不影响该约束条件成立的情况下,通过提高T来增加自己的利润。因此,上述约束条件取等式为:

$$T=r(s,H) \tag{8-18}$$

将式(8-18)代入式(8-11),有$\frac{\partial^2 \Pi_p}{\partial t_p^2}=-\frac{k+k\beta-\theta^2\gamma^2}{\beta+1}<0$,由一阶条件$\frac{\partial \Pi_p}{\partial t_p}=0$可以得到式(8-14),代入式(8-18),求得式(8-15)。

将式(8-14)和式(8-15)代入式(8-16)、式(8-17),可得两种类型零售商的订购量为:

$$q_{pH}^{N*}=\frac{A-2\rho K_p(w_p-\beta w_H)}{4\rho K_p(1-\beta^2)},$$

$$q_{sH}^{N*}=\frac{A+2\rho K_p(\beta w_p-w_H)}{4\rho K_p(1-\beta^2)},$$

$$q_{pL}^{N*}=\frac{A-2\rho K_p(w_p-\beta w_L)}{4\rho K_p(1-\beta^2)},$$

$$q_{sL}^{N*}=\frac{A+2\rho K_p(w_p\beta-w_L)}{4\rho K_p(1-\beta^2)}。$$

证毕!

二、S策略

S策略下,平台型电商企业将为两类零售商提供$s_H(\alpha_H,T_H)$和$s_L(\alpha_L,T_L)$两种激励合同;$s_H(\alpha_H,T_H)=\alpha_H q_{pH}-T_H$,表示平台型电商企业希望H类型零售商选择的合同;$s_L(\alpha_L,T_L)=\alpha_L q_{pL}-T_L$,表示平台型电商企业希望L类型零

售商选择的合同。如果两类零售商都接受并选择平台型电商企业期望其选择的合同，则在S策略下，平台型电商企业的激励模型可以表示为：

$$\max_{t_p,T,\alpha} \Pi_{\mathrm{p}}=\rho\left(w_{\mathrm{p}}q_{\mathrm{pH}}-\alpha_{\mathrm{H}}q_{\mathrm{pH}}-\frac{1}{2}kt_{\mathrm{p}}^{2}+T_{\mathrm{H}}\right)+ \bar{\rho}\left(w_{\mathrm{p}}q_{\mathrm{pL}}-\alpha_{\mathrm{L}}q_{\mathrm{pL}}-\frac{1}{2}kt_{\mathrm{p}}^{2}-\lambda c_{\mathrm{L}}q_{\mathrm{sL}}+T_{\mathrm{L}}\right) \tag{8-19}$$

$$s.t.\ r(s_{\mathrm{H}},H)+\alpha_{\mathrm{H}}q_{\mathrm{pH}}-T_{\mathrm{H}}\geqslant r(s_{\mathrm{L}},H)+\alpha_{\mathrm{L}}q_{\mathrm{pH}}-T_{\mathrm{L}} \tag{8-20}$$

$$r(s_{\mathrm{L}},L)+\alpha_{\mathrm{L}}q_{\mathrm{pL}}-T_{\mathrm{L}}\geqslant r(s_{\mathrm{H}},L)+\alpha_{\mathrm{H}}q_{\mathrm{pL}}-T_{\mathrm{H}} \tag{8-21}$$

$$r(s_{\mathrm{H}},H)+\alpha_{\mathrm{H}}q_{\mathrm{pH}}-T_{\mathrm{H}}\geqslant 0 \tag{8-22}$$

$$r(s_{\mathrm{L}},L)+\alpha_{\mathrm{L}}q_{\mathrm{pL}}-T_{\mathrm{L}}\geqslant 0 \tag{8-23}$$

其中，目标函数(8-19)中的第1项，即$\rho\left(w_{\mathrm{p}}q_{\mathrm{pH}}-\alpha_{\mathrm{H}}q_{\mathrm{pH}}-\frac{1}{2}kt_{\mathrm{p}}^{2}+T_{\mathrm{H}}\right)$表示平台型电商企业在H类型零售商使用合同$s_{\mathrm{H}}\left(\alpha_{\mathrm{H}},T_{\mathrm{H}}\right)$情形下获得的期望利润。第2项，即$\bar{\rho}\left(w_{\mathrm{p}}q_{\mathrm{pL}}-\alpha_{\mathrm{L}}q_{\mathrm{pL}}-\frac{1}{2}kt_{\mathrm{p}}^{2}-\lambda c_{\mathrm{L}}q_{\mathrm{sL}}+T_{\mathrm{L}}\right)$表示其在L类型零售商使用合同$s_{\mathrm{L}}\left(\alpha_{\mathrm{L}},T_{\mathrm{L}}\right)$情形下获得的期望利润。式(8-20)和式(8-21)是零售商的激励相容约束条件，这是一个能保证零售商“说真话”的约束机制，平台型电商企业为了使合同能够起到分离两种类型零售商的目的，在制定两类合同的同时还要保证H类型零售商会选择合同$s_{\mathrm{H}}\left(\alpha_{\mathrm{H}},T_{\mathrm{H}}\right)$，L类型零售商会选择合同$s_{\mathrm{L}}\left(\alpha_{\mathrm{L}},T_{\mathrm{L}}\right)$。也就是说，H类型零售商选择$s_{\mathrm{H}}\left(\alpha_{\mathrm{H}},T_{\mathrm{H}}\right)$得到的利润要高于选择$s_{\mathrm{L}}\left(\alpha_{\mathrm{L}},T_{\mathrm{L}}\right)$得到的利润，反之亦然。约束式(8-22)和式(8-23)是零售商的个体参与约束条件，保证零售商选择合同后获得的期望利润不低于其保留利润。

命题8-3　在S策略下，平台型电商企业的最优品牌赋能水平为：

$$t_{\mathrm{p}}^{\mathrm{S}*}=\frac{\theta\gamma\left(2a-w_{\mathrm{H}}-\lambda c_{\mathrm{f}}+\lambda\rho c_{\mathrm{L}}\right)}{2K_{1}} \tag{8-24}$$

订购量激励系数为：

$$\alpha_{\mathrm{H}}^{\mathrm{S}*}=w_{\mathrm{p}}+\frac{\beta(w_{\mathrm{H}}-w_{\mathrm{L}})(1-\rho)}{\rho} \tag{8-25}$$

$$\alpha_{\mathrm{L}}^{\mathrm{S}*}=w_{\mathrm{p}}+\beta\lambda c_{\mathrm{L}} \tag{8-26}$$

向零售商收取的质量保证金为：

$$\begin{aligned}T_{\mathrm{H}}^{\mathrm{S}*}=&\frac{1}{4(1-\beta^2)}\left[2(1-\beta)(a+\theta\gamma t_{\mathrm{p}}^{\mathrm{S}*})(a-w_{\mathrm{p}}+\alpha_{\mathrm{H}}^{\mathrm{S}*}-w_{\mathrm{H}}+\theta\gamma t_{\mathrm{p}}^{\mathrm{S}*})\right.\\&\left.-(\alpha_{\mathrm{H}}^{\mathrm{S}*}-w_{\mathrm{p}})(w_{\mathrm{p}}-\alpha_{\mathrm{H}}^{\mathrm{S}*}-2\beta w_{\mathrm{H}})+w_{\mathrm{H}}^2\right]\end{aligned} \tag{8-27}$$

$$T_{\mathrm{L}}^{\mathrm{S}*}=T_{\mathrm{H}}^{\mathrm{S}*}-\frac{(\alpha_{\mathrm{H}}^{\mathrm{S}*}-\alpha_{\mathrm{L}}^{\mathrm{S}*})}{4(1-\beta^2)}\left[2(1-\beta)(a+\theta\gamma t_{\mathrm{p}})+\alpha_{\mathrm{H}}^{\mathrm{S}*}+\alpha_{\mathrm{L}}^{\mathrm{S}*}+2\beta w_{\mathrm{L}}-2w_{\mathrm{p}}\right] \tag{8-28}$$

证明：在S策略下，零售商的最优订购量为：

$$q_{\mathrm{p}i}^{\mathrm{S}}=\frac{(1-\beta)(a+\theta\gamma t_{\mathrm{p}})-w_{\mathrm{p}}+\alpha_i+\beta w_{\mathrm{s}}}{2(1-\beta^2)} \tag{8-29}$$

$$q_{\mathrm{s}i}^{\mathrm{S}}=\frac{(1-\beta)(a+\theta\gamma t_{\mathrm{p}})-w_{\mathrm{s}}+\beta(w_{\mathrm{p}}-\alpha_i)}{2(1-\beta^2)} \tag{8-30}$$

首先，因为$w_{\mathrm{H}}>w_{\mathrm{L}}$且$t_{\mathrm{p}}>0$，由式(8-21)和式(8-22)得到式(8-23)，所以去掉式(8-23)。其次，如果式(8-21)和式(8-22)不是等式，则平台型电商企业总会在不影响该约束条件成立的情况下，通过提高T_{H}和T_{L}来增加自己的利润。因此，式(8-21)和式(8-22)取等式。最后，将不等式(8-21)两边都加上约束条件(8-20)的两边，可得到$\frac{\beta(w_{\mathrm{H}}-w_{\mathrm{L}})(\alpha_{\mathrm{H}}-\alpha_{\mathrm{L}})}{(1-\beta^2)}\geqslant 0$，因$w_{\mathrm{H}}>w_{\mathrm{L}}$，则约束条件(8-16)转变为$\alpha_{\mathrm{H}}\geqslant\alpha_{\mathrm{L}}$。经过整理分析，上述约束条件(8-20)至(8-23)可重新描述如下：

$$\begin{gathered}r(s_{\mathrm{L}},L)+\alpha_{\mathrm{L}}q_{\mathrm{pL}}-T_{\mathrm{L}}=r(s_{\mathrm{H}},L)+\alpha_{\mathrm{H}}q_{\mathrm{pL}}-T_{\mathrm{H}}\\r(s_{\mathrm{H}},H)+\alpha_{\mathrm{H}}q_{\mathrm{pH}}-T_{\mathrm{H}}\geqslant 0\\\alpha_{\mathrm{H}}\geqslant\alpha_{\mathrm{L}}\end{gathered} \tag{8-31}$$

将式(8-29)、式(8-30)代入式(8-31),可得:

$$T_{\mathrm{H}}^{\mathrm{S}}=\frac{1}{4\left(1-\beta^{2}\right)}\left[2(1-\beta)\left(a+\theta\gamma t_{\mathrm{p}}^{\mathrm{S}}\right)\left(a-w_{\mathrm{p}}+\alpha_{\mathrm{H}}^{\mathrm{S}}-w_{\mathrm{H}}+\theta\gamma t_{\mathrm{p}}^{\mathrm{S}}\right)\right.$$
$$\left.-\left(\alpha_{\mathrm{H}}^{\mathrm{S}}-w_{\mathrm{p}}\right)\left(w_{\mathrm{p}}-\alpha_{\mathrm{H}}^{\mathrm{S}}-2\beta w_{\mathrm{H}}\right)+w_{\mathrm{H}}^{2}\right],$$

$$T_{\mathrm{L}}^{\mathrm{S}}=T_{\mathrm{H}}^{\mathrm{S}}-\frac{\left(\alpha_{\mathrm{H}}^{\mathrm{S}}-\alpha_{\mathrm{L}}^{\mathrm{S}}\right)}{4\left(1-\beta^{2}\right)}\left[2(1-\beta)\left(a+\theta\gamma t_{\mathrm{p}}\right)+\alpha_{\mathrm{H}}^{\mathrm{S}}+\alpha_{\mathrm{L}}^{\mathrm{S}}+2\beta w_{\mathrm{L}}-2w_{\mathrm{p}}\right] \tag{8-32}$$

将式(8-32)代入目标函数(8-19),可以得到式(8-19)关于t_{p}、α_{H}、α_{L}的二阶导数的Hessen矩阵负定。所以通过一阶$\frac{\partial \Pi_{\mathrm{p}}^{\mathrm{S}}}{\partial t_{\mathrm{p}}}=0$,$\frac{\partial \Pi_{\mathrm{p}}^{\mathrm{S}}}{\partial \alpha_{\mathrm{H}}}=0$,$\frac{\partial \Pi_{\mathrm{p}}^{\mathrm{S}}}{\partial \alpha_{\mathrm{L}}}=0$,求得式(8-24)至式(8-26),代入式(8-32)中,求得式(8-27)和式(8-28)。

由命题8-3可知,在S策略下,针对H类型零售商,平台型电商企业所设定的激励系数和收取的保证金,均要比L类型零售商高,即$\alpha_{\mathrm{H}}^{\mathrm{S}*}>\alpha_{\mathrm{L}}^{\mathrm{S}*}$,$T_{\mathrm{H}}^{\mathrm{S}*}>T_{\mathrm{L}}^{\mathrm{S}*}$。将式(8-24)至式(8-26)代入式(8-29)和式(8-30),求得在S策略下两种类型零售商的订购量为:

$$q_{\mathrm{pH}}^{\mathrm{S}*}=\frac{A+2\beta K_{\mathrm{p}}\left(w_{\mathrm{H}}-w_{\mathrm{L}}+\rho w_{\mathrm{L}}\right)}{4\rho K_{\mathrm{p}}\left(1-\beta^{2}\right)},$$

$$q_{\mathrm{sH}}^{\mathrm{S}*}=\frac{A-2K_{\mathrm{p}}\left[\rho w_{\mathrm{H}}+\beta^{2}(1-\rho)\left(w_{\mathrm{H}}-w_{\mathrm{L}}\right)\right]}{4\rho K_{\mathrm{p}}\left(1-\beta^{2}\right)},$$

$$q_{\mathrm{pL}}^{\mathrm{S}*}=\frac{A+2\beta\rho K_{\mathrm{p}}\left(w_{\mathrm{L}}+\lambda c_{\mathrm{L}}\right)}{4\rho K_{\mathrm{p}}\left(1-\beta^{2}\right)},$$

$$q_{\mathrm{sL}}^{\mathrm{S}*}=\frac{A-2\rho K_{\mathrm{p}}\left(w_{\mathrm{L}}+\beta^{2}\lambda c_{\mathrm{L}}\right)}{4\rho K_{\mathrm{p}}\left(1-\beta^{2}\right)}。$$

第四节　信息不对称下渠道冲突管理策略比较

本节将对不同策略下零售商的订购量、品牌赋能水平、产品价格等重要变量及各方的利润进行比较分析，考察不同策略对供应链垂直渠道冲突的缓解作用。

命题8-4 在P策略、S策略与N策略下，零售商的订购量满足以下关系：

(1)对于H类型零售商，有：

(i)$q_{pH}^{S*}>q_{pH}^{P*}>q_{pH}^{N*}$，(ii)$q_{sH}^{S*}<q_{sH}^{P*}<q_{sH}^{N*}$；

(2)对于L类型零售商，有：

(i)$q_{pL}^{P*}>q_{pL}^{S*}>q_{pL}^{N*}$，(ii)$q_{sL}^{P*}<q_{sL}^{S*}<q_{sL}^{N*}$。

证明：由

$$q_{pH}^{P*}-q_{pH}^{N*}=\frac{w_p+\beta(1-\rho)(w_H-w_L+\lambda c_L)}{2(1-\beta^2)}>0$$

$$q_{pH}^{S*}-q_{pH}^{P*}=\frac{\beta(1-\rho)\left[(1-\rho)(w_H-w_L)-\lambda\rho c_L\right]}{2\rho(1-\beta^2)}>0$$

可知 $q_{pH}^{S*}>q_{pH}^{P*}>q_{pH}^{N*}$。同理可以得到 $q_{sH}^{S*}<q_{sH}^{P*}<q_{sH}^{N*}$，$q_{pL}^{P*}>q_{pL}^{S*}>q_{pL}^{N*}$，$q_{sL}^{P*}<q_{sL}^{S*}<q_{sL}^{N*}$。**证毕！**

由命题8-4可知，与N策略相比，S策略与P策均能够有效激励零售商提升从平台型电商企业订购产品的数量和比例。这表明，虽然零售商拥有产品质量信息的优势，但是平台型电商企业可以通过实施S策略与P策略提高零售商订购其产品的比例，提升零售商产品质量的总体水平，从而减少质量不合格产品对其造成的商誉损失，缓解供应链垂直渠道冲突。此外，还可以看出，在S策略下，平台型电商企业对H类型零售商的激励效果要大于P策略。在该激励机制下，H类型零售商从平台型电商企业订购产品的数量和比例均大于P策略。然而，当零售商为L类型时，P策略比S策略更能激励零售商从平台型电商企业订购产品；而且该策略下零售商从其他渠道订购的产品数量要比S策略少。这意味着，若零售商为H类型的概率较高，则平台型电商企业采用S策略更有利于提升零售商向其订货的数量；反之则应采用P策略。

在商业实践中，天猫和苏宁向旗下的便利店收取无差异的保证金，并提供相同的商品返利力度，属于本章中的P策略；而京东向不同类型的便利店收取有差异的保证金并提供不同力度的活动支持，类似于S策略。这说明我国主要的平台型电商企业已意识到，有必要设计合适的激励机制吸引便利店从平台采购更多产品。但由于各电商企业均处于拓展线下业务的初期，对于零售商类型概率的判断并没有形成共识，因而在策略的选取上存在差异。

命题8-5　在P策略、S策略与N策略下，零售商的总订购量满足以下关系：

(1)对于H类型零售商，有：

$$q_{\mathrm{pH}}^{\mathrm{S}*}+q_{\mathrm{sH}}^{\mathrm{S}*}>q_{\mathrm{pH}}^{\mathrm{P}*}+q_{\mathrm{sH}}^{\mathrm{P}*}>q_{\mathrm{pH}}^{\mathrm{N}*}+q_{\mathrm{sH}}^{\mathrm{N}*};$$

(2)对于L类型零售商，有：

$$q_{\mathrm{pL}}^{\mathrm{P}*}+q_{\mathrm{sL}}^{\mathrm{P}*}>q_{\mathrm{pH}}^{\mathrm{S}*}+q_{\mathrm{sH}}^{\mathrm{S}*}>q_{\mathrm{pL}}^{\mathrm{N}*}+q_{\mathrm{sL}}^{\mathrm{N}*}。$$

证明：由

$$q_{\mathrm{pH}}^{\mathrm{S}*}+q_{\mathrm{sH}}^{\mathrm{S}*}-\left(q_{\mathrm{pH}}^{\mathrm{P}*}+q_{\mathrm{sH}}^{\mathrm{P}*}\right)=\frac{\beta(1-\rho)\left[(1-\rho)(w_{\mathrm{H}}-w_{\mathrm{L}})-\lambda\rho c_{\mathrm{L}}\right]}{2\rho(\beta+1)}>0$$

$$q_{\mathrm{pH}}^{\mathrm{P}*}+q_{\mathrm{sH}}^{\mathrm{P}*}-\left(q_{\mathrm{pH}}^{\mathrm{N}*}+q_{\mathrm{sH}}^{\mathrm{N}*}\right)=\frac{u+\beta(1-\rho)(w_{\mathrm{H}}-w_{\mathrm{L}}+\lambda c_{\mathrm{L}})}{2(\beta+1)}>0$$

可知$q_{\mathrm{pH}}^{\mathrm{S}*}+q_{\mathrm{sH}}^{\mathrm{S}*}>q_{\mathrm{pH}}^{\mathrm{P}*}+q_{\mathrm{sH}}^{\mathrm{P}*}>q_{\mathrm{pH}}^{\mathrm{N}*}+q_{\mathrm{sH}}^{\mathrm{N}*}$。同理可得$q_{\mathrm{pL}}^{\mathrm{P}*}+q_{\mathrm{sL}}^{\mathrm{P}*}>q_{\mathrm{pH}}^{\mathrm{S}*}+q_{\mathrm{sH}}^{\mathrm{S}*}>q_{\mathrm{pL}}^{\mathrm{N}*}+q_{\mathrm{sL}}^{\mathrm{N}*}$。**证毕!**

由命题8-5可知，在P策略与S策略下，平台型电商企业均能有效提升零售商的总订购量。此外，H类型零售商在S策略下从两个渠道订购产品的总量要大于P策略，而L类型零售商则恰恰相反。这说明若零售商为H类型的概率较高，则平台型电商企业采用S策略更有助于提升零售商的总订购量；反之则应采用P策略。

命题8-6　在P策略、S策略与N策略下，平台型电商企业的品牌赋能水平满足以下关系：$t_{\mathrm{p}}^{\mathrm{S}*}=t_{\mathrm{p}}^{\mathrm{P}*}=t_{\mathrm{p}}^{\mathrm{N}*}$。

证明:

$$t_{\mathrm{p}}^{\mathrm{P}*}=t_{\mathrm{p}}^{\mathrm{N}*}=t_{\mathrm{p}}^{\mathrm{S}*}=\frac{\theta\gamma\left(2a-w_{\mathrm{H}}-\lambda c_{\mathrm{f}}+\lambda\rho c_{\mathrm{L}}\right)}{2K_{1}}。$$

证毕!

由命题8-6可知,在3种策略下,平台型电商企业的最优品牌赋能水平均相同。原因在于模型中对事件发生顺序的假设为:平台型电商企业同时给出激励合同与品牌赋能水平,此时它还没有获得零售商的私有信息。

命题8-7 在P策略、S策略与N策略下,两种产品的价格满足以下关系:

(1)对于H类型零售商,有:

(i) $p_{\mathrm{pH}}^{\mathrm{N}*}>p_{\mathrm{pH}}^{\mathrm{P}*}>p_{\mathrm{pH}}^{\mathrm{S}*}$,(ii) $p_{\mathrm{sH}}^{\mathrm{N}*}=p_{\mathrm{sH}}^{\mathrm{P}*}=p_{\mathrm{sH}}^{\mathrm{S}*}$;

(2)对于L类型零售商,有:

(i) $p_{\mathrm{pL}}^{\mathrm{N}*}>p_{\mathrm{pL}}^{\mathrm{S}*}>p_{\mathrm{pL}}^{\mathrm{P}*}$,(ii) $p_{\mathrm{sL}}^{\mathrm{N}*}=p_{\mathrm{sL}}^{\mathrm{P}*}=p_{\mathrm{sL}}^{\mathrm{S}*}$。

证明:将式(8-5)、(8-6)、(8-14)、(8-15)、(8-24)、(8-25)、(8-26)代入ρ_{s}和ρ_{p},可得:

$$p_{\mathrm{pH}}^{\mathrm{S}*}-p_{\mathrm{pH}}^{\mathrm{P}*}=-\beta(\rho-1)\frac{(\rho-1)(w_{\mathrm{H}}-w_{\mathrm{L}})+\lambda\rho c_{\mathrm{L}}}{2\rho}<0,$$

$$p_{\mathrm{pL}}^{\mathrm{S}*}-p_{\mathrm{pL}}^{\mathrm{P}*}=-\frac{1}{2}\beta\left[(\rho-1)(w_{\mathrm{H}}-w_{\mathrm{L}})+\lambda\rho c_{\mathrm{L}}\right]>0,$$

$$p_{\mathrm{pH}}^{\mathrm{P}*}-p_{\mathrm{pH}}^{\mathrm{N}*}=-\frac{1}{2}\left[u-\beta(\rho-1)(w_{\mathrm{H}}-w_{\mathrm{L}}+\lambda c_{\mathrm{L}})\right]<0,$$

$$p_{\mathrm{pL}}^{\mathrm{S}*}-p_{\mathrm{pL}}^{\mathrm{N}*}=\frac{1}{2}(w_{\mathrm{H}}-w_{\mathrm{L}})>0,$$

同理可以求得$p_{\mathrm{sH}}^{\mathrm{N}*}=p_{\mathrm{sH}}^{\mathrm{P}*}=p_{\mathrm{sH}}^{\mathrm{S}*}$,$p_{\mathrm{sL}}^{\mathrm{N}*}=p_{\mathrm{sL}}^{\mathrm{P}*}=p_{\mathrm{sL}}^{\mathrm{S}*}$。

证毕!

由命题8-7结合命题4和命题5可知,在P策略与S策略下,零售价格都比N策略时更低,而且零售商从平台型电商企业订购产品的数量及从两个渠道订购产品的总量均比N策略时大。因此,平台型电商企业通过实施激励机制,不仅更好地发挥了零售商的终端优势，缓解了垂直渠道冲突，消费者也从中受益，能以更低的价格买到更多来自平台型电商企业的高质量产品。此外，在S策略下，H类型零售商对从平台型电商企业订购产品的定价要小于P策略，而L类型零售商则恰恰相反。这是因为S策略下给予H类型零售商的奖励系数高于P策略，它为了获得更多的奖励，会订购更多的产品，这会使产品的零售价格下降；而给予L类型零售商的奖励系数低于P策略，它出于自身利润最大化的考虑，会更多地从其他渠道进货，这会导致产品零售价格上升。

命题8-8　在P策略、S策略与N策略下，两种产品的价格满足以下关系：

平台型电商企业与零售商的利润满足以下关系：

(1)对于H类型零售商，有：

$$\Pi_{\mathrm{RH}}^{\mathrm{P*}}=\Pi_{\mathrm{RH}}^{\mathrm{S*}}=\Pi_{\mathrm{RH}}^{\mathrm{N*}};$$

(2)对于L类型零售商，有：

$$\Pi_{\mathrm{RL}}^{\mathrm{S*}}<\Pi_{\mathrm{RL}}^{\mathrm{P*}}<\Pi_{\mathrm{RL}}^{\mathrm{N*}};$$

(3)对于平台型电商企业，有：

$$\Pi_{\mathrm{p}}^{\mathrm{S*}}>\Pi_{\mathrm{p}}^{\mathrm{P*}}>\Pi_{\mathrm{p}}^{\mathrm{N*}}。$$

证明：将式(8-5)、(8-6)、(8-14)、(8-15)、(8-24)、(8-25)、(8-26)代入式(8-1)中，可得：

$$\Pi_{\mathrm{RH}}^{\mathrm{P*}}=\Pi_{\mathrm{RH}}^{\mathrm{S*}}=\Pi_{\mathrm{RH}}^{\mathrm{N*}},$$

$$\Pi_{\mathrm{RL}}^{\mathrm{P*}}-\Pi_{\mathrm{RL}}^{\mathrm{N*}}=-\frac{\beta\left(w_{\mathrm{H}}-w_{\mathrm{L}}\right)\left[w_{\mathrm{p}}+\beta(1-\rho)\left(w_{\mathrm{H}}-w_{\mathrm{L}}+\lambda c_{\mathrm{L}}\right)\right]}{2\left(1-\beta^{2}\right)}<0,$$

$$\Pi_{\mathrm{RL}}^{\mathrm{S*}}-\Pi_{\mathrm{RL}}^{\mathrm{P*}}=\beta^{2}\left(w_{\mathrm{H}}-w_{\mathrm{L}}\right)(1-\rho)\frac{(\rho-1)\left(w_{\mathrm{H}}-w_{\mathrm{L}}\right)+\lambda\rho c_{\mathrm{L}}}{2\rho\left(1-\beta^{2}\right)}<0,$$

可知$\Pi_{\mathrm{RL}}^{\mathrm{S*}}<\Pi_{\mathrm{RL}}^{\mathrm{P*}}<\Pi_{\mathrm{RL}}^{\mathrm{N*}}$，同理可得$\Pi_{\mathrm{p}}^{\mathrm{S*}}>\Pi_{\mathrm{p}}^{\mathrm{P*}}>\Pi_{\mathrm{p}}^{\mathrm{N*}}$。**证毕！**

由命题8-8可知，首先，在P策略和S策略下，平台型电商企业可以获得比N策略下更高的收益。这是因为，这两种激励机制提高了零售商从平台型电商企业订购产品的比例，减少了质量不合格产品对平台型电商企业造成的商誉损失。对于H类型零售商来说，在三种情况下都只得到保留利润。然而，L类型零售商在三种情况下获得的利润均大于其保留利润，但在实施激励机制情况下获得的利润要比N策略时小。这是因为激励机制的实施提高了产品的采购量，这会使产品零售价格降低，导致零售商利润的下降。

其次，平台型电商企业在S策略下的利润大于P策略。这是因为在S策略下，平台型电商企业通过分离策略对不同类型的零售商进行了区别对待，可以最大限度地攫取零售商的收益；而在P策略下，平台型电商企业没有对不同类型的零售商区别对待，L类型零售商可以凭借其私有信息获得更高收益，因而平台型电商企业获得的利润就会低于P策略。虽然S策略能够为平台型电商企业带来更高利润，但由于要提供两类合同，实施起来较为复杂，在商业实践中，相对简单的P策略应用得更为广泛。不过从长远看，S策略不仅可以使平台型电商企业获得更高收益，还有助于甄别零售商的类型，随着平台型电商企业对线下业务的管理越来越精细，未来应该会被更多的企业所采用。

再次，对于H类型零售商而言，P策略和S策略都可以接受，在两种策略下，零售商总是能够获得保留利润。然而，L类型零售商S策略下的利润要小于P策略下的利润，所以L类型零售商会更偏好P策略。L类型零售商获得的利润更高可能会使一些H类型零售商为了利益转变成L类型，这会给平台型电商企业的品牌带来更大的伤害。因此，像京东这样关注产品品质的企业不但通过S策略对京东便利店的类型进行甄别，还引入了京东便利店产品质量抽检机制，通过没收质量保证金甚至淘汰不合格店铺的方式提升京东便利店的整体产品质量水平，从而有效避免了“劣币驱逐良币”现象的发生。

最后，H类型零售商只能获得保留利润，而L类型零售商获得的利润均大于保留利润，这意味着，与H类型零售商相比，L类型零售商会更愿意与平台型电商企业合作来获得更多的收益。这是因为在平台型电商企业品牌赋能情境下，对于L类型零售商，一方面，它依靠平台企业的品牌背书来吸引更多的顾客以获得更高利润；另一方面，它凭借自身的信息优势，伪装成H类型零售商，并从其他渠道采购价格便宜的低质量产品进行销售以获得更多的利润。

第五节　算例分析

本章对不同策略下的均衡结果进行了较为细致的讨论，但在部分策略下供应链成员利润的表达式较为复杂，很难得到直观结论。本部分通过算例来进一步讨论不同策略下模型的重要参数对平台型电商企业与零售商利润的影响。

一、分离策略对零售商甄别作用的分析

模型中的参数设定如下：

$a=1,\beta=0.4,\theta=0.2,\gamma=0.15,\lambda=0.2,c_L=0.1,w_p=0.3,k=0.1,w_H=0.2,w_L=0.1$。

考察S策略对两种类别零售商的甄别作用。首先分析S策略对L类型零售商的甄别作用，如图8-2所示。当$\rho=0.75$时，$\alpha_H^{S*}=\alpha_L^{S*}=\alpha^{P*}$，即此时S策略退化为P策略，甄别机制失效。因此，设定H类型零售商的概率$\rho\in(0,0.75]$。

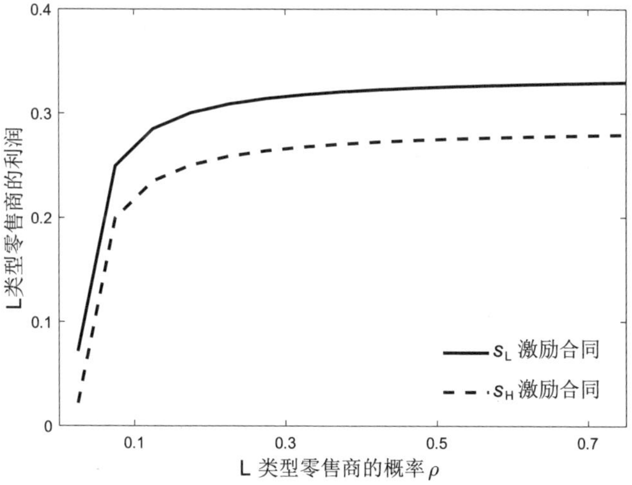

图8-2　ρ对在两类合同下L类型零售商利润的影响

由图8-2可知，L类型零售商接受合同s_L的利润要高于接受合同s_H。也就是说，在S策略下，L类型的零售商会更倾向于选择合同s_L，这说明平台型电商企业运用S策略可以有效甄别出L类型零售商。

接下来比较H类型零售商在两类合同机制下的利润。由图8-3可知，H类型零售商在合同s_H下可以获得保留利润，而在合同s_L下的利润则小于其保留利润，所以H类型零售商不会接受合同s_L。这就意味着在S策略下，平台型电商企业运用S策略可以有效甄别出H类型零售商。

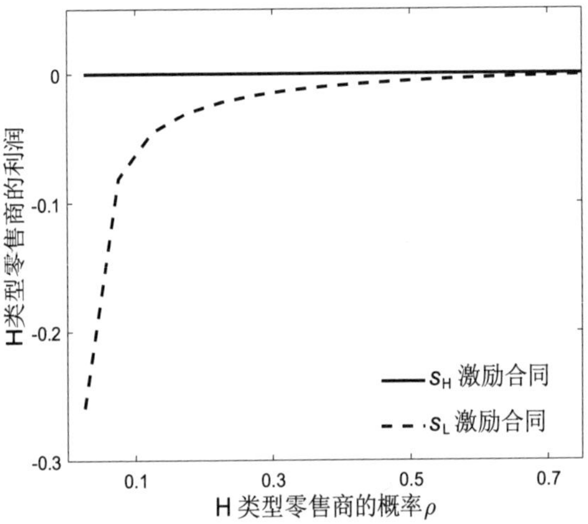

图8-3　ρ对两类合同下H类型零售商利润的影响

此外，随着零售商为H类型的概率ρ的减少，H类型零售商在合同s_H下的利润优势愈发明显。这说明零售商为H类型的概率ρ越低，平台型电商企业在S策略下对H类型零售商的甄别效果越明显。

二、平台型电商企业利润的比较

考察平台型电商企业在不同策略下利润的关系。由图8-4可知，随着零售商为H类型的概率的增加，平台型电商企业的利润也随之提高，这是因为这一概率越大，零售商对平台型电商企业造成商誉损失越小。但在S策略下，平台型电商企业的利润则会先减少后增加，这是商誉损失与激励零售商所带来的收益综合作用的结果。当ρ比较小时，虽然零售商为H类型的概率较低，但随着ρ的增加，零售商为H类型的概率有增大的趋势，平台型电商企业为了激励H类型零售商的订购量，会提高对零售商的品牌赋能水平，导致其他渠道产品的价格随之上升，这反而会让L类型零售商从其他渠道订货更加有利可图，因而会增加其从其他渠道的订货量，使平台型电商企业遭受较大的商誉损失；而激励H类型零售商所带来的收益无法弥补商誉损失，平台型电商企业的利润就会下降。但是，当ρ大到一定程度时，零售商为H类型的概率较大，平台型电商企业激励H类型零售商所带来的收益大于其遭受的商誉损失，利润就会上升。

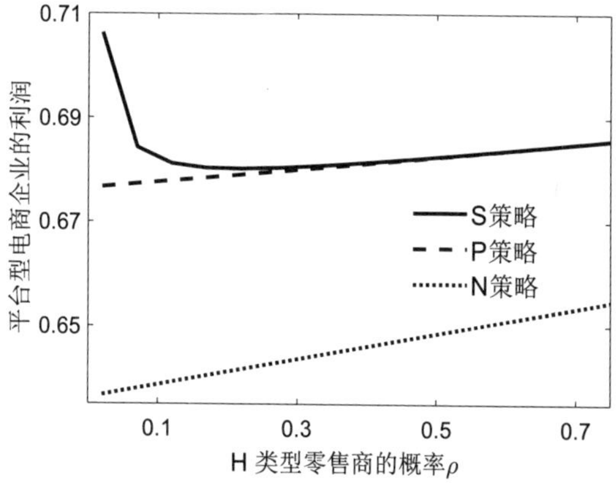

图8-4　ρ对不同策略下平台型电商企业利润的影响

此外，平台型电商企业在P策略与S策略下的利润均大于N策略下。这说明与N策略相比，P策略与S策略均可以有效地缓解垂直渠道冲突，提高平台型电商企业的收益。随着零售商为H类型的概率增加，S策略与P策略下平台型电商企业的利润差不断缩小甚至相等。这是因为，随着该概率提升，平台型电商企业在S策略下给予H类型零售商的激励系数α_H^{S*}不断降低，P策略下的激励系数α^{P*}也随之减小，而给予L类型零售商的激励系数α_L^{S*}则保持不变。当$\rho=0.75$时，$\alpha_H^{S*}=\alpha_L^{S*}=\alpha^{P*}$，即此时S策略退化为P策略，甄别机制失效。在开拓线下业务的初期，平台型电商企业对便利店的类型并不了解，因而京东采用S策略是可取的，能够有效甄别便利店的类型，其所采用的评估及退出机制可以淘汰存在严重质量问题的便利店。随着便利店整体质量水平的提升，当H类型便利店的概率很高时，S策略的甄别作用失效，此时平台型电商企业就可以像苏宁一样采用操作更为简单的P策略。需要特别指出的是，在使用P策略时依然有必要保留对便利店产品质量的评估和淘汰机制，并且一旦发现L类型便利店的概率提升到一定程度，有必要重新开启S策略对便利店进行甄别。因此，当零售商为H类型的概率比较大时，其可以采用P策略或者S策略；而零售商为L类型的概率比较大时，此时提供S策略是平台型电商企业的最优选择。

图8-5比较了在不同策略下，产品间的替代性β对平台型电商企业利润的影响。由图8-5可知，随着产品间可替代程度β的增加，在N策略下平台型电商企业的利润会下降。这是因为随着产品间可替代程度的增加，两种产品的零售价格会随之降低，零售商出于对自身利益的考虑，会更倾向于从批发价格低的其他渠道供应商订购产品来使自身的利润最大化，导致平台型电商企业遭受的商誉损失增加，这会加剧垂直渠道冲突，损害平台企业的利润，导致平台型电商企业遭受的商誉损失增加。然而，在P策略与S策略下，平台型电商企业的利润则会先减少后增加。这是因为随着β的增加，平台型电商企业在两种策略下对零售商的激励系数也会增加，使其利润发生了上述变化。具体而言，当激励系数大于零售商销售其他渠道产品获得的利润时，零售商会更多地从平台型电商企业订购产品以获得更高的奖励，这会使垂直渠道冲突相应地减弱，平台型电商企业遭受的商誉损失也会减少；当平台型电商企业激励零售商所带来的收益大于其遭受的商誉损失时，利润就会上升。需要特别指出的是，当产品间的替代程度较低时，平台型电商企业的利润在各种策略下均较高，因而平台型电商企业可以通过引入产品可替代程度较低的“网红”产品、制造商专供产品或联名产品来获得更高收益。阿里巴巴将RIO鸡尾酒与六神花露水联合打造的限量爆款六神鸡尾酒引入天猫小店就是一次很好的尝试。

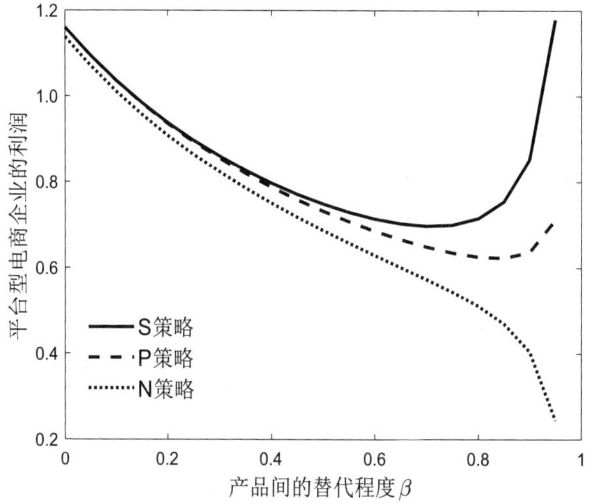

图8-5　β对不同策略下平台型电商企业利润的影响

随着β的增加，S策略对平台型电商企业利润的改进效果越明显。这是因为，当β很小时，S策略与P策略下的激励系数会近似相等，即$\alpha_H^{S*}=\alpha_L^{S*}=\alpha^{P*}$，S策略会退化成P策略失去甄别零售商的作用；而随着β的增加，$\alpha_H^{S*}>\alpha^{P*}>\alpha_L^{S*}$，S策略对零售商的甄别效果愈发显著，平台型电商企业能够激励H类型零售商更多地从平台型电商企业订货，同时又避免了L类型零售商为追求奖励而订购过多的产品，有利于平台型电商企业实现利润最大化。因此，由于便利店空间的限制，其销售的产品品类不可能很多，平台型电商企业应鼓励便利店销售可替代性很高或很低的产品以增加利润。例如，京东鼓励便利店销售包装食品、饮料等快消品，而阿里巴巴则推荐便利店销售“网红”产品。

第六节　本章小结

本章在平台型电商企业品牌赋能的情境下，探讨了如何设计合适的激励机制以缓解供应链垂直渠道冲突的问题，并剖析了平台型电商企业如何运用显示性原理识别零售商从其他渠道订购产品的质量水平。主要结论有如下三点：

(1)本章的研究表明，在信息不对称下，平台型电商企业通过实施激励机制，可以有效激励零售商更多地从平台型电商企业订购产品，提高从平台型电商企业订购产品的比例，从而保证产品质量，缓解平台供应链的垂直渠道冲突。

(2)本章比较了混合策略与分离策略下各成员的最优解及期望利润，研究发现分离策略对平台型电商企业利润的改进效果大于混合策略，平台型电商企业在分离策略下获得的期望利润要大于混合策略。在开拓线下业务的初期，平台型电商企业有必要采用较为复杂的S策略；而当H类型便利店的概率很高时，可以采用相对简单的P策略，但依然需要保留对便利店产品质量的评估和淘汰机制。在注重激励机制设计的同时，平台型电商企业还可以通过鼓励便利店销售可替代程度很高的快消品或引进可替代程度较低的“网红”产品以获得更高收益。

(3)平台型电商企业通过实施激励机制不仅能够缓解垂直渠道冲突，改进自身的利润，消费者也能从中受益。

第九章　品牌赋能情境下平台供应链的产品质量检查与溯源策略

本书第七、八章主要探讨了平台型电商企业向下游零售商的品牌赋能行为。在各大电商平台竞争日益激烈的背景下，平台型电商企业向上游供应商品牌赋能也逐渐成为电商行业发展的重要趋势之一。平台会基于自身在需求端以及供应链上的优势，介入上游供应商的产品设计、生产、定价等运营中的各环节，帮助供应商培育适合消费市场的产品，同时为供应商的产品贴牌并在自有平台或第三方平台销售。

平台型电商企业向上游品牌赋能虽然开辟了电商新赛道，吸引了大量的平台型电商企业加入其中，但在这个过程中，如果电商平台缺乏对供应商产品质量的检查与控制，供应商便有可能为了自身利益最大化而降低生产标准以压缩成本，导致产品质量低劣的问题，这会严重损害平台型电商企业的利益，在一定程度上也会损害平台的品牌价值。例如，网易严选曾因为“一口锅”的事件爆发，被推上舆论的风口浪尖。南极人电商为扩大品牌授权的生意不断降低品牌授权门槛，导致南极人的商品出现大量的质量问题，造成了前所未有的品牌信任危机。因此，如何在竞争日趋激烈的市场环境中管理好自己的供应链，是摆在很多平台型电商企业面前的难题。作为供应链中的核心企业，平台型电商企业如何运用各种质量控制策略来提升上游供应商的质量投入水平？本章将在平台经济背景下对上述问题进行研究，拓展电商供应链质量控制的研究内容。

第一节 考虑供应链质量检查与溯源策略的相关研究

供应链中产品质量控制问题是供应管理的重要内容和研究热点，现有的文献主要从检查和溯源两个方面对该问题进行了研究。检查机制是企业进行质量控制最为直接的方式(曹裕等，2020)，国内外学者有关质量检验的相关研究也较为丰富。在质量不确定的情况下，检查机制对供应链成员运营决策会产生重要的影响，如Hsieh和Liu(2010)在供应商进行产品质量投资以及制造商进行检验的情境下，将供应商和制造商生产和检验过程不完善考虑在内，考察了双方的均衡策略。曹裕等(2019)基于报童模型，比较了全检、抽检、分批抽检及组合策略对零售商订购决策及质量控制效率的影响。还有一些学者对抽检机制进行了研究，张斌和华中生(2006)提出产品质量是维护供应链企业间长期稳定合作关系的重要基础，构建了供应链质量管理中抽检决策的非合作博弈模型，探究了供应商产品抽样检验策略的设计问题。毕军贤和赵定涛(2011)研究了在抽样检验产品交易中买卖双方的质量检验博弈问题。Duffuaa(2015)在假设抽检存在错误的情况下，研究了抽检计划下的多目标优化问题。Fernández(2017)研究了基于抽样计划与条件风险价值的成本优化方法。

尽管检查机制是实现产品质量控制的有效方式，但无论是全检还是抽检，都难以解决检查错误、责任明确等问题(Babich & Tang，2012)。因而，随着技术的发展，溯源策略在近年来也逐渐得到了一些学者的关注。溯源机制的研究一开始主要集中于食品行业。例如，龚强和陈丰(2012)分析了一个由下游销售者和上游农场组成的垂直供应链结构，考察了可追溯性对改善供应链中食品安全水平及对上下游企业利润的影响。Resende-Filho(2012)研究了由食品上游企业与下游企业构成的供应链，探讨基于溯源体系精确度的上游企业质量改进问题。Aiello等(2015)研究了一条建立了溯源系统的食品供应链，运用数学随机规划方法评估溯源系统的运行效率。之后，溯源机制不仅仅局限于食品行业，而更加关注溯源机制对质量改进的影响。例如，曹裕等(2017)基于博弈模型,从买方视角比较研究了延期付款机制、检查机制与溯源机制在供应商掺假行为中的影响。在此基础上,曹裕等(2020)对溯源机制进行了更深入的研究,建立了由供应商和零售商组成的存在质量不确定与检查错误下的报童模型,比较分析检查机制、溯源机制及组合机制对零售商订购决策与质量控制效率的影响。

第二节　模型描述

考察由一个平台型电商企业和一个供应商构成的二级供应链系统,如图9-1所示。分别考虑检查、溯源及组合策略下平台与供应商的运营决策问题,即平台面临如何进行品牌赋能的决策,而供应商面临如何进行产品质量投入的决策。首先,电商平台对供应商进行筛选并与优质的供应商达成合作,然后以w的批发价格向供应商采购Q单位的产品,并向供应商进行品牌赋能,赋能水平为s_p。其次,供应商需要决定自身的质量投入水平s_m,不同的质量投入水平会造成不同程度的不合格率,而不合格的产品如果流入市场被消费者发现后会产生一定的外部故障成本c_r,包括对消费者的赔偿、召回费用及对平台造成的商誉损失等。最后,电商平台以p的价格将产品销售给消费者。

图9-1　供应链结构

一、符号说明

本章模型中的符号及其含义见表9-1。

表9-1　模型中的符号及其含义

变量	符号	含义
决策变量	s_p	平台品牌赋能水平,$s_p \in [0,1]$
	s_m	供应商产品质量投入水平,$s_m \in [0,1]$

续表

变量	符号	含义
参数	p	产品零售价格
	w	产品批发价格
	c	产品生产成本
	c_e	检查精度为1时的单位检查成本
	c_t	单位溯源成本
	c_r	次品被消费者发现时的单位外部故障成本
	c_d	单位内部故障成本
	η	外部故障成本分担比例,$\eta \in (0.5,1)$
	$\bar{\theta}$	检查精度,$\bar{\theta} \in (0.5,1)$
	$\bar{\lambda}$	产品不合格率
	λ_0	产品初始不合格率
	Q	市场需求
	a	市场的基本需求
	α	市场需求对平台品牌赋能的敏感系数
	φ	平台品牌赋能成本系数
	μ	供应商质量投入成本系数
	δ	检查概率
下标	P, S	平台、供应商
上标	E	检查策略
	T	溯源策略
	H	组合策略

二、模型假设

基于研究背景和建模需要,做出以下假设:

假设1:批发价格w和零售价格p均为外生变量,由市场的需求和产品的价值决定。此外,平台品牌赋能的成本为$\varphi s_{\mathrm{p}}^2/2$,其中$\varphi$表示品牌赋能成本系数,$\varphi > 0$;供应商质量投入的成本为$\mu s_{\mathrm{m}}^2/2$,$\mu$表示品牌赋能成本系数,$\mu > 0$(Ofek et al.,2011;Yoon et al., 2016)。为了模型更有意义且不失一般性,不考虑平台型电商企业从供应商进货的采购成本及其他管理运营成本(Zhang & Zhang,2015)。

假设2:供应商生产的Q单位的产品中不合格的产品有$\bar{\lambda}Q$,其中$\bar{\lambda}=1-\lambda$表示不合格率,且供应商质量投入的增加可以降低不合格率,即$\bar{\lambda}=\lambda_0(1-s_m)$。由于产品的合格率往往控制在一定范围内,根据历年国家监督抽查产品质量状况,产品抽查的合格率往往在80%以上,因此假设$\lambda_0\in(0,0.2]$。

假设3:不合格品均会被消费者发现,并产生c_r的单位外部故障成本。在检查策略下,产品的外部故障成本均由平台承担,由于内部故障成本是产品销售给顾客前因品质缺陷所造成的损失,包括一定的产品返修、处理费用等,而外部故障成本不仅包括对产品的召回、对消费者的赔偿等费用,还包括一定的隐形损失,例如商誉损失等,因此产品的外部故障成本大于内部故障成本,即$c_r>c_d$。

假设4:供应商通过电商平台销售产品的市场需求受到零售价格p、电商平台的品牌赋能水平s_p的影响。市场需求采用逆向需求函数,并假设需求是确定的,类似的需求函数参考Cachon和Kök(2010)的研究,即:

$$Q=a-\gamma p+\alpha s_p \tag{9-1}$$

其中,$s_p\in[0,1]$,参数$\alpha,\gamma>0$。a表示产品的基础市场需求,$a\in[0,+\infty)$。γ表示市场需求对产品价格的敏感系数,产品的价格越高则市场需求越小;而α表示市场需求对平台品牌赋能水平的敏感系数,α越大,则电商平台的品牌赋能水平对市场需求的促进作用就越强。

第三节　模型分析

下面将讨论不同质量控制策略下供应链成员的最优决策和利润。首先考察使用检查策略时供应链成员的决策,然后分析使用溯源策略时供应链成员的决策,最后分析使用混合策略时供应链成员的决策。

一、检查策略

在检查策略下,考虑采用全检的方式,即电商平台对供应商的产品进行逐一检查,检查成本与检查精度和订购量有关,即$I(Q)=\bar{\theta}c_eQ$(Lee,2018)。在检查精度为$\bar{\theta}$时,其中$\bar{\theta}\in(0.5,1)$,会有$\bar{\theta}\bar{\lambda}$比例的不合格品被检查出并退回供应商处交由供应商处理,这会产生一定的内部故障成本,单位内部故障成本为c_d。同时,当产品流入市场后,不合格品均会被消费者发现,并对平台产生c_r的单位外部故障成本。在检查策略下,供应链成员的决策时序如图9-2所示。

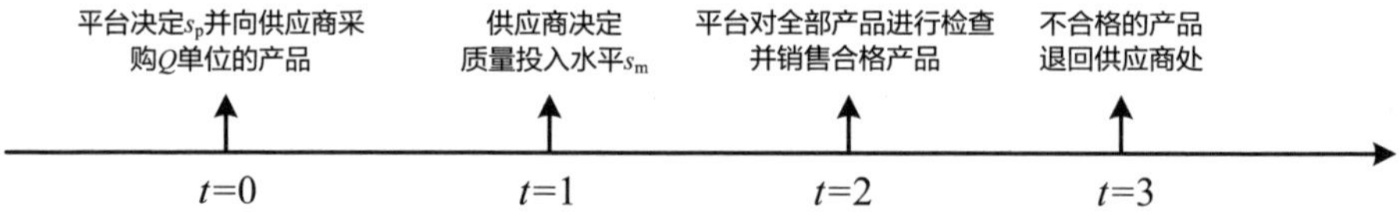
平台决定s_p并向供应商采购Q单位的产品
供应商决定质量投入水平s_m
平台对全部产品进行检查并销售合格产品
不合格的产品退回供应商处
t=0
t=1
t=2
t=3

图9-2　检查策略下供应链成员的决策时序

在该策略下供应商的利润为:

$$\Pi_S^E=\left[w-c-\bar{\theta}\lambda_0(1-s_m)c_d\right]\left(a-\gamma p+\alpha s_p\right)-\mu s_m^2/2 \tag{9-2}$$

平台的利润为:

$$\Pi_P^E=\left[p-w-\bar{\theta}c_e-\theta\lambda_0(1-s_m)c_r\right]\left(a-\gamma p+\alpha s_p\right)-\varphi s_p^2/2 \tag{9-3}$$

整条供应链的利润为:

$$\Pi_P^E=\left[p-c-\bar{\theta}(c_e+\bar{\lambda}c_d)-\theta\bar{\lambda}c_r\right]\left(a-\gamma p+\alpha s_p\right)-\varphi s_p^2/2-\mu s_m^2/2 \tag{9-4}$$

命题9-1:在检查策略下,当$\varphi>2\theta\bar{\theta}\alpha^2\lambda_0^2c_dc_r/\mu$时,供应链成员的均衡决策如下:

(1)电商平台的最优品牌赋能水平为:

$$s_p^E=\frac{A\mu\alpha+2\alpha\theta\bar{\theta}\lambda_0^2c_dc_r\left(a-\gamma p\right)}{\varphi\mu-2\theta\bar{\theta}\alpha^2\lambda_0^2c_dc_r} \tag{9-5}$$

(2)供应商的最优质量投入水平为:

$$s_{\mathrm{m}}^{\mathrm{E}}=\frac{\left[A\alpha^2+(a-\gamma p)\varphi\right]\bar{\theta}\lambda_0 c_{\mathrm{d}}}{\varphi\mu-2\theta\bar{\theta}\alpha^2\lambda_0^2 c_{\mathrm{d}} c_{\mathrm{r}}} \tag{9-6}$$

其中，$p-w-\bar{\theta}c_{\mathrm{e}}-\theta\lambda_0 c_{\mathrm{r}}=A$。

证明：根据逆推归纳法，对式(9-2)求关于s_{m}的偏导，由$\partial^2\Pi_{\mathrm{S}}^{\mathrm{E}}/\partial s_{\mathrm{m}}^2=-\mu<0$可知，供应商的利润是关于质量投入水平的严格凹函数，存在最优的质量投入水平s_{m}^*，使供应商的利润$\Pi_{\mathrm{S}}^{\mathrm{E}}$最优，根据一阶条件，由$\partial\Pi_{\mathrm{S}}^{\mathrm{E}}/\partial s_{\mathrm{m}}=(a-\gamma p+\alpha s_{\mathrm{p}})\bar{\theta}\lambda_0 c_{\mathrm{d}}-\mu s_{\mathrm{m}}=0$可得，供应商最优的质量投入水平关于$s_{\mathrm{p}}$的反应函数为：

$$s_{\mathrm{m}}^{\mathrm{E}}=\frac{(a-\gamma p+\alpha s_{\mathrm{p}})\bar{\theta}\lambda_0 c_{\mathrm{d}}}{\mu} \tag{9-7}$$

将式(9-4)代入式(9-3)中，求关于s_{p}的偏导，由$\partial^2\Pi_{\mathrm{P}}^{\mathrm{E}}/\partial s_{\mathrm{p}}^2=2\theta\bar{\theta}\alpha^2\lambda_0^2 c_{\mathrm{d}} c_{\mathrm{r}}/\mu-\varphi$可知，当$2\theta\bar{\theta}\alpha^2\lambda_0^2 c_{\mathrm{d}} c_{\mathrm{r}}/\mu-\varphi<0$时，存在最优品牌赋能水平使平台利润达到最大值，根据一阶条件，由：

$\partial\Pi_{\mathrm{S}}^{\mathrm{E}}/\partial s_{\mathrm{p}}=\alpha(p-w-\bar{\theta}c_{\mathrm{e}}-\theta\lambda_0 c_{\mathrm{r}})+2\theta\bar{\theta}\alpha\lambda_0^2 c_{\mathrm{d}} c_{\mathrm{r}}(a-\gamma p)/\mu+(2\theta\bar{\theta}\alpha^2\lambda_0^2 c_{\mathrm{d}} c_{\mathrm{r}}/\mu-\varphi)s_{\mathrm{p}}=0$，可得最优的平台品牌赋能水平为：

$$s_{\mathrm{p}}^{\mathrm{E}}=\frac{(p-w-\bar{\theta}c_{\mathrm{e}}-\theta\lambda_0 c_{\mathrm{r}})\mu\alpha+2\alpha\theta\bar{\theta}\lambda_0^2 c_{\mathrm{d}} c_{\mathrm{r}}(a-\gamma p)}{\varphi\mu-2\theta\bar{\theta}\alpha^2\lambda_0^2 c_{\mathrm{d}} c_{\mathrm{r}}} \tag{9-8}$$

将式(9-8)代入式(9-7)中，可得供应商的最优质量投入水平为：

$$s_{\mathrm{m}}^{\mathrm{E}}=\frac{(p-w-\bar{\theta}c_{\mathrm{e}}-\theta\lambda_0 c_{\mathrm{r}})\alpha^2+\varphi(a-\gamma p)}{\varphi\mu-2\theta\bar{\theta}\alpha^2\lambda_0^2 c_{\mathrm{d}} c_{\mathrm{r}}}\bar{\theta}\lambda_0 c_{\mathrm{d}} \tag{9-9}$$

将最优品牌赋能水平及质量投入水平代入利润函数中可得在检查策略下的最优利润。**证毕！**

由命题9-1可得，首先，由于平台的单位收益为$p-w-\bar{\theta}c_{\mathrm{e}}-\theta\lambda_0(1-s_{\mathrm{m}})c_{\mathrm{r}}$，对任意$s_{\mathrm{m}}\in[0,1]$，单位收益均大于0，由此可知$A=p-w-\bar{\theta}c_{\mathrm{e}}-\theta\lambda_0 c_{\mathrm{r}}>0$。其次，在检查策略下，当电商平台的品牌赋能成本系数较大时($\varphi>2\theta\bar{\theta}\alpha^2\lambda_0^2 c_{\mathrm{d}} c_{\mathrm{r}}/\mu$)，平台才需要考虑如何向供应商品牌赋能使自身的利益

达到最优；反之，当品牌赋能成本较低时，品牌赋能对平台始终是有益的，对于平台而言只要持续提升品牌赋能的投入，就能提升利润水平，但是这在商业实践中是不太可能的，实际上打造品牌的成本有时是非常高的。

因此，基于较高的平台品牌赋能成本，平台型电商企业的最优品牌赋能水平及供应商的最优质量投入水平均受产品的内部故障成本、外部故障成本、检查精度、不合格率、市场需求对平台品牌赋能的敏感系数及品牌赋能成本系数和质量投入成本系数等因素的影响。其中，平台型电商企业的品牌赋能水平随着品牌赋能成本系数的增加而降低，而供应商的质量投入水平随着质量投入成本系数的增加而降低。这很好理解，当平台的品牌赋能成本或者供应商的质量投入成本较高时，意味着双方的品牌赋能效率及质量投入效率较低，平台和供应商会相应降低其赋能水平或质量投入水平以降低一定的成本。

推论9-1：(1)在检查策略下，$s_{\mathrm{p}}^{\mathrm{E}}$，$s_{\mathrm{m}}^{\mathrm{E}}$，$\Pi_{\mathrm{P}}^{\mathrm{E}}$，$\Pi_{\mathrm{S}}^{\mathrm{E}}$是$\alpha$的增函数。

(2)在检查策略下，$s_{\mathrm{p}}^{\mathrm{E}}$，$s_{\mathrm{m}}^{\mathrm{E}}$，$\Pi_{\mathrm{P}}^{\mathrm{E}}$，$\Pi_{\mathrm{S}}^{\mathrm{E}}$是的增函数$c_{\mathrm{d}}$。

证明：(1)将检查策略下电商平台与供应商的最优决策及利润，求关于市场需求对平台品牌赋能敏感系数α的一阶偏导，由$\frac{\partial s_{\mathrm{m}}^{\mathrm{E}}}{\partial \alpha}=\frac{2A\mu\alpha\varphi+4\theta\bar{\theta}\alpha\varphi\lambda_0^2 c_{\mathrm{d}}(a-\gamma p)c_{\mathrm{r}}}{\left[\varphi\mu-2\theta\bar{\theta}\alpha^2\lambda_0^2 c_{\mathrm{d}}c_{\mathrm{r}}\right]^2}\lambda_0 c_{\mathrm{d}}>0$ (a)可知，$s_{\mathrm{m}}^{\mathrm{E}}$是关于$\alpha$的单调递增函数；而根据$\frac{\partial \Pi_{\mathrm{S}}^{\mathrm{E}}}{\partial s_{\mathrm{m}}}=\frac{\mu(w-c-\bar{\theta}\lambda_0 c_{\mathrm{r}})}{\lambda_0 c_{\mathrm{d}}}+\mu s_{\mathrm{m}}>0$ (b)可知，$\Pi_{\mathrm{S}}^{\mathrm{E}}$是关于$s_{\mathrm{m}}$的单调递增函数；因此，结合(a)(b)可知，$\Pi_{\mathrm{S}}^{\mathrm{E}}$是关于$\alpha$的单调递增函数。同理，由$\frac{\partial s_{\mathrm{p}}^{\mathrm{E}}}{\partial \alpha}=\frac{\left[A\mu+2\theta\bar{\theta}\lambda_0^2 c_{\mathrm{d}}c_{\mathrm{r}}(a-\gamma p)\right]\left(\varphi\mu+2\theta\bar{\theta}\alpha^2\lambda_0^2 c_{\mathrm{d}}c_{\mathrm{r}}\right)}{\left[\varphi\mu-2\theta\bar{\theta}\alpha^2\lambda_0^2 c_{\mathrm{d}}c_{\mathrm{r}}\right]^2}>0$ (c)可知，$s_{\mathrm{p}}^{\mathrm{E}}$是关于$\alpha$的单调递增函数；而根据$\frac{\partial \Pi_{\mathrm{P}}^{\mathrm{E}}}{\partial s_{\mathrm{p}}}>0$(d)可知，$\Pi_{\mathrm{S}}^{\mathrm{E}}$是关于$s_{\mathrm{p}}$的单调递增函数；结合(c)(d)可知，$\Pi_{\mathrm{P}}^{\mathrm{E}}$是关于$\alpha$的单调递增函数。

$$(2)\frac{\partial s_{\mathrm{p}}^{\mathrm{E}}}{\partial c_{\mathrm{d}}}=\frac{2\alpha\theta\bar{\theta}\lambda_0^2c_{\mathrm{r}}\left[\begin{array}{c}(a-\gamma p)\left(\varphi\mu-2\theta\bar{\theta}\alpha^2\lambda_0^2c_{\mathrm{d}}c_{\mathrm{r}}\right)+A\mu\alpha^2+\\2\alpha^2\theta\bar{\theta}\lambda_0^2c_{\mathrm{d}}c_{\mathrm{r}}(a-\gamma p)\end{array}\right]}{\left(\varphi\mu-2\theta\bar{\theta}\alpha^2\lambda_0^2c_{\mathrm{d}}c_{\mathrm{r}}\right)^2}>0,$$

$$\frac{\partial s_{\mathrm{m}}^{\mathrm{E}}}{\partial c_{\mathrm{d}}}=\frac{\left[A\alpha^2+(a-\gamma p)\varphi\right]\bar{\theta}\lambda_0\left[\left(\varphi\mu-2\theta\bar{\theta}\alpha^2\lambda_0^2c_{\mathrm{d}}c_{\mathrm{r}}\right)+2\theta\bar{\theta}\alpha^2\lambda_0^2c_{\mathrm{r}}c_{\mathrm{d}}\right]}{\left(\varphi\mu-2\theta\bar{\theta}\alpha^2\lambda_0^2c_{\mathrm{d}}c_{\mathrm{r}}\right)^2}>0,$$

因此，$s_{\mathrm{p}}^{\mathrm{E}}$，$s_{\mathrm{m}}^{\mathrm{E}}$均是$c_{\mathrm{d}}$的增函数，而平台与供应商的利润是$\Pi_{\mathrm{P}}^{\mathrm{E}}$，$\Pi_{\mathrm{S}}^{\mathrm{E}}$是关于$s_{\mathrm{p}}^{\mathrm{E}}$，$s_{\mathrm{m}}^{\mathrm{E}}$的增函数，由此可知，$\Pi_{\mathrm{P}}^{\mathrm{E}}$，$\Pi_{\mathrm{S}}^{\mathrm{E}}$是关于$c_{\mathrm{d}}$的增函数。**证毕！**

推论9-1说明了在检查策略下，平台型电商企业的品牌赋能水平和利润，以及供应商的质量投入水平和利润均随着市场需求对品牌赋能的敏感系数α的增加而增加。平台的品牌赋能水平对市场需求的敏感系数越大，说明品牌赋能对市场需求的促进作用越强，因而平台会有更大的动力去提升品牌赋能的水平以增加市场需求，从而促进自身利润的增加。因此，平台型电商企业应该关注如何提升品牌赋能对市场需求的影响，即自身品牌影响力的提升。

同时，平台型电商企业的品牌赋能水平和利润，以及供应商的质量投入水平和利润均随着单位内部故障成本的增加而增加。这似乎有些反直觉，但其实并不难理解，当产品的内部故障成本较高时，供应商为了避免承担过多的内部故障成本，会相应地提高质量投入水平，这使产品的质量有所上升。同时，由于产品质量较好，平台也更倾向于提升品牌赋能水平来促进市场需求的增加，这对平台和供应商双方的利润水平均有助益。

推论9-2：在检查策略下，当$c_{\mathrm{r}}\leqslant\frac{c_{\mathrm{e}}}{\lambda_0}$时，$s_{\mathrm{p}}^{\mathrm{E}}$是$\bar{\theta}$的减函数。

证明：对分母求关于$\bar{\theta}$的导数，得：$\frac{\partial\left(\varphi\mu-2(1-\bar{\theta})\bar{\theta}\alpha^2\lambda_0^2c_{\mathrm{d}}c_{\mathrm{r}}\right)}{\partial\bar{\theta}}=2\alpha^2\lambda_0^2c_{\mathrm{d}}c_{\mathrm{r}}(2\bar{\theta}-1)>0$，由此可知，$s_{\mathrm{p}}^{\mathrm{E}}$的分母是关于$\bar{\theta}$的增函数，同时对分子求关于检查精度的导数得：$\frac{\partial\left[A\mu\alpha+2\alpha(1-\bar{\theta})\bar{\theta}\lambda_0^2c_dc_{\mathrm{r}}(a-\gamma p)\right]}{\partial\bar{\theta}}=$

$\mu\alpha\left(\lambda_0 c_r - c_e\right) - 2\alpha\lambda_0^2 c_d c_r\left(a - \gamma p\right)\left(2\bar{\theta} - 1\right)$,

当 $c_r \leqslant \dfrac{c_e}{\lambda_0}$ 时,$\dfrac{\partial\left[A\mu\alpha + 2\alpha(1-\bar{\theta})\bar{\theta}\lambda_0^2 c_d c_r\left(a-\gamma p\right)\right]}{\partial\bar{\theta}} \leqslant 0$,因此,$s_p^E$ 的分子是关于 $\bar{\theta}$ 的减函数,此时 s_p^E 是 $\bar{\theta}$ 的减函数。**证毕!**

由推论9-2可知,与检查成本相比,当产品的外部故障成本较低时,平台的品牌赋能水平随着检查精度的提高而降低。这比较容易理解,检查精度的提高会大大增加检查成本,而检查的目的恰恰是减少不合格品流入市场所造成的外部故障损失,而当外部故障损失较低,检查成本较高时,平台提高检查精度虽然可以降低外部故障损失,但会大大增加检查成本,增加的检查成本远大于降低的外部损失。同时,随着检查精度的提高,产品的质量往往较高,市场需求也较为稳定,平台品牌赋能对需求的促进作用有限,而赋能成本又较高,因此,平台为了降低成本,会倾向于降低品牌赋能水平。在商业实践中,往往在产品的外部故障成本较高且检查成本不大时,平台才会倾向于通过检查来降低不合格品流入市场的概率以避免造成过多的外部损失。

二、溯源策略

本小节探讨溯源策略对供应链产品质量控制的影响。在溯源策略下,通过溯源技术可以获取产品在供应链各环节的信息,从而判断产品质量问题的责任所在。在溯源策略下,平台直接将供应商提供的产品全部销售给消费者,在消费者发现产品为不合格品时,平台可以通过溯源信息追究供应商大部分的产品责任,但平台仍然不可避免地需要承担一定的外部损失,如商誉损失。因此,由平台与供应商共同承担产品质量不合格所产生的所有外部故障成本,单位外部故障成本为 c_r,供应商承担 ηc_r 的外部故障成本,而平台承担 $\bar{\eta} c_r$ 的外部故障成本,其中 $\eta \in [0.5, 1)$。在溯源策略下,供应链成员的决策时序如图9-3所示。

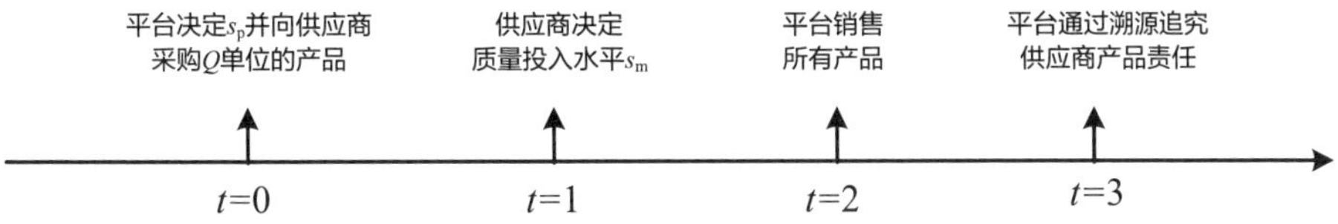
平台决定s_p并向供应商
采购Q单位的产品
供应商决定
质量投入水平s_m
平台销售
所有产品
平台通过溯源追究
供应商产品责任
t=0
t=1
t=2
t=3

图9-3　溯源策略下供应链成员的决策时序

在该策略下，供应商的利润为：

$$\Pi_{\mathrm{S}}^{\mathrm{T}}=\left[w-c-\eta\lambda_0(1-s_{\mathrm{m}})c_{\mathrm{r}}\right](a-\gamma p+\alpha s_{\mathrm{p}})-\mu s_{\mathrm{m}}^2/2 \tag{9-10}$$

平台的利润为：

$$\Pi_{\mathrm{P}}^{\mathrm{T}}=\left[p-w-c_{\mathrm{t}}-\bar{\eta}\lambda_0(1-s_{\mathrm{m}})c_{\mathrm{r}}\right](a-\gamma p+\alpha s_{\mathrm{p}})-\varphi s_{\mathrm{p}}^2/2 \tag{9-11}$$

整条供应链的利润为：

$$\Pi_{\mathrm{P}}^{\mathrm{T}}=\left[p-c-c_{\mathrm{t}}-\lambda_0(1-s_{\mathrm{m}})c_{\mathrm{r}}\right](a-\gamma p+\alpha s_{\mathrm{p}})-\varphi s_{\mathrm{p}}^2/2-\mu s_{\mathrm{m}}^2/2 \tag{9-12}$$

命题9-2：在溯源策略下，当$\varphi>2\eta\bar{\eta}\alpha^2\lambda_0^2c_{\mathrm{r}}^2/\mu$时，供应链成员的均衡决策如下：

(1)电商平台的最优品牌赋能水平为：

$$s_{\mathrm{p}}^{\mathrm{T}}=\frac{B\alpha\mu+2\eta\bar{\eta}\alpha\lambda_0^2c_{\mathrm{r}}^2(a-\gamma p)}{\varphi\mu-2\eta\bar{\eta}\alpha^2\lambda_0^2c_{\mathrm{r}}^2} \tag{9-13}$$

(2)供应商的最优质量投入水平为：

$$s_{\mathrm{m}}^{\mathrm{T}}=\frac{\left[B\alpha^2+(a-\gamma p)\varphi\right]\eta\lambda_0c_{\mathrm{r}}}{\varphi\mu-2\eta\bar{\eta}\alpha^2\lambda_0^2c_{\mathrm{r}}^2} \tag{9-14}$$

其中，$p-w-\beta\bar{\theta}c_{\mathrm{e}}-\bar{\eta}\lambda_0c_{\mathrm{r}}=B$。

证明：根据逆推归纳法，对式(9-10)求关于s_{m}的偏导，由$\partial^2\Pi_{\mathrm{S}}^{\mathrm{T}}/\partial s_{\mathrm{m}}^2=-\mu<0$可知，供应商的利润是关于质量投入水平的严格凹函数，存在最优的质量投入水平s_{m}^*，使供应商的利润$\Pi_{\mathrm{S}}^{\mathrm{T}}$最优，由一阶条件，即$\partial\Pi_{\mathrm{S}}^{\mathrm{T}}/\partial s_{\mathrm{m}}=(a-\gamma p+\alpha s_{\mathrm{p}})\eta\lambda_0c_{\mathrm{r}}-\mu s_{\mathrm{m}}=0$可得，供应商最优的质量投入水平关于$s_{\mathrm{p}}$的反应函数为：

$$s_{\mathrm{m}}^{\mathrm{T}}=\frac{\left(a-\gamma p+\alpha s_{\mathrm{p}}\right)\eta\lambda_0 c_{\mathrm{r}}}{\mu} \tag{9-15}$$

将式(9-15)代入式(9-11)，求关于 s_{p} 的偏导，由 $\partial^2\Pi_{\mathrm{P}}^{\mathrm{T}}/\partial s_{\mathrm{p}}^2=2\eta\bar{\eta}\alpha^2\lambda_0^2c_{\mathrm{r}}^2/\mu-\varphi$ 可知，当 $2\eta\bar{\eta}\alpha^2\lambda_0^2c_{\mathrm{r}}^2/\mu-\varphi<0$ 时，存在最优的平台品牌赋能水平，使平台利润达到最大值。根据一阶条件，由 $\partial\Pi_{\mathrm{P}}^{\mathrm{T}}/\partial s_{\mathrm{p}}=\alpha\left(p-w-c_{\mathrm{t}}-\bar{\eta}\lambda_0c_{\mathrm{r}}\right)+2\eta\bar{\eta}\alpha\lambda_0^2c_{\mathrm{r}}^2\left(a-\gamma p\right)/\mu-\left(\varphi-2\eta\bar{\eta}\alpha^2\lambda_0^2c_{\mathrm{r}}^2/\mu\right)s_{\mathrm{p}}=0$ 可得，最优的平台品牌赋能水平为：

$$s_{\mathrm{p}}^{\mathrm{T}}=\frac{\left(p-w-c_{\mathrm{t}}-\bar{\eta}\lambda_0c_{\mathrm{r}}\right)\mu\alpha+2\eta\bar{\eta}\alpha\lambda_0^2c_{\mathrm{r}}^2\left(a-\gamma p\right)}{\varphi\mu-2\eta\bar{\eta}\alpha^2\lambda_0^2c_{\mathrm{r}}^2} \tag{9-16}$$

将式(9-16)代入式(9-15)中，可得供应商最优质量投入水平为：

$$s_{\mathrm{m}}^{\mathrm{T}}=\frac{\left[\left(p-w-c_{\mathrm{t}}-\bar{\eta}\lambda_0c_{\mathrm{r}}\right)\alpha^2+\left(a-\gamma p\right)\varphi\right]\eta\lambda_0c_{\mathrm{r}}}{\varphi\mu-2\eta\bar{\eta}\alpha^2\lambda_0^2c_{\mathrm{r}}^2} \tag{9-17}$$

将最优品牌赋能水平及质量投入水平代入利润函数中，可得在溯源策略下的最优利润。**证毕!**

由命题9-2可知，在溯源策略下，对于平台而言，当平台的品牌赋能成本系数较大时($\varphi>2\eta\bar{\eta}\alpha^2\lambda_0^2c_{\mathrm{r}}^2/\mu$)，平台才需要考虑如何向供应商品牌赋能使自身利益达到最优；反之，当品牌赋能成本较低时，品牌赋能对平台始终是有益的。因此，基于较高的平台品牌赋能成本，平台型电商企业的最优品牌赋能水平及供应商的最优质量投入水平均受产品的外部故障成本、溯源成本、品牌赋能成本系数、质量投入成本系数、不合格率、外部故障成本分担比例及市场需求对平台品牌赋能的敏感系数等因素的影响。其中，平台的最优品牌赋能水平随着品牌赋能成本系数的增高而降低，供应商的最优质量投入水平随着质量投入成本系数的增高而降低，这表明成本的增加会使平台和供应商降低品牌赋能水平和质量投入水平。因此，平台型电商企业和供应商可以通过提升品牌赋能及质量投入的效率以降低成本，进而增加双方的利润。

推论9-3 在溯源策略下，$s_{\mathrm{p}}^{\mathrm{T}}$，$s_{\mathrm{m}}^{\mathrm{T}}$，$\Pi_{\mathrm{P}}^{\mathrm{T}}$，$\Pi_{\mathrm{S}}^{\mathrm{T}}$ 是 α 的增函数。

证明:将溯源策略下电商平台与供应商的最优决策以及利润求关于市场需求对品牌赋能的敏感系数 α 的一阶偏导，由 $\frac{\partial s_{\mathrm{m}}^{\mathrm{T}}}{\partial \alpha}=\frac{2B\varphi\mu\alpha+4\bar{\eta}\alpha\varphi\eta^{2}\lambda_{0}^{3}c_{\mathrm{r}}^{3}(a-\gamma p)}{\left(\varphi\mu-2\eta\bar{\eta}\alpha^{2}\lambda_{0}^{2}c_{\mathrm{r}}^{2}\right)^{2}}>0$(a)可知，$s_{\mathrm{m}}^{\mathrm{T}}$ 是关于 α 的单调递增函数；而根据 $\frac{\partial \Pi_{\mathrm{S}}^{\mathrm{T}}}{\partial s_{\mathrm{m}}}=\frac{\mu(w-c-\eta\lambda_{0}c_{\mathrm{r}})}{\eta\lambda_{0}c_{\mathrm{r}}}+\mu s_{\mathrm{m}}>0$ (b)可知，$\Pi_{\mathrm{S}}^{\mathrm{E}}$ 是关于 $s_{\mathrm{m}}^{\mathrm{T}}$ 的单调递增函数；因此，结合(a)(b)可知，$\Pi_{\mathrm{S}}^{\mathrm{T}}$ 是关于 α 的单调递增函数。同理，由 $\frac{\partial s_{\mathrm{p}}^{\mathrm{T}}}{\partial \alpha}=\frac{\left[B\mu+2\eta\bar{\eta}\lambda_{0}^{2}c_{\mathrm{r}}^{2}(a-\gamma p)\right]\left(\varphi\mu+2\eta\bar{\eta}\alpha^{2}\lambda_{0}^{2}c_{\mathrm{d}}c_{\mathrm{r}}\right)}{\left[\varphi\mu-2\eta\bar{\eta}\alpha^{2}\lambda_{0}^{2}c_{\mathrm{r}}^{2}\right]^{2}}>0$ (c)可知，$s_{\mathrm{p}}^{\mathrm{T}}$ 是关于 α 的单调递增函数；而根据 $\frac{\partial \Pi_{\mathrm{P}}^{\mathrm{T}}}{\partial s_{\mathrm{p}}}>0$(d)可知，$\Pi_{\mathrm{S}}^{\mathrm{T}}$ 是关于 s_{p} 的单调递增函数；结合(c)(d)可知，$\Pi_{\mathrm{P}}^{\mathrm{T}}$ 是关于 α 的单调递增函数。**证毕!**

由推论9-3可知，在溯源策略下，平台型电商企业的品牌赋能水平和利润，以及供应商的质量投入水平和利润随着市场需求对品牌赋能的敏感系数 α 的增加而增加，这一结论与推论(9-1)类似。平台的品牌赋能水平对市场需求的敏感系数越大，平台的品牌影响力越强，那么品牌赋能对市场需求的促进作用就越强，因而平台会有更大的动力去提升品牌赋能的水平以增加市场需求，从而促进自身利润的增加。对于供应商而言，随着平台品牌赋能对需求的促进作用及赋能水平的提升，供应商也将更有意愿提升自身的质量投入水平来降低产品的不合格率，因为这有助于使其获得更高的利润。

推论9-4　当 $0<\mu\leqslant\frac{4\eta\lambda_{0}c_{\mathrm{r}}\left[B\alpha^{2}+(a-\gamma p)\varphi\right]+2\eta\bar{\eta}\alpha^{2}\lambda_{0}^{2}c_{\mathrm{r}}^{2}}{\varphi}$ 时，$s_{\mathrm{p}}^{\mathrm{T}}$ 是 c_{r} 的增函数；反之当 $\mu>\frac{4\eta\lambda_{0}c_{\mathrm{r}}\left[B\alpha^{2}+(a-\gamma p)\varphi\right]+2\eta\bar{\eta}\alpha^{2}\lambda_{0}^{2}c_{\mathrm{r}}^{2}}{\varphi}$ 时，$s_{\mathrm{p}}^{\mathrm{T}}$ 是 c_{r} 的减函数。

证明： $\dfrac{\partial s_{\mathrm{p}}^{\mathrm{T}}}{\partial c_{\mathrm{r}}}=\alpha\mu\dfrac{4\eta\bar{\eta}\lambda_0^2c_{\mathrm{r}}\left[B\alpha^2+(a-\gamma p)\varphi\right]-\bar{\eta}\lambda_0\left[\varphi\mu-2\eta\bar{\eta}\alpha^2\lambda_0^2c_{\mathrm{r}}^2\right]}{\left(\varphi\mu-2\eta\bar{\eta}\alpha^2\lambda_0^2c_{\mathrm{r}}^2\right)^2}$，

当分子大于0，即 $\mu\leqslant\dfrac{4\eta\lambda_0c_{\mathrm{r}}\left[B\alpha^2+(a-\gamma p)\varphi\right]+2\eta\bar{\eta}\alpha^2\lambda_0^2c_{\mathrm{r}}^2}{\varphi}$ 时，$\dfrac{1}{4}\leqslant s_{\mathrm{m}}\leqslant1$，$\dfrac{\partial s_{\mathrm{p}}^{\mathrm{T}}}{\partial c_{\mathrm{r}}}\geqslant0$，$s_{\mathrm{p}}^{\mathrm{T}}$ 是 c_{r} 的增函数；

反之，当 $4\eta\bar{\eta}\lambda_0^2c_{\mathrm{r}}\left[B\alpha^2+(a-\gamma p)\varphi\right]-\bar{\eta}\lambda_0\left[\varphi\mu-2\eta\bar{\eta}\alpha^2\lambda_0^2c_{\mathrm{r}}^2\right]<0$，

即 $\mu>\dfrac{4\eta\lambda_0c_{\mathrm{r}}\left[B\alpha^2+(a-\gamma p)\varphi\right]+2\eta\bar{\eta}\alpha^2\lambda_0^2c_{\mathrm{r}}^2}{\varphi}$ 时，$0\leqslant s_{\mathrm{m}}<\dfrac{1}{4}$，$\dfrac{\partial s_{\mathrm{p}}^{\mathrm{T}}}{\partial c_{\mathrm{r}}}<0$，$s_{\mathrm{p}}^{\mathrm{T}}$ 是 c_{r} 的减函数。**证毕！**

由推论9-4可知，当供应商的质量投入成本系数较低时，平台的品牌赋能水平是外部故障成本的增函数，这主要是由于当供应商的质量投入成本系数较低时，其质量投入水平相对较高，此时产品的质量水平也较高，产品的不合格率就会较低。此时平台和供应商所需要承担的外部故障成本也较低，虽然外部故障成本增加了，但平台可以通过溯源机制追究供应商的产品责任，让供应商分担大部分的外部故障成本。因此，平台更有动力去提升品牌赋能水平，而且这也能够激励供应商提升质量投入水平，这对平台而言也是有益的。反之，当供应商的质量投入成本系数较高时，平台的品牌赋能水平随着外部故障成本的增加而下降。这主要是由于此时供应商的质量投入水平会因为高昂的成本而降低，此时产品的不合格率较高，而且随着单位外部故障成本的增加，双方所需承担外部故障成本也会增加，因此平台对于产品质量差的供应商会降低品牌赋能水平，通过减少对该供应商产品的曝光度、宣传力度，甚至是以警告、解除合作等方式降低自身的品牌赋能成本。

三、混合策略

本节考察检查策略和溯源策略共同用于质量控制的混合策略，探讨混合

策略对供应链成员决策的影响。在混合策略下,我们采用抽检加溯源的方法进行质量控制,假设平台对供应商的产品进行检查的概率为δ,供应链成员在混合策略下的决策时序如图9-4所示。

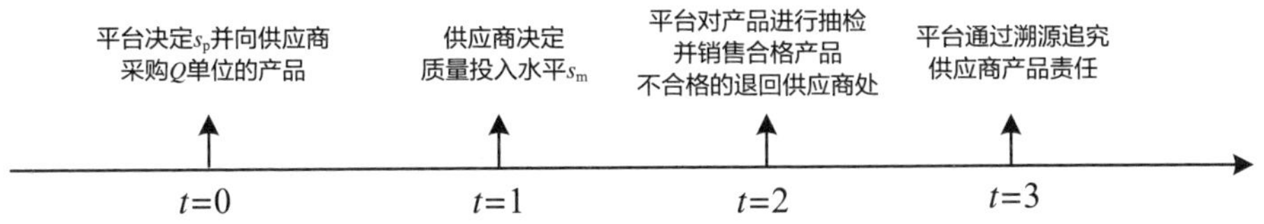
平台决定s_p并向供应商
采购Q单位的产品
供应商决定
质量投入水平s_m
平台对产品进行抽检
并销售合格产品
不合格的退回供应商处
平台通过溯源追究
供应商产品责任
t=0
t=1
t=2
t=3

图9-4　混合策略下供应链成员的决策时序

在混合策略下,供应商的利润为:

$$\Pi_{S}^{H}=\left[w-c-\delta\bar{\theta}\lambda_0(1-s_m)c_d-(1-\delta)\eta\lambda_0(1-s_m)c_r\right](a-\gamma p+\alpha s_p)-\mu s_m{}^2/2 \tag{9-18}$$

平台的利润为:

$$\Pi_{P}^{H}=\left[p-w-c_t-\delta\bar{\theta}c_e-\left[\delta\theta+(1-\delta)\bar{\eta}\right]\lambda_0(1-s_m)c_r\right](a-\gamma p+\alpha s_p)-\varphi s_p{}^2/2 \tag{9-19}$$

供应链的利润为:

$$\Pi^{H}=\left[p-c-c_t-\delta\bar{\theta}c_e-\delta\bar{\theta}\lambda_0(1-s_m)c_d-(\delta\bar{\theta}-1)\lambda_0(1-s_m)c_r\right](a-\gamma p+\alpha s_p)-\varphi s_p{}^2/2-\mu s_m{}^2/2 \tag{9-20}$$

命题9-3: 在混合策略下,当$2\alpha^2\lambda_0^2c_r\left[\delta\bar{\theta}c_d+(1-\delta)\eta c_r\right]\left[\delta\theta+(1-\delta)\bar{\eta}\right]/\mu-\varphi<0$时,供应链成员的均衡决策如下:

(1)电商平台最优品牌赋能水平为:

$$s_p^H=\frac{\mu\alpha M+2(a-\gamma p)\left[\delta\bar{\theta}c_d+(1-\delta)\eta c_r\right]\left[\delta\theta+(1-\delta)\bar{\eta}\right]\alpha\lambda_0^2c_r}{\varphi\mu-2\left[\delta\bar{\theta}c_d+(1-\delta)\eta c_r\right]\left[\delta\theta+(1-\delta)\bar{\eta}\right]\alpha^2\lambda_0^2c_r} \tag{9-21}$$

(2)供应商最优质量投入水平为:

$$s_m^T=\frac{\left[M\alpha^2+(a-\gamma p)\varphi\right]\left[\delta\bar{\theta}c_d+(1-\delta)\eta c_r\right]\lambda_0}{\varphi\mu-2\left[\delta\bar{\theta}c_d+(1-\delta)\eta c_r\right]\left[\mathrm{t}\theta+(1-\mathrm{t})\bar{\eta}\right]\alpha^2\lambda_0^2c_r} \tag{9-22}$$

其中,$p-w-c_t-\delta\bar{\theta}c_e-\left[\delta\theta+(1-\delta)\bar{\eta}\right]\lambda_0c_r=M$。

证明：根据逆推归纳法，对式(9-18)求关于s_m的偏导，由$\partial^2 \Pi_S^H/\partial s_m^2=-\mu<0$可知，供应商的利润是关于质量投入水平的严格凹函数，存在最优质量投入水平s_m^*使得供应商利润Π_S^T最优，由$\partial \Pi_S^H/\partial s_m=\lambda_0(a-\gamma p+\alpha s_p)\left[\delta\bar{\theta}c_d+(1-\delta)\eta c_r\right]-\mu s_m$可得，供应商最优的质量投入水平关于$s_p$的反应函数为：

$$s_m^H=\frac{\lambda_0(a-\gamma p+\alpha s_p)\left[\delta\bar{\theta}c_d+(1-\delta)\eta c_r\right]}{\mu} \tag{9-23}$$

我们将式(9-23)代入式(9-19)中，对其求关于品牌赋能水平s_p的偏导，由$\partial^2 \Pi_P^H/\partial^2 s_p=2\alpha^2\lambda_0^2 c_r\left[\delta\bar{\theta}c_d+(1-\delta)\eta c_r\right]\left[\delta\theta+(1-\delta)\bar{\eta}\right]/\mu-\varphi$可知，当$\partial^2 \Pi_P^H/\partial^2 s_p<0$，即$2\alpha^2\lambda_0^2 c_r\left[\delta\bar{\theta}c_d+(1-\delta)\eta c_r\right]\left[\delta\theta+(1-\delta)\bar{\eta}\right]/\mu-\varphi<0$时，存在最优$s_p^*$使平台利润达到最大值，根据一阶条件可知，当$\partial \Pi_P^H/\partial s_p=0$时，可得最优的平台品牌赋能水平为：

$$s_p^H=\frac{\mu\alpha M+2(a-\gamma p)\left[\delta\bar{\theta}c_d+(1-\delta)\eta c_r\right]\left[\delta\theta+(1-\delta)\bar{\eta}\right]\alpha\lambda_0^2 c_r}{\varphi\mu-2\left[\delta\bar{\theta}c_d+(1-\delta)\eta c_r\right]\left[\delta\theta+(1-\delta)\bar{\eta}\right]\alpha^2\lambda_0^2 c_r} \tag{9-24}$$

其中，$p-w-c_t-t\bar{\theta}c_e-\left[t\theta+(1-t)\bar{\varepsilon}\right]\lambda_0 c_r=M$。

将式(9-24)代入式(9-23)中，可得供应商的最优质量投入水平。

将最优品牌赋能水平及质量投入水平代入利润函数中，可求得在混合策略下的最优利润。

证毕！

由命题9-3可知，在混合策略下，由于结合了检查策略和溯源策略，因此影响供应链成员最优决策的因素较多，与检查成本、溯源成本、产品的外部故障成本、品牌赋能成本系数、质量投入成本系数、不合格率、外部故障成本分担比例及市场需求对平台品牌赋能的敏感系数等因素均有关。除此之外，检查概率t可以通过影响相关的成本分配从而影响最优决策及利润水平。同样地，平台的最优品牌赋能水平是品牌赋能成本系数的减函数，供应商的最优质量投入水平是质量投入成本系数的减函数，即赋能成本的增加会使平台和供应商降低品牌赋能水平和质量投入水平。

推论9-5　在混合策略下，s_p^H，s_m^H，Π_P^H，Π_S^H是α的增函数。

证明：推论9-5的证明与推论9-1类似，将溯源策略下平台型电商企业与供应商的最优决策及利润求关于市场需求对品牌赋能敏感系数α的一阶偏导，由$\frac{\partial s_m^H}{\partial \alpha}>0$(a)可知，$s_m^H$是关于$\alpha$的单调递增函数；而根据$\frac{\partial \Pi_S^H}{\partial s_m}>0$ (b)可知，Π_S^H是关于s_m^H的单调递增函数；因此，结合(a)(b)可知，Π_S^H是关于α的单调递增函数。同理可得，s_p^H是关于α的单调递增函数，Π_S^H是关于α的单调递增函数。**证毕！**

由推论9-5可知，在混合策略下，平台型电商企业的品牌赋能水平和利润，以及供应商的质量投入水平和利润随着市场需求对品牌赋能的敏感系数α的增加而增加，即平台的品牌影响力越强，对需求的促进作用越大，也就更有助于提升品牌赋能水平、供应商质量投入水平及双方的利润，这一结论与检查策略和溯源策略类似。但在混合策略下，抽检概率、检查精度、外部故障成本分担比例的变化将会影响外部故障成本和内部故障成本的分配，从而影响供应链成员的最优决策水平及利润。因此，如何确定合适的抽检概率、检查精度、内外部故障成本分担比例，使平台与供应商实现帕累托改进，从而形成良好的供应链合作关系，是平台型电商企业需要认真考虑的问题。

第四节　比较分析

为进一步比较不同策略下供应链成员决策的差异，本节对本章之前提到的三种质量控制策略的重要决策变量进行比较分析，如表9-2所示。

表9-2　均衡结果对比

	s_{p}	s_{m}
检查策略	$\dfrac{A\mu\alpha+2\alpha\theta\bar{\theta}\lambda_0^2c_{\mathrm{d}}c_{\mathrm{r}}(a-\gamma p)}{\varphi\mu-2\theta\bar{\theta}\alpha^2\lambda_0^2c_{\mathrm{d}}c_{\mathrm{r}}}$	$\dfrac{\left[A\alpha^2+(a-\gamma p)\varphi\right]\bar{\theta}\lambda_0c_{\mathrm{d}}}{\varphi\mu-2\theta\bar{\theta}\alpha^2\lambda_0^2c_{\mathrm{d}}c_{\mathrm{r}}}$
溯源策略	$\dfrac{B\alpha\mu+2\eta\bar{\eta}\alpha\lambda_0^2c_{\mathrm{r}}^2(a-\gamma p)}{\varphi\mu-2\eta\bar{\eta}\alpha^2\lambda_0^2c_{\mathrm{r}}^2}$	$\dfrac{\left[B\alpha^2+(a-\gamma p)\varphi\right]\eta\lambda_0c_{\mathrm{r}}}{\varphi\mu-2\eta\bar{\eta}\alpha^2\lambda_0^2c_{\mathrm{r}}^2}$
混合策略	$\dfrac{M\mu\alpha+2(a-\gamma p)\left[t\bar{\theta}c_{\mathrm{d}}+(1-\delta)\eta c_{\mathrm{r}}\right]\left[t\theta+(1-\delta)\bar{\eta}\right]\alpha\lambda_0^2c_{\mathrm{r}}}{\varphi\mu-2\left[\delta\bar{\theta}c_{\mathrm{d}}+(1-\delta)\eta c_{\mathrm{r}}\right]\left[t\theta+(1-\delta)\bar{\eta}\right]\alpha^2\lambda_0^2c_{\mathrm{r}}}$	$\dfrac{\left[M\alpha^2+(a-\gamma p)\varphi\right]\left[\delta\bar{\theta}c_{\mathrm{d}}+(1-\delta)\eta c_{\mathrm{r}}\right]\lambda_0}{\varphi\mu-2\left[\delta\bar{\theta}c_{\mathrm{d}}+(1-\delta)\eta c_{\mathrm{r}}\right]\left[t\theta+(1-t)\bar{\eta}\right]\alpha^2\lambda_0^2c_{\mathrm{r}}}$

一、平台的品牌赋能水平比较

为了对不同策略下供应链成员的决策有更深入的了解，我们对重要的决策变量进行了比较。

命题9-4　在检查策略和溯源策略下，电商平台的最优品牌赋能水平满足如下关系：当$\dfrac{c_{\mathrm{r}}}{c_{\mathrm{d}}}\geqslant\dfrac{\theta\bar{\theta}}{\eta\bar{\eta}}$时，$s_{\mathrm{p}}^{\mathrm{T}}\geqslant s_{\mathrm{p}}^{\mathrm{E}}$；而当$\dfrac{c_{\mathrm{r}}}{c_{\mathrm{d}}}<\dfrac{\theta\bar{\theta}}{\eta\bar{\eta}}$时，$s_{\mathrm{p}}^{\mathrm{T}}<s_{\mathrm{p}}^{\mathrm{E}}$。

证明：对检查策略和溯源策略下平台最优品牌赋能水平进行比较、相减得：

$$s_{\mathrm{p}}^{\mathrm{E}}-s_{\mathrm{p}}^{\mathrm{T}}=\frac{A\mu\alpha\left[\varphi\mu-2\eta\bar{\eta}\alpha^2\lambda_0^2c_{\mathrm{r}}^2\right]-B\mu\alpha\left(\varphi\mu-2\theta\bar{\theta}\alpha^2\lambda_0^2c_{\mathrm{d}}c_{\mathrm{r}}\right)+2\alpha\lambda_0^2\varphi\mu(a-\gamma p)\left[\theta\bar{\theta}c_{\mathrm{d}}c_{\mathrm{r}}-\eta\bar{\eta}c_{\mathrm{r}}^2\right]}{\left(\varphi\mu-2\theta\bar{\theta}\alpha^2\lambda_0^2c_{\mathrm{d}}c_{\mathrm{r}}\right)\left[\varphi\mu-2\eta\bar{\eta}\alpha^2\lambda_0^2c_{\mathrm{r}}^2\right]}。$$

(1)当$0<A<B$时，

$s_{\mathrm{p}}^{\mathrm{E}}-s_{\mathrm{p}}^{\mathrm{T}}<\dfrac{\left[2B\mu\alpha^3\lambda_0^2+2\alpha\lambda_0^2\varphi\mu(a-\gamma p)\right]\left[\theta\bar{\theta}c_{\mathrm{d}}c_{\mathrm{r}}-\eta\bar{\eta}c_{\mathrm{r}}^2\right]}{\left(\varphi\mu-2\theta\bar{\theta}\alpha^2\lambda_0^2c_{\mathrm{d}}c_{\mathrm{r}}\right)\left[\varphi\mu-2\eta\bar{\eta}\alpha^2\lambda_0^2c_{\mathrm{r}}^2\right]}$，此时当$\theta\bar{\theta}c_{\mathrm{d}}c_{\mathrm{r}}-\eta\bar{\eta}c_{\mathrm{r}}^2\leqslant0$，即$\dfrac{c_{\mathrm{r}}}{c_{\mathrm{d}}}\geqslant\dfrac{\theta\bar{\theta}}{\eta\bar{\eta}}$时，$s_{\mathrm{p}}^{\mathrm{E}}\leqslant s_{\mathrm{p}}^{\mathrm{T}}$。当$\dfrac{c_{\mathrm{r}}}{c_{\mathrm{d}}}<\dfrac{\theta\bar{\theta}}{\eta\bar{\eta}}$且$\dfrac{\varphi\mu-2\theta\bar{\theta}\alpha^2\lambda_0^2c_{\mathrm{d}}c_{\mathrm{r}}}{\varphi\mu-2\eta\bar{\eta}\alpha^2\lambda_0^2c_{\mathrm{r}}^2}\leqslant\dfrac{A}{B}<1$

时，$s_p^E > s_p^T$；当 $\frac{c_r}{c_d} < \frac{\theta\bar{\theta}}{\eta\bar{\eta}}$ 且 $0 < \frac{A}{B} < \frac{\varphi\mu - 2\theta\bar{\theta}\alpha^2\lambda_0^2 c_d c_r}{\varphi\mu - 2\eta\bar{\eta}\alpha^2\lambda_0^2 c_r^2}$ 时，即 $A\mu\alpha\left[\varphi\mu - 2\eta\bar{\eta}\alpha^2\lambda_0^2 c_r^2\right] - B\mu\alpha\left(\varphi\mu - 2\theta\bar{\theta}\alpha^2\lambda_0^2 c_d c_r\right)$ 无限接近于0，则 $s_p^E > s_p^T$。因此，当 $\frac{c_r}{c_d} < \frac{\theta\bar{\theta}}{\eta\bar{\eta}}$ 时，$s_p^E > s_p^T$。

(2)当 $0 < B < A$ 时，

$s_p^E - s_p^T < \frac{\left[2A\mu\alpha^3\lambda_0^2 + 2\alpha\lambda_0^2\varphi\mu(a - \gamma p)\right]\left[\theta\bar{\theta}c_d c_r - \eta\bar{\eta}c_r^2\right]}{\left(\varphi\mu - 2\theta\bar{\theta}\alpha^2\lambda_0^2 c_d c_r\right)\left[\varphi\mu - 2\eta\bar{\eta}\alpha^2\lambda_0^2 c_r^2\right]}$，此时当 $\theta\bar{\theta}c_d c_r - \eta\bar{\eta}c_r^2 \leqslant 0$，即 $\frac{c_r}{c_d} \geqslant \frac{\theta\bar{\theta}}{\eta\bar{\eta}}$ 时，$s_p^T \geqslant s_p^E$。反之，当 $\frac{c_r}{c_d} < \frac{\theta\bar{\theta}}{\eta\bar{\eta}}$ 时，$s_p^T < s_p^E$。综上，当 $\frac{c_r}{c_d} \geqslant \frac{\theta\bar{\theta}}{\eta\bar{\eta}}$ 时，$s_p^T \geqslant s_p^E$；而当 $\frac{c_r}{c_d} < \frac{\theta\bar{\theta}}{\eta\bar{\eta}}$ 时，$s_p^T < s_p^E$。**证毕！**

由命题9-4可知，在检查和溯源策略下，电商平台的最优品牌赋能水平受单位外部故障成本、内部故障成本、检查精度及外部故障成本的分担比例等因素的影响。在消费者发现不合格的产品后，当产品的单位外部故障成本与内部故障成本的比值较大时，平台在溯源策略下的品牌赋能水平较高。这主要是由于在检查策略下，平台无法向供应商追究产品的责任从而需要承担较大的外部成本，因此平台会降低品牌赋能水平来控制成本，而在溯源策略下，平台可以向供应商追究大部分的外部故障成本以减少自身的外部损失。而当产品外部故障成本较内部故障成本更小时，平台在检查策略下品牌赋能水平较高，因为在检查策略下存在检查错误的情况，当不合格品流入市场并被消费者发现后，电商平台需要承担大部分的外部故障成本，如果外部故障成本较低，平台也会相应地提高品牌赋能水平。

二、供应商质量投入水平比较

为了更好地理解检查策略和溯源策略下的供应商最优质量投入水平，我们对上述模型进行了比较。

命题9-5:在检查策略和溯源策略下,供应商的最优质量投入水平满足如下关系:当$\frac{c_r}{c_d}<\frac{\overline{\theta}}{\eta}$时,$s_m^T<s_m^E$;而当$\frac{c_r}{c_d}\geqslant\frac{\overline{\theta}}{\eta}$时,$s_m^T\geqslant s_m^E$。

证明:命题9-5的证明与9-4类似。对检查策略和溯源策略下的供应商最优质量投入水平进行比较,相减可得:

$$s_m^E-s_m^T=\frac{\begin{array}{c}\varphi\mu\lambda_0\alpha^2\left(A\overline{\theta}c_d-B\eta c_r\right)+\left(a-\gamma p\right)\mu\lambda_0\varphi^2\left(\overline{\theta}c_d-\eta c_r\right)\\-2\overline{\theta}\eta\alpha^4\lambda_0^3c_r^2c_d\left(A\overline{\eta}-B\theta\right)-2\lambda_0^3\alpha^2c_r^2c_d\varphi\overline{\theta}\eta\left(a-\gamma p\right)\left(\overline{\eta}-\theta\right)\end{array}}{\left(\varphi\mu-2\theta\overline{\theta}\alpha^2\lambda_0^2c_dc_r\right)\left[\varphi\mu-2\eta\overline{\eta}\alpha^2\lambda_0^2c_r^2\right]}。$$

(1) 当 $0<A<B$ 时,由于 $A-B=c_t-\overline{\theta}c_e+(1-\eta-\theta)\lambda_0c_r<0$,且 $c_t<\overline{\theta}c_e$,故$1-\eta-\theta<0$。当$\overline{\theta}c_d-\eta c_r>0$时,即$\frac{c_r}{c_d}<\frac{\overline{\theta}}{\eta}$时,此时

$$s_m^E-s_m^T\geqslant\frac{\begin{array}{c}\left[\varphi\alpha^2A+\left(a-\gamma p\right)\varphi^2\right]\left(\overline{\theta}c_d-\eta c_r\right)\mu\lambda_0\\-2\overline{\theta}\varepsilon\alpha^4\lambda_0^3c_r^2c_dA\left(\overline{\eta}-\theta\right)-2\lambda_0^3\alpha^2c_r^2c_d\varphi\overline{\theta}\eta\left(a-\gamma p\right)\left(\overline{\eta}-\theta\right)\end{array}}{\left(\varphi\mu-2\theta\overline{\theta}\alpha^2\lambda_0^2c_dc_r\right)\left[\varphi\mu-2\eta\overline{\eta}\alpha^2\lambda_0^2c_r^2\right]}>0,$$

故$s_m^E>s_m^T$。反之,当$\overline{\theta}c_d-\eta c_r\leqslant0$时,$s_m^E\leqslant s_m^T$。

(2)当$0<B<A$时,$\overline{\eta}-\theta>0$,当$\overline{\theta}c_d-\eta c_r<0$时,此时

$$s_m^E-s_m^T<\frac{\begin{array}{c}\left[\varphi\mu\lambda_0\alpha^2A+\left(a-\gamma p\right)\mu\lambda_0\varphi^2\right]\left(\overline{\theta}c_d-\eta c_r\right)\\-2\overline{\theta}\eta\alpha^4\lambda_0^3c_r^2c_dA\left(\overline{\eta}-\theta\right)-2\lambda_0^3\alpha^2c_r^2c_d\varphi\overline{\theta}\eta\left(a-\gamma p\right)\left(\overline{\eta}-\theta\right)\end{array}}{\left(\varphi\mu-2\theta\overline{\theta}\alpha^2\lambda_0^2c_dc_r\right)\left[\varphi\mu-2\eta\overline{\eta}\alpha^2\lambda_0^2c_r^2\right]}<0,$$

故 $s_m^E<s_m^T$。反之,$s_m^E>s_m^T$。综上,当 $\frac{c_r}{c_d}<\frac{\overline{\theta}}{\eta}$ 时,$s_m^T<s_m^E$;而当 $\frac{c_r}{c_d}\geqslant\frac{\overline{\theta}}{\eta}$ 时,$s_m^T\geqslant s_m^E$。**证毕!**

由命题9-5可知,供应商的质量投入水平与产品的外部故障成本、内部故障成本、检查精度及溯源策略下的外部故障成本分担比例有关。当平台的检查精度与溯源策略下的分担比例的比值较高时,供应商在检查策略下的质量

投入水平会较高;而当外部故障成本及内部故障的比值高时,供应商在溯源策略下的质量投入水平较高。这主要是由于当供应商需要承担较多的外部或内部故障成本时,他们会相对有动力去提升质量投入水平以降低产品的不合格率。但从实践而言,外部故障成本往往是远大于内部故障成本的,因此在溯源策略下供应商的质量投入水平会相对而言更优于检查策略。对于平台而言,可以设置合理的外部故障成本分担比例以提升供应商的质量投入水平,这样有助于产品质量的改善,从而降低不合格品对平台造成的外部损失。

第五节　数值分析

本节通过数值分析进一步讨论关键参数对供应链质量控制策略选择和对供应链成员利润的影响。由于模型的均衡解、利润的表达式较为复杂,难以对三种机制下的均衡解及利润做出直接的比较并得到直观结论。因此,本节通过数值分析来进一步验证上文的结论。根据模型中参数的要求及公司的实际情况,假设$p=10$, $w=5$,$c=3.2$,$a=100$,$\gamma=5$。

一、品牌赋能敏感系数对供应链成员利润的影响

本节在企业实际情况的基础上对各参数进行赋值,设定如下:$c_e=0.6$,$c_d=3$,$c_t=0.1$,$c_r=12$,$\lambda_0=0.2$,$\mu=85$,$\delta=0.5$,$\eta=0.9$,$\theta=0.4$。品牌赋能敏感系数α以0.01为增量在[20,80]范围内变化,结果如图9-5所示。

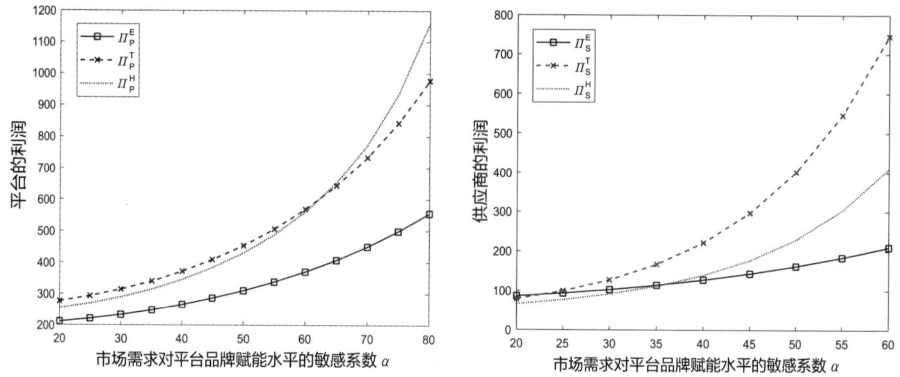

图9-5 市场需求对品牌赋能的敏感系数对利润的影响

根据图9-5可知，在不同的质量控制机制下，平台和供应商的利润均随着市场需求对品牌赋能的敏感系数的增加而增加。这与推论(9-1)、(9-3)、(9-4)的结论均符合，即平台的品牌赋能对市场的需求促进作用越大，供应链成员的利润水平均会有所提升，这也从侧面证明了品牌赋能的重要性。值得关注的是，在检查策略下，供应商和平台的利润水平变化幅度均低于溯源策略及混合策略。此外，当敏感系数较低时，在溯源策略下，供应链成员的利润略高于混合策略下的利润；而当敏感系数较高时，混合策略更有助于供应链成员利润的提升。因此，对于平台型电商企业而言，致力于自身品牌的打造应该成为企业的战略性目标，选择合适的质量控制机制则有助于提升自身的利润水平。

二、品牌赋能敏感系数与成本系数对利润的影响

本节在企业实际情况的基础上对各参数进行赋值，设定如下：$c_e=0.6$，$c_d=3$，$c_t=0.1$，$c_r=12$，$\lambda_0=0.2$，$\delta=0.5$，$\eta=0.9$，$\theta=0.4$，$\mu=55$，品牌赋能敏感系数α以5为增量在[15,60]的范围内变化，而品牌赋能的成本系数φ则以5为增量在[50,300]的范围内变化，品牌赋能敏感系数与成本系数对平台利润的影响结果如图9-6所示。

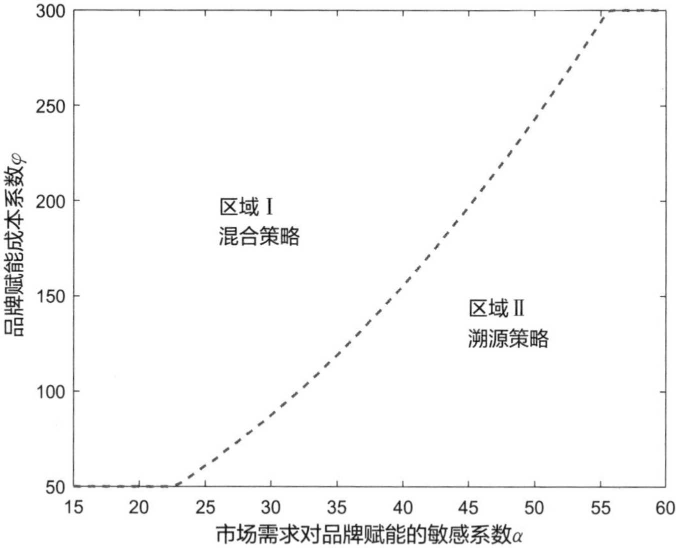

图9-6　品牌赋能敏感系数与成本系数对平台利润的影响

根据图9-6可知，在区域Ⅰ内，当市场需求对品牌赋能的敏感系数较低时，平台更倾向于选择溯源策略；而当市场需求对品牌赋能的敏感系数较高，且品牌赋能成本系数较低时，平台更倾向于选择混合策略，即区域Ⅱ。当平台型电商企业的品牌赋能敏感系数较低而成本系数较高时，即区域Ⅰ，品牌赋能对市场需求的促进作用较低但成本较高，因此平台会倾向于降低品牌赋能水平，此时供应商的质量投入水平也会相应有所下降，产品的质量水平不高，不合格品流入市场的概率会较高，这对平台造成的外部损失较大。因此，平台需要通过一定的检查措施提升产品的质量，减少不合格品流入市场，以避免过多的外部损失。而当平台品牌赋能的敏感系数较高而成本系数较低时，即区域Ⅱ，平台品牌赋能水平会有所上升，此时供应商的质量投入水平也较高，产品的质量相对较高，因此对于平台而言，可以选择成本较低的溯源策略以促进自身利润的提升。

品牌赋能的敏感系数与成本系数对供应商利润的影响见图9-7。

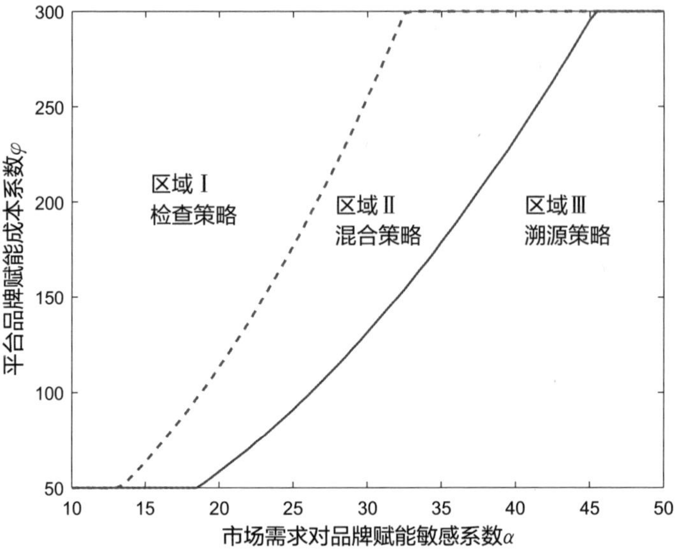

图9-7　品牌赋能敏感系数与成本系数对供应商利润的影响

由图9-7可知，对供应商而言，在区域Ⅰ内，当市场需求对品牌赋能的敏感系数较低且品牌赋能成本系数较高时，供应商倾向于选择检查策略；在区域Ⅱ内，当市场需求对品牌赋能的敏感系数及品牌赋能成本系数适中时，供应商倾向于选择组合策略；而在区域Ⅲ内，当市场需求对品牌赋能敏感系数较高及品牌赋能成本系数较低时，供应商倾向于选择溯源策略。这主要是由于在区域Ⅲ内，当市场需求对品牌赋能的敏感系数较高且品牌赋能成本系数较低时，平台的品牌影响力较大且赋能效率较高，因此平台的品牌赋能水平也较高，此时供应商的质量投入水平也会相应较高，使产品的质量水平较高，并且供应商需要承担的外部故障成本又较低，因此供应商倾向于选择溯源策略。而当品牌赋能敏感系数较低时，平台品牌赋能水平较低，供应商的质量投入水平也会有所下降，导致产品质量水平较低，供应商需要承担的外部故障成本较高，因此供应商也会希望平台通过一定的检查措施来减少不合格品流入市场，避免承担过多的外部成本。

三、成本系数对供应链成员利润和策略选择的影响

本节在企业实际情况的基础上对各参数进行赋值，设定如下：$c_e=0.6$，$c_d=3$，$c_t=0.1$，$c_r=12$，$\lambda_0=0.2$，$\delta=0.5$，$\eta=0.6$，$\theta=0.4$，$\alpha=30$。电商平台的品牌赋能成本系数φ以5为增量在[100,300]的范围内变化，μ以5为增量在[20,100]及[50,150]的范围内变化。成本系数对平台利润的影响如图9-8所示，对供应商利润的影响如图9-9所示。

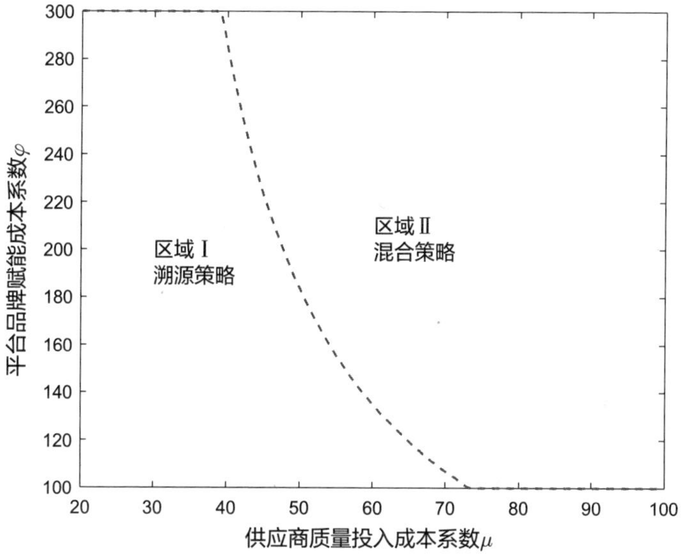

图9-8　成本系数对平台利润的影响

需要说明的是，对于平台而言，检查策略往往不是最优决策，因此本节仅比较了平台对于溯源策略和混合策略选择的条件。成本系数通常是影响供应链成员策略选择的关键因素。由图9-8可知，当供应商的质量投入成本系数及平台品牌赋能成本系数均较小时，平台倾向于选择溯源策略，即区域Ⅰ；当供应商质量投入成本系数及平台品牌赋能成本系数均较大时，平台倾向于选择混合策略，即区域Ⅱ。这主要是由于当成本系数均较小时，电商平台品牌赋能及供应商质量投入成本效率均较高，此时平台会提升品牌赋能水平而

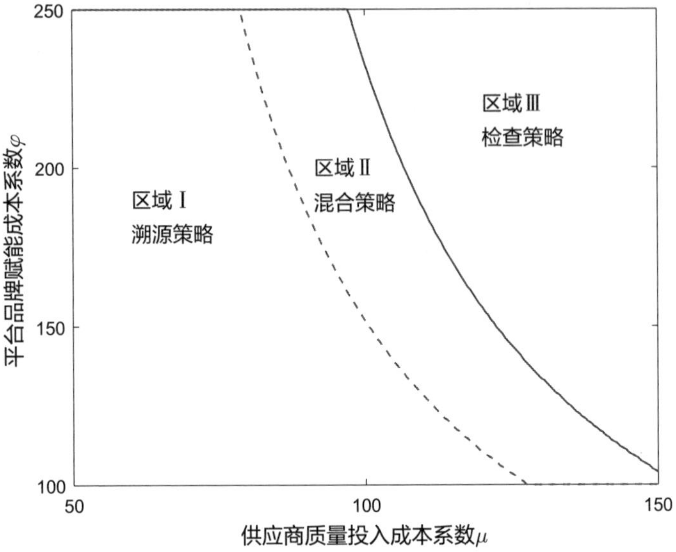

图9-9　成本系数对供应商利润的影响

供应商则会提升质量投入水平,产品的整体质量较高。但是,随着供应商质量投入成本系数及平台品牌赋能成本系数逐渐增加,平台品牌赋能效率及供应商质量投入成本效率逐渐变低,因此平台和供应商会分别降低品牌赋能水平及质量投入水平,产品质量水平会相应有所降低,平台需要通过一定的质量检查措施减少不合格品流入市场,避免不必要的外部损失。

由图9-9可知,对于供应商而言,在区域Ⅰ内,当供应商的质量投入成本系数且平台品牌赋能成本系数较低时,供应商倾向于选择溯源策略;在区域Ⅱ内,当供应商的质量投入成本系数及平台的品牌赋能成本系数适中时,供应商倾向于选择混合策略;而在区域Ⅲ内,当供应商的质量投入成本系数且平台品牌赋能成本系数较高时,供应商倾向于选择溯源策略。这主要是由于当供应商的质量投入成本系数及平台品牌赋能成本系数较低时,平台的品牌赋能水平及供应商的质量投入水平会较高,产品的不合格率较低,同时市场需求也较大,不合格产品对平台和供应商的外部损失较小,对于供应商而言,所需要承担的外部故障成本较低,因此更倾向于选择溯源策略。但是,随着成本系数的增加，平台品牌赋能效率及供应商质量投入成本效率降低，产品的不合格率有所提升，供应商所需要承担的外部成本较高，供应商倾向于选择检查策略以减少不合格品流入市场。

综上所述，成本系数对供应商和平台策略选择的影响其实是一致的，当双方的成本系数较小时，双方均倾向于选择溯源策略；而当成本系数较大时，双方均倾向于混合策略。但对平台而言，全检的检查策略由于成本较高，并不是其最优的选择。

四、内外部故障成本对利润及策略选择的影响

本节在企业实际情况的基础上对各参数进行赋值，设定如下：$c_e = 0.8, c_t = 0.4, \lambda_0 = 0.2, \delta = 0.5, \eta = 0.8, \theta = 0.4, \mu = 100, \varphi = 250, \alpha = 30$。产品的外部故障成本$c_r$以1为增量在[5,30]的范围内变化，而$c_d$以1为增量在[0,10]的范围内变化。产品的内外部故障成本对平台利润的影响结果如图9-10所示，对供应商利润的影响结果如图9-11所示。

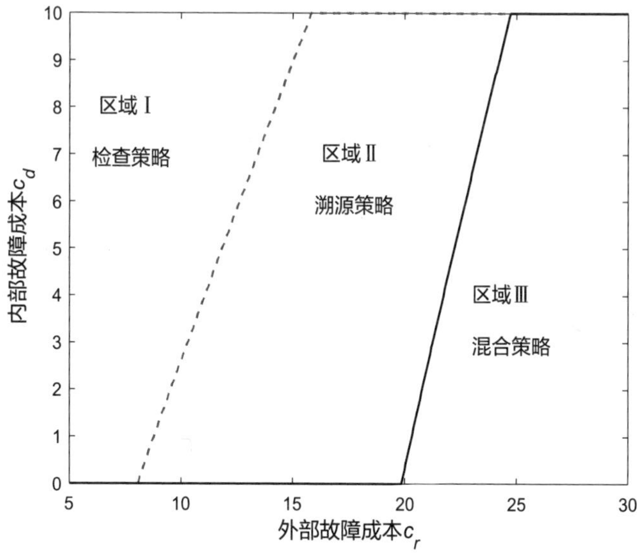

图9-10　内外部故障成本对平台利润的影响

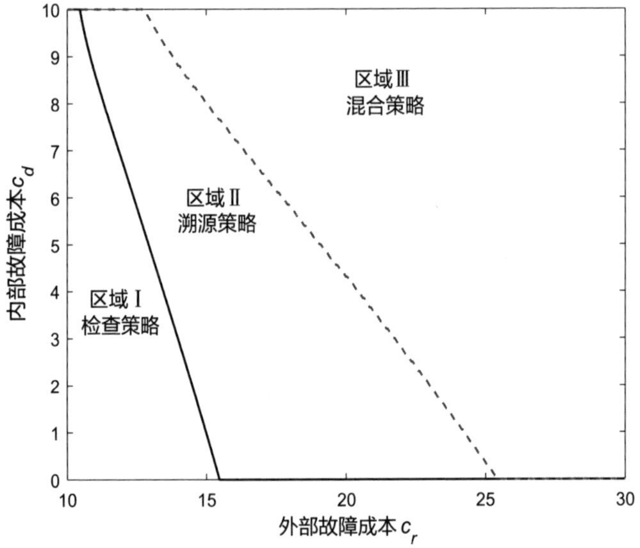

图9-11　内外部故障成本对供应商利润的影响

由图9-10可知,对平台而言,在区域I,当产品的外部故障成本较低而内部故障成本较高时,平台倾向于选择检查策略;在区域Ⅱ,当产品的外部故障成本较高时,平台倾向于选择溯源策略;而在区域Ⅲ,当产品的外部故障成本较高且内部故障成本低时,平台倾向于选择混合策略。这主要是由于当外部故障成本较高时,一方面,平台倾向于选择让供应商承担部分外部故障成本的策略;另一方面,平台需要降低不合格品流入市场的概率从而降低外部故障成本。因此,对于平台而言,当产品外部故障成本较高时,平台倾向于选择溯源策略,让供应商分担大部分外部故障成本;同时当外部故障成本很大时,平台会倾向于在溯源的基础上采取一定的抽检措施,进一步保证产品的质量。

由图9-11可知,对于供应商而言,在区域Ⅰ,当内外部故障成本均较低时,供应商倾向于选择检查策略;在区域Ⅱ,当内部故障成本较低且外部故障成本适中时,供应商倾向于选择溯源策略;在区域Ⅲ,当内外部故障成本均较高时,供应商倾向于选择混合策略。

由此可知，产品的内外部故障成本对供应商策略选择的影响与平台的是类似的。当产品的内外部故障成本较低时，供应商选择检查策略只需要承担较低的内部故障成本，因此该方案对其来说更优。但是，随着内部故障成本的增加，在外部故障成本不太大时，供应商倾向于选择溯源策略，这主要是由于在溯源策略下，平台的溯源成本较低，且供应商需要承担部分的外部故障成本，此时平台的品牌赋能水平及供应商的质量投入水平均更高，产品的质量也会更高，市场需求也会增大，因此供应商的利润水平也会较高。但是，随着外部故障成本的增加，供应商会倾向于选择混合策略以降低不合格品流入市场的概率，从而避免承担过多的外部故障成本。

第六节　本章小结

本章在平台型电商企业品牌赋能这一研究背景下，构建了由一个电商平台和一个供应商组成的供应链模型，探讨了平台型电商企业如何进行产品质量控制的问题，分别分析了检查策略、溯源策略及组合策略对供应链成员运营决策及利润的影响。主要结论有如下四点：

(1)电商平台的品牌赋能敏感系数是影响平台品牌赋能、供应商质量投入及双方利润的关键因素。较高的品牌赋能敏感系数代表品牌对市场需求的影响较大，平台的品牌赋能水平及供应商的质量投入水平均较高，因而双方的利润水平也较高。

(2)检查策略、溯源策略、混合策略三种策略在一定程度上都能提升供应商的产品质量水平，而内外部故障成本、检查精度、外部故障成本分担比例会对平台的品牌赋能水平及供应商的质量投入水平产生影响，进一步对利润和策略选择产生影响。

(3)对于平台而言，质量控制策略的选择受产品的内外部故障成本、品牌赋能敏感系数、品牌赋能成本系数及供应商质量投入成本系数等参数的影响。较高的外部故障成本会使平台倾向于选择溯源策略,让供应商分担大部分外部故障成本;同时当外部故障成本很高时,平台会倾向于在溯源的基础上采取一定的抽检措施,进一步保证产品的质量。

(4)对于供应商而言,供应商的策略偏好会影响供应商的质量投入水平,而策略的偏好受其所需承担的内外部故障成本及市场需求的影响。产品的内外部故障成本对供应商的策略选择的影响与平台的是类似的,当产品的内外部故障成本均较低时,供应商倾向于选择检查策略;而随着内部故障成本的增加,在外部故障成本不太高时,供应商倾向于选择溯源策略,但随着外部故障成本的增加,供应商会倾向于选择混合策略。

第十章 品牌赋能情境下平台供应链质量合作控制与契约

第九章在平台型电商企业品牌赋能情境下，探讨了平台采取检查策略、溯源策略及混合策略三种策略对供应链成员质量控制决策及利润的影响，但上述策略总体上属于“事后控制”，对于供应商产品质量水平的提升较为有限。因此，如何基于“预防”的思想，从源头上提升产品的质量，从而解决品牌赋能情境下的产品质量问题，是一个值得关注的议题。

随着越来越多企业产品质量意识的提高，不少企业逐渐开始对上游供应商施加更多的影响，对上游供应商的生产过程进行监管或者与上游供应商合作，严格把控产品的生产过程以实现对质量的事前控制，从源头提升产品的质量水平。在现有的商业实践中，小米有品在合作质量控制方面已经进行了一些探索，它通过“投资＋孵化”的方式，深入介入上游供应链，参与把控产品设计、质量检测等环节以保证产品的质量。需要特别指出的是，要从源头上解决产品的质量问题，供应商最为关键，但事实上大多数供应商往往缺乏产品质量改进的动力，其主要原因在于无法直接获取由产品质量改进所带来的收益。因此，如何借助合适的供应链契约提升供应商改进产品质量的积极性是亟待解决的问题，本章将对该问题进行深入探讨。

在供应链契约中，收益共享契约与成本分担契约是较为常见的，被广泛地应用于供应链成员行为的协调。Lee(2013)在产品质量不确定的情况下研究了回购和收益共享契约对供应链的协调。此外，关于质量契约，对供应链内企业的产品质量水平应用奖励惩罚契约能够有效地实现成员企业之间的产品质量控制,从而实现成员企业之间质量决策协调和系统协调收益的两大目标(胡军等,2013)。朱立龙等(2017)将产品质量进行高低细分,构建了价格折扣和延迟付款契约下的三级供应链博弈模型,研究了供应链中各节点企业产品质量控制问题。胡军等(2013)基于线性需求函数,研究了市场需求和质量互动环境下,批发价格模型、收益共享模型、奖励惩罚模型和特许经营模型在供应链质量控制协调中的有效性。因此,参考平台型电商企业与上游供应商的品牌赋能及质量控制合作的方式,本章试图探讨平台型电商企业在品牌赋能的情境下,介入上游供应商的品控环节,与供应商合作进行质量控制的事前控制方式是否能够实现平台供应链绩效的改进。

同时,本章还引入了奖励惩罚契约及成本分担契约,分析契约协调对供应链成员质量控制决策的影响。本章主要考察如下问题:(1)在品牌赋能的情境下,平台最优品牌赋能水平及供应商最优质量投入水平是多少?(2)供应链合作与契约协调的质量控制策略,是否能够激励上游供应商提高质量投入水平,从而促进其产品质量的提升?(3)供应链合作与契约协调的质量控制策略是否能提高平台及供应商的利润水平,实现双方绩效的帕累托改进?

第一节 模型描述

基于上述问题,本节构建了一个平台型电商企业和一个供应商构成的二级供应链博弈模型,供应链的结构如图10-1所示。平台型电商企业面临如何进行品牌赋能的决策,而供应商面临如何进行质量投入的决策。首先,平台型电商企业完成对供应商的筛选并与供应商达成合作,以w的批发价格采购Q单位的产品并向供应商品牌赋能,赋能水平为s_p。为保证产品的质量水平,平台深度介入上游供应商的品控环节,即通过一定的质量监管、质量指导和技术支持等实现从源头上控制产品的质量,其中平台的质量控制投入水平为

s_q。一般情况下，由于平台的质量控制投入往往在企业内部已形成制度和标准，在合作的前期已经确定，不随着后期决策的变化而变化，因此我们将 s_q 视为外生变量。同时，由于平台型电商企业给予了上游供应商一定的扶持并介入上游的品控，平台往往具有较大的话语权，因此本节将批发价格 w 视为决策变量，并由平台决定。

图10-1　平台品牌赋能供应商的供应链模型

其次，供应商依据平台所提供的品牌赋能水平及批发价格决定自身的质量投入水平 s_m。最后，电商平台以 p 的价格将产品销售给消费者，本节产品的价格为外生变量，由市场需求决定。

基于研究背景和建模需要，本节提出以下三个假设：

假设1：假设产品的质量水平 l 分别由供应商的质量投入水平 s_m 及平台的质量控制投入水平 s_q 决定，即 $l = l_0 + s_m + \theta s_q$，$l_0$ 表示初始质量水平，θ 表示平台质量控制对产品质量水平提升的影响系数，其中 $\theta \in (0,1)$，$s_m, s_q \in [0,1]$。为了不失一般性，假设其他管理成本为0。

假设2：借鉴Gurnani(2007)等对需求函数的描述，假设供应商通过品牌电商平台销售产品的市场需求受到产品的零售价格 p、平台的品牌赋能水平 s_p 及产品的质量水平 l 的影响，假设需求函数为：$Q = a - \gamma p + \alpha s_p + \beta l$。其中，$s_p \in [0,1]$，参数 $\gamma, \alpha, \beta > 0$。$a$ 表示产品的基础市场需求，$a \in [0, +\infty)$。γ 表示市场需求对产品价格的敏感系数；α 表示市场需求对平台品牌赋能水平的敏感系数；β 表示市场需求对产品质量水平的敏感系数。

假设3：平台品牌赋能的成本为 $\varphi s_p^2/2$，质量控制投入成本为 $\eta s_q^2/2$；供应商的质量投入成本为 $\mu s_m^2/2$。其中，φ, η, μ 分别为平台品牌赋能、质量控制投入及供应商质量投入的成本系数，$\varphi, \eta, \mu > 0$。

下文将讨论在不同情境下平台供应链的双方进行合作质量控制的策略对供应链成员决策的影响。

第二节 模型分析

我们首先研究集中决策情境，并将其视为基准模型，接着分别研究分散决策、奖励惩罚契约、成本分担契约三种情境下平台供应链的决策均衡。

一、集中决策(CD)

本节首先考虑集中决策情境下的决策均衡，并将其视为基准模型。在该情境下，平台与供应商视为统一整体，以供应链的整体利润最优为目标进行决策。此时供应链的利润函数为：

$$\Pi^{CD}=(p-c)\left[a-\gamma p+\alpha s_p+\beta\left(l_0+s_m+\theta s_q\right)\right]-\varphi s_p^2/2-\mu s_m^2/2-\eta s_q^2/2 \tag{10-1}$$

命题10-1 在集中决策下，供应链成员的均衡决策如下：

(1)供应商的最优质量投入水平为：$s_m^{CD}=\dfrac{(p-c)\beta}{\mu}$；

(2)电商平台的最优品牌赋能水平为：$s_p^{CD}=\dfrac{(p-c)a}{j}$；

(3)最优的需求为：$Q^{CD}=\dfrac{(p-c)(\varphi\beta^2+\mu\alpha^2)+\mu\varphi A}{\mu\varphi}$；

(4)供应链的最优利润为：

$$\Pi^{CD}=\frac{2A(p-c)\varphi\mu+(p-c)^2(\mu\alpha^2+\varphi\beta^2)-\varphi\mu\eta s_q^2}{2\varphi\mu},$$

其中，$A=a-\gamma p+\beta(l_0+\theta s_q)$，且$A>0$。

证明：将式(10-1)的利润函数求关于s_m，s_p的二阶导，可得供应链利润函数的Hessian矩阵为：$H(s_m,s_p)=\begin{bmatrix}-\mu & 0\\ 0 & -\varphi\end{bmatrix}$，易得矩阵为负定矩阵，即存在最优的$s_m$，$s_p$，使供应链的利润$\Pi^{CD}$达到最大值，而最优的$s_m$，$s_p$在驻点处取到，此时通过求解利润函数的一阶导函数为零的必要条件，即$\begin{cases}\partial \Pi^{CD}/\partial s_m=(p-c)\beta-\mu s_m=0\\ \partial \Pi^{CD}/\partial s_p=(p-c)\alpha-\varphi s_p=0\end{cases}$，

联立可得：

$s_m^{CD}=\dfrac{(p-c)\beta}{\mu}$，$s_p^{CD}=\dfrac{(p-c)\alpha}{\varphi}$，将最优决策代入利润函数可得供应链的最优利润，**证毕！**

由命题10-1可知，在集中决策的情境下，对平台而言，s_P^{CD}是α的增函数，φ的减函数。这主要是由于当品牌赋能的成本较高时，平台会为了较少成本而降低品牌赋能水平，而品牌赋能对市场需求的促进作用越大，平台会越有动力去提升品牌赋能水平以提高市场需求，从而促进自身利润的增加。对供应商而言，s_m^{CD}是β的增函数，μ的减函数。当市场需求对产品质量水平的敏感系数较高时，供应商的质量投入水平会较高，而当质量投入成本系数较大时，供应商会为了控制成本而降低质量投入水平。

同时，由$\partial^2 \Pi^{CD}/\partial s_q^2=-\eta<0$易知，供应链的最优利润是平台质量控制投入水平的严格凹函数。当平台质量控制投入水平$s_q \leqslant \beta\theta(p-c)/\eta$，供应链的利润是质量投入控制水平的增函数；当大于这个阈值时，供应链的利润则会随着质量控制投入水平的增加而降低。因此，对平台而言，前期的质量控制投入水平需要控制在适当的水平，才能使供应链的利润达到最优。

二、分散决策(DD)

在分散决策下，平台与供应商均以自身利益最大化为目标进行决策。平台和供应商分别为供应链博弈的领导者与跟随者，平台首先决策其品牌赋能水平s_p与批发价格w，然后供应商决策其质量投入水平s_m。

此时供应商的函数为：

$$\Pi_S^{DD}=(w-c)(a-\gamma p+\alpha s_p+\beta l)-\mu s_m^2/2 \tag{10-2}$$

平台的利润函数为：

$$\Pi_{\mathrm{P}}^{\mathrm{DD}}=(p-w)(a-\gamma p+\alpha s_{\mathrm{p}}+\beta l)-\varphi s_{\mathrm{p}}^2/2-\eta s_{\mathrm{q}}^2/2 \tag{10-3}$$

供应链的利润函数为：

$$\Pi^{\mathrm{DD}}=(p-c)(a-\gamma p+\alpha s_{\mathrm{p}}+\beta l)-\varphi s_{\mathrm{p}}^2/2-\mu s_{\mathrm{m}}^2/2-\eta s_{\mathrm{q}}^2/2 \tag{10-4}$$

由 $\partial \Pi_{\mathrm{S}}^{\mathrm{DD}}/\partial s_{\mathrm{m}}=(w-c)\beta-\mu s_{\mathrm{m}}=0$ 可得，供应商的质量投入水平关于批发价格的反应函数为：

$$s_{\mathrm{m}}^{\mathrm{DD}}=\frac{(w-c)\beta}{\mu} \tag{10-5}$$

命题10-2　在分散决策下，当 $\varphi>\mu\alpha^2/2\beta^2$ 时，供应链成员的均衡决策如下：

(1)供应商的最优质量投入水平为：$s_{\mathrm{m}}^{\mathrm{DD}}=\dfrac{(p-c)(\varphi\beta^2-\mu\alpha^2)-\varphi\mu A}{\mu(2\varphi\beta^2-\mu\alpha^2)}\beta$；

(2)平台的最优品牌赋能水平及批发价格为：

$s_{\mathrm{p}}^{\mathrm{DD}}=\dfrac{(p-c)\beta^2+\mu A}{(2\varphi\beta^2-\mu\alpha^2)}\alpha$；$w^{\mathrm{DD}}=\dfrac{\varphi(p+c)\beta^2-\mu p\alpha^2-\varphi\mu A}{(2\varphi\beta^2-\mu\alpha^2)}$。

(3)最优的需求为：$Q^{\mathrm{DD}}=\dfrac{[(p-c)\varphi\beta^2+\mu\varphi A]\beta^2}{\mu(2\varphi\beta^2-\mu\alpha^2)}$；

(4)平台及供应商最优利润水平为：

$$\Pi_{\mathrm{P}}^{\mathrm{DD}}=\frac{[(p-c)\beta^2+\mu A]^2}{(2\varphi\beta^2-\mu\alpha^2)}\frac{\varphi}{2\mu}-\eta s_{\mathrm{q}}^2/2;$$

$$\Pi_{\mathrm{S}}^{\mathrm{DD}}=\frac{[(p-c)(\varphi\beta^2-\mu\alpha^2)-\varphi\mu A][(p-c)(\varphi\beta^2+\mu\alpha^2)+\mu\varphi A]\beta^2}{2\mu(2\varphi\beta^2-\mu\alpha^2)^2}。$$

证明：将式(10-5)代入式(10-3)中，对平台利润函数求关于品牌赋能水平 s_{p} 与价格 w 的导数，可得 $\Pi_{\mathrm{P}}^{\mathrm{DD}}$ 的Hessian矩阵为：$H(s_{\mathrm{p}},w)=\begin{bmatrix}-\varphi & -\alpha\\ -\alpha & -\dfrac{2\beta^2}{\mu}\end{bmatrix}$。

当$2\varphi\beta^2>\mu\alpha^2$时，满足矩阵负定的条件，此时一阶导为

$$\begin{cases}\partial\Pi_{\mathrm{P}}^{\mathrm{DD}}/\partial s_{\mathrm{p}}=(p-w)\alpha-\varphi s_{\mathrm{p}}=0\\ \partial\Pi_{\mathrm{P}}^{\mathrm{DD}}/\partial w=\dfrac{(p+c)\beta^2}{\mu}-\left[a-\gamma p+\dfrac{(p-w)\alpha^2}{\varphi}+\beta(l_0+\theta s_{\mathrm{q}})\right]-\dfrac{2\beta^2}{\mu}w\end{cases},$$

令其为0并联立求解可得：$\begin{cases}w^{\mathrm{DD}}=\dfrac{\varphi(p+c)\beta^2-\mu p\alpha^2-\varphi\mu A}{(2\varphi\beta^2-\mu\alpha^2)}\\ s_{\mathrm{p}}^{\mathrm{DD}}=\dfrac{(p-c)\alpha\beta^2+\alpha\mu A}{(2\varphi\beta^2-\mu\alpha^2)}\end{cases}$，

将最优解代入式(10-5)，可得最优质量投入水平为：

$$s_{\mathrm{m}}^{\mathrm{DD}}=\frac{(p-c)(\varphi\beta^2-\mu\alpha^2)-\varphi\mu A}{\mu(2\varphi\beta^2-\mu\alpha^2)}\beta,$$

将最优决策代入利润函数中，可得平台和供应商的最优利润水平。**证毕！**

由命题10-2可知，在分散决策下，当平台的品牌赋能成本系数较高时，平台才需要考虑如何向供应商品牌赋能，使自身的利益达到最优。这也与实际相符，打造品牌的投入成本往往是非常高的。此时，平台会为了控制成本而降低品牌赋能水平。同时，平台的品牌赋能水平是市场需求对品牌赋能敏感系数α的增函数。这主要是由于当品牌赋能对市场需求的影响增大时，较高的品牌赋能水平有助于市场需求的增加，因此平台倾向于提升品牌赋能水平以获取更高的收益。

推论10-1　在分散决策下，$s_{\mathrm{m}}^{\mathrm{DD}}$，$w^{\mathrm{DD}}$是$s_{\mathrm{q}}$的减函数，$s_{\mathrm{p}}^{\mathrm{DD}}$是$s_{\mathrm{q}}$的增函数。

证　明：$\dfrac{\partial s_{\mathrm{m}}^{\mathrm{DD}}}{\partial s_{\mathrm{q}}}=\dfrac{-\varphi\mu\theta\beta^2}{\mu(2\varphi\beta^2-\mu\alpha^2)}<0$；$\dfrac{\partial w^{\mathrm{DD}}}{\partial s_{\mathrm{q}}}=\dfrac{-\varphi\mu\theta\beta}{2\varphi\beta^2-\mu\alpha^2}<0$；$\dfrac{\partial s_{\mathrm{p}}^{\mathrm{DD}}}{\partial s_{\mathrm{q}}}=\dfrac{\mu\theta\alpha\beta}{2\varphi\beta^2-\mu\alpha^2}>0$。**证毕！**

推论10-1表明，在分散决策下，$s_{\mathrm{m}}^{\mathrm{DD}}$，$w^{\mathrm{DD}}$是$s_{\mathrm{q}}$的减函数，$s_{\mathrm{p}}^{\mathrm{DD}}$是$s_{\mathrm{q}}$的增函数，这意味着随着平台质量控制投入的增加，供应商会在一定程度上降低自身的

质量投入水平，从而出现“搭便车”的行为。但对于平台而言，其质量控制投入水平的增加提升了产品的质量水平，因此会相应地提升品牌赋能的水平来促进产品需求的增加。此时，由于平台成本的增加及供应商质量投入水平的降低，平台会选择降低批发价格来保证自身利润的增加，这也会进一步导致供应商的质量投入水平降低。由此可见，在分散决策的情境下，虽然平台型电商企业参与产品的控制过程可以提高产品的质量水平，但也会对供应商的质量投入造成一定的负面影响。因此，平台的质量控制投入水平需要设置在合理的水平才能使产品的质量控制达到最好的效果。

推论10-2 在分散决策下，$s_{\mathrm{p}}^{\mathrm{DD}}$ 是 α 的增函数，$s_{\mathrm{m}}^{\mathrm{DD}}$，$w^{\mathrm{DD}}$ 是 α 的减函数。

证明：对决策变量求关于市场需求对品牌赋能的敏感系数 α 的一阶偏导，可得：

$$\frac{\partial s_{\mathrm{p}}^{\mathrm{DD}}}{\partial \alpha}=\frac{\left(2\varphi\beta^2+\mu\alpha^2\right)\left\{(p-c)\beta^2+\mu\left[a-\gamma p+\beta\left(l_0+\theta s_{\mathrm{q}}\right)\right]\right\}}{\left(2\varphi\beta^2-\mu\alpha^2\right)^2}>0;$$

$$\frac{\partial w^{\mathrm{DD}}}{\partial \alpha}=\frac{-2\varphi\mu\alpha\left\{(p-c)\beta^2+\mu\left[a-\gamma p+\beta\left(l_0+\theta s_{\mathrm{q}}\right)\right]\right\}}{\left(2\varphi\beta^2-\mu\alpha^2\right)^2}<0;$$

$$\frac{\partial s_{\mathrm{m}}^{\mathrm{DD}}}{\partial \alpha}=\frac{-2\mu^2\alpha\beta(p-c)\left[\varphi\beta^2-\mu\alpha^2\right]-2\mu^2\alpha\beta\varphi\mu\left[a-\gamma p+\beta\left(l_0+\theta s_{\mathrm{q}}\right)\right]}{\mu^2\left(2\varphi\beta^2-\mu\alpha^2\right)^2}<0。$$

证毕！

由推论10-2可知，$s_{\mathrm{p}}^{\mathrm{DD}}$ 是 α 的增函数，$s_{\mathrm{m}}^{\mathrm{DD}}$，$w^{\mathrm{DD}}$ 是 α 的减函数。这是因为电商平台提升了品牌赋能水平导致成本增加，为进一步保证自身的利润水平，平台倾向于降低批发价格。然而，当批发价格下降后，供应商会倾向于降低自身的质量投入水平。

三、奖励惩罚契约(RP)

奖励惩罚契约也是协调供应链成员行为的常见手段，本节引入以质量水平为参考标准的奖惩契约来促进供应商提高质量投入水平。参考胡军等(2013)等对奖励惩罚契约的模型设定，假设行业设定的产品质量标准为l_1。当$l > l_1$时，平台给予供应商$r\left(l - l_1\right)$的奖励；当市场需求$l < l_1$时，平台给予供应商$r\left(l_1 - l\right)$的惩罚，$r(r \geqslant 0)$表示奖励惩罚因子。此时，平台供应链的决策顺序为：平台与供应商通过协商确定奖惩系数r，平台作为主导者首先决定赋能水平s_{p}及批发价格w，而供应商根据赋能水平和批发价格决定其质量投入水平s_{m}。

供应商的利润函数为：

$$\Pi_{\mathrm{S}}^{\mathrm{RP}} = (w - c)Q + r\left(l - l_1\right) - \mu s_{\mathrm{m}}^2/2 \tag{10-6}$$

平台的利润函数为：

$$\Pi_{\mathrm{P}}^{\mathrm{RP}} = (p - w)Q - r\left(l - l_1\right) - \varphi s_{\mathrm{p}}^2/2 - \eta s_{\mathrm{q}}^2/2 \tag{10-7}$$

供应链的利润函数为：

$$\Pi^{\mathrm{RP}} = \left(p - c\right)Q - \varphi s_{\mathrm{p}}^2/2 - \mu s_{\mathrm{m}}^2/2 - \eta s_{\mathrm{q}}^2/2 \tag{10-8}$$

命题10-3 在奖励惩罚契约下，当$\varphi > \mu\alpha^2/2\beta^2$时，供应链的均衡决策如下：

供应商的最优质量投入水平为：$s_{\mathrm{m}}^{\mathrm{RP}} = \dfrac{\left[\left(p - c\right)\left(\varphi\beta^2 - \mu\alpha^2\right) - \mu\varphi A\right]\beta - r\mu\alpha^2}{\mu\left(2\varphi\beta^2 - \mu\alpha^2\right)}$

平台的最优品牌赋能水平及批发价格为：

$$s_{\mathrm{p}}^{\mathrm{RP}} = \frac{\left(p - c\right)\beta^2 + \mu A + 2r\beta}{\left(2\varphi\beta^2 - \mu\alpha^2\right)}\alpha;\ w^{\mathrm{RP}} = \frac{\left(p + c\right)\varphi\beta^2 - p\mu\alpha^2 - \varphi\mu A - 2r\varphi\beta}{\left(2\varphi\beta^2 - \mu\alpha^2\right)}$$

最优的市场需求为：$Q^{\mathrm{RP}} = \dfrac{\left[\left(p - c\right)\varphi\beta^2 + \mu\varphi A\right]\beta^2 + r\beta\mu\alpha^2}{\mu\left(2\varphi\beta^2 - \mu\alpha^2\right)}$

平台及供应商的最优利润水平为：

$$\Pi_{\mathrm{P}}^{\mathrm{RP}}=\frac{\left[(p-c)\varphi\beta^2+\mu\varphi A+2r\varphi\beta\right]\left[(p-c)\beta^2+\mu A\right]}{2\mu\left(2\varphi\beta^2-\mu\alpha^2\right)}$$

$$-r\frac{\mu\left(2\varphi\beta^2-\mu\alpha^2\right)\left(l_0+\theta s_{\mathrm{q}}-l_1\right)+\left\{\left[(p-c)\left(\varphi\beta^2-\mu\alpha^2\right)-\mu\varphi A\right]\beta-r\mu\alpha^2\right\}}{\mu\left(2\varphi\beta^2-\mu\alpha^2\right)}$$

$$-\eta s_{\mathrm{q}}^2/2$$

$$\Pi_{\mathrm{S}}^{\mathrm{RP}}=\frac{2\left[(p-c)\left(\varphi\beta^2-\mu\alpha^2\right)-\varphi\mu A-2r\varphi\beta\right]\left\{\left[(p-c)\varphi\beta^2+\mu\varphi A\right]\beta^2+r\beta\mu\alpha^2\right\}}{2\mu\left(2\varphi\beta^2-\mu\alpha^2\right)^2}$$

$$-\frac{\left\{\left[(p-c)\left(\varphi\beta^2-\mu\alpha^2\right)-\mu\varphi A\right]\beta-r\mu\alpha^2\right\}^2}{2\mu\left(2\varphi\beta^2-\mu\alpha^2\right)^2}$$

$$+r\frac{\mu\left(2\varphi\beta^2-\mu\alpha^2\right)\left(l_0+\theta s_{\mathrm{q}}-l_1\right)+\left\{\left[(p-c)\left(\varphi\beta^2-\mu\alpha^2\right)-\mu\varphi A\right]\beta-r\mu\alpha^2\right\}}{\mu\left(2\varphi\beta^2-\mu\alpha^2\right)}$$

证明：根据逆推归纳法对式(10-6)求关于 s_{m} 的偏导，根据二阶偏导 $\partial^2\Pi_{\mathrm{S}}^{\mathrm{RP}}/\partial s_{\mathrm{m}}^2=-\mu<0$ 可知，供应商的利润是关于质量投入水平 s_{m} 的严格凹函数，存在最优的质量投入水平 $s_{\mathrm{m}}^{\mathrm{RP}}$ 使供应商的利润 $\Pi_{\mathrm{S}}^{\mathrm{RP}}$ 达到最优，因此，由一阶偏导 $\partial\Pi_{\mathrm{S}}^{\mathrm{RP}}/\partial s_{\mathrm{m}}=(w-c)\beta+r-\mu s_{\mathrm{m}}=0$ 可得最优质量投入水平关于批发价格的反应函数为：

$$s_{\mathrm{m}}^{\mathrm{RP}}=\frac{(w-c)\beta+r}{\mu} \tag{10-9}$$

将式(10-9)代入式(10-7)中，对平台的利润函数求关于品牌赋能水平 s_{p} 与价格 w 的导数，平台利润 $\Pi_{\mathrm{P}}^{\mathrm{RP}}$ 的Hessian矩阵为：$H^{\mathrm{RP}}(s_{\mathrm{p}},w)=\begin{bmatrix}-\varphi & -\alpha\\ -\alpha & -2\beta^2/\mu\end{bmatrix}$，此时，当 $2\varphi\beta^2-\mu\alpha^2>0$ 时，易知矩阵为负定矩阵，存在最优的品牌赋能水平 $s_{\mathrm{p}}^{\mathrm{RP}}$ 及批发价格 w^{RP}，使平台的利润 $\Pi_{\mathrm{P}}^{\mathrm{RP}}$ 达到最优，分别求 $\Pi_{\mathrm{P}}^{\mathrm{RP}}$ 的一阶导数可得：

$$\begin{cases}\partial \Pi_{\mathrm{P}}^{\mathrm{RP}}/\partial s_{\mathrm{p}}=(p-w)\alpha-\varphi s_{\mathrm{p}}\\ \partial \Pi_{\mathrm{P}}^{\mathrm{RP}}/\partial w=\dfrac{(p+c)\beta^{2}}{\mu}-\left[A+\alpha s_{\mathrm{p}}+\dfrac{2r\beta}{\mu}\right]-\dfrac{2\beta^{2}}{\mu}w\end{cases};$$

令一阶导数为0,联立可求得最优品牌赋能水平及批发价格为:

$$s_{\mathrm{p}}^{\mathrm{RP}}=\frac{(p-c)\beta^{2}+\mu A+2r\beta}{(2\varphi\beta^{2}-\mu\alpha^{2})}\alpha;$$

$$w^{\mathrm{RP}}=\frac{(p+c)\varphi\beta^{2}-p\mu\alpha^{2}-\mu\varphi A-2r\varphi\beta}{(2\varphi\beta^{2}-\mu\alpha^{2})}。$$

将w^{RP}代入式(10-9)中,可求得最优质量投入水平,将最优决策代入利润函数中,可得平台和供应商的最优利润水平。**证毕!**

由命题10-3可知,首先,在奖励惩罚契约下,当平台的品牌赋能成本系数较高时,平台品牌赋能的效率较低,平台才需要考虑如何投入品牌赋能,使自身利润达到最优水平。因此,此时奖励惩罚因子会对供应商和平台的决策产生较大影响,平台的品牌赋能水平随着奖惩因子的增加而提升,而批发价格、供应商的质量投入水平则随着奖惩因子的增加而降低。这主要是由于引入奖惩契约后,平台会倾向于认为契约会激励供应商提高其质量投入水平,因此平台会在一定程度上提高自身的品牌赋能水平。然而,由于平台在与供应商的合作中话语权较高,具有定价的主导权,因此平台会通过降低批发价格来平衡所增加的品牌赋能投入和奖励投入,而批发价格的降低在一定程度上会打击供应商质量控制的积极性,从而降低质量控制水平,但产品的市场需求却会随着奖惩因子的增加而有所提升。

其次,平台品牌赋能成本系数越大,平台的品牌赋能水平越低;市场需求对品牌赋能的敏感系数越高,平台的品牌赋能水平越高。这主要是由于当品牌赋能成本系数增加时,品牌赋能的成本也会增大,平台自然会降低品牌赋能水平以控制成本,而当市场需求对品牌赋能的敏感系数增加时,品牌赋能对需求的影响也会提升,平台提升品牌赋能水平有助于市场需求的增加,因此平台就会有动力提升品牌赋能水平以促进自身利润的增加。

推论10-3 在奖励惩罚契约下，$s_{\mathrm{p}}^{\mathrm{RP}}$是$s_{\mathrm{q}}$的增函数，$s_{\mathrm{m}}^{\mathrm{RP}}$，$w^{\mathrm{RP}}$是$s_{\mathrm{q}}$的减函数。

证明：$\frac{\partial s_{\mathrm{p}}^{\mathrm{RP}}}{\partial s_{\mathrm{q}}}>0$；$\frac{\partial s_{\mathrm{m}}^{\mathrm{RP}}}{\partial s_{\mathrm{q}}}<0$；$\frac{\partial w^{\mathrm{RP}}}{\partial s_{\mathrm{q}}}<0$。**证毕！**

在奖励惩罚契约下，由推论10-3可知，$s_{\mathrm{p}}^{\mathrm{RP}}$是$s_{\mathrm{q}}$的增函数，$s_{\mathrm{m}}^{\mathrm{RP}}$，$w^{\mathrm{RP}}$是$s_{\mathrm{q}}$的减函数。这主要是由于当平台前期的质量控制投入水平较高时，产品的质量标准会相对较高，产品的质量水平也较高，因而平台倾向于提高品牌赋能水平以促进产品市场需求的增加。但是，此时供应商存在“搭便车”的情况，其质量投入水平会降低，使平台品牌赋能及质量控制投入的成本较高，因而平台会降低批发价格以维持自身的利润水平。

此外，平台与供应商对产品进行质量控制投入达到的效果是不同的，与平台相比，供应商的质量投入对产品质量的提升往往更加有效，因为平台质量控制投入的提高会使平台降低批发价格，这对供应商的质量投入会产生一定的负面影响。因此，对于平台而言，如何选择合理的质量控制投入水平，既能提升产品的质量水平，也能使供应商处于一个较高的质量投入水平，是一个值得探讨的问题。

推论10-4 在奖励惩罚契约下，$s_{\mathrm{p}}^{\mathrm{RP}}$是$\alpha$的增函数，$s_{\mathrm{m}}^{\mathrm{RP}}$，$w^{\mathrm{RP}}$是$\alpha$的减函数。

证明：$\frac{\partial s_{\mathrm{p}}^{\mathrm{RP}}}{\partial \alpha}>0$；$\frac{\partial s_{\mathrm{m}}^{\mathrm{RP}}}{\partial \alpha}<0$；$\frac{\partial w^{\mathrm{RP}}}{\partial \alpha}<0$。**证毕！**

由推论10-4可知，随着市场需求对品牌赋能敏感系数的增加，平台倾向于提高品牌赋能水平以提升市场需求，同时降低产品的批发价格以保证自身的利润水平，而供应商随着批发价格的降低会进一步降低质量控制投入水平，这会在一定程度上降低产品的质量水平，对市场需求也会产生一定的负面影响。因此，从长远来看，平台既要关注自身品牌的打造以提升品牌影响力，同时也应当关注产品的品质，思考如何让供应商提升质量投入水平以提升产品品质。

五、成本分担契约(CS)

在分散决策的情境下,供应商与平台均会根据自身利益最大化来决策最优的质量投入水平、品牌赋能水平及批发价格。与集中决策相比,分散决策下的品牌赋能水平及质量投入水平均较低,这使得平台供应链处于次优的状态。但是,平台运用奖励惩罚契约会在一定程度上降低供应商的质量投入水平,对供应商的激励作用有限。因此,本节引入成本分担契约,即平台型电商企业参与分担供应商生产过程中的质量投入成本,减少供应商对产品质量投入的压力以提升其质量投入水平,保证产品质量。假设平台的成本分担比例为δ,$\delta\in[0,1]$,此时平台供应链的决策顺序为:平台作为主导者首先决定品牌赋能水平s_{p}及批发价格w,然后供应商决策其质量投入水平s_{m}。

此时,供应商的利润函数为:

$$\Pi_{\mathrm{S}}^{\mathrm{CS}}=(w-c)(a-\gamma p+\alpha s_{\mathrm{p}}+\beta l)-(1-\delta)\mu s_{\mathrm{m}}^{2}/2 \tag{10-9}$$

平台的利润函数为:

$$\Pi_{\mathrm{P}}^{\mathrm{CS}}=(p-w)(a-\gamma p+\alpha s_{\mathrm{p}}+\beta l)-\varphi s_{\mathrm{p}}^{2}/2-\eta s_{\mathrm{q}}^{2}/2-\delta\mu s_{\mathrm{m}}^{2}/2 \tag{10-10}$$

供应链的利润函数为:

$$\Pi^{\mathrm{CS}}=(p-c)(a-\gamma p+\alpha s_{\mathrm{p}}+\beta l)-\varphi s_{\mathrm{p}}^{2}/2-\mu s_{\mathrm{m}}^{2}/2-\eta s_{\mathrm{q}}^{2}/2 \tag{10-11}$$

根据逆推归纳法对式(4-10)求关于s_{m}的偏导,由二阶偏导$\partial^{2}\Pi_{\mathrm{S}}^{\mathrm{CS}}/\partial s_{\mathrm{m}}^{2}=-(1-\delta)\mu<0$可知,供应商的利润是关于质量投入水平$s_{\mathrm{m}}$的严格凹函数,存在最优的质量投入水平$s_{\mathrm{m}}^{\mathrm{CS}}$使供应商的利润$\Pi_{\mathrm{S}}^{\mathrm{CS}}$达到最优,根据一阶条件,由$\partial\Pi_{\mathrm{S}}^{\mathrm{CS}}/\partial s_{\mathrm{m}}=(w-c)\beta-(1-\delta)\mu s_{\mathrm{m}}=0$可得,供应商的质量投入水平关于价格的反应函数为:

$$s_{\mathrm{m}}^{\mathrm{CS}}=\frac{(w-c)\beta}{(1-\delta)\mu} \tag{10-12}$$

命题10-4　在成本分担契约下,当$\varphi>\dfrac{\mu(1-\delta)^{2}\alpha^{2}}{(2-\delta)\beta^{2}}$时,供应链均衡决策如下:

供应商最优质量投入水平为：

$$s_{\mathrm{m}}^{\mathrm{CS}}=\frac{(p-c)\left[\varphi\beta^{2}-\mu(1-\delta)\alpha^{2}\right]-\mu(1-\delta)\varphi A}{\mu\left[\varphi(2-\delta)\beta^{2}-\mu(1-\delta)^{2}\alpha^{2}\right]}\beta$$

平台的最优品牌赋能水平及批发价格为：

$$s_{\mathrm{p}}^{\mathrm{CS}}=\frac{(p-c)\beta^{2}+\mu(1-\delta)^{2}A}{\varphi(2-\delta)\beta^{2}-\mu(1-\delta)^{2}\alpha^{2}}\alpha;$$

$$w^{\mathrm{CS}}=\frac{\left[(1-\delta)p+c\right]\varphi\beta^{2}-\mu(1-\delta)^{2}p\alpha^{2}-\mu(1-\delta)^{2}\varphi A}{\varphi(2-\delta)\beta^{2}-\mu(1-\delta)^{2}\alpha^{2}}$$

最优的市场需求为：$Q^{\mathrm{CS}}=\dfrac{(p-c)(\varphi\beta^{2}+\delta\mu\alpha^{2})+\varphi\mu A}{\mu\left[(2-\delta)\varphi\beta^{2}-(1-\delta)^{2}\mu\alpha^{2}\right]}\beta^{2}$

平台及供应商最优利润水平为：

$$\Pi_{\mathrm{P}}^{\mathrm{CS}}=\frac{\left[(p-c)\beta^{2}+\mu(1-\delta)^{2}A\right]\left\{\left[2\varphi\beta^{2}-\mu\alpha^{2}(1-\delta)^{2}\right]\mu\varphi A+(p-c)\varphi\beta^{2}\left[2\varphi\beta^{2}+(2\delta-1)\mu\alpha^{2}\right]\right\}}{2\mu\left[\varphi(2-\delta)\beta^{2}-\mu(1-\delta)^{2}\alpha^{2}\right]^{2}}-\frac{\delta\beta^{2}\left[(p-c)\left[\varphi\beta^{2}-\mu\alpha^{2}(1-\delta)\right]-\mu(1-\delta)\varphi A\right]^{2}}{2\mu\left[\varphi(2-\delta)\beta^{2}-\mu(1-\delta)^{2}\alpha^{2}\right]^{2}}-\frac{\eta s_{\mathrm{q}}^{2}}{2}$$

$$\Pi_{\mathrm{S}}^{\mathrm{CS}}=\frac{(1-\delta)\beta^{2}\left[(p-c)\left[\varphi\beta^{2}-\mu(1-\delta)\alpha^{2}\right]-\mu(1-\delta)\varphi A\right]\left\{(3-\delta)\mu\varphi A+(p-c)\left[(1+\delta)\mu\alpha^{2}+\varphi\beta^{2}\right]\right\}}{2\mu\left[\varphi(2-\delta)\beta^{2}-\mu(1-\delta)^{2}\alpha^{2}\right]^{2}}$$

证明：将式(10-13)代入式(10-11)中，对利润函数求关于s_{p}与价格w的二阶偏导，可得$\Pi_{\mathrm{P}}^{\mathrm{CS}}$的Hessian矩阵为：$H^{\mathrm{CS}}(s_{\mathrm{p}},w)=\begin{bmatrix}-\varphi & -\alpha\\ -\alpha & -\dfrac{(2-\delta)\beta^{2}}{\mu(1-\delta)^{2}}\end{bmatrix}$，当$\varphi(2-\delta)\beta^{2}>\mu(1-\delta)^{2}\alpha^{2}$时，满足矩阵负定的条件，存在最优的品牌赋能水

平$s_{\mathrm{p}}^{\mathrm{CS}}$及批发价格$w^{\mathrm{CS}}$，使平台的利润$\Pi_{\mathrm{P}}^{\mathrm{CS}}$达到最优，对它们分别求$\Pi_{\mathrm{P}}^{\mathrm{CS}}$的一阶偏导并令其为0可得：

$$\begin{cases}\partial \Pi_{\mathrm{P}}^{\mathrm{CS}}/\partial s_{\mathrm{p}}=(p-w)\alpha-\varphi s_{\mathrm{p}}=0\\ \partial \Pi_{\mathrm{P}}^{\mathrm{CS}}/\partial w=\dfrac{(p+c)\beta^2}{(1-\delta)\mu}-(A+\alpha s_{\mathrm{p}})+\dfrac{c\delta\beta^2}{\mu(1-\delta)^2}-\dfrac{(2-\delta)\beta^2}{\mu(1-\delta)^2}w=0\end{cases}$$

联立求解可得：

$$w^{\mathrm{CS}}=\frac{[(1-\delta)p+c]\varphi\beta^2-\mu(1-\delta)^2(\varphi A+p\alpha^2)}{\varphi(2-\delta)\beta^2-\mu(1-\delta)^2\alpha^2}$$

$$s_{\mathrm{p}}^{\mathrm{CS}}=\frac{(p-c)\beta^2+\mu(1-\delta)^2A}{\varphi(2-\delta)\beta^2-\mu(1-\delta)^2\alpha^2}\alpha$$

将$s_{\mathrm{p}}^{\mathrm{CS}}$及$w^{\mathrm{CS}}$代入式(10-12)可得最优质量投入水平为：

$$s_{\mathrm{m}}^{\mathrm{CS}}=\frac{(p-c)[\varphi\beta^2-\mu(1-\delta)\alpha^2]-\mu(1-\delta)\varphi A}{\mu\left[\varphi(2-\delta)\beta^2-\mu(1-\delta)^2\alpha^2\right]}\beta$$

将最优决策代入利润函数中，可得平台和供应商的最优利润水平。**证毕！**

由命题10-4可知，在成本分担契约下，若品牌赋能成本较高，平台才需要思考如何设定合适的品牌赋能水平以实现自身利润最大化。此时，平台的最优品牌赋能水平、供应商的质量投入水平及批发价格均与市场需求对品牌赋能的敏感系数、产品的质量水平敏感系数、品牌赋能成本系数、供应商的质量投入成本系数及成本分担比例等有关。平台的品牌赋能水平随着市场需求对品牌赋能敏感系数的增加而提升，随着品牌赋能成本系数的增加而降低。这比较好理解，当品牌赋能成本系数较高时，品牌赋能效率较低，平台会为了降低成本而降低品牌赋能水平，而当品牌赋能对市场需求的促进作用较强时，平台会提升品牌赋能水平以促进市场需求。

推论10-5 在成本分担契约下，$s_{\mathrm{m}}^{\mathrm{CS}}$，$w^{\mathrm{CS}}$是$\alpha$的减函数。

证明：对成本分担契约下的决策变量对α求一阶偏导可得：

$$\frac{\partial s_{\mathrm{m}}^{\mathrm{CS}}}{\partial \alpha}=-2\varphi\alpha\beta\frac{(p-c)(1-\delta)\beta^{2}+(1-\delta)^{3}\mu A}{\left[\varphi(2-\delta)\beta^{2}-\mu(1-\delta)^{2}\alpha^{2}\right]^{2}}<0;$$

$$\frac{\partial w^{\mathrm{CS}}}{\partial \alpha}=-2\mu\alpha(1-\delta)^{2}\frac{(p-c)\varphi\beta^{2}+\mu\varphi(1-\delta)^{2}A}{\left[\varphi(2-\delta)\beta^{2}-\mu(1-\delta)^{2}\alpha^{2}\right]^{2}}<0。$$ **证毕!**

由推论10-5可知,在成本分担契约下,批发价格与供应商的质量投入水平随着品牌赋能敏感系数的增加而下降。这主要是由于当品牌赋能敏感系数较高时,平台的品牌赋能水平较高,此时平台的品牌赋能成本也相应提高了,因此为保证自身利润,平台会倾向于适当降低批发价格。批发价格下降会导致供应商缺乏动力改进产品质量,从而导致质量投入水平降低。这意味着,批发价格的变化可能会对供应商的质量投入造成负面影响,平台需要在保证产品质量水平的前提下调整批发价格,以免造成产品质量水平下降,影响市场需求。

推论10-6 在成本分担契约下,$s_{\mathrm{p}}^{\mathrm{CS}}$是$s_{\mathrm{q}}$的增函数,$s_{\mathrm{m}}^{\mathrm{CS}}$,$w^{\mathrm{CS}}$是$s_{\mathrm{q}}$的减函数。

证明:$$\frac{\partial s_{\mathrm{p}}^{\mathrm{CS}}}{\partial s_{\mathrm{q}}}=\frac{\theta\mu\alpha\beta(1-\delta)^{2}}{\varphi(2-\delta)\beta^{2}-\mu(1-\delta)^{2}\alpha^{2}}>0;$$

$$\frac{\partial s_{\mathrm{m}}^{\mathrm{CS}}}{\partial s_{\mathrm{q}}}=\frac{-\theta\mu(1-\delta)\varphi\beta^{2}}{\mu\left[\varphi(2-\delta)\beta^{2}-\mu(1-\delta)^{2}\alpha^{2}\right]}<0;$$

$$\frac{\partial w^{\mathrm{CS}}}{\partial s_{\mathrm{q}}}=\frac{-\theta\mu\beta(1-\delta)^{2}}{\varphi(2-\delta)\beta^{2}-\mu(1-\delta)^{2}\alpha^{2}}<0。$$ **证毕!**

由推论10-6可知,平台的品牌赋能水平随着质量控制投入水平的增加而提升,而批发价格和供应商的质量投入水平随着平台质量控制投入水平的增加而降低。这主要是由于当平台前期投入的质量控制水平较高时,产品的质量水平也较高,因而平台也更乐意提升品牌赋能水平,从而进一步促进市场需求的增加。但是,此时平台投入了较高的质量控制成本和品牌赋能成本,为了控制成本,平台倾向于降低批发价格以保证自身的利润处于较高的水平。然而,批发价格的降低会打击供应商提升产品质量的积极性,因此供应商的质量投入水平有所降低。同时,平台投入较高的质量控制水平也让供应商存在"搭便车"的情况。因此,对平台而言,前期应当设定合理的质量控制投入水平,一方面可以提升产品的质量水平,另一方面也能使供应商保持一定的质量投入水平。

推论10-7　在成本分担契约下,$s_{\mathrm{p}}^{\mathrm{CS}}$,$w^{\mathrm{CS}}$是$\delta$的减函数,$s_{\mathrm{m}}^{\mathrm{CS}}$是$\delta$的增函数。

证明:对决策变量求成本分担比例的一阶偏导可得:

$$\frac{\partial s_{\mathrm{p}}^{\mathrm{CS}}}{\partial\delta}=\frac{-\mu\varphi(1-\delta)(5-3\delta)A-(p-c)\left(\varphi\beta^2-2(1-\delta)\mu\alpha^2\right)}{\left[\varphi(2-\delta)\beta^2-\mu(1-\delta)^2\alpha^2\right]^2}\alpha\beta^2<0;$$

$$\frac{\partial s_{\mathrm{m}}^{\mathrm{CS}}}{\partial\delta}=\frac{(p-c)\left[(2-\delta)\varphi\beta^2-\mu(1-\delta)^2\alpha^2\right]\mu\alpha^2+\left[\varphi\beta^2+\mu(1-\delta)^2\alpha^2\right]\varphi\mu A}{\mu\left[\varphi(2-\delta)\beta^2-\mu(1-\delta)^2\alpha^2\right]^2}\beta$$
$$+\frac{\left[\varphi\beta^2-\mu(1-\delta)\alpha^2\right]\left[(p-c)\varphi\beta^2-2\mu(1-\delta)(p-c)\alpha^2\right]}{\mu\left[\varphi(2-\delta)\beta^2-\mu(1-\delta)^2\alpha^2\right]^2}\beta>0;$$

$$\frac{\partial w^{\mathrm{CS}}}{\partial\delta}=\frac{-\left[p-(1-\delta)c\right]\varphi^2\beta^4-\mu(1-\delta)^2\left\{\left[2(1-\delta)p\alpha^2-c\varphi\beta^2\right]\alpha^2+\left(\varphi\beta^2-2\mu(1-\delta)\alpha^2\right)\varphi A\right\}}{\left[\varphi(2-\delta)\beta^2-\mu(1-\delta)^2\alpha^2\right]^2}<0。$$ **证毕!**

由推论10-7可知,成本分担比例会影响平台供应链成员的运营决策,平台的品牌赋能水平与批发价格随着成本分担比例的增加而降低,供应商的质量投入水平随着分担比例的增加而提高。这比较好理解,平台分担供应商质量投入水平的比例越高,供应商质量投入成本就越低,因而更有动力去增加质量投入水平以提升产品的质量。但对于平台而言,其成本提高了,就会为控制成本而适当降低品牌赋能水平及批发价格。因此,如何确定合适的分担比例来实现供应链双方的帕累托改进,从而形成良好的供应链合作关系,是平台型企业必须认真思考的问题。

第三节 数值分析

由于部分均衡解及利润函数较为复杂,因此本节用数值仿真来分析重要的参数对平台供应链成员决策及利润的影响。

一、平台的质量控制投入水平对利润的影响

根据上文可知,电商平台前期的质量控制投入水平会对双方的决策产生一定的影响,但对双方的利润的影响较为复杂,因此本节通过仿真探讨平台质量控制投入水平在三种情境下对平台和供应商的利润影响。本节在企业实际情况基础上对各参数进行赋值,设定数值如下:$p=10,c=3,a=80,\gamma=5,\beta=40,l_0=0.5,\theta=0.8,\varphi=350,\mu=100,\eta=85,\delta=0.4,r=10,l_1=0.8,\alpha=30$。平台质量控制投入水平对平台和供应商利润的影响如图10-2所示,对平台供应链总利润的影响如图10-3所示。

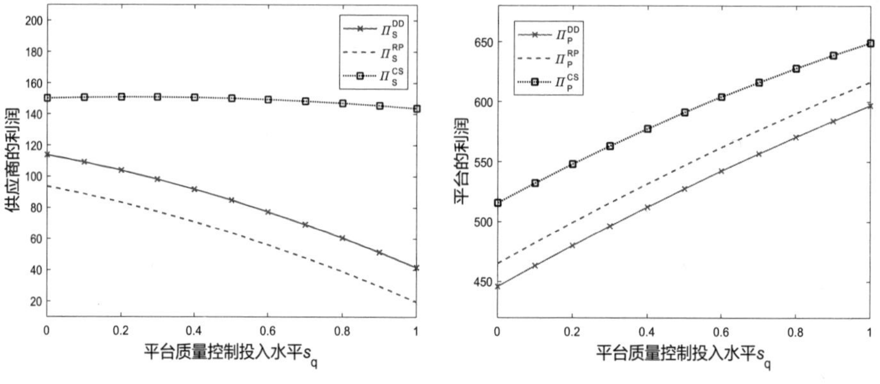

图10-2 平台质量控制投入水平对平台供应链成员利润的影响

由图10-2可知,平台前期的质量控制投入水平对平台和供应商的利润有较大的影响,平台的利润随着前期质量控制投入水平的提高而增加,而供应商的利润却有所下降。首先,对于平台型电商企业而言,平台利润的上升一方面是由于市场需求的增加,另一方面是由于批发价格的降低。当平台前期

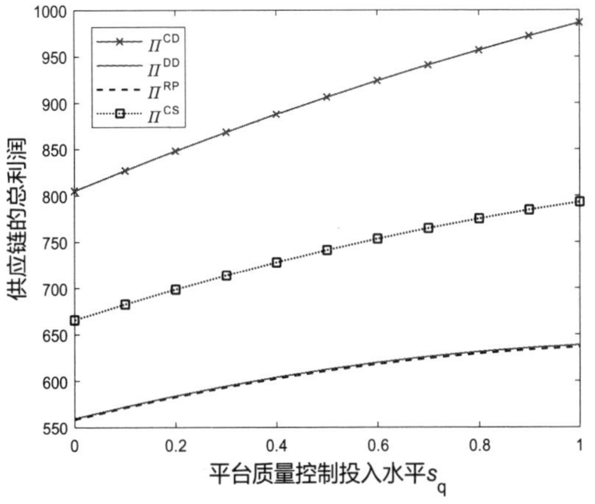

图10-3　平台质量控制投入水平对平台供应链总利润的影响

投入较高的质量控制水平时，虽然产生了一定的质量控制成本，但产品的质量提高了，市场需求增加，直接导致平台的利润水平提高。同时，当平台深度介入上游供应商后，平台在合作中往往有较大的话语权，较高的质量控制成本会使平台倾向于降低批发价格，这也使供应商的部分利润转移到了平台，导致供应商的利润有所下降。

对比不同情境下的利润水平可知，对于平台而言，平台的利润水平在成本分担契约下的利润要大于奖惩契约，而奖惩契约下的利润要大于分散决策下的利润；供应商则是在成本分担契约下的利润最高，在奖惩契约下的利润最低。

此外，从平台供应链的视角来看，成本分担契约下的利润水平要高于奖惩契约和分散决策下的利润水平，但低于集中决策下的利润。由此可见，成本分担契约可以实现供应链成员利润的帕累托改进，但并不能实现完全的协调。其主要原因在于，在成本分担契约下，平台通过分担供应商的质量投入成本有利于激励供应商提高产品的质量水平。当产品的质量水平提高后，市场需求也会增加，因此双方的利润与分散决策均有所提升。

二、成本分担比例及奖惩因子对利润的影响

由于分担比例及奖惩因子分别对成本分担契约和奖励惩罚契约下供应链成员的利润产生影响，但双方的利润函数较为复杂，因此通过仿真对比不同契约与分散决策下分担比例和奖惩因子对平台及供应商利润水平的影响。本节基于实际情况，对参数赋值如下：$p=10,c=3,a=80,\gamma=5,\beta=45,\theta=0.5,\varphi=350,\mu=85,\eta=80,\alpha=35,s_{\mathrm{q}}=0.5$。分担比例在[0,0.5]范围内变化，分担比例对供应商和平台利润的影响结果如图10-4所示，奖惩因子对平台供应链成员利润的影响结果如图10-5所示。

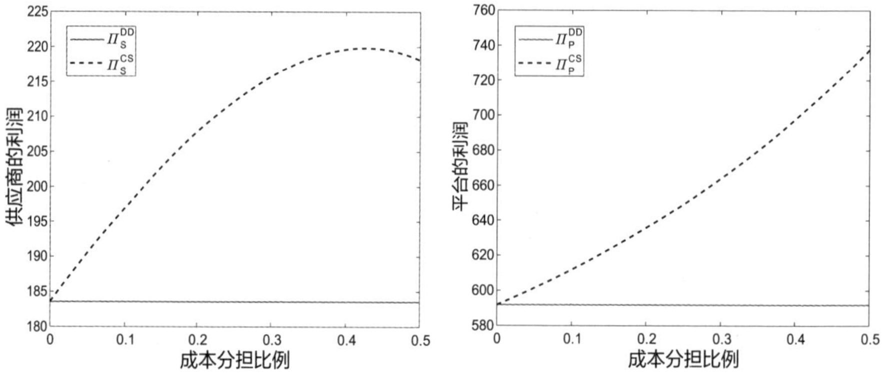

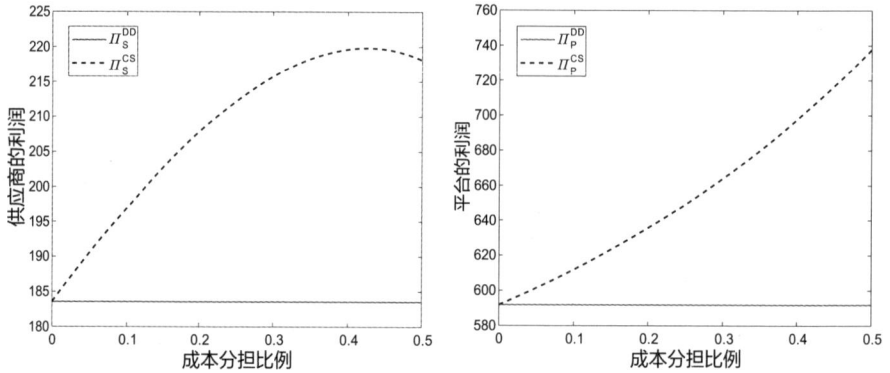

图10-4　成本分担比例对供应商和平台利润的影响

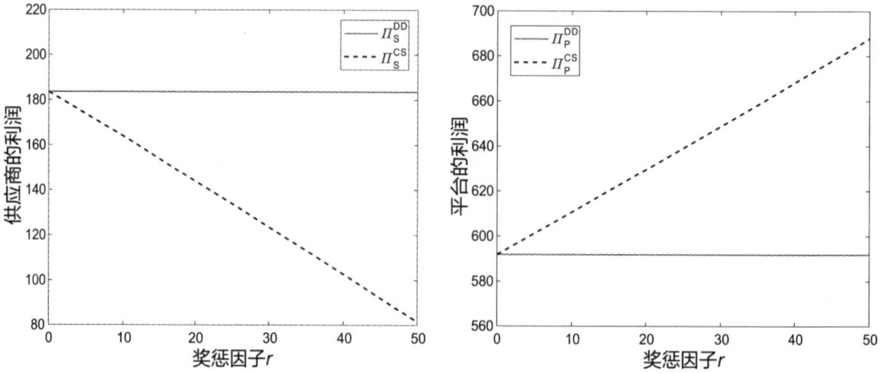

图10-5　奖惩因子对平台供应链成员利润的影响

由图10-4可知，随着成本分担比例的增加，供应商和平台的利润水平均有所增加，其主要原因在于，当平台分担较多供应商的质量投入成本时，供应商更有动力去提升质量控制投入水平以改进产品的质量，而此时平台也更愿意提高品牌赋能水平以促进市场需求的提升。虽然质量控制投入成本及品牌赋能成本提高了，但较高的质量水平和品牌赋能水平大大提高了市场需求，因此双方的利润水平均有所提高。然而，当成本分担比例较高时，供应商的利润水平却有所下降，其主要原因有两个：一是质量控制投入的增加导致供应商的成本增加了；二是在较高的成本分担比例下，平台会倾向于降低批发价格以保证自身的利润水平。因此，对于平台型电商企业而言，平台可以用成本分担契约来激励上游供应商提高产品的质量水平，但仍需要考虑如何选择合适的成本分担比例来保证双方的利润水平达到最优。

由图10-5可知，奖惩因子会对供应商和平台的利润造成不同的影响，供应商的利润随着奖惩因子的增加而降低，而平台利润随着奖惩因子的增加而增加。这主要是由于当平台具有较大的话语权来决定批发价格时，在奖惩契约下产品的批发价格低于分散决策，导致供应商的利润降低。与之相比，对平台而言，随着奖惩因子的增加，一方面，平台倾向于增加品牌赋能水平来促进市场需求的增加，使平台的利润有所增加；另一方面，平台通过降低批发价格及奖惩契约转移了供应商的部分利润，也会增加平台的利润。由此可见，在平台具有较大话语权时，奖惩契约实际上是平台用来维护自身利益的契约。平台看似设置了激励标准，实则通过降低批发价格间接剥夺了供应商的部分收益。

第四节　拓展：考虑批发价格由供应商决策的情况

前三节讨论的是平台型电商企业较为强势，具有较大话语权的情况，因此平台在与上游供应商合作时，批发价格是由平台决策的，因而奖励惩罚契约并不能实现帕累托改进。但在商业实践中，平台型电商企业也会与体量较大、较为强势的供应商合作，那么此时产品的批发价格往往由供应商来决策。因此，本节探讨批发价格由供应商决策的情况，基本模型与上文一致，但决策顺序有所不同，供应商先决策其质量投入水平s_m与批发价格w，平台再决策其品牌赋能水平s_p。

在分散决策、奖励惩罚契约及成本分担契约下，供应商和平台的最优决策如表10-6所示。

表10-6　平台供应链均衡决策情况

	分散决策DD*	奖励惩罚契约RP*	成本分担契约CS*
s_p	$\dfrac{(p-c)(\mu\alpha^2-\varphi\beta^2)-\varphi\mu A}{\varphi(2\mu\alpha^2-\varphi\beta^2)}\alpha$	$\dfrac{(p-c)(\mu\alpha^2-\varphi\beta^2)-\varphi\mu A-r\varphi\beta}{\varphi(2\mu\alpha^2-\varphi\beta^2)}\alpha$	$\dfrac{(p-c)[(1-\delta)\mu\alpha^2-\varphi\beta^2]-(1-\delta)\mu\varphi A}{\varphi[2(1-\delta)\mu\alpha^2-\varphi\beta^2]}\alpha$
s_m	$\dfrac{(p-c)\alpha^2+\varphi A}{(2\mu\alpha^2-\varphi\beta^2)}\beta$	$\dfrac{[(p-c)\alpha^2+\varphi A]\beta+2r\alpha^2}{(2\mu\alpha^2-\varphi\beta^2)}$	$\dfrac{(p-c)\alpha^2+\varphi A}{2(1-\delta)\mu\alpha^2-\varphi\beta^2}\beta$
w	$\dfrac{(p+c)\mu\alpha^2-c\varphi\beta^2+\varphi\mu A}{(2\mu\alpha^2-\varphi\beta^2)}$	$\dfrac{(p+c)\mu\alpha^2-c\varphi\beta^2+\varphi\mu A+r\varphi\beta}{(2\mu\alpha^2-\varphi\beta^2)}$	$\dfrac{(p+c)(1-\delta)\mu\alpha^2-c\varphi\beta^2+(1-\delta)\mu\varphi A}{2(1-\delta)\mu\alpha^2-\varphi\beta^2}$

命题10-5　当批发价格由供应商决策时，奖惩契约与分散决策下的决策变量满足如下关系：$s_p^{RP*}<s_p^{DD*}$，$s_m^{DD*}<s_m^{RP*}$，$w^{DD*}<w^{RP*}$。

证明：$s_p^{CS*}-s_p^{DD*}=\dfrac{-(p-c)\alpha^2-\varphi A}{\varphi[2(1-\delta)\mu\alpha^2-\varphi\beta^2](2\mu\alpha^2-\varphi\beta^2)}\delta\varphi\mu\alpha\beta^2<0$；

$w^{CS*}-w^{DD*}=\dfrac{p\alpha^2+\varphi A}{[2(1-\delta)\mu\alpha^2-\varphi\beta^2](2\mu\alpha^2-\varphi\beta^2)}\delta\varphi\mu\beta^2>0$，同理可得$s_m^{CS*}-s_m^{DD*}>0$。**证毕！**

由命题10-5可知，当供应商话语权较大时，供应商的质量投入水平在奖惩契约下较高，这主要是由于平台设置奖惩契约传达了对产品质量的高要求，供应商面对平台对产品质量的高标准，会倾向于提高批发价格，因此奖惩契约下的批发价格比分散决策要高。较高的批发价格使平台倾向于降低品牌赋能水平以降低成本。

由此可见，当供应商具有主动权时，奖惩契约对供应商质量投入是有激励作用的。与之相比，当平台掌握供应链的主动权时，供应商会认为奖惩契约是一种不合理的标准，通过设置奖惩的标准而降低批发价格的方式间接剥夺了供应商应得的权益，即便供应商投入再多的成本来提高产品的质量，也只不过是为平台做嫁衣，自身并不能实际得到质量提升所带来的直接受益，反而还需要承担因质量水平不足导致惩罚的风险。

命题10-6 当批发价格由供应商决策时，成本分担契约与分散决策下供应商的质量投入水平满足如下关系：$s_m^{DD*}<s_m^{CS*}$，$s_p^{CS*}<s_p^{DD*}$，$w^{DD*}<w^{CS*}$。

证明： $s_p^{CS*}-s_p^{DD*}=\dfrac{-(p-c)\alpha^2-\varphi A}{\varphi\left[2(1-\delta)\mu\alpha^2-\varphi\beta^2\right](2\mu\alpha^2-\varphi\beta^2)}\delta\varphi\mu\alpha\beta^2<0$；

$w^{CS*}-w^{DD*}=\dfrac{p\alpha^2+\varphi A}{\left[2(1-\delta)\mu\alpha^2-\varphi\beta^2\right](2\mu\alpha^2-\varphi\beta^2)}\delta\varphi\mu\beta^2>0$，同理可得 $s_m^{CS*}-s_m^{DD*}>0$。**证毕！**

由命题10-6可知，当供应商处于主导地位来决策批发价格时，成本分担契约下的质量投入水平及批发价格比分散决策高，而成本分担契约下平台品牌赋能水平比分散决策低。平台在成本分担契约下降低品牌赋能水平的原因有两方面：一是产品的批发价格较高，二是平台分担了部分供应商的质量投入成本，这两方面都增加了平台的成本，平台为了控制成本会降低品牌赋能水平。此外，在成本分担契约下供应商的质量投入水平较高，说明成本分担契约对供应商还是有激励作用的。

由于奖惩契约及成本分担契约下供应链成员的利润函数较为复杂，本章尝试通过数值仿真的方式来具体分析。基于商业实践，本节设定参数数值如下：$p=12$，$c=2$，$a=80$，$\gamma=5$，$\beta=30$，$l_0=0.5$，$\theta=0.8$，$\varphi=150$，$\mu=350$，$\eta=80$，$r=10$，$l_1=0.8$，$\alpha=50$。成本分担比例对供应链成员利润的影响如图10-6所示。

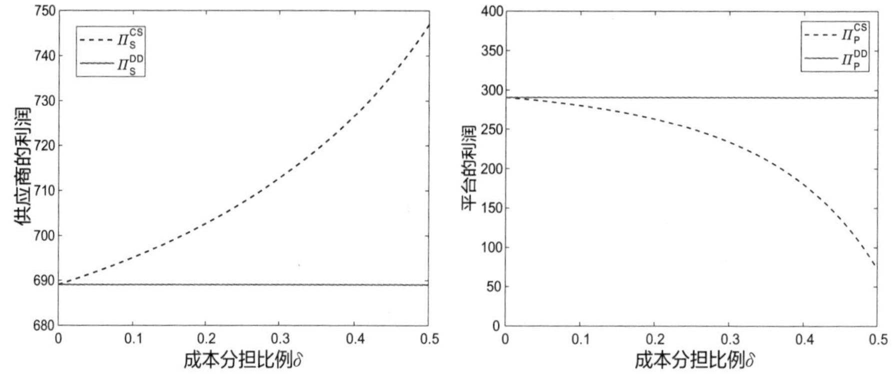

图 10-6　分担比例对平台供应链成员利润的影响

由图 10-6 可知，当供应商具有较大话语权时，在成本分担契约下供应商的利润随着成本分担比例的增加而增加，且比分散决策高；而平台的利润则随着成本分担比例的增加而降低，甚至比分散决策还低，这与平台掌握主导权时的影响不同。其主要原因在于，当供应商具有较大话语权时，如果平台对产品质量要求较高，供应商给出的批发价格往往较高，同时平台还需要分担一部分供应商的质量投入成本，因而平台的利润会有所下降。与之相比，供应商能够通过调整批发价格来维护自身的利润水平，同时随着成本分担比例的提升，平台为其分担的成本就会增加，利润自然也会有所上升。由此可见，当供应商处于主导地位时，成本分担契约对于平台而言似乎不是一个好的选择，虽然对供应商有激励作用，但平台自身的利润却有所损失。

但根据图 10-7 可知，当供应商具有较大话语权时，在成本分担契约下平台供应链的总利润会随着分担比例的增加而下降，且利润比分散决策要低。其主要原因在于平台利润下降的幅度远高于供应商利润增加的幅度，由此也能看出成本分担契约在供应商处于主导地位时并不能很好地协调供应链。

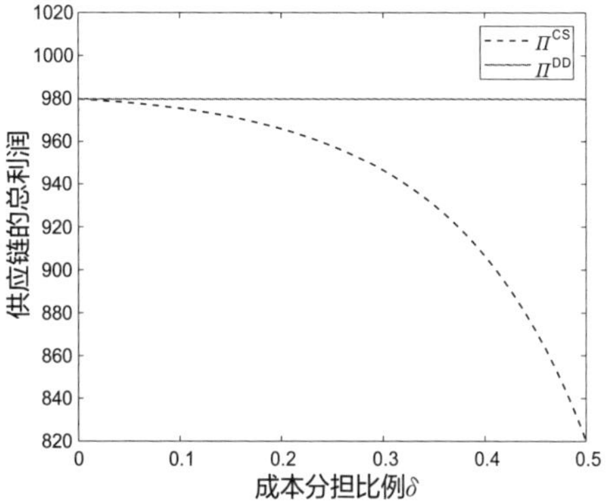

图10-7　分担比例对平台供应链总利润的影响

由图10-8可知，当供应商具有主导权来决策批发价格时，奖励惩罚契约及成本分担契约下供应商的利润均比分散决策高，且随着平台前期质量控制投入的增加而增加。同时，当平台质量控制投入水平较高时，奖惩契约下供应商的利润最高；当平台质量控制投入水平较低时，成本分担契约下供应商的利润最高。

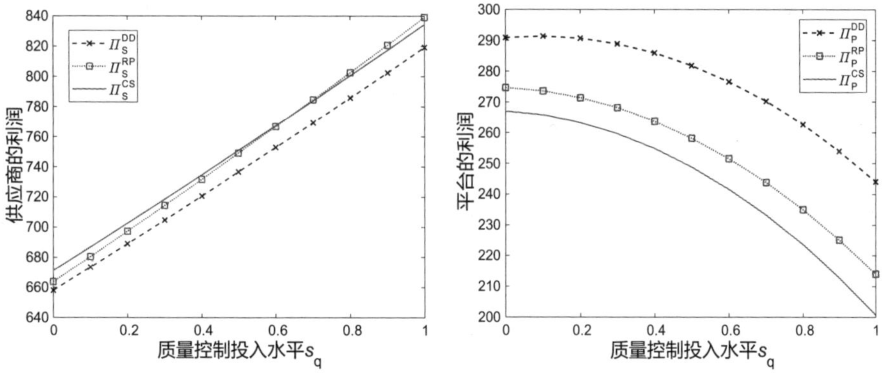

图10-8　平台质量控制投入水平对利润的影响

与之相比，对于平台而言，在分散决策下，其利润水平随着平台前期质量控制投入水平的增加先增后减，主要原因在于平台参与供应商的品控确实能够在一定程度上提高产品的质量且平台的品牌赋能水平也会随之提高，因而产品的市场需求也较高，平台的利润有所上升。但若前期的质量控制投入水平过高,通过质量提升所增加的利润已无法抵消平台所增加的质量控制成本,因而利润大幅度下降。

此外,奖励惩罚契约及成本分担契约下平台的利润比分散决策低,且随着平台前期质量控制投入的增加而降低。其主要原因在于,当供应商掌握主导权时,供应商调整批发价格使自身利润维持在一定水平,而平台前期投入一定的质量控制水平,以及通过契约激励供应商提高质量投入水平都是舍弃自身的利润而保证产品质量的行为。从商业实践来看,当供应商较为强势时,其自身的实力往往也较为雄厚,产品质量通常较高。这意味着,平台常常无须投入较高的质量控制水平或采用各种协调契约去改善产品质量。

第五节　本章小结

本章基于品牌赋能的研究背景,构建了由一个电商平台和一个供应商组成的供应链模型,探讨了平台型电商企业介入上游供应商品控环节的合作质量控制,即事前控制,是否能够真正促进产品质量提升的问题,同时分别引入了奖励惩罚契约、成本分担契约,分析契约对供应链成员运营决策及利润的影响。本章的研究表明:

(1)平台前期投入质量控制与供应商合作进行质量控制的方式存在供应商"搭便车"的现象,会在一定程度上降低供应商的质量投入水平。同时,当平台较为强势时,平台倾向于在合作质量控制的情境下降低批发价格,批发价格的减少也使供应商的质量投入水平进一步降低。因此,虽然平台型电商企业参与产品的控制过程可以提高产品的质量水平,但也存在一定的负面影响,平台的质量控制投入水平需要设置在合理的标准,才能使产品的质量控制达到最好的效果。

(2)在平台处于供应链的主导地位时,奖励惩罚契约不能实现帕累托改进,反而对供应商的质量投入的激励有负面影响,而成本分担契约能够实现帕累托改进。也就是说，当平台具有较大话语权来决策批发价格时，奖励惩罚契约虽然表面上会对供应商起到激励作用，但平台倾向于在奖惩契约下降低批发价格，对于供应商而言，一方面产品批发价格会降低其自身利润，另一方面供应商还需要承担对产品质量水平不合格的惩罚，因此奖惩契约对供应商而言具有负面的激励作用，并不能实现帕累托改进。与之相比，在成本分担契约下，平台通过分担供应商的质量投入成本可以激励供应商提升质量投入水平以实现产品需求的增加，双方的利润均有所提升，因而能够实现帕累托改进。

(3)在供应商处于供应链的主导地位时，奖励惩罚契约及成本分担契约对供应商是有益的，但平台的利润在两个契约下比分散决策低，均不能实现帕累托改进。当供应商具有话语权时，产品的质量往往是有保障的，因此平台可以降低前期的质量控制投入水平，同时考虑是否需要通过契约去激励供应商提高质量投入水平，以改善产品质量。

第十一章　采购赋能情境下平台供应链模式选择策略

本书第七章到第十章探讨了在品牌赋能情境下，平台供应链如何管理产品质量。而平台型企业的赋能行为是多种多样的，在第十一、第十二章，我们将变换视角，从平台型企业的采购赋能行为出发，分别探讨平台供应链的模式选择及库存风险分担问题。

第一节　问题提出

市场需求多样化和个性化的双重挑战对企业采购的质量、数量和时间等都提出了更高的要求。许多中小零售企业和网络零售商均面临着严峻的采购困境：一方面，其单次采购量小，缺乏议价能力，采购价格居高不下；另一方面，供需双方之间信息不对称，中小零售企业对于采购商品的质量、交货期等难以有效把控，经常出现资金积压、物料短缺、过分依赖特定供应商等问题，严重阻碍了零售业的发展和进步。为了让中小商户在平台内快速成长，打造一个多方互利共赢的生态圈，平台型电商企业全力整合供应链资源实现对中小零售企业的采购赋能。以京东为例，京东企业就针对中小企业采购专业性较差、单次采购量小、议价能力弱等特点，整合京东大数据、供应链、物流等模块，帮助中小企业降本增效。据统计，通过京东智能采购平台，在商品价格不变的情况下，总体采购成本能够下降15%，整体采购效率可提升50%，原来21天的采购周期，现在只需3天即可完成。在本章中，平台采购赋能主要指平台型电商企业借助数智化技术，整合供应链资源，集成多种基础服务，为零售企业提供智能选品、集中采购等采购服务，从而降低采购成本，提升采购效率，改善供应链整体绩效的行为。

在平台采购赋能中小零售商的过程中，存在着不同的平台运营模式：一种是常见的B2B中介模式（本章简称B模式），其典型代表为阿里1688采购平台，在该模式下，平台通过对供应商和零售商进行匹配，撮合双方达成交易并从中赚取一定比例的佣金；商品定价权归供应商所有；交易完成后，零售商享有商品所有权并承担全部库存。另一种则是近年来新兴的S2b2c模式（简称S模式），即“品牌商（供应商）—平台—小商家—客户”的社交电商运营模式（曾鸣，2019）。它是一种集合供应平台（S）赋能于零售商（小b）并共同服务于顾客（c）的全新电子商务营销模式。该模式的典型代表为云集微店，云集采用集中采购的方式，集成大量商家的订单需求，精选多个热销品类的商品，选择优质可靠的品牌供应商合作，在质量和服务方面从源头上进行把控，以此实现精准赋能。

不同模式下零售商的利润来源和成本结构各不相同，因此零售商需要选择是否接受采购赋能及入驻何种模式的电商平台；与此同时，不同模式下平台所承担的库存风险也不相同，因此平台需要衡量各模式下的收益与成本，从而决策最佳采购赋能投入。需要说明的是，平台采购赋能与普通的上游企业在研发、质量管理等方面投资存在一定的差异，平台可赋能多个零售商，而接受平台采购赋能的零售商越多，意味着平台对单个零售商的采购赋能成本越低。

第二节 模型描述

考虑由一个平台型电商企业和n个独立的网络零售商构成的单周期二级供应链结构模型，平台在供应链中占主导地位。需特别指出的是，本章考虑的线上零售商特指具有专属粉丝群体的“网红”，各大“网红”销售的产品大多不会重叠，且各大“网红”的粉丝群体大多不交叉，目标消费群体相对封闭，可以认为各群体彼此独立。在已有的相关研究中，与本章类似的假设也并不少见，Zare等（2019）探讨了由一个随机产出的供应商和n个随机需求的零售商组成的供应链系统风险分担策略的影响，其假设各个零售商在独立市场上销售他们的产品，没有显著的需求相关性。类似地，Moon和Feng（2017）研究了由一个供应商和n个独立的零售商组成的单周期供应链模型，各方都是风险中性的，零售商各自拥有一个专属区域，这意味着这些零售商之间不存在价格和库存竞争。

不同的平台采取不同的运营模式，本章主要考虑以阿里巴巴为代表的B模式和以云集微店为代表的S模式，零售商可以选择入驻不同运营模式的平台。当零售商足够强势时，其直接向供应商采购，在此情境下，零售商不接受采购赋能，即$s=0$。此时，产品的单位批发价格为$(w_0+\mu)$，而当零售商接受采购赋能时，单位批发价格则降低为w_0，$\mu(\mu\geqslant 0)$表示由于零售端议价能力不足导致独立采购时的批发价高于平台与上游供应商谈判得到的批发价。大多依托平台经营的商家由于采购数量少、议价能力弱，采购效率低下，更倾向于接受平台采购赋能以降低采购成本并扩大市场需求。

在B模式下，平台聚合批量订单使其对上游供应商的议价能力增强，批发价格降低为w_0。供应商以批发价格w_0直接向零售商供货，再由零售商以统一的销售价格p卖出。其中，w_0和p均为外生变量，平台按照销售额向供应商收取λ比例的佣金。B模式下的供应链结构如图11-1所示。

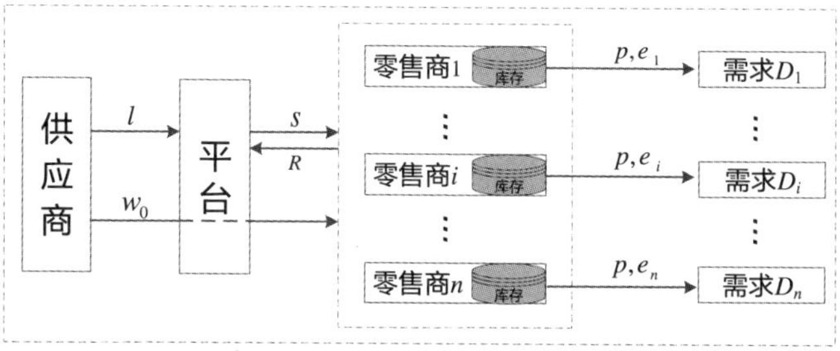

图11-1　B模式下的供应链结构

在S模式下，平台以批发价格w_0从供应商处采购，再由零售商以销售价格p卖出，此时库存由平台承担，零售商根据销售利润获得一定比例的佣金，佣金费率为θ，该模式的代表为云集。由于B模式下平台按照销售额（采购额）收取零售商（供应商）一定比例的佣金，故$\theta>\lambda$且$\theta>R$。S模式下的供应链结构如图11-2所示。

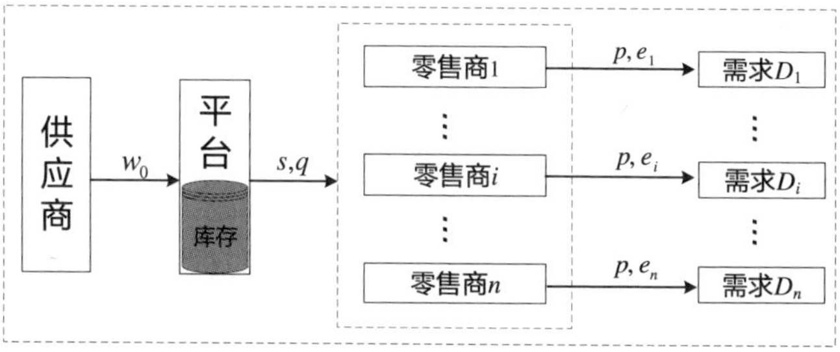

图11-2　S模式下的供应链结构

假定产品需求是采购赋能水平s和销售努力e_i的增函数，即产品的实际需求量为$D_i=X+\alpha s+e_i+\tau$，其中X是构成市场需求的随机变量，其独立于采购赋能水平s和销售努力水平e_i，$F(x)$和$f(x)$分别表示其分布函数与概率密度函数，$F(x)$是一个严格递增的连续可微函数。τ表示市场条件，参考Chen（2005）对市场条件的描述，假定τ足够大，使产品的市场需求D_i为负值的可能性忽略不计，即D_i始终为正值。$a(a>0)$表示零售端采购能力对需求的影响系数，a越大，平台对零售商的赋能越有效。需要说明的是，平台对零售商提供标准化服务，这意味着其对各零售商的采购赋能水平s相同，$0\leqslant s\leqslant$

1。在现实中，阿里1688采购平台为采购商提供统一的产品价格与服务，不针对会员提供优惠价格，可以认为平台对每个零售商的赋能投入相同。

零售商销售时需支出相应的销售努力成本，参考Chen(2005)的描述，假定零售商i的销售努力成本函数为$V\left(e_i\right)=e_i^2/2$。同样，假定平台对$n$个零售商赋能的总成本为$\eta s^2/2$。采用上述假设的原因是，平台采购赋能的成本主要为开发和运行软件所产生的费用，具体指平台在大数据和云计算的基础上利用物联网、移动互联网和人工智能等科技产品提高对采购产品、服务及供应商的溯源能力。因此，采购赋能成本与零售商数量没有直接关系。类似的二次成本函数已被许多学者采用，如Ofek等(2011)。此外，为保证计算结果的非负性，假定$\overline{R}p-w_0-\mu>0$，$p>2w_0>1/2$。

第三节　模型分析

一、无采购赋能(N)情境下的供应链

首先讨论零售商i在无采购赋能情境下的收益均衡，即$s=0$，此时产品的需求函数为$D_i=X+\tau+e_i$，零售商i以批发价格$\left(w_0+\mu\right)$从供应商处进货，并同时决策订购量q_i和销售努力水平e_i使其利润最大化。

零售商的利润函数为：

$$\Pi_i^{\mathrm{N}}=(1-R)pE\min\left(q_i,D_i\right)-\left(w_0+\mu\right)q_i-\frac{1}{2}e_i^2 \tag{11-1}$$

在式(11-1)中$pE\min\left(q_i,D_i\right)$表示零售商$i$的销售收入，这里的销量指的是实际销售额和订购量中的最小值，所以表示为$E\min\left(q_i,D_i\right)$，即：

$$E\min\left(q_i,D_i\right)=\int\int_{-\infty}^{q_i-e_i-\tau}\left(x+\tau+e_i\right)f(x)\mathrm{d}x+\int_{q_i-e_i-\tau}^{\infty}q_i f(x)\mathrm{d}x$$

为简化计算，令$\bar{R}=1-R$。

命题11-1　在无采购赋能情境下，零售商i的订购量、销售努力水平和利润分别为：

$$q_i^{N*}=F^{-1}\left(\frac{\bar{R}p-w_0-\mu}{\bar{R}p}\right)+\bar{R}p-w_0-\mu+\tau,e_i^{N*}=\bar{R}p-w_0-\mu,$$

$$\Pi_i^{N*}=\bar{R}p\int_{-\infty}^{F^{-1}\left(\frac{\bar{R}p-w_0-\mu}{\bar{R}p}\right)}xf(x)\mathrm{d}x+\frac{1}{2}(\bar{R}p-w_0-\mu)^2+\tau(\bar{R}p-w_0-\mu)$$

证明：对零售商利润Π_i^{N}分别求关于销售努力水平e_i和订购量q_i的二阶导数，得到Hessian矩阵为$H=\begin{bmatrix}-\bar{R}pf(q_i-e_i-\tau) & \bar{R}pf(q_i-e_i-\tau)\\ \bar{R}pf(q_i-e_i-\tau) & -\bar{R}pf(q_i-e_i-\tau)-1\end{bmatrix}$，由于一阶顺序主子式$-\bar{R}pf(q_i-e_i-\tau)<0$，$|H|=\bar{R}pf(q_i-e_i-\tau)>0$，则零售商利润$\Pi_i^{N}$是销售努力水平$e_i$和订购量$q_i$的严格凹函数，因此$\Pi_i^{N}$有极大值。分别求$e_i$和$q_i$的一阶导数并令之为0，可得：

$$\begin{cases}\bar{R}p\displaystyle\int_{-\infty}^{q_i-e_i-\tau}f(x)\mathrm{d}x-e_i=0\\ \bar{R}p\displaystyle\int_{q_i-e_i-\tau}^{\infty}f(x)\mathrm{d}x-w_0-\mu=0\end{cases}$$

求解可得e_i^{IP*}和q_i^{IP*}，计算过程省略。**证毕！**

由命题11-1可知，零售商的订购量q_i^{N*}、销售努力水平e_i^{N*}及Π_i^{N*}是$\bar{R}$的增函数，即q_i^{N*}、e_i^{N*}和Π_i^{N*}均随着佣金比例R的增大而减小。这很容易理解，虽然零售商不接受平台采购赋能，但依然借助平台强大的分销体系销售产品，因此需要向平台支付销售佣金，而当平台收取的销售佣金比例相对较高时，零售商必然会减少订购量，同时降低销售努力水平。此外，可以观察到零售商的订购量q_i^{N*}、销售努力水平e_i^{N*}及Π_i^{N*}均为批发溢价μ的减函数。也就是说，当供应商制定的批发价格较高时，零售商会降低销售努力投入并减少订购量来保证自身利润。在这种情况下，如果平台与供应商谈判能够在一定程度上降低批发价格，则零售商更倾向于接受平台的采购赋能。为了让平台及其生态系统发展得更好，平台型电商企业有动力帮助零售商提升销售量，降低批发价格是最直接的手段。例如，阿里巴巴搭建了专营批发的1688平台，其主要目的就是降低零售商的采购价格。

二、考虑采购赋能的B模式供应链

本部分基于平台采购赋能情境，讨论B模式下供应链成员的决策均衡。在该模式下，零售商i接受平台采购赋能并承担库存风险，此时供应链成员的决策时序如图11-3所示。首先平台决策采购赋能水平s；然后零售商i同时决策销售努力水平e_i和订购量q_i；最后销售实现，双方观察到销售结果。

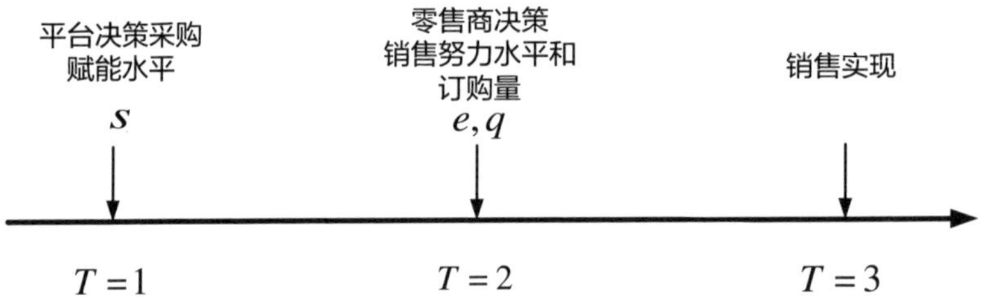

图11-3　B模式下供应链成员的决策时序

零售商i的利润函数为：

$$\Pi_i^{\mathrm{B}}=\bar{R}pE\min\left(q_i,D_i\right)-w_0q_i-\frac{1}{2}e_i^2 \tag{11-2}$$

在式(11-2)中，$\bar{R}pE\min\left(q_i,D_i\right)$表示除去零售商在平台上销售产品所交纳的佣金外的净收益，其中：

$$D_i=X+\tau+e_i+\alpha s,$$

$$E\min\left(q_i,D_i\right)=\int_{-\infty}^{q_i-e_i-\alpha s-\tau}\left(x+\tau+e_i+\alpha s\right)f(x)\mathrm{d}x+\int_{q_i-e_i-\alpha s-\tau}^{+\infty}q_if(x)\mathrm{d}x$$

对零售商利润Π_i^{B}分别求关于销售努力水平e_i和订购量q_i的二阶导数，得到

Hessian 矩阵为 $H=\begin{bmatrix} -\bar{R}pf\left(q_i-e_i-\alpha s-\tau\right) & \bar{R}pf\left(q_i-e_i-\alpha s-\tau\right) \\ \bar{R}pf\left(q_i-e_i-\alpha s-\tau\right) & -\bar{R}pf\left(q_i-e_i-\alpha s-\tau\right)-1 \end{bmatrix}$，由于一阶顺序主子式 $-\bar{R}pf\left(q_i-e_i-\alpha s-\tau\right)<0$，$|H|=\bar{R}pf\left(q_i-e_i-\alpha s-\tau\right)>0$，则零售商利润是销售努力水平和订购量的严格凹函数，因此 Π_i^{B} 有极大值。根据逆推归纳法，由式(11-2)分别求销售努力水平 e_i 和订购量 q_i 的一阶导数并令其为零，可得：

$$\begin{cases} \bar{R}p\displaystyle\int_{-\infty}^{q_i-e_i-\alpha s-\tau} f(x)\mathrm{d}x-e_i=0 \\ \bar{R}p\displaystyle\int_{q_i-e_i-\alpha s-\tau}^{\infty} f(x)\mathrm{d}x-w_0=0 \end{cases}$$

求解可得：

$$e_i^{\mathrm{B}}=\bar{R}p-w_0 \tag{11-3}$$

$$q_i^{\mathrm{B}}=F^{-1}\left(\frac{\bar{R}p-w_0}{\bar{R}p}\right)+\bar{R}p-w_0+\alpha s+\tau \tag{11-4}$$

相应地，平台的利润函数为：

$$\Pi_0^{\mathrm{B}}=\sum_{i=1}^{n}\lambda w_0 q_i+\sum_{i=1}^{n}RpE\min\left(q_i,D_i\right)-\frac{1}{2}\eta s^2 \tag{11-5}$$

将 e_i^{B} 和 q_i^{B} 代入式(11-5)，并由一阶条件可得如下引理与命题。

引理 11-1　B 模式下的采购赋能成本系数 η 应满足 $\eta\geqslant n\alpha\left(\lambda w_0+Rp\right)$，使得 $\forall s\in[0,1]$。

证明：根据式(11-5)可知 Π_0^{B} 是 s 的严格凹函数，求 s 的一阶导数并令其为零可得最优采购赋能水平 $s^{\mathrm{B}*}$，由 $s\in[0,1]$ 可知 $\eta\geqslant n\alpha\left(\lambda w_0+Rp\right)$。**证毕！**

引理 11-1 给出了 B 模式下采购赋能水平满足 $s\in[0,1]$ 时的条件，这时采购赋能成本系数有一个严苛的下限。基于引理 11-1 得到以下命题：

命题 11-2　在 B 模式下，供应链的均衡解如下：

(1)平台的最优采购赋能水平为：$s^{B*}=\dfrac{n\alpha(\lambda w_0+Rp)}{\eta}$；

(2)零售商i的最优销售努力水平和订购量分别为：

$$e_i^{B*}=\bar{R}p-w_0,q_i^{B}=F^{-1}\left(\frac{\bar{R}p-w_0}{\bar{R}p}\right)+\frac{n\alpha^2(\lambda w_0+Rp)}{\eta}+\bar{R}p-w_0+\tau;$$

(3)零售商i和平台的利润分别为：

$$\Pi_i^{B*}=\bar{R}p\int_{-\infty}^{F^{-1}\left(\frac{\bar{R}p-w_0}{\bar{R}p}\right)}xf(x)\mathrm{d}x+\frac{1}{2}(\bar{R}p-w_0)^2+$$
$$(\bar{R}p-w_0)\left(\tau+\frac{n\alpha^2(\lambda w_0+Rp)}{\eta}\right),$$

$$\Pi_0^{B*}=\int_{-\infty}^{F^{-1}\left(\frac{\bar{R}p-w_0}{\bar{R}p}\right)}xf(x)\mathrm{d}x+nw_0\left(\lambda+\frac{R}{\bar{R}}\right)F^{-1}\left(\frac{\bar{R}p-w_0}{\bar{R}p}\right)+$$
$$n(\bar{R}p-w_0+\tau)(\lambda w_0+Rp)+\frac{n^2\alpha^2(\lambda w_0+Rp)^2}{2\eta}。$$

证明：由$\dfrac{\partial^2\Pi_0^B}{\partial s^2}=-\eta<0$可知平台利润$\Pi_0^B$是采购赋能水平$s$的严格凹函数，对$\Pi_0^B$求关于$s$的一阶导数并令其为0得到$s^{B*}$，再将其代入式(11-3)和式(11-4)得到$e_i^{B*}$和$q_i^{B*}$，将上述最优解代入式(11-2)和式(11-5)，得到零售商和平台的利润，计算过程省略。**证毕！**

由命题11-2可知，采购赋能水平s^{B*}是供应商交纳的佣金费率λ和零售端采购能力对需求的影响参数α的增函数。也就是说，如果供应商向平台交纳的佣金比例相对较高，平台自然愿意增加采购赋能投入，帮助零售商甄选优质品牌商并对其进行深度检验，进一步保障采购商品的品质与价格，更好地帮助零售商扩大产品的市场需求；相反，如果平台要求供应商交纳的佣金比例相对较低，那么为了保证自身利润，平台无疑会减少采购赋能的投入。除此之外，如果平台采购赋能可以为零售商有效地增加市场需求，即采购能力对市场需求影响较大时,那么平台会持续投入,不仅使零售商获益,自身也能够从中获益;相反,如果零售商的采购能力对市场需求影响甚微,那么平台会权衡自身的收益与投入,从而降低赋能水平。

推论11-1 在B模式下,各均衡解满足:

(1)$\frac{\mathrm{d}s^{B*}}{\mathrm{d}n}>0,\frac{\mathrm{d}q_i^{B*}}{\mathrm{d}n}>0,\frac{\mathrm{d}\Pi_i^{B*}}{\mathrm{d}n}>0$;

(2)$\frac{\mathrm{d}s^{B*}}{\mathrm{d}\alpha}>0,\frac{\mathrm{d}q_i^{B*}}{\mathrm{d}\alpha}>0,\frac{\mathrm{d}\Pi_i^{B*}}{\mathrm{d}\alpha}>0$;

(3)$\frac{\mathrm{d}s^{B*}}{\mathrm{d}\eta}<0,\frac{\mathrm{d}q_i^{B*}}{\mathrm{d}\eta}<0,\frac{\mathrm{d}\Pi_i^{B*}}{\mathrm{d}\eta}<0$。

证明:

$$\frac{\mathrm{d}s^{B*}}{\mathrm{d}n}=\frac{\alpha(\lambda w_0+Rp)}{\eta}>0,\frac{\mathrm{d}q_i^{B*}}{\mathrm{d}n}=\frac{\alpha^2(\lambda w_0+Rp)}{\eta}>0,$$

$$\frac{\mathrm{d}\Pi_i^{B*}}{\mathrm{d}n}=\frac{\alpha^2(\bar{R}p-w_0)(\lambda w_0+Rp)}{\eta}>0;$$

$$\frac{\mathrm{d}s^{B*}}{\mathrm{d}\alpha}=\frac{n(\lambda w_0+Rp)}{\eta}>0,\frac{\mathrm{d}q_i^{B*}}{\mathrm{d}\alpha}=\frac{2n\alpha(\lambda w_0+Rp)}{\eta}>0,$$

$$\frac{\mathrm{d}\Pi_i^{B*}}{\mathrm{d}\alpha}=\frac{2n\alpha(\lambda w_0+Rp)(\bar{R}p-w_0)}{\eta}>0;$$

$$\frac{\mathrm{d}s^{B*}}{\mathrm{d}\eta}=-\frac{n\alpha(\lambda w_0+Rp)}{\eta^2}<0,\frac{\mathrm{d}q_i^{B*}}{\mathrm{d}\eta}=-\frac{n\alpha^2(\lambda w_0+Rp)}{\eta^2}<0,$$

$$\frac{\mathrm{d}\Pi_i^{B*}}{\mathrm{d}\eta}=-\frac{n\alpha^2(\lambda w_0+Rp)(\bar{R}p-w_0)}{\eta^2}<0$$

。**证毕!**

推论11-1中的(1)和(2)说明了规模效应及采购能力的提升对供应链成员利润的影响。随着零售商数目n的增加,采购赋能水平、零售商订购量及双方的利润都随之增加。这很容易理解,当足够多的零售商加入平台时会形成规模效应,使平台的实力增强,预期收益增加,因此平台有动力提升采购赋能水平;而零售商感知到潜在市场需求的扩大,于是会主动增加订购量。这不仅使零售商的利润有所提高，也抵消了采购赋能水平上升所导致的赋能成本增加，平台也从中获益。同样地，当零售商的采购能力对需求影响α较大时，平台会增加采购赋能投入，零售商的产品市场需求明显增加，因此双方的利润均有所提升。推论11-1中的(3)则说明，更高的平台采购赋能效率带来采购赋能水平、零售商订购量及双方利润的增加，所以平台应努力提升采购赋能效率，实现供应链成员的双赢。

三、考虑采购赋能的S模式供应链

在该模式下，零售商i接受平台采购赋能，但不承担库存，供应链成员的决策时序如图11-4所示。首先，平台同时决策采购赋能水平s和订购量q_i；然后零售商i决定销售努力水平e_i；最后销售实现，双方观察到销售结果。

需要说明的是，这里平台分享给零售商的是销售利润，平台之所以这样做是因为其掌握了产品全部的价格信息，包括平台制定的零售价格p及平台与供应商谈判得到的批发价格w_0，因此平台会在满足其预期利润的情况下，分享一部分利润给零售商。现实中，云集微店上付费会员的收入主要为销售利润分成，会员在云集平台上交易所产生的利润，会根据级别获得不同比例的佣金。

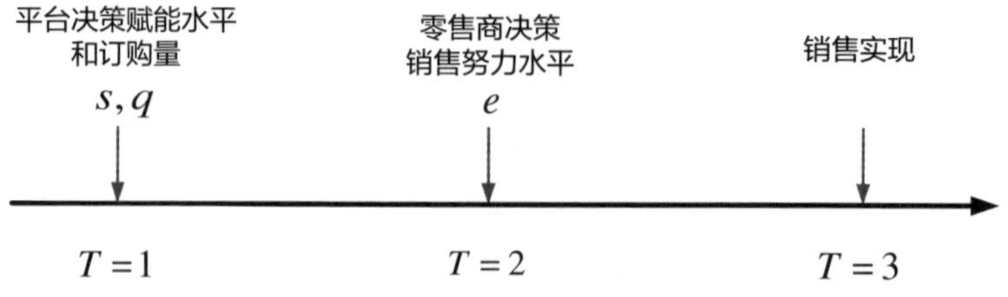

图11-4　S模式下供应链成员的决策时序

零售商的利润函数为：

$$\Pi_i^{S}=\left(p-w_0\right)E\min\left(q_i,D_i\right)-\frac{1}{2}e_i^2 \tag{11-6}$$

平台的利润函数为：

$$\Pi_0^S=\sum_{i=1}^{n}pE\min(q_i,D_i)-\sum_{i=1}^{n}\theta(p-w_0)E\min(q_i,D_i)-\sum_{i=1}^{n}w_0q_i-\frac{1}{2}\eta s^2 \tag{11-7}$$

式(11-7)中右边第一项$\sum_{i=1}^{n}pE\min(q_i,D_i)$表示平台销售收入,这里的销量是实际需求量和订购量的最小值。

$$E\min(q_i,D_i)=\int_{-\infty}^{q_i-e_i-\alpha s-\tau}(x+e_i+\alpha s+\tau)f(x)\mathrm{d}x+\int_{q_i-e_i-\alpha s-\tau}^{\infty}q_if(x)\mathrm{d}x,$$

第二项$\sum_{i=1}^{n}\theta(p-w_0)E\min(q_i,D_i)$表示平台分享给零售商的利润,第三项$\sum_{i=1}^{n}w_0q_i$表示平台的采购成本,最后一项为平台采购赋能成本。

将式(11-7)简化得到：

$$\Pi_0^S=\sum_{i=1}^{n}(p-p\theta+\theta w_0)E\min(q_i,D_i)-\sum_{i=1}^{n}w_0q_i-\frac{1}{2}\eta s^2 \tag{11-8}$$

根据逆推归纳法，由于$\frac{\partial^2\Pi_i^S}{\partial e_i^2}=-\theta(p-w_0)f(q_i-e_i-\alpha s-\tau)-1<0$，零售商利润显然是销售努力水平的凹函数,根据一阶条件可知,零售商的最优决策满足：

$$\frac{\partial\Pi_i^S}{\partial e_i}=\theta(p-w_0)\int_{-\infty}^{q_i-e_i-\alpha s-\tau}f(x)\mathrm{d}x-e_i=0$$

可得：

$$e_i^S=\theta(p-w_0)\int_{-\infty}^{q_i-e_i-\alpha s-\tau}f(x)\mathrm{d}x \tag{11-9}$$

将式(11-9)代入式(11-8),得到如下引理：

引理11-2　平台采购赋能成本系数η应满足：

$\eta\geqslant\max\{n\alpha(\lambda w_0+Rp),n\alpha(1-\theta)(p-w_0)\}$,使得$\forall s\in[0,1]$。

证明：根据式(11-8)可知，Π_0^S是s的严格凹函数，求s的一阶导数并令其为零，可得最优采购赋能水平s^{S*}，由$s\in[0,1]$可知$\eta\geqslant n\alpha(1-\theta)(p-w_0)$。结合引理11-1，我们得出平台采购赋能成本系数$\eta$应满足$\eta\geqslant\max\left\{n\alpha(\lambda w_0+Rp),n\alpha(1-\theta)(p-w_0)\right\}$。**证毕！**

基于引理11-2得到如下命题：

命题11-3 在S模式下，供应链的均衡解如下：

(1)平台的最优采购赋能水平为$s^{S*}=\dfrac{n\alpha(1-\theta)(p-w_0)}{\eta}$；

(2)零售商i的最优销售努力水平和订购量分别为：

$$e_i^{S*}=\theta(1-\theta)\frac{(p-w_0)^2}{p-\theta p+\theta w_0},$$

$$q_i^{S*}=F^{-1}\left[\frac{(1-\theta)(p-w_0)}{p-\theta p+\theta w_0}\right]+\frac{n\alpha^2(1-\theta)(p-w_0)}{\eta}+\frac{\theta(1-\theta)(p-w_0)^2}{p-\theta p+\theta w_0}+\tau;$$

(3)零售商i和平台的利润分别为：

$$\Pi_i^S=\frac{\theta w_0}{p-\theta p+\theta w_0}F^{-1}\left[\frac{(1-\theta)(p-w_0)}{p-\theta p+\theta w_0}\right]+\theta(p-w_0)\int_{-\infty}^{F^{-1}\left(\frac{(1-\theta)(p-w_0)}{p-\theta p+\theta w_0}\right)}xf(x)\mathrm{d}x$$
$$+\theta(p-w_0)\left[\frac{n\alpha^2(1-\theta)(p-w_0)}{\eta}+\frac{\theta(1-\theta)(p-w_0)^2}{p-\theta p+\theta w_0}+\tau\right]$$
$$-\frac{\theta^2(1-\theta)^2(p-w_0)^4}{2(p-\theta p+\theta w_0)^2},$$

$$\Pi_0^S=(p-\theta p+\theta w_0)\int_{-\infty}^{F^{-1}\left[\frac{(1-\theta)(p-w_0)}{p-\theta p+\theta w_0}\right]}xf(x)\mathrm{d}x-\frac{n^2\alpha^2(1-\theta)^2(p-w_0)^2}{2\eta}$$
$$+n(1-\theta)(p-w_0)\left[\frac{n\alpha^2(1-\theta)(p-w_0)}{\eta}+\frac{\theta(1-\theta)(p-w_0)^2}{p-\theta p+\theta w_0}+\tau\right]。$$

证明: 对平台的利润 Π_0^S 分别求关于采购赋能水平 s 和订购量 q_i 的二阶导数,得到Hessian矩阵为

$$H=\begin{bmatrix}-n\alpha^2(p-p\theta+\theta w_0)f(q_i-e_i-\alpha s-\tau)-\eta & n\alpha(p-p\theta+\theta w_0)f(q_i-e_i-\alpha s-\tau)\\ n\alpha(p-p\theta+\theta w_0)f(q_i-e_i-\alpha s-\tau) & -n(p-p\theta+\theta w_0)f(q_i-e_i-\alpha s-\tau)\end{bmatrix}$$

由于矩阵的一阶顺序主子式 $-n\alpha^2(p-p\theta+\theta w_0)f(q_i-e_i-\alpha s-\tau)-\eta<0$,行列式 $|H|=n\eta(p-p\theta+\theta w_0)f(q_i-e_i-\alpha s-\tau)>0$,则平台利润是采购赋能水平和订购量的严格凹函数,因此 Π_0^S 有极大值。求 Π_0^S 关于 q_i 和 s 的一阶导数并令其为0,求得均衡解,再将其代入式(11-9)得到 e_i^{S*}。**证毕!**

由命题11-3可知,S模式下的采购赋能水平在一定程度上取决于平台分享给零售商的佣金比例,随着佣金比例 θ 的增加,采购赋能水平 s^{S*} 降低。这很容易理解,平台按照零售商的销售利润对其分成,分成比例越高,平台获利越少,平台为了缩减成本,必然会降低其采购赋能水平。

推论11-2　在S模式下,各均衡解满足:

(1)$\frac{\mathrm{d}s^{S*}}{\mathrm{d}n}>0,\frac{\mathrm{d}q_i^{S*}}{\mathrm{d}n}>0,\frac{\mathrm{d}\Pi_i^{S*}}{\mathrm{d}n}>0$;

(2)$\frac{\mathrm{d}s^{S*}}{\mathrm{d}\alpha}>0,\frac{\mathrm{d}q_i^{S*}}{\mathrm{d}\alpha}>0,\frac{\mathrm{d}\Pi_i^{S*}}{\mathrm{d}\alpha}>0$;

(3)$\frac{\mathrm{d}s^{S*}}{\mathrm{d}\eta}<0,\frac{\mathrm{d}q_i^{S*}}{\mathrm{d}\eta}<0,\frac{\mathrm{d}\Pi_i^{S*}}{\mathrm{d}\eta}<0$。

证明: $\frac{\mathrm{d}s^{S*}}{\mathrm{d}n}=\frac{\alpha(1-\theta)(p-w_0)}{\eta}>0,\frac{\mathrm{d}q_i^{S*}}{\mathrm{d}n}=\frac{\alpha^2(1-\theta)(p-w_0)}{\eta}>0$,

$$\frac{\mathrm{d}\Pi_i^{S*}}{\mathrm{d}n}=\frac{\alpha^2\theta(1-\theta)(p-w_0)^2}{\eta}>0;$$

$$\frac{\mathrm{d}s^{S*}}{\mathrm{d}\alpha}=\frac{n(1-\theta)(p-w_0)}{\eta}>0,\frac{\mathrm{d}q_i^{S*}}{\mathrm{d}\alpha}=\frac{2n\alpha(1-\theta)(p-w_0)}{\eta}>0,$$

$$\frac{\mathrm{d}\Pi_i^{S*}}{\mathrm{d}\alpha}=\frac{2n\alpha\theta(1-\theta)(p-w_0)^2}{\eta}>0;$$

$$\frac{\mathrm{d}s^{S*}}{\mathrm{d}\eta}=-\frac{n\alpha(1-\theta)(p-w_0)}{\eta^2}<0,\frac{\mathrm{d}q_i^{S*}}{\mathrm{d}\eta}=-\frac{n\alpha^2(1-\theta)(p-w_0)}{\eta^2}<0,$$

$$\frac{\mathrm{d}\Pi_i^{S*}}{\mathrm{d}\eta}=-\frac{n\alpha^2\theta(1-\theta)(p-w_0)^2}{\eta^2}<0。$$

证毕!

由推论11-2可知,采购赋能水平是零售商数量的增函数,这一结论与推论11-1类似。值得注意的是,该模式下采购赋能水平s^{S*}随着批发价格w_0的增大而减小,而B模式下的采购赋能水平s^{B*}随着批发价格w_0的增大而增大。这是因为,S模式下的采购成本由平台承担,因此批发价格越高,平台的进货成本越高,预期利润越低,于是平台会主动缩减采购赋能的投入。相反,B模式下的采购成本由零售商承担,批发价格越高,供应商向平台交纳的佣金越多,故而平台会提高采购赋能的投入。

第四节　比较分析

为了进一步比较不同情境下供应链成员决策的差异及对利润的影响,本部分对各模式的决策均衡解进行了比较分析。

一、正态分布下的比较

为了更好地比较不同模式下均衡决策的关系,首先假设需求函数服从正态分布,可得如下命题。

命题11-4　在无采购赋能情境(N)、B模式以及S模式下,零售商的销售努力水平满足如下关系:

(1)若$0<R<R^*$,

①当$0\leqslant\mu<\mu^*$时,$e^{S*}<e^{N*}\leqslant e^{B*}$;

②当$\mu\geqslant\mu^*$时,$e^{N*}<e^{S*}<e^{B*}$;

(2)若$R^*<R<\dfrac{p-w_0-\mu}{p}$,对任意的$\mu\geqslant 0$,$e^{N*}\leqslant e^{B*}<e^{S*}$。

证明:首先比较无采购赋能情境与B模式,由$e_i^{B*}-e_i^{N*}=\mu\geqslant 0$可得$e^{N*}\leqslant e^{B*}$;接下来比较B模式与S模式,由$e_i^{S*}-e_i^{B*}=\dfrac{\theta\delta(p-w_0)}{\delta+w_0}-\bar{R}p+w_0$,化简可得$e_i^{S*}-e_i^{B*}=\dfrac{I(R)}{\delta+w_0}$,$I(R)=Rp^2(1-\theta)+\theta(2-\theta)(p^2+{w_0}^2)-pw_0\theta(4-R-2\theta)-p(p-w_0)$。$I(R)$关于$R$的一阶导数$\dfrac{\partial I(R)}{\partial R}=p(\delta+w_0)>0$,则$I(R)$是$R$的增函数,令$I(R)=0$则$R_0=\dfrac{p(p-w_0)+\theta(\theta-2)(p-w_0)^2}{p^2(1-\theta)+pw_0\theta}$,因为$(\theta-1)^2>0$,那么$\theta(2-\theta)<1$,又因为$p(p-w_0)>(p-w_0)^2$,所以$p(p-w_0)>\theta(2-\theta)(p-w_0)^2$,分子为正值,显然分母也为正值,那么$R_0>0$。由上述假设条件可知$\psi>0$即$R\in\left(0,\dfrac{p-w_0-\mu}{p}\right)$,那么当$0<R<R^*$时,$e_i^{S*}<e_i^{B*}$,当$R^*<R<\dfrac{p-w_0-\mu}{p}$时,$e^{N*}\leqslant e^{B*}<e^{S*}$。

紧接着分析当$0<R<R^*$时,e_i^{S*}与e_i^{N*}的大小关系,由$e_i^{S*}-e_i^{N*}=\dfrac{I(\mu)}{\delta+w_0}$,其中$I(\mu)=p^2(1-\theta)(R+\theta-1)+pw_0\theta(R+2\theta-4)+p(w_0+\mu)-\theta\mu(p-w_0)+w_0^2\theta(2-\theta)$,$\dfrac{\partial I(\mu)}{\partial\mu}=\delta+w_0>0$,则$I(\mu)$是关于$\mu$的增函数,令$I(\mu)=0$,则$\mu_0=-\dfrac{pw_0+{w_0}^2\theta(2-\theta)-p^2(1-\theta)(1-R-\theta)-pw_0\theta(4-R-2\theta)}{\delta+w_0}$,那么当$0\leqslant\mu<\mu^*$时,$e^{S*}<e^{N*}<e^{B*}$,当$\mu\geqslant\mu^*$时,$e^{N*}<e^{S*}<e^{B*}$。**证毕!**

由命题11-4(1)可知,零售商的销售努力水平e_i^*在一定程度上取决于平台收取的佣金费率R和批发溢价μ。当佣金比例相对较低($0<R<R^*$)时,B模式下零售商的销售努力水平e^{B*}最高,这是因为相比于无采购赋能情境(N),B模式下零售商接受了平台采购赋能,使采购成本降低、市场需求增加,因此其有足够的动力提高销售努力水平。此外,销售努力水平也与批发溢价μ有关,当零售商足够强势,其独立采购时的批发价格与平台集中采购相差无几($0\leqslant\mu<\mu^*$)时,零售商更倾向于投入较高的销售努力从而扩大潜在的市场需求,此时的销售努力水平e^{N*}低于B模式,却高于S模式。之所以高于S模式是因为,无采购赋能时零售商的收益为产品销售额,而S模式下其收益为一部分销售利润,两者的利润来源不同导致对销售投入的努力也不同。

由命题11-4(2)可知,当佣金比例相对较高($R^*<R<\dfrac{p-w_0-\mu}{p}$)时,S模式下的销售努力水平$e^{S*}$最高。这是因为随着佣金比例$R$逐渐升高,零售商需要负担较高的销售佣金,就会降低销售努力水平以保证自身利润最大化,此时S模式下的销售努力水平e^{S*}最高。事实上,近年来阿里巴巴国内零售平台(天猫、淘宝等)针对商户开设店铺所收取的佣金率有所上升,导致许多小微商家无法负担平台较高的佣金、广告营销费用与库存积压成本,于是很多商家选择入驻云集微店、拼多多等社交电商平台。如此一来,商家不必承担高昂的佣金与库存积压的风险,极大地缩减了运营成本,因此愿意提高销售努力水平来吸引更多流量。

命题11-5 在B模式与S模式下,平台采购赋能水平满足:

当$0<R<\hat{R}$时,$s^{B*}<s^{S*}$;当$\hat{R}\leqslant R<\theta$时,$s^{S*}<s^{B*}$。

证明:由$s^{S*}-s^{B*}=\dfrac{n\alpha}{\eta}(\delta-\lambda w_0-Rp)$,无法直接判断表达式的正负值,令其为0,得到$R_0=\dfrac{(1-\theta)(p-w_0)-\lambda w_0}{p}=\dfrac{\delta-\lambda w_0}{p}$,将分子简化为$(1-\theta)p-(1-\theta+\lambda)w_0$,由假设条件可知$p>2w_0$,则$(1-\theta)p>2(1-\theta)w_0$,显然$1-\theta>\lambda$,那么$2(1-\theta)w_0>(1-\theta+\lambda)w_0$,即

$(1-\theta)p>(1-\theta+\lambda)w_0$，分子为正值，故 $R_0>0$。又由假设条件可知 $R<\theta$，故令 $\hat{R}=\min\{\theta,\dfrac{\delta-\lambda w_0}{p}\}$，当 $0<R<\hat{R}$ 时，$s^{B*}<s^{S*}$；当 $\hat{R}\leqslant R<\theta$ 时，$s^{S*}<s^{B*}$。**证毕!**

命题11-5表明，不同的平台运营模式下采购赋能水平存在差异。当平台设定的佣金比例较低时（$0<R<\hat{R}$），S模式下采购赋能水平 s^{S*} 高于B模式 s^{B*}；相反，当平台设定的佣金比例较高时（$\hat{R}\leqslant R<\theta$），S模式下采购赋能水平 s^{S*} 则低于B模式的采购赋能水平 s^{B*}。这是因为，当佣金比例较低时，B模式下平台的收益较低，自然会降低采购赋能投入。当佣金比例较高时，B模式下平台的收益较高，故有动力提升采购赋能水平。然而，佣金比例的提高会在一定程度上损害零售商的利益，因此平台应在合理范围内设置佣金比例，力求既能保障自身利润，又能提高对下游的采购赋能水平。

二、均匀分布下的比较

由于均匀分布和正态分布下的采购赋能水平及销售努力均衡解是相同的，因此上一节的命题在本节同样成立。为了进一步比较不同情境下供应链成员利润及其他决策变量的差异，本节参考Wang等（2004）、Perakis和Roels（2008）和De Matta等(2014)，假定产品短期内的需求量服从$[0,A]$上的均匀分布。实际上，当产品生命周期较短时，可根据以往需求量推断大致需求区间，比如圣诞树、重大节日纪念品等产品，符合均匀分布的假设（李凯等，2019）。

命题11-6 在无采购赋能情境（N）、B模式以及S模式下，订购量满足如下关系：

（1）若 $0\leqslant\mu<\bar{\mu}$，对任意的 $0<\lambda<1$，$q_i^{S*}<q_i^{N*}<q_i^{B*}$；

（2）若 $\mu\geqslant\bar{\mu}$，

①当 $0<\lambda<\lambda^*$ 时，$q_i^{N*}<q_i^{B*}<q_i^{S*}$；

②当 $\lambda^*<\lambda<1$ 时，$q_i^{N*}<q_i^{S*}<q_i^{B*}$。

证明：首先，比较无采购赋能情境与B模式下订购量的关系，由 $q_i^{B*}-q_i^{N*}=\frac{\mu(A+\overline{R}p)}{\overline{R}p}+\frac{n\alpha^2(\lambda w_0+Rp)}{\eta}>0$ 得到 $q_i^{N*}<q_i^{B*}$。其次，比较无采购赋能情境与S模式，由 $\Delta q_i^{SN}=q_i^{S*}-q_i^{N*}=\delta\left(\frac{n\alpha^2}{\eta}+\frac{A+\theta p-\theta w_0}{\delta+w_0}\right)-\frac{(A+\bar{R}p)\psi}{\bar{R}p}$，$\frac{\partial\Delta q_i^{SN}}{\partial\mu}=\frac{A+\bar{R}p}{\bar{R}p}>0$，可知 Δq_i^{SN} 是关于 μ 的增函数，再令 $\Delta q_i^{SN}=0$，得到 $\mu_1=\frac{\overline{R}p}{A+\overline{R}p}\left[\delta\left(\frac{n\alpha^2}{\eta}+\frac{A+\theta p-\theta w_0}{\delta+w_0}\right)-\frac{A+\overline{R}p}{\overline{R}p}(\psi+\mu)\right]$。当 $0\leqslant\mu<\bar{\mu}$ 时，$\Delta q_i^{SN}<0$ 即 $q_i^{S*}<q_i^{N*}$，已经证明 $q_i^{N*}<q_i^{B*}$，故 $q_i^{S*}<q_i^{N*}<q_i^{B*}$；当 $\mu\geqslant\bar{\mu}$ 时，$\Delta q_i^{SN}>0$ 即 $q_i^{N*}<q_i^{S*}$。

紧接着，当 $\mu\geqslant\bar{\mu}$ 时继续比较采购赋能情境下的两种模式，$\Delta q_i^{SB}=q_i^{S*}-q_i^{B*}=\delta\left(\frac{n\alpha^2}{\eta}+\frac{A+\theta p-\theta w_0}{\delta+w_0}\right)-\frac{(A+\overline{R}p)(\psi+\mu)}{\overline{R}p}-\frac{n\alpha^2(\lambda w_0+Rp)}{\eta}$，对佣金比例 λ 求一阶导数，得到 $\frac{\partial\Delta q_i^{SB}}{\partial\lambda}=-\frac{n\alpha^2 w_0}{\eta}<0$，则 Δq_i^{SB} 是关于 λ 的减函数，令 $\Delta q_i^{SB}=0$ 有 $\lambda_1=-\frac{\eta}{nw_0\alpha^2}\left[\delta\left(\frac{n\alpha^2}{\eta}+\frac{A+\theta p-\theta w_0}{\delta+w_0}\right)-\frac{A+\overline{R}p}{\overline{R}p}(\psi+\mu)\right]$。当 $0<\lambda<\lambda^*$，$\Delta q_i^{SB}>0$ 即 $q_i^{N*}<q_i^{B*}<q_i^{S*}$，当 $\lambda^*<\lambda<1$，$\Delta q_i^{SB}<0$ 即 $q_i^{N*}<q_i^{S*}<q_i^{B*}$。

证毕!

命题11-6说明，零售商的订购量与平台收取供应商的佣金比例和批发溢价有关。如果 $0\leqslant\mu<\bar{\mu}$，即零售商自身的议价能力较强，即便不借助平台，仍然能以相对较低的批发价格从供应商处采购，此时零售商的订购量 q_i^{N*} 虽然低于B模式，但却高于S模式。这比较容易理解，正如命题11-4所得结论，在零售商自身较为强势的情况下，其销售努力水平 e^{N*} 低于B模式，却高于S模

式，而销售努力水平直接影响零售商的市场需求，进而影响其订购量，因此订购量q_i^{N*}也会表现为低于B模式，高于S模式。

当$\mu \geqslant \bar{\mu}$，表示零售商独立采购的成本远高于接受平台采购赋能时的采购成本，此时零售商无疑会降低采购量，因而订购量q_i^{N*}要低于接受平台采购赋能的两种情形。此外，B模式与S模式下的订购量还会受到平台收取供应商的佣金比例λ的影响。首先，当佣金比例相对较低($0<\lambda<\lambda^*$)时，由于收取供应商较少的佣金导致B模式下平台获利较少，平台必然会降低采购赋能水平以缩减成本，零售商感知到供应商产品质量不佳或产品滞销，无疑会主动降低订购量，因而B模式下的订购量q_i^{B*}低于S模式的订购量q_i^{S*}。

其次，当平台收取供应商的佣金比例相对较高($\lambda^*<\lambda<1$)时，在B模式下平台不仅根据销售额收取零售商一定比例的佣金，同时也根据采购成本收取供应商较高佣金，此时平台获利较多，那么它就会提升采购赋能水平，帮助零售商甄选适销对路的商品，此时零售商感知到产品销售较好，于是主动提高订购量，因而q_i^{B*}高于q_i^{S*}。

此外，我们发现，B模式下的订购量始终高于无采购赋能情境下的订购量。这是因为当零售商接受采购赋能后，其市场需求增加，同时平台强大的议价能力也为其降低了批发价格，于是零售商愿意增加购买量。

命题11-7　零售商最优利润在无采购赋能情境(N)与B模式下的关系满足：$\Pi_i^{B*}>\Pi_i^{N*}$。

证明：$\Pi_i^{B*}-\Pi_i^{N*}=\dfrac{(\psi+\mu)^2}{2}\left(1+\dfrac{A}{\bar{R}p}\right)+(\psi+\mu)\left[\dfrac{n\alpha^2(\lambda w_0+Rp)}{\eta}+\tau\right]-\dfrac{\psi^2}{2}\left(1+\dfrac{A}{\bar{R}p}\right)-\psi\tau$，已知$\mu\geqslant 0,\psi+\mu\geqslant\psi>0$，那么$\dfrac{(\psi+\mu)^2}{2}\left(1+\dfrac{A}{\bar{R}p}\right)\geqslant\dfrac{\psi^2}{2}\cdot\left(1+\dfrac{A}{\bar{R}p}\right)$。又因为$(\psi+\mu)\tau\geqslant\psi\tau$，则$(\psi+\mu)\left[\dfrac{n\alpha^2(\lambda w_0+Rp)}{\eta}+\tau\right]>\psi\tau$，故$\Pi_i^{B*}-\Pi_i^{N*}>$。**证毕！**

命题11-7表明，与无采购赋能情境相比，零售商选择B模式对其增加利润是有益的。这是因为，相比于平台的议价能力，零售商自身的议价能力较弱，在与供应商的谈判过程中处于弱势地位，进货成本居高不下，导致预期利润较低。而接受采购赋能后，零售商可借助平台的背书及其强势地位，获得更高的产品品质与更低的批发价格，增加市场需求，进而提升利润。

第五节　数值仿真

上一节分析了不同模式下供应链成员的决策均衡，但部分模型均衡解的表达式较为复杂，很难得到直观结论。本节通过算例来进一步分析重要的参数对供应链成员决策的作用，以及对供应链成员利润的影响。假设随机变量X服从均值为0，标准差为2的正态分布，即$x \sim N(0,4)$。此外，本节在企业实际情况的基础上对各参数进行赋值，设定如下：$\tau=10$，$\eta=6$，$p=4$，$w_0=0.8$，$\mu=0.4$，$\lambda=0.1$，$\theta=0.3$。

一、佣金比例对采购赋能水平的影响

本节用算例来说明佣金比例θ和R对两种模式下平台采购赋能水平的影响。我们设定$n=100$，佣金比例θ和R以0.01为增量在(0,0.5)范围内变化，如图11-5所示。

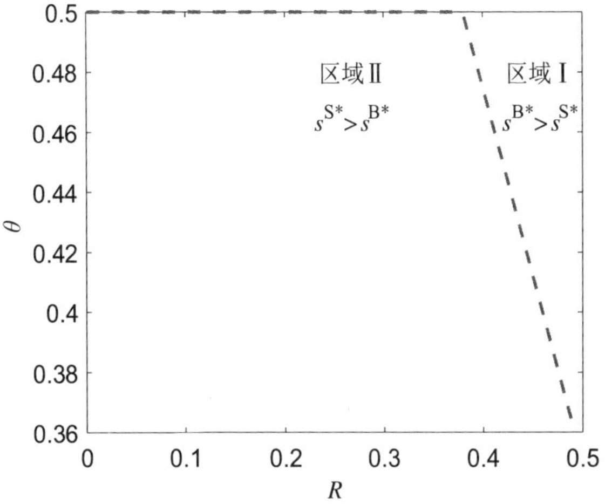

图11-5 佣金比例对平台采购赋能水平的影响

佣金比例θ和R的变动将图11-5分为两个区域，在区域Ⅰ，B模式下的采购赋能水平高于S模式；而在区域Ⅱ，S模式下的采购赋能水平高于B模式。

区域Ⅰ意味着，只有较少的θ和R的组合可以使B模式下的采购赋能水平高于S模式，而且随着θ逐渐减小，R要比较高才能令这一结果成立。这是因为，当平台分享给零售商的销售佣金降低时，零售商获利减少，自然不愿意付出较高的销售努力。为了有效地扩大市场需求，平台势必会提高采购赋能投入。然而在B模式下，平台的主要利润来源为零售商向其交纳的佣金，也就是说只有当佣金比例R足够高时，平台才有动力增加采购赋能投入。因此，当R高于θ时，B模式下的采购赋能水平高于S模式。

区域Ⅱ意味着在多数情况下，S模式下的采购赋能水平更高，虽然在该模式下平台负担了全部的采购成本，但其获得的销售利润完全抵消了这一成本，其利润显著高于B模式，因此平台愿意投入更高的采购赋能成本。

在现实中，阿里巴巴旗下的天猫零售平台收取商户的技术服务费费率约为5%～10%，而云集微店分享给小微商家的佣金费率在50%以下，由上图可知，大致处于区域Ⅱ。这一结果表明，如今新兴的社交平台对商家的赋能投入更高，这进一步印证了S2b2c模式的核心理念就是尽可能地向商家赋能，以推动整个平台生态的可持续发展。

二、零售商数量对供应链成员利润的影响

下面进一步考察零售商数量n对供应链成员利润的影响。设定$\alpha=0.5$，$R=0.1$，零售商数量n以10为增量在[50,1000]范围内变化，如图11-6和图11-7所示。

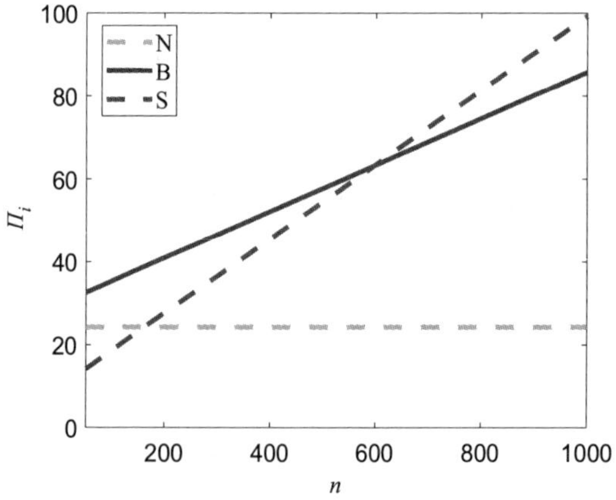

图11-6　零售商数量对零售商利润的影响

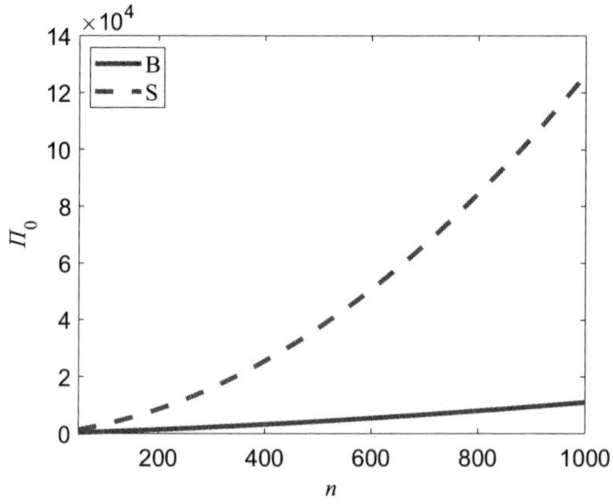

图11-7　零售商数量对平台利润的影响

图11-6和图11-7对推论11-1和推论11-2进行了很好的验证，在有采购赋能情境下的两种模式中供应链成员的利润均随着零售商数量n的增加而提升，这说明平台网络效应对供应链绩效的正向影响，加入平台且接受平台采购赋能的零售商越多，越能吸引其他零售商的加入，这不仅使零售商自身获益，平台也能从中受益。

由图11-6可以看出，S模式下零售商利润随着n的增加而快速上升，其增速明显高于B模式，当零售商数量在[50,600)这一区间内，B模式下零售商的利润始终高于无采购赋能情境和S模式，而随着零售商数量n的继续增加，直至超过某一阈值后，S模式占优。结合图11-7我们发现，网络效应对采用S模式的供应链绩效影响更为显著。这是因为，在社交平台发展初期，零售商为快速引流投入了较高的营销成本，因此利润较低，而加入B模式的零售商背靠平台的流量与资源，潜在的市场需求更大，因此其预期利润更高。然而，随着入驻平台的零售商数量不断增加，S模式下采购赋能的优势逐渐凸显，平台持续高水平地赋能，有效地保证了用户黏性和活跃度，通过社交裂变实现低成本获客，因此供应链成员的利润快速增长。

上述结果为中小零售企业和平台企业的发展提供了一定的思考与借鉴：(1)若平台上的商户较多，那么小微商家有必要加入平台，在降低采购成本的同时，也可以借助平台体系的背书扩大市场需求。(2)S2b2c模式更有利于发挥平台采购赋能的优势，因此对于新兴社交平台而言，吸引商家入驻尤为重要。

三、零售商采购能力对需求的影响系数对供应链成员利润的影响

本小节考察零售商采购能力对需求的影响系数α对供应链成员利润的影响，我们假设$n=200$，$R=0.1$，α以0.1为增量在(0,1]范围内变化，α和供应链各成员利润的关系可以通过图11-8和图11-9直观地展示。

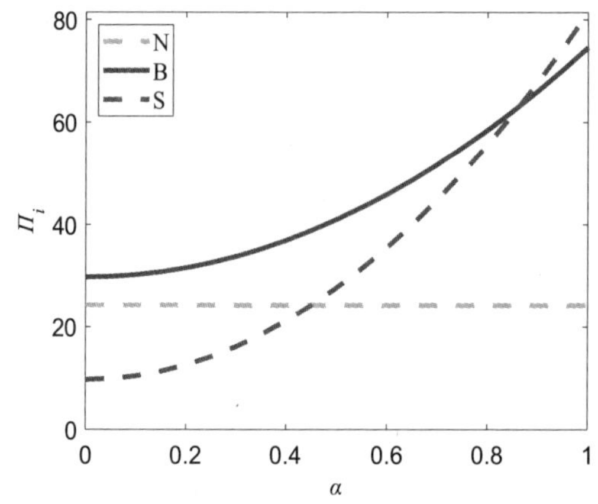

图11-8　零售端采购能力对需求的影响系数对零售商利润的影响

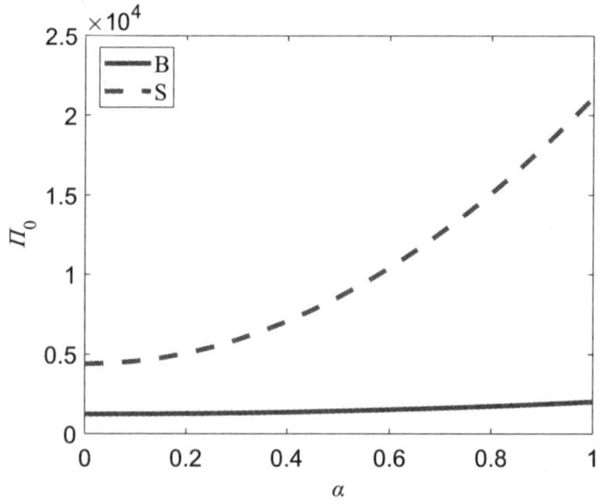

图11-9　零售端采购能力对需求的影响系数对平台利润的影响

由图11-8可知，在平台采购赋能情境下，零售商的利润随着α的增加而增加，其中B模式下利润上升趋势相对较慢，而S模式下利润则快速上升。当α在(0,0.45)这一范围内变动时，B模式始终占优。值得一提的是，此时无采购赋能情境优于S2b2c模式，这是因为在社交平台发展初期，零售商付出了较高的销售努力成本，因此获利较低。随着α的增加，S模式的优势逐步显现，当α超过0.45时，S模式下零售商获利高于无采购赋能情境，当α继续增加并超过某一阈值时，S模式下零售商的利润最高。这是因为，当α增加时，两种模式下的采购赋能水平均随之增加,而S模式下的增长速度更快,因此市场需求快速扩大,零售商的利润也快速增长。

图11-9说明了α对平台利润的正向影响,两种模式下平台的最优利润均随着α的增加而提升。其中,S模式下平台利润受α影响较大,增长迅速,而B模式下平台利润受α影响较小,增长缓慢,且始终低于S模式。这也很好地说明了S模式更有利于发挥采购赋能的优势。

第六节　本章小结

本章构建了由一个电商平台与多个零售商组成的单周期二级供应链结构模型,探讨了在平台采购赋能情境下,零售商愿意加入平台的条件,以及B模式和S模式对采购赋能水平和订购量的影响,并进一步研究了何种模式更有利于发挥平台采购赋能的效果。主要结论有如下几点:

(1)当平台用户规模较大时,零售商最好加入采用S模式的电商平台。B模式下零售商的获利始终高于无采购赋能情境,只有当零售商数量达到一定规模后,S模式下零售商的利润才会高于无采购赋能情境。不仅如此,当用户规模足够大时,S模式优于B模式。因此,对于零售商而言,当社交电商平台发展规模较大,并且用户数量足够多时,加入其中是最好的选择。

(2)两种模式下供应链成员的利润均与入驻平台的零售商数量有关。随着零售商数量的增加,两种模式下零售商和平台获利均呈递增趋势,这很好地说明了平台采购赋能是一种特殊的规模经济。在网络效应的作用下,平台将享有递增的规模收益,即用户愿意为规模更大的网络支付更高的价格,因此,零售商数量越多,平台的预期利润也越高,零售商也从中获益。

(3)S模式更有利于发挥平台采购赋能的优势。随着零售商数量的增加,S模式下供应链成员的利润快速增长,增速明显高于B模式。类似地,随着α的增加,S模式下供应链成员的边际利润递增,而B模式下其边际利润几乎不变,这很好地说明了S模式更有利于发挥平台采购赋能的优势。因此对于零售商而言,虽然发展初期投入高、回报少,但随着平台规模的扩大,其优势日益凸显。对于社交平台而言,由于发展早期商家获利少,用户增长艰难,需要依靠更多品牌和渠道的带入,同时投入大量市场补贴,实现用户的快速增长。

(4)采购赋能情境下产品订购量始终高于无采购赋能情境下的订购量。当零售商接受采购赋能后,其市场需求增加,同时借助平台强大的议价能力,批发价格也有所降低,于是零售商愿意增加订购量。比较S模式和B模式,我们发现,当平台收取供应商的佣金比例λ较低时,平台获利较少,其必然会降低采购赋能投入来保证自身利润,这时零售商无疑会减少订购量,因而B模式下的订购量低于S模式。因此,对于平台而言,设置佣金比例既不能过高也不能过低,在保证自身利润的同时也需考虑供应链上下游成员的利益。

第十二章　采购赋能情境下平台供应链的库存风险共担策略

第十一章比较分析了以阿里巴巴为代表的B2B中介模式和以云集微店为代表的S2b2c模式下供应链成员决策及供应链绩效的差异,结果表明,S模式下的平台采购赋能水平及平台获利始终高于B模式,而当平台上零售商数量达到一定规模时,S模式下零售商获利也将高于B模式。然而,在S模式下,平台型电商企业作为供应链的核心企业,采用集中采购的方式更容易引发自身的高库存风险。因此,如何在当今需求不确定性日益增大的情境下,采用合适的库存风险分担机制协调供应链成员的行为,以改善供应链的运营绩效,成为本章要探讨的问题。

第一节　问题提出

近年来,阿里巴巴、云集、京东等平台型电商企业纷纷开展采购赋能的实践。以云集为例,该电商平台精选多个热销商品,集成大量商家的订单需求,向优质的品牌供应商统一采购,在确保产品质量的同时,使总采购成本下降30%,消费者复购率超80%。同时,云集在全国七大区域布局仓储设施,若有订单产生,商品直接由云集自有仓库发货,基本实现了“次日达”。

在该模式下,零售商在交易达成后抽取佣金,而平台型电商企业则承担了全部的库存和物流成本，因而可能会导致其自身的高库存风险。以云集为例，其库存成本从2016年的9700万元攀升至2018年的6.75亿元，增长了近6倍。因此，平台供应链的库存风险共担机制是一个值得探讨的问题。

事实上，供应链的库存风险早已受到学界的广泛关注。现有文献对库存风险的研究主要从供应端的产出不确定性和零售端的需求不确定性两方面展开。

在产出不确定方面，蔡建湖等(2017)指出，部分特殊商品实际的产出数量往往与计划的数量不同，出现生产过剩或生产不足的情况。这种随机产出不仅影响着上游供应商的绩效，也影响着供应链下游成员的库存管理。在需求不确定方面，制造商和零售商面临着随机的消费者需求，张令荣等(2020)在产品市场需求不确定情境下，研究了补货提前期不确定对Supply-hub协同补货策略的影响。在实践中，供应链可能同时面临产出不确定和需求不确定的双重风险。以科特迪瓦为例，在该国生产可可豆的过程中，受到天气变化和疾病影响，其产量具有高度的不确定性。同时，作为科特迪瓦可可豆的主要购买者，吉百利、雀巢等大型巧克力制造商难以准确预测巧克力的市场需求。因此，上游供应商和下游制造商都面临着巨大的库存风险。

为了降低供应链的库存风险，越来越多的学者开始研究风险共担契约，主要分为产出风险共担契约、需求风险共担契约和混合风险共担契约。

产出风险共担契约是零售商与供应商共同承担随机产出风险的一种契约。胡盛强等(2021)探讨了产出不确定下的采购优化模型，设计了灵活采购和固定采购两种策略下的风险共担协调机制。在特定的参数组合下，两种策略下的风险共担机制均可实现供应链协调和帕累托改进。林志炳(2021)通过考虑成本分摊的收益共享契约，解决了产出不确定下的供应链协调问题。许民利等(2021)基于再制造产品的产出不确定性，设计了一种基于Shapley值的收益共享契约，实现了供应链协调。

需求风险共担契约是零售商与供应商共同承担需求不确定风险的一种契约。官子力等(2019)研究了需求不确定下产品服务供应链中的信息共享与激励问题，采用两部补偿激励契约实现了供应链协调。周继祥和王勇(2020)比较了零售商采购和第三方物流采购在需求不确定下对生鲜农产品供应链系统利润的影响。Guo等(2021)在市场需求不确定情境下，考虑了零售商通过看跌期权实现退货的供应链模型，设计了一种行权价格不固定的选择性回购契约，解决了供应链的协调问题。

近年来，越来越多的学者开始关注产出与需求同时不确定环境下的混合风险共担契约。蹇明和王永龙(2017)指出，在供需不确定情境下，回购和产出风险分担的组合契约不仅能有效协调供应链，并能在一定条件下实现供应链成员绩效的帕累托改进。凌六一等(2013)采用单位价格补贴的风险共担机制，在供需不确定情境下，分析了农产品供应链中供应商与制造商采取不同的风险共担契约对供应商、制造商及整条供应链利润的影响。李小美等(2019)探讨了在供需不确定情境下考虑双边努力的供应链风险共担模型，设计了回购和成本分担组合契约。在特定的回购价格和成本分担系数下，该契约可以实现供应链协调和供应链利润的任意分配。

此外，随着平台经济的快速崛起，关于“平台赋能”的研究逐渐兴起。王节祥和盛亚(2017)探讨了平台赋能的内涵，即由核心企业集聚研发能力、生产经验和产业资源，搭建基础区块对平台供需双边用户进行“赋能”。Lenka等(2017)研究了平台数据赋能在价值协同创造中的作用，进一步将平台数据赋能划分为连接能力、智能能力和分析能力3个维度。孙新波和苏钟海(2018)围绕着系统的整体性，基于资源基础理论和动态能力理论，明确了平台数据赋能的概念界定。

综上，虽然已有学者运用风险共担策略来优化随机产出或随机需求下的供应链绩效，但很少会考虑平台供应链中的采购赋能行为。在实践中，平台型电商企业对于供应链成员的采购赋能已经较为普遍，并逐渐成为帮助中小企业提升绩效的有效手段。此外，大多文献只关注产出或需求单方扰动的协调，同时考虑产出与需求不确定的研究并不多见。

因此，本章充分考虑了产品销售期内商品实际产出与需求的不确定性，在采购赋能这一全新的研究背景下，探讨平台型电商企业与供应链成员之间的风险共担策略。

第二节　模型描述

本章构建了由单一供应商、单一平台型电商企业及n个独立的线上零售商组成的单周期三级供应链结构模型，如图12-1所示。平台以批发价格w从供应商处采购，再由零售商以价格p卖出，此时库存由平台型电商企业承担，零售商根据销售利润获得一定比例的佣金，佣金费率为θ。

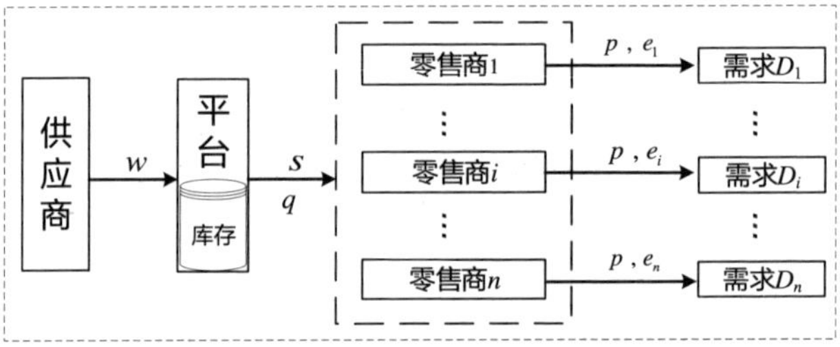

图12-1　基于S2b2c模式的供应链结构

在这个过程中，供应商可能存在生产不足或生产过剩的情况，因此本章假设供应商生产不足时的单位缺货成本为c_e，生产过剩时的单位残值收益为v，单位生产成本为c。此外，只考虑顾客需求不足时产生的单位残值收益z，不考虑平台型电商企业的缺货成本。

需要注意的是，本章考虑的线上零售商特指具有专属粉丝群体的“网红”，各大“网红”销售的产品侧重点不同，而各大“网红”的粉丝群体大多不交叉，目标消费群体相对封闭，可以认为彼此独立。此外，本章假设所有供应链成员都是完全理性和风险中性的。

参考Taylor和Xiao(2010)对需求函数的描述，假定市场需求为$D_i = X + \alpha s + \gamma e_i$。其中$s$为平台型电商企业的采购赋能水平，$s \in [0,1]$，当$s=0$时，表示零售商不接受平台的采购赋能，直接向供应商进行采购。α表示采购赋能对需求的影响系数，$\alpha\in(0,+\infty)$，α越大，平台对零售商的赋能越有效。e_i表示零售商i的销售努力水平，γ表示零售商的销售努力对需求的影响系数，$\gamma\in(0,+\infty)$。X是构成市场需求的随机变量，其独立于采购赋能水平s和零售商的销售努力水平e_i。$G(x)$和$g(x)$分别表示该随机变量的分布函数与概率密度函数，$G(x)$是一个严格递增的连续可微函数。

零售商销售产品时会决定其付出的销售努力成本，本章参考Chen(2005)的研究，假定零售商i的销售努力成本函数为$e_i^2/2$。类似地，假定平台对全部零售商采购赋能的总成本为$\eta s^2/2$，其中η为平台型电商企业的采购赋能成本系数，$\eta\in(0,+\infty)$，衡量采购赋能的效率，类似的二次成本函数被Ali等(2018)广泛使用。需要说明的是，平台提供采购赋能的总成本不是采购赋能水平s和入驻平台的零售商数量n的联合函数，原因主要有两方面：一方面，本章认为平台采购赋能的成本主要为开发和运行软件所产生的费用，具体指平台在大数据和云计算的基础上利用物联网、移动互联网和人工智能等科技产品提高对采购产品、服务及供应商的溯源能力。因此，采购赋能成本与零售商数量n没有直接关系。另一方面，平台在进行采购赋能决策时已经考虑了零售商数量的影响，在下文涉及的四种契约下平台采购赋能水平的均衡解均为零售商数量n的增函数。由此可见，平台采购赋能成本随着零售商数量n的增加而增加，因而零售商数量n会间接地影响采购赋能成本。

受到季节、气候、设备等因素的影响，供应商在生产过程中也常常呈现出一定的随机性，这意味着对于生产投入量t，其实际产出为Yt，Y为随机产出因子，其分布函数为$F(y)$，概率密度函数为$f(y)$，且$E(Y)=\mu$。

与凌六一等(2013)的研究相似，本章认为需求风险共担契约是指供应商不仅要承担产出不确定的风险，而且要对平台订购过剩的部分给予一定的尾货处理费，本章假设供应商给予平台的单位补偿为τ。这是因为，在现实中，当强势的平台型电商企业从供应商处订购的产品未能全部售出时，极有可能要求供应商进行回购以减少损失，然而由于供应商处理尾货的能力远不及平台，因此其有理由委托平台以较低价格（甚至低于批发价格）销售产品。同时，为了弥补平台低价销售产品所产生的损失，供应商会对其进行一定的补偿。

同样的，产出风险共担契约是指平台不仅要承担全部的需求不确定风险，而且要在供应商生产过剩时，对超出平台订购量的部分给予补偿，本章假设平台给予供应商的单位补偿为β。这种风险共担策略可能会激发供应商生产的积极性，从而避免市场缺货等问题。由于产出风险共担和需求风险共担对供应链风险的分配是单向的，因此本章进一步引入混合风险共担契约，综合以上两种契约的特点，探讨其对供应链绩效的影响。为了保证计算结果有意义，本章假定$c_e > v+\beta, c > \mu(v+\beta), c_e\mu > c$。

本章以不考虑风险共担的情形（No Risk Sharing Strategy，以下简称NRS策略）为基准，进一步探讨了三种风险共担策略：(1)强势平台要求供应商共担需求不确定风险，即需求风险共担策略（Demand Risk Sharing Strategy，以下简称DRS策略）；(2)平台帮助供应商共担随机产出风险，即产出风险共担策略（Yield Risk Sharing Strategy，以下简称YRS策略）；(3)平台和供应商互相分担对方由产出或需求不确定带来的风险，即混合风险共担策略（Hybrid Risk Sharing Strategy，以下简称HRS策略）。

第三节　模型分析

一、NRS策略

在该模型中不考虑风险共担，平台与供应商签订的是批发价格契约。供应商向平台提供$\sum_{i=1}^{n} q_i$单位的产品，平台按照批发价格w支付给供应商。供应链成员的决策时序如图12-2所示。首先，平台同时决策采购赋能水平s和订购量q_i；其次，供应商决策生产投入量t；再次，零售商i决策销售努力水平e_i；最后，销售实现，各方观察到销售结果。

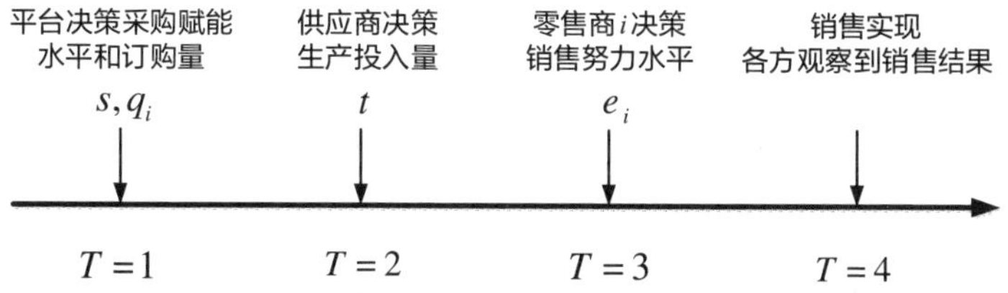

图12-2　供应链成员的决策时间线

本章假设零售商获得的佣金按照销售利润进行分成。因此，零售商i为追求自身利润最大化，需要解决的问题是：

$$\max \Pi_i^{\text{NRS}}=(p-w)E\min(q_i,D_i)-\frac{1}{2}e_i^2$$

同时，供应商的利润函数为：

$$\Pi_{\text{S}}^{\text{NRS}}=E_{\text{Y}}\left[\left(Yt-\sum_{i=1}^{n}q_i\right)^+\right]-c_{\text{e}}E_{\text{Y}}\left[\left(\sum_{i=1}^{n}q_i-Yt\right)^+\right]+\sum_{i=1}^{n}wq_i-ct$$

相应地，平台的利润函数为：

$$\Pi_0^{\text{NRS}}=\sum_{i=1}^{n}pE\min(q_i,D_i)-\sum_{i=1}^{n}\theta(p-w)E\min(q_i,D_i)$$
$$-\sum_{i=1}^{n}wq_i-\frac{1}{2}\eta s^2+zE_{\text{X}}\left[\left(\sum_{i=1}^{n}q_i-\sum_{i=1}^{n}D_i\right)^+\right]$$

根据逆推归纳法解得零售商的最优决策为：

$$e_i^{\text{NRS}}=\theta\gamma(p-w)\int_0^{q_i-\alpha s-\gamma e_i}g(x)\mathrm{d}x$$

引理12-1：(1)供应商的利润函数$\Pi_{\text{S}}^{\text{NRS}}$是$t$的凹函数，其最优生产投入量$t^{\text{NRS}*}$满足条件：$\int_0^{\sum_{i=1}^{n}\frac{q_i}{t^{\text{NRS}*}}}yf(y)\mathrm{d}y=\dfrac{c-\mu v}{c_{\text{e}}-v}$；

(2)最优生产投入量$t^{\text{NRS}*}$和平台订购量之间呈线性关系，$t^{\text{NRS}*}=k^{\text{NRS}}\cdot\sum_{i=1}^{n}q_i$，其中$k^{\text{NRS}}$是一个常数，由供应商单位成本$c$、单位缺货成本$c_{\text{e}}$和单位残值收益$v$共同决定。

证明：(1) $\frac{\partial^2 \Pi_S^{NRS}}{\partial t^2}=(-c_e+v)\frac{\left(\sum_{i=1}^{n} q_i\right)^2}{t^3} f\left(\sum_{i=1}^{n}\frac{q_i}{t}\right)$。因为 $c_e>v$，$f\left(\sum_{i=1}^{n}\frac{q_i}{t}\right)>0$，所以 $\frac{\partial^2 \Pi_S^{NRS}}{\partial t^2}<0$，$\Pi_S^{NRS}$ 是 t 的凹函数。对其求 t 的一阶导数得到 $\frac{\partial \Pi_S^{NRS}}{\partial t}=c_e\int_0^{\sum_{i=1}^{n}\frac{q_i}{t}} yf(y)\mathrm{d}y+v\int_{\sum_{i=1}^{n}\frac{q_i}{t}}^{\infty} yf(y)\mathrm{d}y-c$，令其为零，有 $\int_0^{\sum_{i=1}^{n}\frac{q_i}{t^{NRS*}}} yf(y)\mathrm{d}y=\frac{c-\mu v}{c_e-v}$。

(2)令 $\Gamma\left(\sum_{i=1}^{n}\frac{q_i}{t}\right)=\int_0^{\sum_{i=1}^{n}\frac{q_i}{t}} yf(y)\mathrm{d}y$，$\partial\Gamma\left(\sum_{i=1}^{n}\frac{q_i}{t}\right)/\partial\sum_{i=1}^{n}\frac{q_i}{t}=\sum_{i=1}^{n}\frac{q_i}{t}\cdot f\left(\sum_{i=1}^{n}\frac{q_i}{t}\right)>0$，则 $\Gamma\left(\sum_{i=1}^{n}\frac{q_i}{t}\right)$ 是关于 $\sum_{i=1}^{n}\frac{q_i}{t}$ 的增函数，有唯一解，即 $\sum_{i=1}^{n}\frac{q_i}{t}$ 是一个常数，$k^{NRS}=t^{NRS*}/\sum_{i=1}^{n}q_i$。**证毕!**

由引理12-1可知，供应商的最优生产投入量 t^{NRS*} 与平台订购量呈正线性关系，这是因为随着平台订购数量的增加，供应商会加大生产投入量以满足更多消费者的需求。此外，若单位缺货成本 c_e 相对较高或单位生产成本 c 相对较低时，供应商都应该加大生产投入量，尽可能地减少缺货的可能性。

命题12-1：在NRS策略下，存在一组最优的 $(q_i^{NRS*},s^{NRS*},t^{NRS*},e_i^{NRS*})$ 使平台、供应商和零售商 i 实现决策均衡，均衡解为：

$$q_i^{NRS*}=G^{-1}\left(\frac{\delta}{\delta+w-z}\right)+\frac{n\delta\alpha^2}{\eta}+\frac{\theta\delta\gamma^2(p-w)}{\delta+w-z}$$

$$s^{NRS*}=\frac{n\alpha\delta}{\eta},e_i^{NRS*}=\frac{\theta\delta\gamma(p-w)}{\delta+w-z}$$

t^{NRS*} 满足条件 $\int_0^{\sum_{i=1}^{n}\frac{q_i^{NRS*}}{t^{NRS*}}} yf(y)\mathrm{d}y=\frac{c-\mu v}{c_e-v}$

其中，$\delta=(1-\theta)(p-w)$。

证明：根据逆推归纳法，平台同时决策订购量和采购赋能水平，由于：

$$\partial^2 \Pi_0^{NRS}/\partial q_i^2=-(p-\theta p+\theta w-z)\sum_{i=1}^{n}g(q_i-\alpha s-\gamma e_i),$$

$$\partial^2 \Pi_0^{NRS}/\partial s^2=-\alpha^2(p-\theta p+\theta w-z)\sum_{i=1}^{n}g(q_i-\alpha s-\gamma e_i)-\eta,$$

$$\partial^2 \Pi_0^{NRS}/\partial s\partial q_i=\alpha(p-\theta p+\theta w-z)\sum_{i=1}^{n}g(q_i-\alpha s-\gamma e_i),$$

$$\partial^2 \Pi_0^{NRS}/\partial q_i\partial s=\alpha(p-\theta p+\theta w-z)\sum_{i=1}^{n}g(q_i-\alpha s-\gamma e_i),$$ 于是得到Hessian矩阵为：

$$H=\begin{bmatrix}-(p-\theta p+\theta w-z)\sum_{i=1}^{n}g(q_i-\alpha s-\gamma e_i) & \alpha(p-\theta p+\theta w-z)\sum_{i=1}^{n}g(q_i-\alpha s-\gamma e_i)\\ \alpha(p-\theta p+\theta w-z)\sum_{i=1}^{n}g(q_i-\alpha s-\gamma e_i) & -\alpha^2(p-\theta p+\theta w-z)\sum_{i=1}^{n}g(q_i-\alpha s-\gamma e_i)-\eta\end{bmatrix}。$$

由于$g(q_i-\alpha s-\gamma e_i)>0$，因此一阶顺序主子式为：

$-(p-\theta p+\theta w-z)\sum_{i=1}^{n}g(q_i-\alpha s-\gamma e_i)<0$，行列式

$|H|=\eta(p-\theta p+\theta w-z)\sum_{i=1}^{n}g(q_i-\alpha s-\gamma e_i)>0$，则平台利润是采购赋能水平和订购量的联合凹函数。

将一阶条件联立：

$$\begin{cases}\partial \Pi_0^{NRS}/\partial q_i=(p-\theta p+\theta w-z)\sum_{i=1}^{n}\int_{q_i-\alpha s-\gamma e_i}^{\infty}g(x)\mathrm{d}x-nw+nz=0(i=1,2,\cdots,n)\\ \partial \Pi_0^{NRS}/\partial s=\alpha(p-\theta p+\theta w-z)\sum_{i=1}^{n}\int_{0}^{q_i-\alpha s-\gamma e_i}g(x)\mathrm{d}x-\eta s=0(i=1,2,\cdots,n)\\ e_i^{NRS}-\theta\gamma(p-w)\int_{0}^{q_i-\alpha s-\gamma e_i}g(x)\mathrm{d}x=0\end{cases}$$

求解可得最优订购量q_i^{NRS*}、平台采购赋能水平s^{NRS*}和最优销售努力水平e_i^{NRS*}。**证毕！**

由命题12-1可知，q_i^{NRS*}，s^{NRS*}和e_i^{NRS*}都是零售价格p的增函数，是批发价格w和佣金比例θ的减函数，即零售价格p越高或批发价格w越低，平台越倾向于下更大的订单，同时增加采购赋能投入，零售商自然也愿意付出更高的销售努力。相反，如果零售商获得的销售佣金比例θ越高，意味着平台分享给零售商的销售利润越高，因此平台会主动降低订购量与采购赋能投入以保证自身利益不受损失，这也会导致零售商不愿投入更多的销售努力。

此外，q_i^{NRS*}和e_i^{NRS*}均为销售努力对市场需求影响系数γ和平台残值收益z的增函数，这是因为，当零售商的销售努力能够有效地扩大潜在市场需求(γ较大)时，零售商必然愿意付出更高的销售努力从而获得更多佣金。平台未出售产品的单位残值收益z较高则意味着，平台处理过剩产品的能力较强，那么产品是否能够全部出售不会对其利润造成较大影响，因此平台可能会适当提高订购量。

推论12-1：在NRS策略下，若零售商不接受平台的采购赋能，即当$s=0$时，存在一组最优的($\bar{q}_i^{NRS*}$，$\bar{t}^{NRS*}$，$\bar{e}_i^{NRS*}$)使供应商和零售商i实现决策均衡，均衡解为：

$$\bar{q}_i^{NRS**}=G^{-1}\left[\frac{p-(1+\Delta)w}{p-z}\right]+\gamma^2[p-(1+\Delta)w]$$

$$\bar{e}_i^{NRS**}=\gamma[p-(1+\Delta)w]$$

$$\bar{t}^{NRS*}\text{满足条件}\int_0^{\sum_{i=1}^{n}\frac{\bar{q}_i^{NRS*}}{\bar{t}^{NRS*}}}yf(y)\mathrm{d}y=\frac{c-\mu v}{c_e-v}$$

证明：当$s=0$时，零售商利润为：$\max\overline{\Pi}_i^{NRS}=pE\min(\bar{q}_i,\bar{D}_i)-(1+\Delta)w\bar{q}_i+zE_X\left[(\bar{q}_i-\bar{D}_i)^+\right]-\frac{1}{2}\bar{e}_i^2$。

求二阶偏导数可得：

$$\partial^2\overline{\Pi}_i^{NRS}/\partial\bar{q}_i^2=-(p-z)g(\bar{q}_i-\gamma\bar{e}_i)<0;$$

$$\partial^2\overline{\Pi}_i^{NRS}/\partial\bar{e}_i^2=-\gamma^2(p-z)g(\bar{q}_i-\gamma\bar{e}_i)-1<0;$$

$\partial^2 \overline{\Pi}_i^{\mathrm{NRS}}/\partial \bar{e}_i \partial \bar{q}_i = \gamma(p-z)g(\bar{q}_i-\gamma\bar{e}_i)>0$;

$\partial^2 \overline{\Pi}_i^{\mathrm{NRS}}/\partial \bar{q}_i \partial \bar{e}_i = \gamma(p-z)g(\bar{q}_i-\gamma\bar{e}_i)>0$。

于是得到Hessian矩阵为：

$$H=\begin{bmatrix} -(p-z)g(\bar{q}_i-\gamma\bar{e}_i) & \gamma(p-z)g(\bar{q}_i-\gamma\bar{e}_i) \\ \gamma(p-z)g(\bar{q}_i-\gamma\bar{e}_i) & -\gamma^2(p-z)g(\bar{q}_i-\gamma\bar{e}_i)-1 \end{bmatrix}$$

由于$g(\bar{q}_i-\gamma\bar{e}_i)>0$，因此一阶顺序主子式$-(p-z)g(\bar{q}_i-\gamma\bar{e}_i)<0$，行列式$|H|>0$，则零售商利润是销售努力水平和订购量的联合凹函数。

由一阶条件联立可得：

$$\begin{cases} \partial \overline{\Pi}_i^{\mathrm{NRS}}/\partial \bar{q}_i=(p-z)\int_{\bar{q}_i-\gamma\bar{e}_i}^{\infty} g(x)\mathrm{d}x-(1+\Delta)w+z=0(i=1,2,\cdots,n) \\ \partial \overline{\Pi}_i^{\mathrm{NRS}}/\partial \bar{e}_i=\gamma(p-z)\int_{0}^{\bar{q}_i-\gamma\bar{e}_i} g(x)\mathrm{d}x-\bar{e}_i=0(i=1,2,\cdots,n) \end{cases}$$

求解得：$\bar{e}_i^{\mathrm{NRS}**}=\gamma[p-(1+\Delta)w]$，$\bar{q}_i^{\mathrm{NRS}**}=G^{-1}\left[\dfrac{p-(1+\Delta)w}{p-z}\right]+\gamma^2[p-(1+\Delta)w]$。**证毕！**

由推论12-1可知，$\bar{q}_i^{\mathrm{NRS}*}$和$\bar{e}_i^{\mathrm{NRS}*}$都是零售价格$p$、销售努力对市场需求影响系数$\gamma$和零售商残值收益$z$的增函数，是批发价格$(1+\Delta)w$的减函数。其中，$\Delta$表示单个零售商的议价能力，$\Delta\in[0,(p-w)/w]$，$\Delta$越大，其议价能力就越弱，单个零售商直接采购时的批发价格越高。这是因为零售商单独采购时议价能力往往较弱，而平台型电商企业采取集成大量订单和统一采购等运营方式，形成了较强的议价能力，可以享受较低的批发价格。

需要指出的是，当零售商直接向供应商进行采购时，不仅批发价格会提高，同时也难以引入供应链风险共担机制。一方面，单个零售商的订购量较小，供应商没有动力替零售商分担需求风险；另一方面，单个零售商缺乏足够的能力为供应商分担产出风险。平台型电商企业的出现则为引入供应链风险共担提供了可能。本章在此基础上,引入了三种风险共担策略,探讨不同策略下供应链成员的运营决策问题。

二、DRS策略

在引入需求风险共担契约的情境下,强势平台要求供应商共担需求不确定风险,此外供应商还要独自承担产出不确定风险。该情境下供应链成员的博弈过程与NRS策略基本一致。不同的是,在$T=1$时刻,平台和供应商签订需求风险共担契约:当平台订购量过多时,供应商会对其未出售的部分给予一定的补偿,即对未出售的产品给予单位补偿τ。

在该契约下,供应商的利润函数为:

$$\Pi_{\mathrm{S}}^{\mathrm{NRS}}=vE_{\mathrm{Y}}\left[\left(Yt-\sum_{i=1}^{n}q_i\right)^{+}\right]-c_{\mathrm{e}}E_{\mathrm{Y}}\left[\left(\sum_{i=1}^{n}q_i-Yt\right)^{+}\right]+\sum_{i=1}^{n}wq_i-ct$$
$$-\tau E_{\mathrm{X}}\left[\left(\sum_{i=1}^{n}q_i-\sum_{i=1}^{n}D_i\right)^{+}\right]$$

平台的利润函数为:

$$\Pi_{0}^{\mathrm{NRS}}=\sum_{i=1}^{n}pE\min(q_i,D_i)-\sum_{i=1}^{n}\theta(p-w)E\min(q_i,D_i)$$
$$-\sum_{i=1}^{n}wq_i-\frac{1}{2}\eta s^2+(z+\tau)E_{\mathrm{X}}\left[\left(\sum_{i=1}^{n}q_i-\sum_{i=1}^{n}D_i\right)^{+}\right]$$

由一阶条件可知,供应商最优生产投入量$t^{\mathrm{NRS}*}$满足条件:$\int_0^{\frac{\sum_{i=1}^{n}q_i}{t^{\mathrm{NRS}*}}}yf(y)\mathrm{d}y=\frac{c-\mu v}{c_{\mathrm{e}}-v}$。

引理12-2:供应商最优生产投入量和平台订购量之间呈线性关系,$t^{\mathrm{NRS}*}=k^{\mathrm{NRS}}\cdot\sum_{i=1}^{n}q_i$,其中$k^{\mathrm{NRS}}$是一个常数,由供应商单位成本$c$、单位缺货成本$c_{\mathrm{e}}$和单位残值收益$v$共同决定。

引理12-2证明过程与引理12-1类似,这里不再赘述。

与引理12-1类似，引理12-2说明了在DRS策略下，供应商的最优生产投入量t^{NRS*}与平台订购量呈正线性关系，且两者的比值k^{NRS}是单位生产成本c的减函数，是单位缺货成本c_e的增函数。

命题12-2：在DRS策略下，存在一组最优的$(q_i^{NRS*},s^{NRS*},t^{NRS*},e_i^{NRS*})$使平台、供应商和零售商实现决策均衡，均衡解为：

$$q_i^{NRS*}=G^{-1}\left(\frac{\delta}{\delta+w-z-\tau}\right)+\frac{n\delta\alpha^2}{\eta}+\frac{\theta\delta\gamma^2(p-w)}{\delta+w-z-\tau}$$

$$s^{NRS*}=\frac{n\alpha\delta}{\eta},e_i^{NRS*}=\frac{\theta\delta\gamma(p-w)}{\delta+w-z-\tau}$$

t^{NRS*}满足条件$\int_0^{\sum_{i=1}^{n}\frac{q_i^{NRS*}}{t^{NRS*}}}yf(y)\mathrm{d}y=\frac{c-\mu v}{c_e-v}$

证明：根据逆推归纳法，平台同时决策订购量和采购赋能水平，由于：

$$\partial^2\Pi_0^{DRS}/\partial q_i^2=-(p-\theta p+\theta w-z-\tau)\sum_{i=1}^{n}g(q_i-\alpha s-\gamma e_i),$$

$$\partial^2\Pi_0^{DRS}/\partial s^2=-\alpha^2(p-\theta p+\theta w-z-\tau)\sum_{i=1}^{n}g(q_i-\alpha s-\gamma e_i)-\eta,$$

$$\partial^2\Pi_0^{DRS}/\partial s\partial q_i=\alpha(p-\theta p+\theta w-z-\tau)\sum_{i=1}^{n}g(q_i-\alpha s-\gamma e_i),$$

$\partial^2\Pi_0^{DRS}/\partial q_i\partial s=\alpha(p-\theta p+\theta w-z-\tau)\sum_{i=1}^{n}g(q_i-\alpha s-\gamma e_i)$，于是得到Hessian矩阵为：

$$H=\begin{bmatrix}-(p-\theta p+\theta w-z-\tau)\sum_{i=1}^{n}g(q_i-\alpha s-\gamma e_i) & \alpha(p-\theta p+\theta w-z-\tau)\sum_{i=1}^{n}g(q_i-\alpha s-\gamma e_i)\\ \alpha(p-\theta p+\theta w-z-\tau)\sum_{i=1}^{n}g(q_i-\alpha s-\gamma e_i) & -\alpha^2(p-\theta p+\theta w-z-\tau)\sum_{i=1}^{n}g(q_i-\alpha s-\gamma e_i)-\eta\end{bmatrix}$$

由于一阶顺序主子式$-(p-\theta p+\theta w-z-\tau)\sum_{i=1}^{n}g(q_i-\alpha s-\gamma e_i)<0$，行列式$|H|=\eta(p-\theta p+\theta w-z-\tau)\sum_{i=1}^{n}g(q_i-\alpha s-\gamma e_i)>0$，则平台利润是采购赋能水平和订购量的联合凹函数。

由$\partial \Pi_0^{DRS}/\partial q_i=0$和$\partial \Pi_0^{DRS}/\partial s=0$，联立：

$$\begin{cases}\partial \Pi_0^{DRS}/\partial q_i=(p-\theta p+\theta w-z-\tau)\sum\limits_{i=1}^{n}\int_{q_i-\alpha s-\gamma e_i}^{\infty}g(x)\mathrm{d}x+n(z+\tau-w)=0(i=1,2,\cdots,n)\\ \partial \Pi_0^{DRS}/\partial s=\alpha(p-\theta p+\theta w-z-\tau)\sum\limits_{i=1}^{n}\int_{0}^{q_i-\alpha s-\gamma e_i}g(x)\mathrm{d}x-\eta s=0(i=1,2,\cdots,n)\\ e_i^{NRS}-\theta\gamma(p-w)\int_0^{q_i-\alpha s-\gamma e_i}g(x)\mathrm{d}x=0\end{cases}$$

求解可得最优订购量q_i^{DRS*}、平台采购赋能水平s^{DRS*}和最优销售努力水平e_i^{DRS*}。**证毕!**

由命题12-2可知，在DRS策略下平台最优订购量和零售商的最优销售努力是τ的增函数，即供应商给予平台的单位补偿τ越大，越能提高平台的订购积极性和零售商的销售预期。

此外，采购赋能水平是零售商数量n的增函数，这意味着随着入驻平台的零售商数量增多，平台越有动力提升采购赋能的水平。云集、京东、天猫等各大平台型电商企业都在不断开拓新用户的同时，加大了对采购赋能的投入。例如，随着用户基数不断增长，云集不断深化其精选策略，陆续推出“超品计划”“美食团”等项目，以更加专业和严格的标准甄选产品，在进一步提高用户采购效率的同时，也有效降低了采购成本。

推论12-2: 在NRS策略和DRS策略下，平台订购量与供应商的生产投入量之比相等，即$k^{NRS}=k^{DRS}$。

证明: 由于$\int_0^{\sum_{i=1}^{n}\frac{q_i^{NRS*}}{t^{NRS*}}}yf(y)\mathrm{d}y=\int_0^{\sum_{i=1}^{n}\frac{q_i^{DRS*}}{t^{DRS*}}}yf(y)\mathrm{d}y=\frac{c-\mu v}{c_e-v}$，因此$\sum\limits_{i=1}^{n}\frac{q_i^{NRS*}}{t^{NRS*}}=\sum\limits_{i=1}^{n}\frac{q_i^{DRS*}}{t^{DRS*}}$，即$k^{NRS}=k^{DRS}$。**证毕!**

结合命题12-1和命题12-2可知，引入需求风险共担契约并不影响供应商生产投入量t与平台订购量$\sum\limits_{i=1}^{n}q_i$的比值，即供应商的生产投入量与平台订购量始终呈正向线性关系。

三、YRS策略

如果供应商的产量低于平台订购量，无法满足市场需求，同样会影响平台的收益。为了达到预期利润，平台可能会选择与供应商共担随机产出风险。基于此，本章引入产出风险共担契约，此时供应链成员的博弈过程与DRS策略一致，不同之处在于，在$T=1$时刻，平台与供应商签订的是产出风险共担契约：当供应商生产过剩时，对于超出平台订购量的部分，平台给予其单位补偿β；而当供应商生产不足时，平台不对其进行惩罚。

该契约下，供应商的利润函数为：

$$\Pi_S^{YRS}=\sum_{i=1}^{n}wq_i+(v+\beta)E_Y\left[\left(Yt-\sum_{i=1}^{n}q_i\right)^+\right]-c_eE_Y\left[\left(\sum_{i=1}^{n}q_i-Yt\right)^+\right]-ct$$

平台的利润函数为：

$$\begin{aligned}\Pi_0^{YRS}=&\sum_{i=1}^{n}pE\min(q_i,D_i)-\sum_{i=1}^{n}\theta(p-w)E\min(q_i,D_i)-\frac{1}{2}\eta s^2\\&-\sum_{i=1}^{n}wq_i+zE_X\left[\left(\sum_{i=1}^{n}q_i-\sum_{i=1}^{n}D_i\right)^+\right]-\beta E_Y\left[\left(Yt-\sum_{i=1}^{n}q_i\right)^+\right]\end{aligned}$$

根据一阶条件可知，Π_S^{YRS}是t的严格凹函数，存在极大值。且供应商的最优投入量t^{YRS*}满足条件：$\int_0^{\sum_{i=1}^{n}\frac{q_i}{t^{YRS*}}}yf(y)\mathrm{d}y=\frac{c-\mu(v+\beta)}{c_e-v-\beta}$。

引理12-3：(1)供应商生产投入量t^{YRS*}和平台订购量之间呈线性关系，$t^{YRS*}=k^{YRS}\cdot\sum_{i=1}^{n}q_i$，其中$k^{YRS}$是一个常数，由供应商单位成本$c$、单位缺货成本$c_e$和单位残值收益$v$及获得平台的单位补偿$\beta$共同决定；

(2)k^{YRS}是c_e的增函数，是c的减函数，是β和v的增函数。

证明：(1)的证明与引理12-4(1)类似，这里不再赘述。

(2) 令 $\Gamma\left(\sum_{i=1}^{n}\frac{q_i}{t^{YRS*}}\right)=\int_0^{\frac{1}{k^{YRS}}}yf(y)\mathrm{d}y=\frac{c-\mu(v+\beta)}{c_e-v-\beta}$，$\partial\Gamma/\partial c=\frac{1}{c_e-v-\beta}$，

由假设条件可知$c_e > v+\beta$，那么$\partial\Gamma/\partial c > 0$，因此$k^{\text{YRS}}$随着$c$的增加而减小。

由于$c-\mu(v+\beta)>0$，可知$\partial\Gamma/\partial c_e = \dfrac{\mu(v+\beta)-c}{(v+\beta-c_e)^2} < 0$，因此$k^{\text{YRS}}$随着$c_e$的增加而增大。

又由于$\partial\Gamma/\partial\beta = \partial\Gamma/\partial v = \dfrac{c-\mu c_e}{(v+\beta-c_e)^2} < 0$。**证毕!**

引理12-3表明，当产品单位缺货成本c_e增加时，供应商需相应地加大生产投入量来降低缺货风险。当单位生产成本c增加时，供应商会选择降低生产投入量来保证自身利润。而当供应商生产过剩的残值收益v和平台给予供应商的单位补偿β增加时，产出不确定的风险降低，供应商对生产预期更加乐观，因此会主动提高生产投入量来满足潜在的市场需求。

命题12-3：在YRS策略下，存在一组最优的$(q_i^{\text{YRS}*}, s^{\text{YRS}*}, t^{\text{YRS}*}, e_i^{\text{YRS}*})$使平台、供应商和零售商实现决策均衡，均衡解为：

$$q_i^{\text{YRS}*} = G^{-1}\left(\frac{\delta-\lambda-\mu k^{\text{YRS}}\beta+\beta}{\delta+w-z}\right) + (\delta-\lambda-\mu k^{\text{YRS}}\beta+\beta)\left[\frac{n\alpha^2}{\eta}+\frac{\theta\gamma^2(p-w)}{\delta+w-z}\right]$$

$$s^{\text{YRS}*} = n\alpha\cdot\frac{\delta-\lambda-\mu k^{\text{YRS}}\beta+\beta}{\eta}$$

$$e_i^{\text{YRS}*} = \theta\gamma(p-w)\cdot\frac{\delta-\lambda-\mu k^{\text{YRS}}\beta+\beta}{\delta+w-z}$$

$$t^{\text{YRS}*}\text{满足条件}\int_0^{\sum_{i=1}^{n}\frac{q_i^{\text{YRS}*}}{t^{\text{YRS}*}}} yf(y)\mathrm{d}y = \frac{c-\mu(v+\beta)}{c_e-v-\beta}$$

其中，$\lambda = \beta\int_0^{\frac{1}{k^{\text{YRS}}}}(1-k^{\text{YRS}}y)f(y)\mathrm{d}y$。

命题12-3证明过程与命题12-2类似，不再赘述。

由命题12-3可知，平台最优订购量、采购赋能水平及零售商最优销售努力都是平台给予供应商生产过剩部分的单位补偿β的减函数。这是因为在引入产出风险共担契约的情境下，平台不仅需要完全承担自身的需求风险，还需要与供应商共同承担产出不确定风险，且β越大，平台承担的风险就越大。因此，为了避免遭受巨大的经济损失，平台会采取更加保守的策略，即降低订购量和采购赋能水平。同时，由于订购量和采购赋能水平下降，零售商的销售预期随之下降，其销售努力自然也会降低。

四、HRS策略

本章进一步引入了混合风险共担契约，在该契约下供应链成员的博弈过程不变，但与DRS和YRS策略不同的是，在$T=1$时刻，平台和供应商签订的是混合风险共担契约：当供应商生产过剩时，对于超出订购量的部分，平台给予其单位补偿β；当供应商生产不足时，平台不对其进行惩罚。相应地，当平台订购量过多时，供应商对平台未出售的部分给予单位补偿τ。

供应商的利润函数为：

$$\Pi_{\mathrm{S}}^{\mathrm{HRS}}=\sum_{i=1}^{n}wq_i+(v+\beta)E_{\mathrm{Y}}\left[\left(Yt-\sum_{i=1}^{n}q_i\right)^{+}\right]-c_{\mathrm{e}}E_{\mathrm{Y}}\left[\left(\sum_{i=1}^{n}q_i-Yt\right)^{+}\right]-ct$$
$$-\tau E_{\mathrm{X}}\left[\left(\sum_{i=1}^{n}q_i-\sum_{i=1}^{n}D_i\right)^{+}\right]$$

平台的利润函数为：

$$\Pi_{0}^{\mathrm{NRS}}=\sum_{i=1}^{n}pE\min(q_i,D_i)-\sum_{i=1}^{n}\theta(p-w)E\min(q_i,D_i)-\sum_{i=1}^{n}wq_i$$
$$-\frac{1}{2}\eta s^2-\beta E_{\mathrm{Y}}\left[\left(Yt-\sum_{i=1}^{n}q_i\right)^{+}\right]+(z+)\tau E_{\mathrm{X}}\left[\left(\sum_{i=1}^{n}q_i-\sum_{i=1}^{n}D_i\right)^{+}\right]$$

由一阶条件可知，$\Pi_{\mathrm{S}}^{\mathrm{HRS}}$是$t$的严格凹函数，存在极大值。且供应商的最优投入量$t^{\mathrm{HRS}*}$满足条件：$\int_{0}^{\sum_{i=1}^{n}\frac{q_i}{t^{\mathrm{HRS}*}}}yf(y)\mathrm{d}y=\dfrac{c-\mu(v+\beta)}{c_{\mathrm{e}}-v-\beta}$。

引理 12-4:(1)供应商投入量 t^{HRS*} 和平台订购量之间呈线性关系，$t^{HRS*}=k^{HRS}\cdot\sum_{i=1}^{n}q_i$，其中 k^{HRS} 是一个常数，由供应商单位成本 c、单位缺货成本 c_e 和单位残值收益 v 及获得平台的单位补偿 β 共同决定；

(2)k^{HRS} 是 c_e、β 和 v 的增函数，是 c 的减函数。

引理 12-4 证明过程与引理 12-3 类似，不再赘述。

命题 12-4:在 HRS 策略下，存在一组最优的 $(q_i^{HRS*},s^{HRS*},t^{HRS*},e_i^{HRS*})$ 使平台、供应商和零售商实现决策均衡，均衡解为：

$$q_i^{HRS*}=G^{-1}\left(\frac{\delta-\hat{\lambda}-\mu k^{HRS}\beta+\beta}{\delta+w-z-\tau}\right)$$
$$+\left(\delta-\hat{\lambda}-\mu k^{YRS}\beta+\beta\right)\left[\frac{n\delta^2}{\eta}+\frac{\theta\gamma^2(p-w)}{\delta+w-z-\tau}\right]$$

$$s^{HRS*}=n\alpha\cdot\frac{\delta-\hat{\lambda}-\mu k^{HRS}\beta+\beta}{\eta}$$

$$e_i^{HRS*}=\theta\gamma(p-w)\cdot\frac{\delta-\hat{\lambda}-\mu k^{HRS}\beta+\beta}{\delta+w-z-\tau}$$

$$t^{HRS*}\text{满足条件}\int_0^{\sum_{i=1}^{n}\frac{q_i^{HRS*}}{t^{HRS*}}}yf(y)\mathrm{d}y=\frac{c-\mu(v+\beta)}{c_e-v-\beta}$$

其中，$\hat{\lambda}=\beta\int_0^{\frac{1}{k^{HRS}}}(1-k^{HRS}y)f(y)\mathrm{d}y$。

命题 12-4 证明过程与命题 12-2 类似，不再赘述。

命题 12-4 给出了混合风险共担契约下的均衡解，该均衡解与产出风险共担契约下的均衡解类似，两者具有相同的性质。

推论 12-3:在 YRS 策略和 HRS 策略下，平台订购量与供应商投入量之比相等，即 $k^{YRS}=k^{HRS}$。

证明：(1) 由于 $\int_0^{\sum_{i=1}^{n}\frac{q_i^{YRS*}}{t^{YRS*}}}yf(y)\mathrm{d}y=\int_0^{\sum_{i=1}^{n}\frac{q_i^{HRS*}}{t^{HRS*}}}yf(y)\mathrm{d}y=\frac{c-\mu(v+\beta)}{c_e-v-\beta}$，可知

$\sum_{i=1}^{n}\frac{q_i^{YRS*}}{t^{YRS*}}=\sum_{i=1}^{n}\frac{q_i^{HRS*}}{t^{HRS*}}$，即$k^{YRS}=k^{HRS}$；

(2)已知$\hat{\lambda}=\beta\int_0^{\frac{1}{k^{HRS}}}(1-k^{HRS}y)f(y)\mathrm{d}y$，$\lambda=\beta\int_0^{\frac{1}{k^{YRS}}}(1-k^{YRS}y)f(y)\mathrm{d}y$，因为$k^{YRS}=k^{HRS}$，所以$\hat{\lambda}=\lambda$。**证毕！**

结合命题12-3和命题12-4可知，产出风险共担和混合风险共担契约下供应商生产投入量t与平台订购量q的比值相等，即供应商生产投入量与平台订购量始终呈正向线性关系。

第四节　比较分析

本节将不同情形下供应链成员的决策均衡进行对比分析，进一步探究平台型电商企业在供应链中的作用及供应链风险共担策略对供应链成员运营决策的影响。

一、平台型电商企业对供应链运营决策的影响

首先对比采购赋能情境下供应链成员的决策与无平台型电商企业(即s=0时)情境下的决策，可得如下命题12-5。

命题12-5：存在一个$\hat{n}$，当$n>\hat{n}$时，$q_i^{NRS*}>\bar{q}_i^{NRS*}$。

证明：令

$$F(n)=q_i^{NRS*}-\bar{q}_i^{NRS*}=\frac{n\delta\alpha^2}{\eta}+G^{-1}\left(\frac{\delta}{\delta+w-z}\right)-G^{-1}\left(\frac{p-\bar{w}}{p-z}\right)$$

$-\frac{(1-\theta)\delta+w-z}{\delta+w-z}\gamma^2(p-\bar{w})$，显然，$F(n)$是$[0,+\infty)$上的连续增函数。

若$F(0)\geqslant 0$，则$F(n)>0$恒成立，取$\hat{n}=0$即可。

若$F(0)<0$，则取n为无穷大时，显然$F(\infty)>0$成立。根据零点存在性

定理可知，在$(0,+\infty)$上必定存在一点$\hat{n}$使得$F(\hat{n})=0$，当$n>\hat{n}$时，$F(n)>0$，即$q_i^{NRS*}>\bar{q}_i^{NRS*}$。

证毕！

命题12-5表明，当线上零售商数量足够多时，接受平台的采购赋能有助于提高产品订购量。这是因为集成订单进行统一采购是采购赋能的重要手段，只有当零售商数量足够多，集成的订单量足够大，才能实现对零售商的降本增效。因此，结合命题12-2的分析可知，线上零售商的数量对于电商型平台企业的采购赋能效果有着至关重要的作用。

命题12-6： 当$\Delta\geqslant\frac{[(1-\theta)\delta+w-z](p-w)}{(\delta+w-z)w}$时，$e_i^{NRS*}\geqslant\bar{e}_i^{NRS*}$；否则，$e_i^{NRS*}<\bar{e}_i^{NRS*}$。

证明：

$$\begin{aligned}e_i^{NRS*}-\bar{e}_i^{NRS*}&=\frac{\theta\delta\gamma(p-w)}{\delta+w-z}-\gamma(p-w-\Delta w)\\&=\frac{(\theta-1)\delta-w+z}{\delta+w-z}\gamma(p-w)+\gamma\Delta w\end{aligned},$$

当$\Delta\geqslant\frac{[(1-\theta)\delta+w-z](p-w)}{(\delta+w-z)w}$时，$e_i^{NRS*}-\bar{e}_i^{NRS*}\geqslant0$，即$e_i^{NRS*}\geqslant\bar{e}_i^{NRS*}$；

当$\Delta<\frac{[(1-\theta)\delta+w-z](p-w)}{(\delta+w-z)w}$时，$e_i^{NRS*}-\bar{e}_i^{NRS*}<0$，即$e_i^{NRS*}<\bar{e}_i^{NRS*}$。

证毕！

命题12-6说明，当单个零售商议价能力较弱时，零售商接受平台采购赋能有助于提高其销售努力水平。这主要是因为当零售商议价能力较弱时，其销售商品的单位收益较低，而接受采购赋能后，销售商品的利润增加，提高了零售商的销售积极性，因此会投入更多的销售努力。

有趣的是，结合命题12-5可知，当单个零售商议价能力较强时，虽然接受平台的采购赋能会降低销售努力水平，但单个零售商的订购量依然保持着增长。出现这种反直觉的现象主要是因为，平台对零售商的采购赋能行为中包含了智能选品等手段，通过大数据分析和预测，确保采购的产品能够契合消费者的需求和偏好，因此零售商可以在减少销售努力投入的同时，获得更高的销售量，实现降本增效。

二、风险共担策略对供应链成员决策的影响

为了进一步比较各个契约之间的关系，本章对各个契约下的均衡解进行了比较分析，进一步探讨风险共担策略对供应链成员决策的影响。

命题12-7：不同情境下，平台的订购量满足：$\bar{q}_i^{\mathrm{NRS}*}<q_i^{\mathrm{NRS}*}<q_i^{\mathrm{DRS}*}$，$q_i^{\mathrm{YRS}*}<q_i^{\mathrm{HRS}*}$。

证明：

$$q_i^{\mathrm{DRS}*}-q_i^{\mathrm{NRS}*}=G^{-1}\left(\frac{\delta}{\delta+w-z-\tau}\right)-G^{-1}\left(\frac{\delta}{\delta+w-z}\right)+\frac{\theta\gamma^2\delta(p-w)}{\delta+w-z-\tau}-\frac{\theta\gamma^2\delta(p-w)}{\delta+w-z}$$

显然，$G^{-1}\left(\frac{\delta}{\delta+w-z-\tau}\right)>G^{-1}\left(\frac{\delta}{\delta+w-z}\right)$，$\frac{\theta\gamma^2\delta(p-w)}{\delta+w-z-\tau}>\frac{\theta\gamma^2\delta(p-w)}{\delta+w-z}$，

可知，$q_i^{\mathrm{DRS}*}>q_i^{\mathrm{NRS}*}$。又由命题12-5可知，$q_i^{\mathrm{NRS}*}>\bar{q}_i^{\mathrm{NRS}*}$，因此可得$\bar{q}_i^{\mathrm{NRS}*}<q_i^{\mathrm{NRS}*}<q_i^{\mathrm{DRS}*}$。

$$q_i^{\mathrm{HRS}*}-q_i^{\mathrm{YRS}*}=G^{-1}\left(\frac{\delta-\hat{\lambda}-\mu k^{\mathrm{HRS}}\beta+\beta}{\delta+w-z-\tau}\right)-G^{-1}\left(\frac{\delta-\lambda-\mu k^{\mathrm{YRS}}\beta+\beta}{\delta+w-z}\right)$$

$+\theta\gamma^2(p-w)\cdot\frac{\delta-\hat{\lambda}-\mu k^{\mathrm{HRS}}\beta+\beta}{\delta+w-z-\tau}-\theta\gamma^2(p-w)\cdot\frac{\delta-\lambda-\mu k^{\mathrm{YRS}}\beta+\beta}{\delta+w-z}$，由推论12-4-(2)可知，$k^{\mathrm{YRS}}=k^{\mathrm{HRS}}$且$\hat{\lambda}=\lambda$，因此$q_i^{\mathrm{HRS}*}>q_i^{\mathrm{YRS}*}$。**证毕！**

命题12-7表明，需求风险共担对平台订购量具有积极影响，这是因为在DRS策略和HRS策略下，平台可以获得来自供应商的剩余库存补偿，能够弥

补因需求不足对平台型电商企业造成的一部分经济损失。此时,供应商帮助平台共担需求不确定风险,降低了平台的订购风险,因此平台会主动提高订购量来满足潜在的市场需求,以获得更高的预期收益。

此外,结合命题12-5可知,平台型电商企业在供应链中的作用不仅是对零售商进行采购赋能,还能引入需求风险共担机制以帮助提升订购量。

命题12-8:不同情境下,供应商的生产投入量满足:$t^{\mathrm{NRS}*}<t^{\mathrm{DRS}*}$,$t^{\mathrm{YRS}*}<t^{\mathrm{HRS}*}$。

命题12-8证明过程与命题12-6类似,不再赘述。

由命题12-8可知,需求风险共担契约可以有效地激励供应商提高生产投入量。这是由于在DRS和HRS策略下,供应商分担了平台的需求风险,促使平台增加订购量,观察到平台的这一举动后,供应商自然会相应地投入更多生产资本。

命题12-9:在四种契约的最优决策中,需求风险共担契约可以有效地激励零售商提高销售努力水平,即$e_i^{\mathrm{NRS}*}<e_i^{\mathrm{DRS}*}$,$e_i^{\mathrm{YRS}*}<e_i^{\mathrm{HRS}*}$。

证明:$e_i^{\mathrm{DRS}*}-e_i^{\mathrm{NRS}*}=\dfrac{\theta\gamma\delta(p-w)}{\delta+w-z-\tau}-\dfrac{\theta\gamma\delta(p-w)}{\delta+w-z}$,显然,$e_i^{\mathrm{DRS}*}>e_i^{\mathrm{NRS}*}$;$e_i^{\mathrm{HRS}*}-e_i^{\mathrm{YRS}*}=\theta\gamma(p-w)\left(\dfrac{\delta-\hat{\lambda}-\mu k^{\mathrm{HRS}}\beta+\beta}{\delta+w-z-\tau}-\dfrac{\delta-\lambda-\mu k^{\mathrm{YRS}}\beta+\beta}{\delta+w-z}\right)$,由推论12-2可知$k^{\mathrm{YRS}}=k^{\mathrm{HRS}}$,$\hat{\lambda}=\lambda$,所以$e_i^{\mathrm{HRS}*}>e_i^{\mathrm{YRS}*}$。**证毕!**

命题12-9说明了需求风险共担对零售商的销售努力同样具有积极影响,结合命题12-7的分析可知,若平台提高订购量,往往会为零售商制定更高的销售计划,这会使零售商的预期收益增加。为了更好、更快地销售商品,零售商会主动投入更多的销售努力。

命题12-10:不同情境下的采购赋能水平满足:$s^{\mathrm{YRS}*}=s^{\mathrm{HRS}*}<s^{\mathrm{NRS}*}=s^{\mathrm{DRS}*}$。

证明:根据命题12-4可知,$s^{\mathrm{NRS}*}=s^{\mathrm{DRS}*}$,$s^{\mathrm{YRS}*}=s^{\mathrm{HRS}*}$。

$s^{\mathrm{YRS}*}-s^{\mathrm{DRS}*}=\dfrac{n\alpha\left(-\lambda-\mu k^{\mathrm{YRS}}\beta+\beta\right)}{\eta}$，验证$\left(-\lambda-\mu k^{\mathrm{YRS}}\beta+\beta\right)$的正负即可，将$\lambda=\beta\int_{0}^{\frac{1}{k^{\mathrm{YRS}}}}\left(1-k^{\mathrm{YRS}}y\right)f(y)\mathrm{d}y$和$\mu=E(Y)=\int_{0}^{\infty}yf(y)\mathrm{d}y$代入后整理可得$-\lambda-\mu k^{\mathrm{YRS}}\beta+\beta=\beta\int_{\frac{1}{k^{\mathrm{YRS}}}}^{\infty}\left(1-k^{\mathrm{YRS}}y\right)f(y)\mathrm{d}y$，显然，当$y\geqslant\dfrac{1}{k^{\mathrm{YRS}}}$时，$1-k^{\mathrm{YRS}}y<0$，即$-\lambda-\mu k^{\mathrm{YRS}}\beta+\beta<0$，所以$s^{\mathrm{YRS}*}=s^{\mathrm{HRS}*}<s^{\mathrm{NRS}*}=s^{\mathrm{DRS}*}$。**证毕！**

命题12-10说明，需求风险共担不会影响平台的采购赋能水平。这可能是因为在NRS策略下，面对需求不确定风险，平台已经制定了一个较高的赋能水平，因此当引入DRS契约时，平台无须提升赋能水平。例如，云集推出了“潘多拉魔盒”选品机制，借助智能算法将会员KOL的体验行为数据化，并通过大数据分析工具，对新商品的销量进行预测。通过该选品机制推荐的新品，更容易成为爆款商品。数据显示，截至2020年3月，通过“潘多拉魔盒”测试并上架的商品有200多款，其中有30余款新品日销量超100万元，最高日销量甚至超过1200万元。

此外，命题12-10说明，产出风险共担机制对平台的采购赋能水平有负面影响。这是因为在NRS策略下，平台采购赋能水平较高，其赋能成本也会较大。引入产出风险共担机制进一步增加了平台的运营成本，因此平台会选择降低采购赋能投入来减少风险。

产生上述结果的根本原因在于，需求不确定风险源自市场的变化，属于供应链外部风险，在需求风险共担机制下，供应链外部风险由供应链成员共担，有助于提升供应链的整体抗风险能力，有助于提升平台订购量、供应商的生产投入量及零售商的销售努力水平。与之相比，产出不确定风险源于供应商的生产过程，属于供应链内部风险，在产出风险共担机制下，只是将由供应商承担的内部风险转移给了供应链的其他成员，因而对改善供应链成员运营决策的帮助并不明显。

第五节　算例分析

本节将对部分命题进行仿真验证与分析，进一步观察参数τ、β和n对供应链成员绩效的影响。

设定模型参数，令$c=2, w=4, p=6, c_e=5, v=1, z=1, \alpha=0.5, \gamma=0.5, \eta=16, \theta=0.2, X\sim U(10,100), Y\sim U(0.8,1.2), E(Y)=\mu=1$。

一、零售商数量和议价能力对平台订购量决策的影响

我们可以模拟零售商接受平台的采购赋能后供应链订购量决策水平随n的变化，进一步分析零售商数量对于平台订购量决策的影响。令$F(n)=q_i^{NRS*}-\bar{q}e_i^{NRS*}$，当$F(n)>0$时，说明采购赋能有助于提升平台订购量，且$F(n)$越大，提升效果越显著。

如图12-3所示，当零售商数量足够多时，接受平台的采购赋能有助于提升订购量，且随着零售商数量的增加，提升效果更加显著。一方面，平台订购量随着零售商数量的增加而呈线性增长；另一方面，单个零售商的订购量也随着零售商的数量增加而提升，进一步提升了平台订购量。这是因为线上零售商数量越多，平台集成的订单量就越大，其议价能力增强，订购积极性就会提升。这进一步深化了命题12-5的结论，也再次印证了零售商数量对于平台型电商企业的重要性。

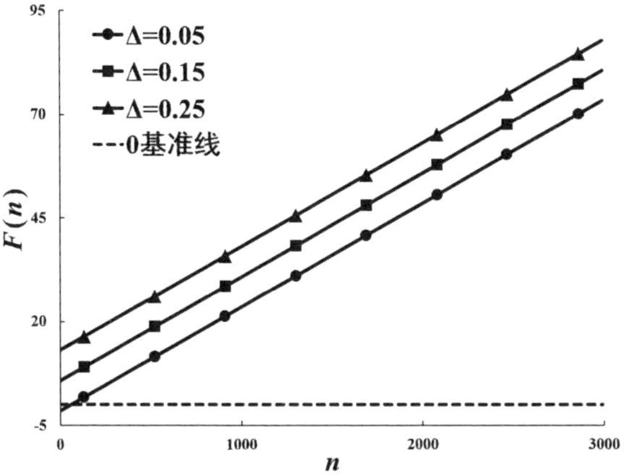

图12-3 n对平台订购量的影响

此外，图12-3表明，当零售商数量相同时，零售商的议价能力越弱，采购赋能对其订购量的提升效果越显著。正如命题12-6所示，单个零售商的议价能力越弱，其订购积极性就越弱，接受平台的采购赋能更能激发其积极性，从而更有效地提升订购量。因此，在商业实践中，对于议价能力较弱的零售商而言，接受平台型电商企业的采购赋能是非常必要的。

二、供应商给予平台的单位补偿对利润的影响

通过比较NRS、DRS、HRS三种策略下供应商及平台的利润随τ的变化，可以分析需求风险共担契约对供应链成员利润的影响。假定零售商数量$n=1000$，HRS策略下平台给予供应商剩余库存的单位补偿$\beta=0.5$。

如图12-4(a)所示，在DRS和HRS策略下，当τ较小时，随着τ不断增大，供应商的利润逐步提高，且始终大于NRS策略下的利润。这似乎不符合直觉，因为在DRS策略下，由于供应商额外承担了平台的需求风险，其利润相较于NRS策略应该更低。之所以出现上述结果，主要是因为需求风险共担机制降低了平台的订购风险，使平台采取了更为积极的订购策略，提升了订购量，使供应商的利润不降反增。但当τ较大时，随着τ的增大，供应商利润迅速下

降，甚至可能低于NRS策略。这是因为供应商承担的需求风险过多，即使平台增加了订购量，依旧无法弥补损失。

值得注意的是，当DRS策略下供应商利润随着τ的增大开始下降时，HRS策略下供应商利润仍在上升。这主要是因为，在HRS策略下，供应商可以得到来自平台的产出风险补偿，增加了供应商对抗需求风险的能力。这也使供应商利润在HRS策略下始终高于DRS策略。因此，在商业实践中，供应商可以在能力范围内，适当为平台企业分担一定比例的需求风险，以提升自身绩效。

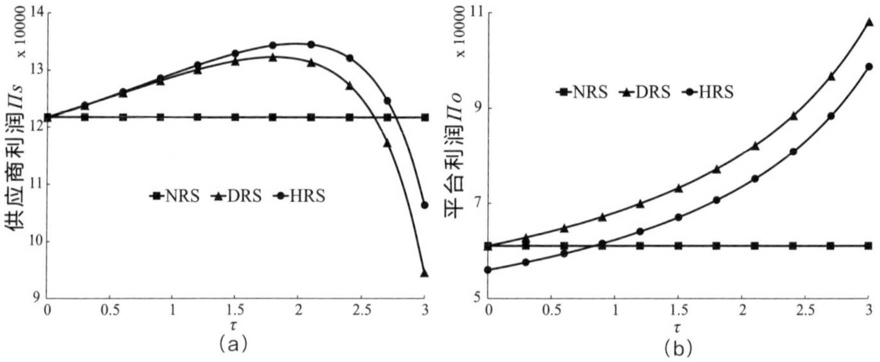

图12-4　τ对供应商和平台利润的影响

如图12-4(b)所示，在DRS策略下，随着τ不断增大，平台的利润逐步提高，且始终高于NRS策略，说明需求风险共担策略可以实现平台绩效的改进。在HRS策略下，平台利润也随着τ的增大而提高，但与DRS策略不同的是，当τ较小时，平台利润可能低于NRS策略。这主要是由于HRS策略下，平台需要帮助供应商承担部分产出风险，对于供应商产出过剩的部分需要给予补偿，因而降低了平台利润。也正是因为这个原因，DRS策略下平台的利润始终高于HRS策略。

三、平台给予供应商的单位补偿对利润的影响

通过比较NRS、YRS、HRS三种策略下供应商及平台的利润随β的变化，

可以分析产出风险共担契约对供应链成员利润的影响。假定零售商数量$n=1000$，HRS策略下供应商给予平台未售出商品的单位补偿$\tau=2$。

如图12-5(a)所示，在YRS策略下，随着β的增大，供应商利润逐渐降低，且始终小于NRS策略。这说明平台帮助供应商分担产出风险反而会损害供应商的利润。这主要是由于在YRS策略下，平台不仅需要完全承担需求不确定风险，还需要额外承担供应商的产出不确定风险。为了避免巨大的经济损失，平台往往会采取保守的订购策略，即降低订购量，最终使供应商的利润减少了。

有趣的是，在HRS策略下，当β较小时，供应商利润随着β增大而增大，且显著高于NRS策略。这主要是由于在HRS策略下，供应商帮助平台分担了一定比例的需求风险。因此，当β较小时，平台仍会采取积极的订货策略，提高订购量。随着β的增大，供应商能够获得的产出风险补偿也会增加，利润就会提升。需要注意的是，当β超出一定范围时，供应商利润随着β的增大而急剧下滑。因此，即便在混合风险共担机制下，平台也不应该过多地承担供应商的产出风险。

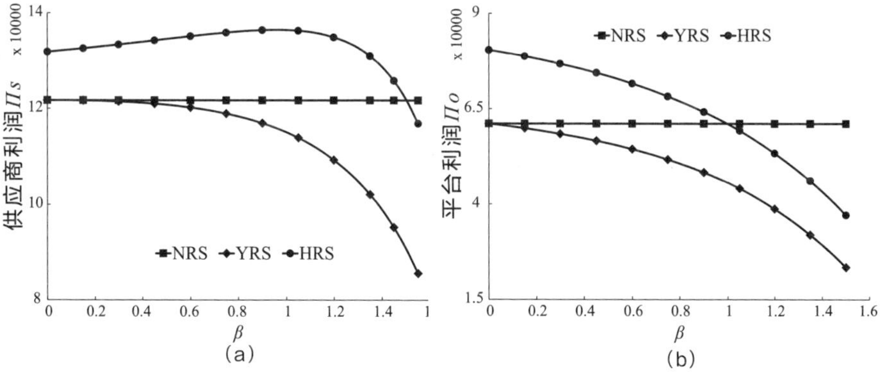

图12-5　β对供应商和平台利润的影响

如图12-5(b)所示，在YRS策略下，随着β的增大，平台利润逐渐减少，且始终小于NRS策略；在HRS策略下，平台利润也随着β的增大而减小，但是与YRS策略不同的是，当β较小时，平台利润大于NRS策略。如前文所述，引入产出风险共担机制会促使平台采取保守的订购策略，降低订购量，从而影响销售收入，最终使平台利润减少。并且，随着β的增大，平台不仅会采取更加保守的订购策略，还需要给予供应商更多的产出风险补偿，进一步降低了平台利润。而在混合风险共担机制下，当β较小时，平台仍具有较高的订购积极性，会从供应商处订购较多商品，提高销售收入，最终提升平台利润。因此，平台应该对引入产出风险共担机制保持审慎态度，即便在混合风险共担机制下，也不应承担过多的产出风险。

综上，当供应链的需求风险由供应链成员共担时，有助于各个成员做出对供应链整体最有利的决策，从而提升全体成员的利润。而当供应链的产出风险由供应链成员共担时，会促使各个成员做出相对保守的决策以规避风险，最终对各方利润造成不利影响。

四、零售商数量对平台利润的影响

通过比较四种策略下平台利润随n的变化，可以分析零售商数量对于平台利润的影响。假定HRS策略下供应商给予平台未售出商品的单位补偿$\tau=2$，平台给予供应商剩余库存的单位补偿$\beta=0.5$。

如图12-6所示，在四种策略下，随着n的增大，平台利润均逐渐增大。值得注意的是，平台利润的增长并非线性，而是随着n的增加，呈现加速上涨的趋势。这说明平台利润的增长不仅是由零售商数量上的增长带来的，单个零售商的利润随着n的增大而提升，也会导致平台利润增长。这主要是因为随着n的增大，平台对零售商的采购赋能水平s也会增加，能够更好地帮助零售商降本增效。因此，吸引更多零售商加入并提升其留存率是提升平台利润的关键。在商业实践中，亚马逊、京东、天猫等平台型电商企业均推出了会员制，并且为零售商提供增值服务，其目的就在于此。

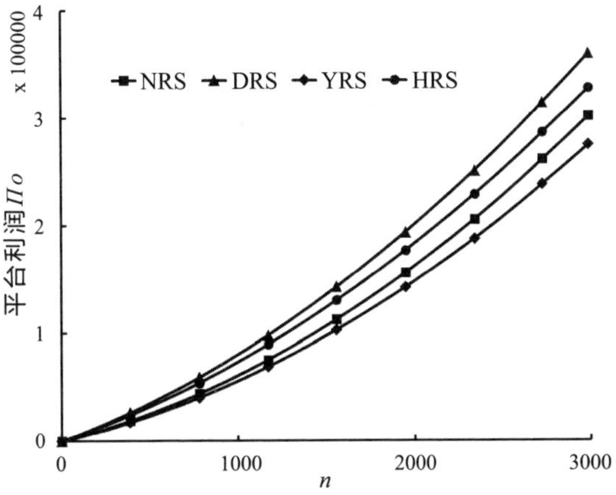

图12-6　n对平台利润的影响

第六节　本章小结

本章在采购赋能情境下，引入剩余库存补偿的风险共担策略，试图缓解市场需求波动及供应商产出过剩风险对供应链绩效造成的负面影响。本章构建了S2b2c模式下的供应链系统，并基于无风险共担策略，进一步引入需求风险共担、产出风险共担及混合风险共担三种策略，分析不同的风险共担策略对订购量、采购赋能水平、生产投入量、销售努力水平及供应链成员利润的影响，主要得到以下结论：

(1)引入需求风险共担契约有助于提升供应链成员的决策水平和利润。与无风险共担策略相比，引入需求风险共担契约虽然不改变平台的采购赋能水平，但有助于提高平台订购量，并激励零售商付出更多的销售努力，提升了供应商和平台的利润。类似地，与产出风险共担策略相比，引入需求风险共担契约后形成的混合风险共担契约，虽然不改变平台采购赋能水平，但是可以提高平台订购量、零售商的销售努力及供应商和平台的利润。因此，当平台供应链面对需求不确定风险时，应该引入需求风险共担机制来提升绩效。

(2)引入产出风险共担契约会降低供应链成员的决策水平和利润。与无风险共担策略相比,引入产出风险共担契约不仅会降低平台对零售商的采购赋能水平,而且会迫使平台采取保守的订购策略,降低订购量,并进一步打击零售商的销售积极性,降低销售努力,最终导致供应商和平台的利润下滑。类似地,与需求风险共担策略相比,引入产出风险共担契约也会造成相同的消极影响。因此,当平台供应链面对产出不确定风险时,对引入产出风险共担机制来规避风险的策略要采取谨慎态度。

(3)对于不同类型的供应链风险应采取差异化的策略。需求不确定风险属于供应链的外部风险,应由供应链成员共同分担,这会使供应链成员做出有利于整条供应链运营绩效改善的决策;但是,产出不确定风险属于供应链的内部风险,应由供应商独自承担,不要将风险转移给供应链的其他成员,因为这反而会损害整条供应链的绩效。

第十三章　预售与金融赋能情境下面向订单农业的平台供应链决策机制

前面几章所讨论的赋能行为主要关注的是供应链中信息流和物流的协调，没有涉及资金流。近年来，随着供应链金融的发展，平台型电商企业开始运用金融赋能的手段推动订单农业等模式的创新。本章将在金融赋能的情境下，从订单农业出发，对不同的融资模式进行比较，并研究平台供应链成员的运营决策。

第一节　问题提出

近年来，随着基于电商平台的农产品预售商业价值的发现，该模式受到了商家和消费者的青睐，于2017年上线的域农网，依托全国180多万家农民专业合作社，结合“互联网＋农业”，创新农产品销售模式，打造了全国农产品预售平台，引领我国订单式农业的发展。喵鲜生、聚划算、云集等电商平台也在农产品预售浪潮中迅速拓展。但面对农业生产的巨大成本及未预售的农产品的储藏保鲜成本，中小农户仍旧面临着资金不足的严峻考验。

农业产出的不确定性程度高、中小农户资信不足、贷款担保匮乏是中小农户融资难的主要原因。随着电商平台预售模式在农业领域中的应用推广，为寻求农产品更高的供应稳定性和更强的农业供应链支撑，电商平台开始为农户贷款做信用背书，切入供应链金融，探索出了多种解决中小农户融资难问题的方法，现有模式一般可以分为两类：一种是外部融资模式，通常为银行融资，在该模式中电商平台作为农业供应链中的核心企业，充当农户与银行之间的增信角色。

另一种是内部融资模式，包括电商平台反向保理融资和提前支付融资。反向保理是指保理商所买断的应收账款的对象是资信水平很高的买家(Klapper, 2006)。在电商平台反向保理融资模式下，电商平台只需评估双方交易的真实性，就可以对农户开展保理，由电商平台(同时作为买方和保理商)为中小农户(卖方)提供保理融资等金融服务。在电商平台提前支付模式下，农户与电商平台签订合约，通过电商平台预付款提前获取全部销售收入，从而解决中小农户生产的资金约束问题。

随着电商平台预售模式的不断发展，学者分别从运营决策和融资策略两个视角对预售进行了有益探索。陈军和伏红勇(2020)发现生产商部分预售优于全部预售，允许零售商退订及零售商现货外购对生产商均有利。孙燕红等(2020)构建了两阶段销售模型，探究消费者评论如何影响商家定价策略。Zhan等(2021)比较了有无绿色投资的单渠道和双渠道策略下的最优绿色决策和利润，确定了预付款融资下供应链的最优渠道策略。孙彩虹等(2021)发现产出不确定风险对生产商利润所带来的鲁棒(Robust)冲击。刘家国等(2019)指出融合了缺货惩罚—余货补偿双向机制的收益共享契约也能够有效协调供应链，降低不确定性对收益的影响。基于现有的研究，本章在丰富产出不确定性和产品预售的相关理论研究的同时，为减少产出不确定性风险和改进平台预售机制的管理实践提供参考；并在传统融资模式基础上，深入探究由电商平台主导参与的农业供应链融资策略，引入新型的、主动式的电商平台融资模式，丰富和完善了农业供应链金融的相关理论研究。

本章基于以上情况，在面向订单农业的电商平台预售与融资赋能的背景下，探究基于电商平台预售的不同融资模式，提出以下研究问题：(1)电商平台预售情景下农户、电商平台如何进行决策?(2)当内外部融资模式共存时，供应链成员的融资偏好是什么？本章在电商平台预售背景下，探究农户和电商平台的经营决策及融资模式选择过程，做出了一些新的理论探索，丰富了农业供应链金融的研究视域，为当下农业供应链成员的融资实践提供新参考。

第二节　模型描述和基本假设

本章研究一个由农户、电商平台和银行所构成的农业供应链，农户为电商平台提供农产品，电商平台再通过预售或正常网络销售将农产品销往市场。

供应链各参与方的决策顺序如下：在$t=0$时刻，电商平台向上游农户提供订单，和农户达成农产品预售与销售协议。假设电商平台预售开启后，产品预售的销量为$q_0(q_0>0)$，消费者向电商平台支付货款pq_0。市场批发价格w外生，电商平台用部分预售款wq_0向农户提前支付采购货款。农户综合考虑预售情况、市场批发价格等因素后，决定生产投入量Q。在$t\in(0,1)$时期，农户开始生产。农户生产受天气等不确定因素的影响，存在产出不确定性风险，实际产出量为Qx，其中x表示单位投入的随机产出率，该形式在相关文献中常见(He & Zhao，2012；林强等，2021)。本章假设随机产出率$x\in[x_L,x_H]$，其期望和方差分别为$E(x)=\mu$，$D(x)=\sigma^2$。记$f(x)$和$F(x)$分别为x的概率密度函数与概率分布函数。并假定$F(x)$严格单调递增且可导。一般地，这里假设$Qx>q_0$。在$t\in[1,2]$时期，电商平台向消费者销售农产品。农户生产完成后，首先通过电商平台向消费者供应预售的农产品，然后再由电商平台进行非预售产品的销售，农产品零售价格为p，且满足$p=a-bQx$，其中$a(a>0)$表示初始零售价格，如果零售价高于a，那么消费者将不会购买此农产品；$b(b>0)$为价格敏感系数，表示消费者对价格的敏感度。在不同融资模式下,预售期零售价与非预售期零售价格一致。在$t=2$时刻,销售结束。电商平台收到销售收入后,将剩余货款支付给农户。

农户的生产能力有限,当种植规模超过一定水平时,边际成本会增加,农业生产呈现规模不经济特性。以往很多研究将农户生产成本假设成二次型生产成本函数的形式(林强等,2021;彭红军等,2019;Niu et al.,2016;叶飞和蔡子功,2018)。本章也假定农户的运营成本函数为$C(Q)=c_0Q+c_h(Qx-q_0)^2$,其中c_o为单位生产成本系数,$c_h(Qx-q_0)^2$表示当农户的生产量超过预售水平时,未预售的农产品会产生的储藏保鲜成本。

假设农户没有自有资金,而电商平台自有资金充足。电商平台首先通过预售获取部分销售收入,然后将部分预售款提前向农户支付货款,以缓解农户生产资金不足的状况。然后再凭借其资信优势,为农户提供银行融资、电商平台反向保理和电商平台提前支付三种融资模式。银行融资模式下,农户通过电商平台授信向银行提出融资申请,贷款利率为r_b。而银行按照收益平衡原则来确定贷款利率,其期望利率等于市场无风险利率r_f。电商平台融资模式下,农户直接向电商平台提出融资申请,贷款利率为r_e,而它的期望资金收益率为r_p。此外,资金收益率等于市场无风险收益率r_f(朱文贵等,2007)。

本章设Π为农户的期望利润,Φ为电商平台的期望利润,下标c表示集中决策,下标d表示分散决策,下标b为银行融资模式,下标e为电商平台反向保理融资模式,下标a为电商平台提前支付模式,下标bd为银行融资模式下的分散决策。

第三节　模型分析

一、银行融资模式

在银行融资模式下,电商平台与农户签订销售协议,将农产品进行预售后，根据市场批发价格w预付农户货款。农户根据预售情况及批发价格决定生产投入量Q，实际产出量为Qx。由于电商平台的预付款往往无法满足农户后续的生产经营需求，农户通过电商平台授信向银行贷款L，其中$L=C(Q)-wq_0$。需求完成后，若农产品销售额$w(Qx-q_0)$足够还贷，则还清银行贷款本息$(1+r_b)L$，否则农户违约。与以往研究保持一致（黄建辉和林强，2019），本章不考虑农户自有资金，假定农户承担有限责任，即当农户农产品销售额不足以还贷时，农户处于违约状态且由银行获得农户的剩余资金。

银行通过风险评估决定贷款利率，以获得期望收益。与以往文献相一致（陈祥锋等，2008；彭红军等，2019），本章假定银行是风险中性的，依据收益平衡原则决定贷款利率，其融资服务将满足期望收益与资本市场的平均投资回报率相等的原则，即$E\{(1+r_f)L\}=E\min\{w(Qx-q_0),(1+r_b)L\}$。农户的决策变量为生产投入量$Q$和银行决定贷款利率$r_b$。

记$M=2\mu c_h q_0-c_0$，$S=\mu^2+\sigma^2$。农户的期望利润函数为：

$$\begin{aligned}\Pi_{bd}&=E\left\{wq_0+w(Qx-q_0)+L-C(Q)-(1+r_b)L\right\}^+\\&=E\left\{w(Qx-q_0)-\min\left[w(Qx-q_0),(1+r_b)L\right]\right\}\\&=-(1+r_f)c_hSQ^2+\left[w\mu+(1+r_f)M\right]Q-(1+r_f)c_hq_0{}^2+r_fwq_0\end{aligned}\tag{13-1}$$

电商平台通过农产品预售获得的销售收入为pq_0，提前支付给农户wq_0的货款，正常销售阶段，电商平台获得销售收入$p(Qx-q_0)$。期末，电商平台支付剩余批发货款$w(Qx-q_0)$。因而电商平台的期望利润为：

$$\begin{aligned}\Phi_{bd}&=E\left[pq_0-wq_0+p(Qx-q_0)-w(Qx-q_0)\right]\\&=-bSQ^2+(a-w)Q\mu\end{aligned}\tag{13-2}$$

根据逆推归纳法，由一阶条件可知农户最优生产投入量Q_b^*为：

$$Q_{bd}^*=\frac{w\mu+(1+r_f)M}{2(1+r_f)c_hS}\tag{13-3}$$

进一步可知农户和电商平台的最大期望利润为：

$$\Pi_{bd}^{*}=\frac{w^2\mu^2+(1+r_f)\left\{(1+r_f)M^2+2w\mu M+4c_1S\left[wq_0r_f-(1+r_f)c_hq_0{}^2\right]\right\}}{4(1+r_f)c_hS} \tag{13-4}$$

$$\Phi_{bd}^{*}=\frac{\left[w\mu+(1+r_f)M\right]\left\{2\mu c_h(1+r_f)(a-w)-b\left[w\mu+M(1+r_f)\right]\right\}}{4c_h^2(1+r_f)^2S} \tag{13-5}$$

命题 13-1：(1) $\frac{dQ_{bd}^*}{d(\sigma^2)}<0,\ \frac{dQ_{bd}^*}{dc_o}<0,\ \frac{dQ_{bd}^*}{dc_h}<0,\ \frac{dQ_{bd}^*}{dr_f}<0,\ \frac{dQ_{bd}^*}{dw}>0,$ $\frac{dQ_{bd}^*}{dq_0}>0$；Q_{bd}^*是关于μ的凹函数；

(2)农户的期望贷款量L是关于农产品预售数量q_0的凸函数；

(3)$\frac{d\Pi_{bd}^*}{dw}>0,\frac{d\Pi_{bd}^*}{dr_f}<0$；$\Pi_{bd}^*$是关于$Q$的凹函数，是关于$q_0$单调递增的凹函数；

(4)Φ_{bd}^*是关于w、q_0的凹函数。

证明：(1)$\frac{dQ_{bd}^*}{d\mu}=\frac{\left[w+2c_hq_0(1+r_f)\right](\sigma^2-\mu^2)+2\mu c_o(1+r_f)}{2c_h(1+r_f)S^2}$，

$$\frac{d^2Q_{bd}^*}{d\mu^2}=\frac{-2\mu\left[w+2c_hq_0(1+r_f)\right]}{2c_h(1+r_f)S^2}-\frac{\left[w+2c_hq_0(1+r_f)\right](\sigma^2-\mu^2)8\mu c_h(1+r_f)S}{\left[2c_h(1+r_f)S^2\right]^2}<0,$$

所以Q_{bd}^*是关于μ的凹函数。当$\mu=0$，$\frac{dQ_{bd}^*}{d\mu}>0$时，$Q_{bd}^*=\frac{w-(1+r_f)c_o}{2\sigma^2(1+r_f)c_h}>0$。当$\mu=1$，且$\sigma^2<\frac{-2c_o(1+r_f)}{w+2c_hq_0(1+r_f)}+1$时，$\frac{dQ_{bd}^*}{d\mu}<0$，所以，当方差较小即产出不确定性较低时，农户的生产投入量Q_{bd}^*是关于μ的单调递增的凹函数。

$$\frac{dQ_{bd}^*}{dc_h}=\frac{2\mu q_0(1+r_f)2c_hS(1+r_f)-[w\mu+M(1+r_f)]2S(1+r_f)}{[2c_hS(1+r_f)]^2}=$$

$-\dfrac{w\mu-c_o(1+r_f)}{2c_h{}^2S(1+r_f)}$,农户是理性的,只有当期望批发价格大于农户生产成本时,农户才会投入生产。因此 $w\mu-c_o(1+r_f)>0$,即 $w>\dfrac{c_o(1+r_f)}{\mu}$,那么 $\dfrac{dQ_{bd}^*}{dc_h}<0$。

(2) $\dfrac{dL}{dq_0}=2c_hSQ_{bd}^*\dfrac{dQ_{bd}^*}{dq_0}-2\mu c_hQ_{bd}^*-M\dfrac{dQ_{bd}^*}{dq_0}+2c_hq_0-w$,$\dfrac{dQ_{bd}^*}{dq_0}=\dfrac{\mu}{S}>0$,则 $\dfrac{dL}{dq_0}=-M\dfrac{\mu}{S}+2c_hq_0-w$,$\dfrac{d^2L}{dq_0^2}=-2c_h\dfrac{\mu^2}{S}+2c_h$,其中 $1-\dfrac{\mu^2}{S}>0$,则 $\dfrac{d^2L}{dq_0^2}>0$。

(3) $\dfrac{d\Pi_{bd}^*}{dw}=-2(1+r_f)c_hSQ\dfrac{dQ_{bd}^*}{dw}+\mu Q+(w\mu+(1+r_f)M)\dfrac{dQ_{bd}^*}{dw}$
$+r_fq_0=\mu Q+r_fq_0>0$,

$$\frac{d\Pi_{bd}^*}{dr_f}=w\mu\frac{dQ_{bd}^*}{dr_f}-(1+r_f)(2c_hSQ-M)\frac{dQ_{bd}^*}{dr_f}$$

$-(c_hSQ^2-MQ+c_hq_0{}^2-wq_0)$,由于 $\dfrac{dQ_{bd}^*}{dr_f}=-\dfrac{w\mu}{2c_hS(1+r_f)^2}$,$Q_{bd}^*=\dfrac{\mu w+(1+r_f)M}{2S(1+r_f)c_h}$,

所以,

$$\frac{d\Pi_{bd}^*}{dr_f}=-(c_hSQ^2-MQ+c_hq_0{}^2-wq_0)=-L<0。$$

$\dfrac{d\Pi_{bd}^*}{dQ}=w\mu-(1+r_f)(2c_hSQ-M)$,$\dfrac{d^2\Pi_{bd}^*}{dQ^2}=-(1+r_f)2c_hS<0$,即农

户利润函数是关于Q的凹函数。

$$\frac{\mathrm{d}\Pi_{\mathrm{bd}}^*}{\mathrm{d}q_0}=w\mu\frac{\mathrm{d}Q_{\mathrm{bd}}^*}{\mathrm{d}q_0}-w$$

$-\left[2c_{\mathrm{h}}SQ_{\mathrm{bd}}^*\frac{\mathrm{d}Q_{\mathrm{bd}}^*}{\mathrm{d}q_0}-2\mu c_{\mathrm{h}}Q_{\mathrm{bd}}^*-M\frac{\mathrm{d}Q_{\mathrm{bd}}^*}{\mathrm{d}q_0}+2c_{\mathrm{h}}q_0-w\right](1+r_{\mathrm{f}})$，又 $\frac{\mathrm{d}Q_{\mathrm{bd}}^*}{\mathrm{d}q_0}=\frac{\mu}{S}$，$Q_{\mathrm{bd}}^*=\frac{w\mu+M(1+r_{\mathrm{f}})}{2c_{\mathrm{h}}S(1+r_{\mathrm{f}})}$。所以$\frac{\mathrm{d}\Pi_{\mathrm{bd}}^*}{\mathrm{d}q_0}=wr_{\mathrm{f}}+2c_{\mathrm{h}}(Q_{\mathrm{bd}}^*\mu-q_0)(1+r_{\mathrm{f}})$。又因为假设农户生产一定能满足预售商品需求，即$Q_{\mathrm{bd}}^*\mu-q_0>0$，因此，$\frac{\mathrm{d}\Pi_{\mathrm{bd}}^*}{\mathrm{d}q_0}>0$。$\frac{\mathrm{d}E\Pi_{\mathrm{bd}}^{*2}}{\mathrm{d}^2q_0}=2c_{\mathrm{h}}\left(\frac{\mu^2}{S}-1\right)(1+r_{\mathrm{f}})<0$，农户利润函数是关于$q_0$的递增的凹函数。

(4) $\frac{\mathrm{d}\Phi_{\mathrm{bd}}^*}{\mathrm{d}w}=-2bSQ\frac{\mathrm{d}Q_{\mathrm{bd}}^*}{\mathrm{d}w}-Q\mu+(a-w)\frac{\mathrm{d}Q_{\mathrm{bd}}^*}{\mathrm{d}w}\mu$。由于$\frac{\mathrm{d}Q_{\mathrm{bd}}^*}{\mathrm{d}w}=\frac{\mu}{2c_{\mathrm{h}}S(1+r_{\mathrm{f}})}$，则$\frac{\mathrm{d}^2\Phi_{\mathrm{bd}}^*}{\mathrm{d}w^2}=-2bS\left(\frac{\mathrm{d}Q_{\mathrm{bd}}^*}{\mathrm{d}w}\right)^2-\frac{\mathrm{d}Q_{\mathrm{bd}}^*}{\mathrm{d}w}\mu-\frac{\mathrm{d}Q_{\mathrm{bd}}^*}{\mathrm{d}w}\mu<0$。因此，电商平台利润函数是关于$w$的凹函数。$\frac{\mathrm{d}\Phi_{\mathrm{bd}}^*}{\mathrm{d}q_0}=[-2bSQ_{\mathrm{bd}}^*+(a-w)\mu]\frac{\mathrm{d}Q_{\mathrm{bd}}^*}{\mathrm{d}q_0}$，其中$\frac{\mathrm{d}Q_{\mathrm{bd}}^*}{\mathrm{d}q_0}=\frac{\mu}{S}>0$。则$\frac{\mathrm{d}^2\Phi_{\mathrm{bd}}^*}{\mathrm{d}q_0^2}=-2bSQ_{\mathrm{bd}}^*\left(\frac{\mathrm{d}Q_{\mathrm{bd}}^*}{\mathrm{d}q_0}\right)^2<0$，电商平台期望利润函数是关于$Q$的凹函数。**证毕！**

命题13-1表明，在银行融资模式下，首先，农户生产投入量随产出不确定性、生产成本系数、储藏成本系数、市场无风险利率增加而减少，随批发价格和预售量增加而增加。其次，电商预售背景下的预售量并不是越大越好，农户应该考虑自身资金状况，合理决策生产投入量。再次，农户的利润随着批发价格增加而增加，随市场无风险利率增加而减少。农户的利润会随着生产投入量的增加而先增后减，随着预售数量的增加而增加，但当预售数量过大时，农户利润增长趋缓。因此，即便预售市场利好，农户也应该合理控制生产投入量。最后，适当增加批发价格和预售数量对电商平台有利，但是如果农户过度生产或批发价格过高，会使电商平台无利可图。

二、电商平台反向保理融资模式

不同于银行融资模式，当农户资金不足，农户转向电商平台申请贷款。电商平台根据收益平衡原则，其贷款利率决策满足等式：$E\left\{(1+r_{\mathrm{p}})L\right\}=E\min\left[w(Qx-q_0),(1+r_{\mathrm{e}})L\right]$。

农户在预售期获得电商平台的提前贷款为wq_0，向电商平台申请贷款为$L=C(Q)-wq_0$。期末获得电商平台支付的货款收入为$\left[w(Qx-q_0)-L(1+r_{\mathrm{e}})\right]^+$，农户总生产成本为$C(Q)$。因此，农户的期望利润函数为：

$$\begin{aligned}\Pi_{\mathrm{ed}}&=E\left\{w(Qx-q_0)-(1+r_{\mathrm{e}})L\right\}^+\\&=wQ\mu-wq_0-(1+r_{\mathrm{p}})\left(c_{\mathrm{h}}SQ^2-MQ+c_{\mathrm{h}}{q_0}^2-wq_0\right)\end{aligned}\tag{13-6}$$

电商平台的期望利润为：

$$\begin{aligned}\Phi_{\mathrm{ed}}&=E\left\{pq_0+p(Qx-q_0)-wq_0-L-\left[w(Qx-q_0)-L(1+r_e)\right]^+\right\}\\&=(r_{\mathrm{p}}c_{\mathrm{h}}-b)SQ^2+(a-w)Q\mu-r_{\mathrm{p}}MQ+r_{\mathrm{p}}c_{\mathrm{h}}{q_0}^2-r_{\mathrm{p}}wq_0\end{aligned}\tag{13-7}$$

根据逆推归纳法，由一阶条件可知农户的最优生产投入量为：

$$Q_{\mathrm{ed}}^*=\frac{w\mu+(1+r_{\mathrm{p}})M}{2(1+r_{\mathrm{p}})c_{\mathrm{h}}S}\tag{13-8}$$

进一步可知农户和电商平台的最优期望利润为：

$$\Pi_{\mathrm{ed}}^*=\frac{w^2\mu^2+(1+r_{\mathrm{p}})\left\{(1+r_{\mathrm{p}})M^2+2w\mu M+4c_{\mathrm{h}}S\left[r_{\mathrm{p}}wq_0-(1+r_{\mathrm{p}})c_{\mathrm{h}}{q_0}^2\right]\right\}}{4(1+r_{\mathrm{p}})c_{\mathrm{h}}S}\tag{13-9}$$

$$\Phi_{ed}^{*}=r_{p}c_{h}q_{0}^{2}-r_{p}wq_{0}+\frac{\left[w\mu+(1+r_{p})M\right]\left\{(1+r_{p})\left[2c_{h}a\mu-M(b+c_{h}r_{p})\right]-w\mu(b+2c_{h}+r_{p}c_{h})\right\}}{4(1+r_{p})^{2}c_{h}^{2}S} \tag{13-10}$$

命题13-2：$\frac{dQ_{ed}^{*}}{dr_{p}}<0$，$\Pi_{ed}^{*}$是关于$r_{p}$的单调递减的凸函数。

证明：

$\frac{dQ_{ed}^{*}}{dr_{p}}=-\frac{w\mu}{2c_{h}S(1+r_{p})^{2}}<0$，$\frac{d\Pi_{ed}^{*}}{dr_{p}}=-(c_{1}SQ^{2}-MQ+c_{h}q_{0}{}^{2}-wq_{0})=-L<0$，$\frac{d\Pi_{ed}^{*2}}{d^{2}r_{p}}=-\frac{w\mu}{1+r_{p}}\frac{dQ_{ed}^{*}}{dr_{p}}>0$。农户期望利润函数是关于电商平台期望资金收益率单调递减的凸函数。**证毕！**

命题13-2表明，在电商平台反向保理融资模式下，农户的生产投入量随着电商平台期望资金收益率的增加而减少，农户期望收益也随之降低。这是因为根据收益平衡原则，电商平台的期望资金收益率相当于农户的资金成本，当期望资金收益率增加时，农户的资金使用成本高，会减少生产投入量，期望收益会因此降低。

三、电商平台提前支付融资模式

当农户决定生产投入量面临资金不足时，可直接向电商平台申请提前获得全部货款。农户无须支付利息，但是需要为电商平台提供一定的批发价格折扣，批发价格折扣系数记为β，$0<\beta\leqslant 1$。假设电商平台自有资金充足，此时农户的决策变量为生产投入量Q。

电商平台在农户生产前提前支付部分货款$c_{0}Q$，在农户生产完成后再提前支付$c_{h}(Qx-q_{0})^{2}$，即电商平台分两阶段提前向农户支付$C(Q)$，极大地缓解了农户后续生产和存储的资金压力。扣除提前支付，农户可获得剩余货款

$\beta wQx - C(Q)$。

由于农户是理性的和利己的，只有期望收益大于成本时才会继续生产，因此本章假设$\beta wQx_{\mathrm{L}} > C(Q)$，由于$\beta wQx$，$C(Q)$是关于$x$的连续递增函数，且两端大于$C(Q)$，即对$x_{\mathrm{H}}$与$x_{\mathrm{L}}$之间的任意取值$x$，都满足$\beta wQx > C(Q)$。故农户的期望利润函数为：

$$\Pi_{\mathrm{ad}} = E\left[\beta wQx - C(Q)\right]^{+} = -c_{\mathrm{h}}SQ^{2} + \left(\beta w\mu + M\right)Q - c_{\mathrm{h}}{q_{0}}^{2} \quad (13\text{-}11)$$

电商平台的期望利润函数为：

$$\begin{aligned}\Phi_{\mathrm{ad}} &= E\left\{pq_{0} + p\left(Qx - q_{0}\right) - C(Q) - \left[\beta wQx - C(Q)\right]\right\} \\ &= -bSQ^{2} + \left(a - \beta w\right)Q\mu\end{aligned} \quad (13\text{-}12)$$

根据逆推归纳法，由一阶条件可知，农户的最优生产投入量为：

$$Q_{\mathrm{ad}}^{*} = \frac{\beta w\mu + M}{2c_{\mathrm{h}}S} \quad (13\text{-}13)$$

进一步可知农户和电商平台最优期望利润为：

$$\Pi_{\mathrm{ad}}^{*} = \frac{\left(\beta w\mu + M\right)^{2}}{4c_{\mathrm{h}}S} - c_{\mathrm{h}}q_{0}^{2} \quad (13\text{-}14)$$

$$\Phi_{\mathrm{ad}}^{*} = \frac{\left(\beta w\mu + M\right)\left[2c_{\mathrm{h}}\left(a - \beta w\right)\mu - b\left(\beta w\mu + M\right)\right]}{4c_{\mathrm{h}}^{2}S} \quad (13\text{-}15)$$

命题13-3：（1）$\frac{\mathrm{d}Q_{\mathrm{ad}}^{*}}{\mathrm{d}\beta} > 0$，$\frac{\mathrm{d}\Pi_{\mathrm{ad}}^{*}}{\mathrm{d}\beta} > 0$，$\Pi_{\mathrm{ad}}^{*}$是关于$q_{0}$单调递增的凹函数；（2）当$\beta \in \left(0, 1\right]$，$\Phi_{\mathrm{ad}}^{*}$是关于$\beta$单调递增的凹函数。

证明：（1）$\frac{\mathrm{d}Q_{\mathrm{ad}}^{*}}{\mathrm{d}\beta} = \frac{w\mu}{2c_{\mathrm{h}}S} > 0$，$\frac{\mathrm{d}\Pi_{\mathrm{ad}}^{*}}{\mathrm{d}\beta} = w\mu Q > 0$。$\frac{\mathrm{d}\Pi_{\mathrm{ad}}^{*}}{\mathrm{d}q_{0}} = -2c_{\mathrm{h}}SQ\frac{\mathrm{d}Q_{\mathrm{ad}}^{*}}{\mathrm{d}q_{0}} + 2\mu c_{\mathrm{h}}Q + \left(\beta w\mu + M\right)\frac{\mathrm{d}Q_{\mathrm{ad}}^{*}}{\mathrm{d}q_{0}} - 2c_{\mathrm{h}}q_{0}$，其中$\frac{\mathrm{d}Q_{\mathrm{ad}}^{*}}{\mathrm{d}q_{0}} = \frac{\mu}{S}$，$\frac{\mathrm{d}\Pi_{\mathrm{ad}}^{*}}{\mathrm{d}q_{0}} = \left(\beta w\mu + M\right)\frac{\mu}{S} - 2c_{\mathrm{h}}q_{0}$，$\frac{\mathrm{d}^{2}\Pi_{\mathrm{ad}}^{*}}{\mathrm{d}q_{0}^{2}} = 2c_{\mathrm{h}}\frac{\mu^{2}}{S} - 2c_{\mathrm{h}} < 0$。因此，农户最大期望利润是关于预售数量的凹函数。

(2) $\dfrac{\mathrm{d}\Phi_{\mathrm{ad}}^{*}}{\mathrm{d}\beta}=-\beta Q\mu+\left[\left(a-\beta w\right)\mu-2bSQ\right]\dfrac{\mathrm{d}Q_{\mathrm{ad}}^{*}}{\mathrm{d}\beta}$, $\dfrac{\mathrm{d}^{2}\Phi_{\mathrm{ad}}^{*}}{\mathrm{d}\beta^{2}}=-2bS\left(\dfrac{\mathrm{d}Q_{\mathrm{ad}}^{*}}{\mathrm{d}\beta}\right)^{2}$ $-Q\mu-\beta\mu\dfrac{\mathrm{d}Q_{\mathrm{ad}}^{*}}{\mathrm{d}\beta}-w\mu\dfrac{\mathrm{d}Q_{\mathrm{ad}}^{*}}{\mathrm{d}\beta}<0$,其中$\dfrac{\mathrm{d}Q_{\mathrm{ad}}^{*}}{\mathrm{d}\beta}=\dfrac{w\mu}{2c_{\mathrm{h}}S}>0$,因此$\dfrac{\mathrm{d}^{2}\Phi_{\mathrm{ad}}^{*}}{\mathrm{d}\beta^{2}}<0$,电商平台利润函数$\Phi_{\mathrm{ad}}$是关于$\beta$的凹函数。**证毕!**

命题13-3表明,在电商平台提前支付模式下,农户最优生产投入量和期望利润均随着批发价格折扣系数的增加而增加,农户期望利润随着预售数量的增加而先增后减,与此同时,与前两种融资模式的结论相反,电商平台期望利润会随着批发价格折扣系数的增加而先增后减。

第四节　比较分析

一、农户最优决策比较分析

命题13-4:比较内外部融资模式下农户最优生产投入量:(1)若$r_{\mathrm{f}}>r_{\mathrm{p}}$,则$Q_{\mathrm{bd}}^{*}<Q_{\mathrm{ed}}^{*}$;若$r_{\mathrm{f}}\leqslant r_{\mathrm{p}}$,则$Q_{\mathrm{bd}}^{*}\geqslant Q_{\mathrm{ed}}^{*}$。(2)若$r_{\mathrm{p}}<\dfrac{1-\beta}{\beta}$,则$Q_{\mathrm{ed}}^{*}>Q_{\mathrm{ad}}^{*}$;若$r_{\mathrm{p}}\geqslant\dfrac{1-\beta}{\beta}$,则$Q_{\mathrm{ed}}^{*}\leqslant Q_{\mathrm{ad}}^{*}$。

证明:(1)由于$Q_{\mathrm{ed}}^{*}-Q_{\mathrm{bd}}^{*}=\dfrac{w\mu\left(r_{\mathrm{f}}-r_{\mathrm{p}}\right)}{2c_{1}S\left(1+r_{\mathrm{p}}\right)\left(1+r_{\mathrm{f}}\right)}$,若$r_{\mathrm{f}}=r_{\mathrm{p}}$,则$Q_{\mathrm{ed}}^{*}-Q_{\mathrm{bd}}^{*}=0$;若$r_{\mathrm{f}}>r_{\mathrm{p}}$,则$Q_{\mathrm{bd}}^{*}<Q_{\mathrm{ed}}^{*}$;若$r_{\mathrm{f}}\leqslant r_{\mathrm{p}}$,则$Q_{\mathrm{bd}}^{*}\geqslant Q_{\mathrm{ed}}^{*}$。

(2)$Q_{\mathrm{ed}}^{*}-Q_{\mathrm{ad}}^{*}=w\mu\dfrac{1-\beta\left(1+r_{\mathrm{p}}\right)}{2c_{\mathrm{h}}S\left(1+r_{\mathrm{p}}\right)}$,若$1-\beta\left(1+r_{\mathrm{p}}\right)>0$,则$Q_{\mathrm{ed}}^{*}>Q_{\mathrm{ad}}^{*}$。即当$r_{\mathrm{p}}<\dfrac{1-\beta}{\beta}$时,$Q_{\mathrm{ed}}^{*}>Q_{\mathrm{ad}}^{*}$;当$r_{\mathrm{p}}\geqslant\dfrac{1-\beta}{\beta}$时,$Q_{\mathrm{ed}}^{*}\leqslant Q_{\mathrm{ad}}^{*}$。**证毕!**

命题13-4表明,首先,当银行期望利率r_{f}大于电商平台期望资金收益率r_{p}

时，农户在银行融资模式下最优生产投入量低于反向保理融资模式下的生产投入量。反之，则高于其生产投入量。其次，当电商平台期望资金收益率小于农户由于批发折扣的收益损失率时，农户在反向保理融资模式下最优生产投入量会高于提前支付融资模式下的生产投入量。反之，则低于其生产投入量。这是因为，根据收益平衡原则，电商平台的期望资金收益率相当于农户的融资成本。

二、产品预售量对供应链成员利润的影响

命题13-5： 考虑$r_p = r_f$的情况，对比银行融资与反向保理融资模式：(1)对于任意的预售数量，$\Pi_{bd}^* = \Pi_{ed}^*$；(2)当$\Delta_0 > 0$时，若$\tilde{q}_0 < q_0 < Qx$，则$\Phi_{bd}^* > \Phi_{ed}^*$，若$q_0 \leqslant \tilde{q}_0$，则$\Phi_{bd}^* \leqslant \Phi_{ed}^*$；当$\Delta_0 \leqslant 0$时，则$\Phi_{bd}^* \leqslant \Phi_{ed}^*$。

证明：(1)略；

$$(2)\ \Phi_{bd}^* - \Phi_{ed}^* = r_f\left[c_h\left(\frac{\mu^2}{S} - 1\right)q_0^2 + \left(w - \frac{\mu c_o}{S}\right)q_0 - \frac{(w\mu)^2}{4c_h(1+r_f)^2 S} + \frac{{c_o}^2}{4c_h S}\right],$$

是关于预售数量q_0的开口向下的二次函数。只有当$\Delta_0 = \left(w - \frac{\mu c_o}{S}\right)^2 - 4c_h\left(\frac{\mu^2}{S} - 1\right)\left[\frac{{c_o}^2}{4c_h S} - \frac{(w\mu)^2}{4c_h(1+r_f)^2 S}\right] > 0$时，二次函数才有两个不同解：

$$\tilde{q}_0 = \frac{\left(w - \frac{\mu c_o}{S}\right) - \sqrt{\left(w - \frac{\mu c_o}{S}\right)^2 - 4c_h\left(\frac{\mu^2}{S} - 1\right)\left[\frac{{c_o}^2}{4c_h S} - \frac{(w\mu)^2}{4c_h(1+r_f)^2 S}\right]}}{2c_h\left(1 - \frac{\mu^2}{S}\right)},$$

$$\overline{q_0}=\frac{\left(w-\frac{\mu c_o}{S}\right)+\sqrt{\left(w-\frac{\mu c_o}{S}\right)^2-4c_h\left(\frac{\mu^2}{S}-1\right)\left[\frac{{c_o}^2}{4c_hS}-\frac{(w\mu)^2}{4c_h(1+r_f)^2S}\right]}}{2c_h\left(1-\frac{\mu^2}{S}\right)}。$$

又根据数值分析保留唯一解$\tilde{q}_0$，则当$\tilde{q}_0<q_0<Qx$时，$\Phi_{bd}^*>\Phi_{ed}^*$；当$q_0\leqslant\tilde{q}_0$时，$\Phi_{bd}^*\leqslant\Phi_{ed}^*$。当$\Delta_0<0$时，则关于预售数量的二次函数无实根，那么对于任意的预售数量，满足$\Phi_{bd}^*-\Phi_{ed}^*<0$。**证毕！**

命题13-5表明，对于农户，当银行期望利率与电商平台期望资金收益率相等时，无论预售数量是多少，农户在银行融资和电商平台反向保理融资模式下获得的期望收益相等。对于电商平台，当$\Delta_0>0$时，如果预售量小于一定阈值，电商平台则倾向于为农户提供反向保理融资模式。这是因为预售数量较少时，电商平台提前支付少，农户贷款较多，提供反向保理融资电商平台可以获得额外的贷款收益。随着预售数量的增加，农户生产投入量增加，农户贷款增加，而选择外部银行融资更能填补农户资金需求空缺，更能转嫁金融风险。而当$\Delta_0\leqslant 0$时，则对于任意的预售量，电商平台为农户提供反向保理融资更有利。

命题13-6：对比电商平台参与的两种内部融资模式：(1)当$q_0>\tilde{q}_0$时，$\Pi_{ed}^*>\Pi_{ad}^*$，当$q_0\leqslant q_0$时，$\Pi_{ed}^*\leqslant\Pi_{ad}^*$；(2)当$q_0>\overrightarrow{q_0}$，$\Phi_{ad}^*>\Phi_{ed}^*$，当$q_0\leqslant\overrightarrow{q_0}$时，$\Phi_{ad}^*\leqslant\Phi_{ed}^*$。

证明：(1) $\Pi_{ed}^*-\Pi_{ad}^*=\dfrac{\left[w\mu+(1+r_p)M\right]^2-(1+r_p)(\beta w\mu+M)^2}{4(1+r_p)c_hS}$

$+r_pwq_0-r_pc_h{q_0}^2$，其中$r_pwq_0-r_pc_h{q_0}^2<0$。由于$r_p=0,\beta=1,\Pi_{ed}^*=\Pi_{ad}^*$；$\beta=1,r_p>0,\Pi_{ed}^*<\Pi_{ad}^*$；$\beta<1,r_p=0,\Pi_{ed}^*>\Pi_{ad}^*$，存在一个包含$r_p$、$\beta$的关于$q_0$的等式，使$\Pi_{ed}^*-\Pi_{ad}^*=0$。假设关于$q_0$等式的阈值为$\hat{q}_0$，当$q_0>\hat{q}_0$，$\Pi_{ed}^*>\Pi_{ad}^*$，反之则$\Pi_{ed}^*\leqslant\Pi_{ad}^*$。

(2) $\Phi_{ed}^* - \Phi_{ad}^* =$

$$\frac{\left[w\mu+(1+r_p)M\right]\left\{(1+r_p)\left[2c_h a\mu - M(b+c_h r_p)\right] - w\mu(b+2c_h+r_p c_h)\right\}}{4(1+r_p)^2 {c_h}^2 S}$$

$$+\frac{b(1+r_p)^2(\beta w\mu+M)^2-(1+r_p)^2(\beta w\mu+M)2c_h(a-\beta w)\mu}{4(1+r_p)^2 {c_h}^2 S}$$

$+r_p c_h q_0^2 - r_p w q_0$。同理当 $\beta=1, r_p=0$ 时，$\Phi_{ed}^* - \Phi_{ad}^* = 0$。$r_p$ 增加时，$\Pi_{ed}^* - \Pi_{ad}^* > 0$，$\Pi_{ed}^* - \Pi_{ad}^* < 0$，存在一个包含 r_p、β 的关于 q_0 等式，使得 $\Pi_{ed}^* - \Pi_{ad}^* = 0$。存在一个包含 r_p、β 的关于 q_0 等式，使得 $\Phi_{ed}^* - \Phi_{ad}^* = 0$，假设关于 q_0 等式的阈值为 $\overrightarrow{q_0}$，当 $q_0 > \hat{q}_0$，$\Phi_{ad}^* > \Phi_{ed}^*$，反之则 $\Phi_{ad}^* \leqslant \Phi_{ed}^*$。**证毕！**

命题13-6表明，对于农户，当预售数量超过一定阈值时，反向保理融资模式下获得的期望利润高于提前支付融资模式下的利润。当预售数量低于一定阈值时，存在对应的条件使农户在提前支付融资模式下获得的利润更高。从数值分析可以看出，该对应条件与批发价格折扣系数相关。当批发价格折扣系数接近1且预售数量较低时，农户选择提前支付的融资模式更有利。对于电商平台，预售数量超过一定阈值时，提供提前支付融资模式更有利。而预售数量与批发价格折扣系数都较低时，提供反向保理融资模式反而更有益。

为了进一步探究电售对于供应链成员的价值及不同融资模式的区别，我们进行数值仿真，参数设置如下：$c_h=0.1, c_o=4, w=15, r_f=0.02, r_p=0.02, r_b=0.1, r_e=0.15, \mu=5, \sigma^2=\frac{1}{3}, a=40, b=0.1, q_0=10, \beta=0.9$。由图13-1和图13-2可以发现，预售数量对融资模式的选择起关键作用的同时，批发价格折扣系数的重要性也不容忽视。因此，我们进一步分析批发价格折扣系数对供应链成员利润与融资策略的影响。

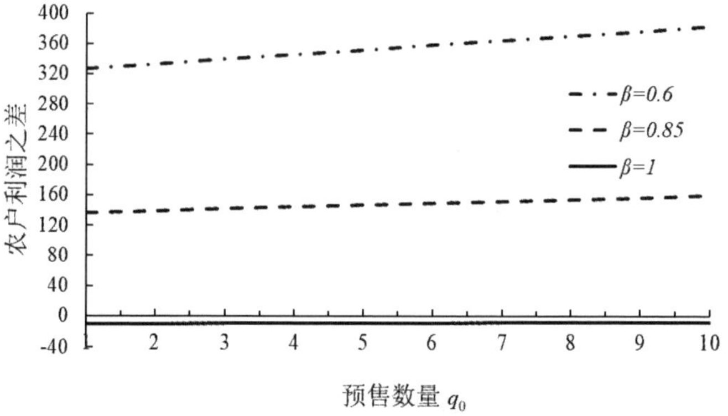

图13-1 预售数量及批发价格折扣系数对农户利润之差 $\Pi_{ed}^{*}-\Pi_{ad}^{*}$ 的影响

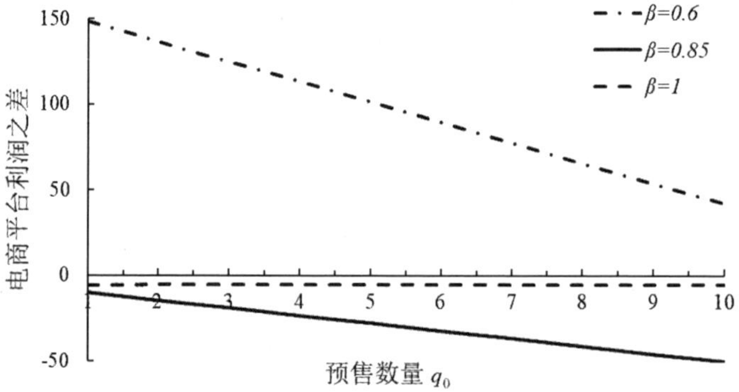

图13-2 预售数量及批发价格折扣系数对电商平台利润之差 $\Phi_{ed}^{*}-\Phi_{ad}^{*}$ 的影响

三、批发价格折扣系数对供应链成员利润的影响

命题13-7:对比电商平台参与的两种内部融资模式:(1)当 $\Delta_1>0$,若 $0<\beta<\overline{\beta_2}$,则 $\Pi_{ed}^{*}>\Pi_{ad}^{*}$;若 $\overline{\beta_2}\leqslant\beta\leqslant1$,则 $\Pi_{ed}^{*}\leqslant\Pi_{ad}^{*}$。当 $\Delta_1\leqslant0$,对于任意的批发价格折扣系数,$\Pi_{ed}^{*}\leqslant\Pi_{ad}^{*}$。(2)当 $\Delta_2>0$,若 $0\leqslant\beta\leqslant\overline{\beta_3}$,则 $\Phi_{ed}^{*}\geqslant\Phi_{ad}^{*}$;若 $\overline{\beta_3}<\beta<1$,则 $\Phi_{ed}^{*}<\Phi_{ad}^{*}$。当 $\Delta_2\leqslant0$,对于任意的批发价格折扣系数,$\Phi_{ed}^{*}\geqslant\Phi_{ad}^{*}$。

证明:(1)

$$\Pi_{ed}^{*}-\Pi_{ad}^{*}=-\frac{(w\mu)^{2}}{4c_{h}S}\beta^{2}-\frac{w\mu M}{2c_{h}S}\beta+\frac{\left[w\mu+(1+r_{p})M\right]^{2}-M^{2}(1+r_{p})}{4(1+r_{p})c_{h}S}$$

$+r_{p}wq_{0}-r_{p}c_{h}q_{0}{}^{2}$,是关于批发价格折扣系数$\beta$开口向下的二次函数。只有当 $\Delta_{1}=\frac{(w\mu)^{2}}{4}+\frac{\left[w\mu+(1+r_{p})M\right]^{2}}{(1+r_{p})}-M^{2}+4c_{h}S(r_{p}wq_{0}-r_{p}c_{h}q_{0}{}^{2})>0$,二次函数才有两个不同解:

$$\overline{\beta_{1}}=\frac{-M-\sqrt{\frac{(w\mu)^{2}}{4}+\frac{\left[w\mu+(1+r_{p})M\right]^{2}}{(1+r_{p})}-M^{2}+4c_{h}Sr_{p}q_{0}(w-c_{h}q_{0})}}{w\mu},$$

$$\overline{\beta_{2}}=\frac{-M+\sqrt{\frac{(w\mu)^{2}}{4}+\frac{\left[w\mu+(1+r_{p})M\right]^{2}}{(1+r_{p})}-M^{2}+4c_{h}Sr_{p}q_{0}(w-c_{h}q_{0})}}{w\mu}。$$

而 $\overline{\beta_{1}}<0$,与已知条件矛盾,舍去该解。当 $\beta=1$,$\Pi_{ed}^{*}-\Pi_{ad}^{*}=\frac{\left[w\mu+(1+r_{p})M\right]^{2}-(1+r_{p})(w\mu+M)^{2}}{4(1+r_{p})c_{h}S}+r_{p}wq_{0}-r_{p}c_{h}q_{0}{}^{2}<0$;农户利润 Π_{ad}^{*}随着批发价格折扣β的减小而减少,$\Pi_{ed}^{*}-\Pi_{ad}^{*}$随着批发价格折扣$\beta$的减小而增大。因此当 $0<\beta<\overline{\beta_{2}}$ 时,$\Pi_{ed}^{*}-\Pi_{ad}^{*}>0$;当 $\overline{\beta_{2}}\leqslant\beta\leqslant1$ 时,$\Pi_{ed}^{*}-\Pi_{ad}^{*}\leqslant0$。当$\Delta_{1}\leqslant0$,二次函数无实根,对于任意的批发价格折扣系数,$\Pi_{ed}^{*}-\Pi_{ad}^{*}\leqslant0$。

(2)

$$\Phi_{ed}^{*}-\Phi_{ad}^{*}=\frac{(2c_{h}{}^{2}+b)(w\mu)^{2}}{4c_{h}^{2}S}\beta^{2}+\frac{w\mu\left[bM-c_{h}(\mu a-M)\right]}{2c_{h}^{2}S}\beta$$

$$+\frac{(bM-2\mu ac_{h})M}{4c_{h}^{2}S}+r_{p}c_{h}q_{0}^{2}-r_{p}wq_{0}+$$

$$\left[w\mu+(1+r_{\mathrm{p}})M\right]\frac{\left\{(1+r_{\mathrm{p}})\left[2c_{\mathrm{h}}a\mu-M(b+c_{\mathrm{h}}r_{\mathrm{p}})\right]-w\mu(b+2c_{\mathrm{h}}+r_{\mathrm{p}}c_{\mathrm{h}})\right\}}{4(1+r_{\mathrm{p}})^{2}c_{\mathrm{h}}^{2}S}。$$

是关于批发价格折扣系数β开口向上的二次函数，同理只有当$\Delta_2=$

$$\left[\frac{w\mu\left[bM-c_{\mathrm{h}}(\mu a-M)\right]}{2c_{\mathrm{h}}^{2}S}\right]^{2}-\frac{(2c_{\mathrm{h}}{}^{2}+b)(w\mu)^{2}}{c_{\mathrm{h}}^{2}S}\left[\frac{(bM-2\mu ac_{\mathrm{h}})M}{4c_{\mathrm{h}}^{2}S}+r_{\mathrm{p}}c_{\mathrm{h}}q_0^2-r_{\mathrm{p}}wq_0\right.$$

$$\left.+\left[w\mu+(1+r_{\mathrm{p}})M\right]\frac{\left\{(1+r_{\mathrm{p}})\left[2c_{\mathrm{h}}a\mu-M(b+c_{\mathrm{h}}r_{\mathrm{p}})\right]-w\mu(b+2c_{\mathrm{h}}+r_{\mathrm{p}}c_{\mathrm{h}})\right\}}{4(1+r_{\mathrm{p}})^{2}c_{\mathrm{h}}^{2}S}\right]>0,$$

关于批发价格折扣系数β的二次函数才存在两个不同的解：$\overline{\beta_3}$，$\overline{\beta_4}$，且$\overline{\beta_3}<\overline{\beta_4}$；而$\Delta_2\leqslant 0$，对于任意的批发价格折扣系数，$\Phi_{\mathrm{ed}}^{*}-\Phi_{\mathrm{ad}}^{*}\geqslant 0$。当$\beta=1$时，

$$\Phi_{\mathrm{ed}}^{*}-\Phi_{\mathrm{ad}}^{*}=w\mu\frac{(2c_{\mathrm{h}}{}^{2}+b)w\mu+2\left[bM-c_{\mathrm{h}}(\mu a-M)\right]+(bM-2\mu ac_{\mathrm{h}})M}{4c_{\mathrm{h}}^{2}S}$$

$$+r_{\mathrm{p}}c_{\mathrm{h}}q_0^2-r_{\mathrm{p}}wq_0+$$

$$\frac{\left[w\mu+(1+r_{\mathrm{p}})M\right]\left\{(1+r_{\mathrm{p}})\left[2c_{\mathrm{h}}a\mu-M(b+c_{\mathrm{h}}r_{\mathrm{p}})\right]-w\mu(b+2c_{\mathrm{h}}+r_{\mathrm{p}}c_{\mathrm{h}})\right\}}{4(1+r_{\mathrm{p}})^{2}c_{\mathrm{h}}^{2}S}<0$$

因此$0<\overline{\beta_3}<1<\overline{\beta_4}$，$\overline{\beta_4}$与已知条件$\beta\in\{0,1\}$矛盾，舍去解$\overline{\beta_4}$。综上所述，当$0\leqslant\beta\leqslant\overline{\beta_3}$时，$\Phi_{\mathrm{ed}}^{*}\geqslant\Phi_{\mathrm{ad}}^{*}$。反之，当$\overline{\beta_3}<\beta<1$时，$\Phi_{\mathrm{ed}}^{*}<\Phi_{\mathrm{ad}}^{*}$。**证毕！**

命题13-7表明，分别存在对应条件，使当批发价格折扣系数高于一定阈值且接近于1时，与电商平台反向保理融资模式相比，农户和电商平台均更偏好于选择电商平台提前支付模式，因为此时农户获得的批发价格足够高，且无须支付任何贷款利息。电商平台同样也能从适当提高批发价格折扣系数中受益。当批发价格折扣系数低于一定阈值时，农户和电商平台均更偏好于选择电商平台反向保理融资模式，如图13-3所示。

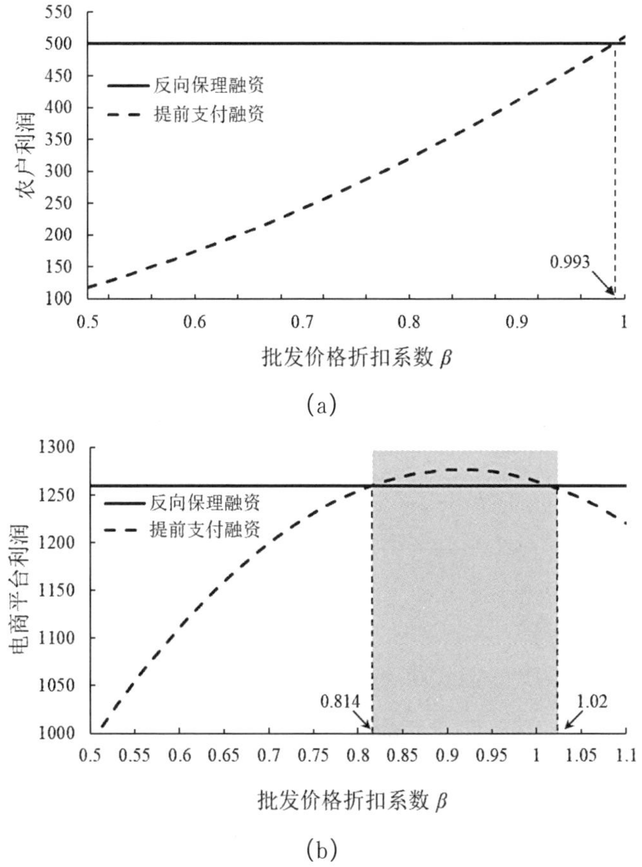

图13-3　批发价格折扣系数对供应链成员融资策略的影响

命题13-8：对比银行融资与电商平台提前支付模式：(1)当$\Delta_3>0$，若$0<\beta<\overline{\beta_2}$，则$\Pi^*_{bd}>\Pi^*_{ad}$；若$\overline{\beta_2}\leqslant\beta\leqslant 1$，则$\Pi^*_{bd}\leqslant\Pi^*_{ad}$。当$\Delta_3\leqslant 0$，对于任意的批发价格折扣系数，$\Pi^*_{bd}\leqslant\Pi^*_{ad}$。(2)当$\Delta_4>0$，若$\overline{\beta_3}<\beta<1$，则$\Phi^*_{bd}<\Phi^*_{ad}$。若$0\leqslant\beta\leqslant\overline{\beta_3}$，则$\Phi^*_{bd}\geqslant\Phi^*_{ad}$。当$\Delta_4\leqslant 0$，对于任意的批发价格折扣系数，$\Phi^*_{bd}\geqslant\Phi^*_{ad}$。

命题13-8表明，分别存在对应条件，使当批发价格折扣系数高于一定阈值且接近于1时，与银行融资模式相比，农户和电商平台均更偏好于选择电商平台提前支付模式，因为此时农户获得的批发价格足够高，且无须支付任何贷款利息。电商平台同样也能从适当提高批发价格折扣系数中受益。当批发价格折扣系数低于一定阈值时,农户和电商平台均更偏好于选择银行融资模式。

综合上述两节,可知在不同预售量和批发价格折扣下,农户与电商平台在两种内部融资模式之间的融资策略选择问题,双参数图见图13-4。阈值设置分别为:$q_0 \in [4,10]$,$\beta \in [0.5,1]$。

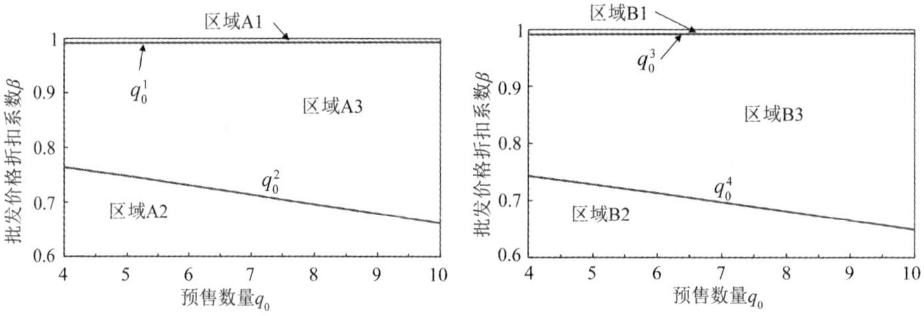

图13-4　预售数量及批发价格折扣系数对供应链成员融资策略的影响

在图13-4(a)中,当$q_0 \geqslant q_0^1$,则$\Pi_{ad}^* \geqslant \Pi_{ed}^*$,$\Phi_{ad}^* \geqslant \Phi_{ed}^*$,即为区域A1;当$q_0 \leqslant q_0^2$,则相反,即为区域A2;而当$q_0^2 \leqslant q_0 \leqslant q_0^1$,则$\Pi_{ad}^* \leqslant \Pi_{ed}^*$,$\Phi_{ad}^* \geqslant \Phi_{ed}^*$,为区域A3。其中,区域A1表示,农户与电商平台在电商平台提前支付模式下的利润均高于电商平台反向保理融资模式。而随着批发价格折扣系数的降低,电商平台提前支付模式对农户的吸引力减弱,当农户从提前支付模式中节约的贷款成本低于批发价格折扣的让利时,农户转而选择有贷款利息的电商平台反向保理融资模式,即区域A3。区域A2表示,当预售数量少、批发价格折扣系数低时,农户与电商平台选择电商平台反向保理融资模式更有利。

在图13-4(b)中,当$q_0 \geqslant q_0^3$,则$\Pi_{ad}^* \geqslant \Pi_{bd}^*$,$\Phi_{ad}^* \geqslant \Phi_{bd}^*$,即为区域B1;当$q_0 \leqslant q_0^4$,则相反,即为区域B2;而当$q_0^4 \leqslant q_0 \leqslant q_0^3$,则$\Pi_{ad}^* \leqslant \Pi_{bd}^*$,$\Phi_{ad}^* \geqslant \Phi_{bd}^*$,为区域B3。其中,区域B1表示,当预售数量少、批发价格折扣系数高时,农户与电商平台均选择电商平台提前支付模式更有利。而随着批发价格折扣系数的降

低，电商平台提前支付模式对农户的吸引力减弱，农户转而选择银行融资或者电商平台反向保理融资模式，即区域B3。区域B2表示，当预售数量少、批发价格折扣系数低时，农户与电商平台均选择批发价格较高的银行融资或者电商平台反向保理融资模式更有利。因此，农户与电商平台在融资决策时，要综合考虑预售数量和批发价格折扣。比如，当市场预售情况较差时，电商平台可以接受较高的批发价格，适当的利润损失在未来能得到更高的回报，也能实现供应链的整体效益的提升。

四、利率对于供应链成员利润的影响

命题13-9：(1)若 $r_p < r_f$，则 $\Pi_{ed}^* > \Pi_{bd}^*$；若 $r_p \geq r_f$，则 $\Pi_{ed}^* \leq \Pi_{bd}^*$。(2)当 $\Delta_5 > 0$，若 $0 \leq r_p \leq \overline{r_{p1}}$，则 $\Pi_{ed}^* \geq \Pi_{ad}^*$；若 $1 > r_p > \overline{r_{p1}}$，则 $\Pi_{ed}^* < \Pi_{ad}^*$。当 $\Delta_5 \leq 0$，对于任意的期望资金收益率，$\Pi_{ed}^* \leq \Pi_{ad}^*$。

图13-5和命题13-9表明，农户的融资模式选择取决于利率的高低。当期望资金收益率较低时，农户期望收益增加，此时相比银行融资，农户存在最优区域，选择电商平台反向保理融资模式更有利；相反，选择银行融资更有利。这与农业供应链金融实践保持一致。而电商平台的融资模式选择与利率无关，即电商平台选择平台反向保理融资模式时的收益总是高于选择银行融资模式时的收益。

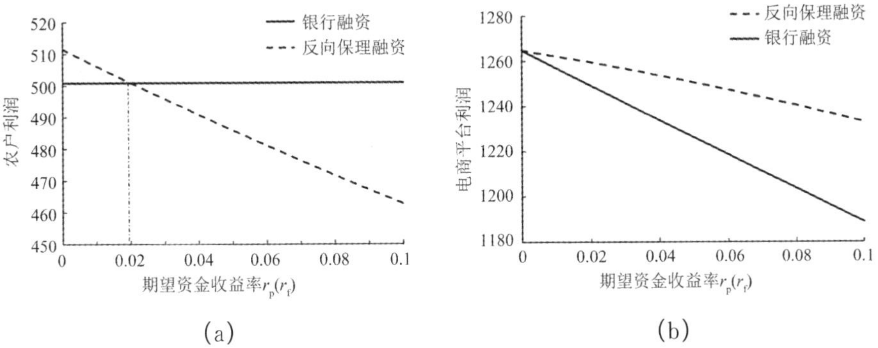

图13-5　利率对供应链成员融资策略的影响

在图13-6中，当$r_p \geqslant r_p^1$，则$\Pi_{ad}^* \geqslant \Pi_{ed}^*$，$\Phi_{ad}^* \geqslant \Phi_{ed}^*$，即为区域C1；当$r_p \leqslant r_p^2$，则相反，即为区域C3；而当$r_p^2 \leqslant r_p \leqslant r_p^1$，则$\Pi_{ad}^* \leqslant \Pi_{ed}^*$，$\Phi_{ad}^* \geqslant \Phi_{ed}^*$，为区域C2。其中：区域C1表示，当批发价格折扣系数与期望资金收益率均较高时，农户贷款成本增加，选择无息的电商平台提前支付模式更有利，而电商平台提供提前支付模式能获得批发价折扣，也能从中受益。而随着批发价格折扣系数的降低，农户与电商平台的融资偏好产生差异，农户更偏好电商平台反向保理融资模式，即区域C2。区域C3表示，当期望资金收益率与批发价格折扣系数均较低时，农户与电商平台选择电商平台反向保理融资模式更有利。

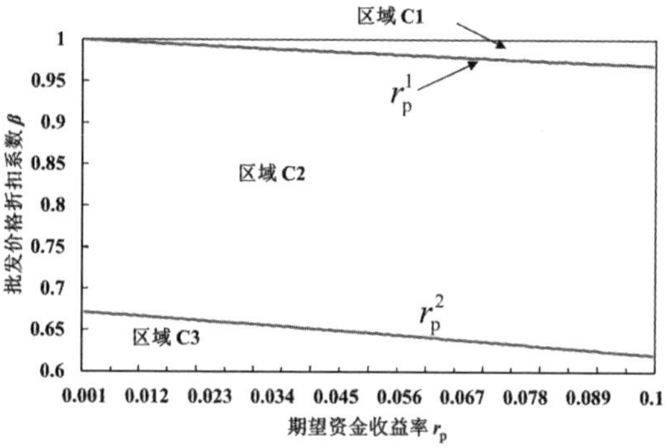

图13-6　期望资金收益率及批发价格折扣对供应链融资策略的影响

第五节　本章小结

随着电商平台预售新业态的不断发展，中小农户面临着更加动态化和更具竞争性的环境，融资难问题也更加凸显。本章基于电商平台预售和金融赋能背景，丰富了产品预售的相关研究；进行了农业供应链金融和电商平台预售的联合机制研究，挖掘电商平台预售的金融价值，为农业供应链金融研究提供新思路；对比电商平台预售背景下的多种新型融资模式，扩展了农业供应链融资模式对比研究。其意义不仅仅在于金融手段创新，更在于更好地促进农业供应链的发展，特别是解决中小农户在生产经营过程中面临的融资难问题。

研究发现:(1)在外部银行融资模式下,农户利润随预售数量的增加而增加,但当预售量过大时,利润会趋于平缓;而在电商平台提前支付模式下,农户利润随预售数量的增加而先增后减。(2)当银行期望资金收益率高于电商平台期望资金收益率时,农户更偏好于电商平台反向保理融资模式;相反,则更偏好于银行融资,这也与农业供应链金融实践相一致。(3)当预售数量低于一定阈值及批发价格折扣系数高于一定阈值时,农户和电商平台均更偏好于电商平台提前支付模式,但当批发价格折扣系数逐渐低于一定阈值时,电商平台提前支付模式对于农户的吸引力减弱,农户与电商平台均更偏好于电商平台反向保理融资模式。(4)当期望资金收益率和批发价格折扣系数均高于一定阈值时,农户和电商平台均更偏好于电商平台提前支付模式,但当批发价格折扣系数逐渐低于一定阈值时,农户和电商平台的融资偏好产生差异,农户会转而选择电商平台反向保理融资模式。当期望资金收益率与批发价格折扣系数均低于一定阈值时,农户和电商平台均更偏好于电商平台反向保理融资模式。

管理启示:(1)农产品预售数量对农户来说并不是多多益善的,当预售数量过大时,预售机制对缓解农户资金压力的作用有所降低,甚至起到负面影响。农户应合理进行生产投入,切忌盲目生产。(2)农产品预售数量和批发价格折扣系数及期望资金收益率对融资模式选择具有关键作用。农户应综合考量各方面因素,电商平台应发挥信息优势,收集并预测市场预售信息,帮助农户做出合理的生产投入量决策以促进农户增收,并使双方在融资偏好上达成一致。(3)居于主导地位的电商平台在进行融资决策时,要从战略长远角度提前锁定未来能力,综合考虑期望资金收益率与批发价格折扣系数等多种因素。既要制定合理的期望资金收益率,也不应过分追求低批发价格,可以适当降低期望资金收益率和提高批发价格折扣系数,以实现农业供应链成员共赢和为供应链赋能。

第十四章　数据赋能下面向订单农业的平台供应链内部融资协调机制

第十三章主要研究了在金融赋能的情境下，从订单农业出发，对不同的融资模式进行比较，并研究平台供应链成员的运营决策。本章在产需不确定下构建由单一资金约束的农户和公司组成的订单农业供应链，考虑生产科技和区块链技术的投入水平，研究了内部融资模式下的供应链协调策略。

第一节　问题提出

近年来，我国积极推进农业的数字化，许多省市都在加快推进农业数字化转型升级，全面提升农业现代化水平，譬如安徽省长丰县利用数字技术精准施肥、施药，实现草莓平均产量提高15%。从2018年开始，阿里巴巴公司为全面实现人工智能养猪，与生猪养殖企业合作，每年投入数亿元开发数字化技术，已经使每头母猪的年产仔猪数提升3头且存活率提高。从2020年开始，阿里巴巴公司又与山东省某公司共建数字化蔬菜工厂，每亩产量比原产量提高了4～6倍。

数字技术在农业生产的产前、产中、产后应用，可以有效赋能农业发展，极大地提高农产品的产量。但高技术也同时意味着高投入，许多中小农业企业在面对先进的数字化技术时望而却步，资金不足成为数字化技术推广的一个关键障碍。受自然灾害、天气变化等不可控因素的影响，农产品产出具有高度的不确定性（林强等，2021），使大多数农户难以利用传统的银行融资模式来获得资金，融资难、融资贵等问题长期制约着我国农业的产业升级。在此背景下，供应链内部融资开始兴起，资金充足的供应链上下游企业采用各种融资模式，为农户提供资金支持，比如京东的京农贷、阿里的旺农贷等，不仅解决了农户的资金问题，还能提高供应链企业的收益。本章将研究“公司＋农户”型订单农业供应链的内部融资模式。

在农产品的销售过程中，消费者越来越关注农产品的安全性。特别是2020年以来，新冠疫情在全球的蔓延给农产品的安全性带来了巨大考验。2020年8月，盒马鲜生公司的员工在加工冷链食品时被感染，随后通过其出售的进口冷冻肉和海鲜成为重点检测对象。由于消费者对进口农产品的安全的担忧，2020年中国海产品进口下降了19.6％（Yang et al.，2021）。因此，建立消费者对农产品安全的信任，加强供应链的可追溯性和透明度及食品安全检测，成为一项重要的管理问题。在当今的信息化时代，消费者越来越关注产品的来源真实性，传统的防伪溯源技术已无法适应消费者越来越高的诉求。近年来，区块链技术对真实信息的可追溯性，被广泛应用于医药、食品安全等领域（Niu et al.，2021a，2021b）。供应链企业可以追踪并有效识别潜在受感染的产品，比如沃尔玛利用区块链技术对美国的农产品和中国的猪肉进行信息追溯（Fan et al.，2020）。通过这些新兴的信息技术，下游零售商可以为农产品供应链进行赋能，提高消费者的购买意愿。

因此，本章提出了以下三个研究问题：在产需不确定情境下，农户该如何决策生产科技投入水平？公司该如何设定区块链追溯水平？为了实现总效益最大化和共赢，公司该为农户提供何种契约？为了解决这些问题，我们运用博弈论的方法，探究在产需不确定的情境下，构建由单一资金约束的农户和公司组成的订单农业供应链，考虑生产科技和区块链技术的投入水平，研究了内部融资模式下的供应链协调策略。

第二节　模型描述和基本假设

本章考虑由一个公司(买方)和一个农户(涉农企业)所组成的二级订单农业供应链。资金充裕的公司是Stackelberg博弈的领导者,资金约束的农户是追随者。为便于下文的模型分析,本章假设农户初始资金为0,单位生产成本为0(Niu et al.,2021b;Yi et al.,2021)。由于农业生产具有产出不确定的特点,本章用x表示没有数字技术投入时的单位随机产出因子。农户可以通过引进数字化种植技术来进一步提高农产品产量,本章用$Q=(1+\delta s)xq$表示经过数字化生产技术赋能后农产品的实际总产量(Niu et al.,2016)。为了便于模型分析,假定农户的种植规模q等于1,并且x服从0-1分布(Huang et al.,2018),其中$x=1$的概率为β,表示不会发生自然灾害,此时农户一定不会破产且总产量表示为Q^{H};$x=0$的概率为$\bar{\beta}$,表示会发生自然灾害,此时农户一定会破产且承担有限责任,其中$\beta+\bar{\beta}=1$。

为支持农户进行生产科技的投入,在农户种植前,公司与农户签订订单合同和内部融资协议,其中批发价格为w,内部融资服务利率为r。农户的生产科技投入能使单位产出率提高δs,引发相应的科技投入成本$\eta s^2/2$(Niu et al.,2016),$\eta(\eta>0)$表示单位生产科技投入成本系数。δ表示科技投入的增产系数,δ越大,说明科技投入对产出率的影响越大。为了降低信息不充分对消费者感知的影响,提高消费者对农产品的信任,公司会采用区块链技术等数字化信息技术对产品信息进行追溯,让消费者了解到产品的实际价值,从而提高市场实际需求。本章用$D=y+\gamma e$表示市场需求(Fan et al.,2020;Wu et al.,2021),随机变量y表示市场初始需求,其密度函数为$f\left(y\right)$,分布函数为$F\left(y\right)$,假定y满足递增失败率(Increasing Failure Rate, IFR)(Cachon,2004)。γe表示信息追溯带来的消费者增量,相应的追溯成本为$\theta e^2/2$(Yang et al.,2021;Wu et al.,2021),其中$\gamma(\gamma>0)$表示消费者对信息追溯的偏好,γ越大说明信息追溯越重要,$\theta(\theta>0)$表示信息追溯成本系数。

本章符号说明如表14-1所示。记号i∈{F,R,T}分别代表农户、公司和供应链系统，j∈{0,1,2,3}分别表示集中决策、分散决策、成本分担契约和价格承诺契约。记号E表示数学期望符号。假设本章的所有参数都能满足模型的最优决策结果为正，同时为了便于描述，将s和e统称为数字化水平，δ和γ统称为数字化效用系数。

表14-1　符号说明

符号	含义
w	批发价格
e	产品信息追溯水平
s	生产科技投入水平
p	零售价格
r	内部融资利率
δ	科技投入的增产系数
γ	消费者信息追溯偏好
η	生产科技投入成本系数
θ	信息追溯成本系数
β	农户不破产概率
x	随机产出因子
y	随机市场初始需求
Q	实际总产量
D	市场实际需求
λ	成本分担比例
Π_j^i	期望利润

第三节　基本模型构建

本节首先研究集中决策和分散决策（批发价契约）模型，为下文研究能使供应链实现完全协调和Pareto改进的契约提供基准。

一、集中决策

在集中决策模型中，农户和公司共同决定科技投入水平和产品信息追溯水平，目标是使整个供应链系统利润达到最大，此时的决策目标函数为：

$$\max_{s,e} \Pi_0^{\mathrm{T}} = \beta p E \min\left(Q^{\mathrm{H}}, D\right) - \frac{1}{2}\eta s^2 - \frac{1}{2}\theta e^2 \tag{14-1}$$

命题14-1：集中决策模型中供应链系统的均衡解为：

$$\begin{cases} s_0^* = \dfrac{\delta\left(\beta p \gamma - \theta e_0^*\right)}{\gamma \eta} \\ e_0^* = \dfrac{\beta p \gamma}{\theta} F\left[1 - \gamma e_0^* + \dfrac{\delta^2\left(\beta p \gamma - \theta e_0^*\right)}{\gamma \eta}\right] \end{cases} \tag{14-2}$$

根据命题14-1，可得不破产时的实际产量为：

$$Q_0^{\mathrm{H}*} = \frac{\gamma \eta + \delta^2\left(\beta p \gamma - \theta e_0^*\right)}{\gamma \eta} \tag{14-3}$$

将式(14-2)和式(14-3)代入式(14-1)可得供应链的总利润 $\Pi_0^{\mathrm{T}*}$。

证明：由式(14-1)可知 $\Pi_0^{\mathrm{T}} = \beta p\left[1 + \delta s - \int_0^{1+\delta s-\gamma e} F(y)\mathrm{d}y\right] - \frac{1}{2}\eta s^2 - \frac{1}{2}\theta e^2$，分别对其求关于 s 和 e 的一阶导和二阶导可得：

$$\frac{\partial \Pi_0^{\mathrm{T}}}{\partial s} = \beta p \delta\left[1 - F(1 + \delta s - \gamma e)\right] - \eta s,$$

$$\frac{\partial^2 \Pi_0^{\mathrm{T}}}{\partial s^2} = -\left[\beta p \delta^2 f(1 + \delta s - \gamma e) + \eta\right] < 0$$

$$\frac{\partial \Pi_0^{\mathrm{T}}}{\partial e} = \beta p \gamma F(1 + \delta s - \gamma e) - \theta e,$$

$$\frac{\partial^2 \Pi_0^{\mathrm{T}}}{\partial e^2} = -\left[\beta p \gamma^2 f(1 + \delta s - \gamma e) + \theta\right] < 0,$$

$$\frac{\partial^2 \Pi_0^{\mathrm{T}}}{\partial e \partial s} = \frac{\partial^2 \Pi_0^{\mathrm{T}}}{\partial s \partial e} = \beta p \gamma \delta f(1 + \delta s - \gamma e),$$

$$\frac{\partial^2 \Pi_0^{\mathrm{T}}}{\partial e^2}\frac{\partial^2 \Pi_0^{\mathrm{T}}}{\partial s^2}-\frac{\partial^2 \Pi_0^{\mathrm{T}}}{\partial e\partial s}\frac{\partial^2 \Pi_0^{\mathrm{T}}}{\partial s\partial e}=(\delta^2\theta+\gamma^2\eta)\beta pf(1+\delta s-\gamma e)+\eta\theta>0$$

由上式可知Hessian矩阵负定且$\frac{\partial^2 \Pi_0^{\mathrm{T}}}{\partial s^2}<0$和$\frac{\partial^2 \Pi_0^{\mathrm{T}}}{\partial e^2}<0$，因此，$\Pi_0^{\mathrm{T}}$是$s$和$e$的联合凹函数，继而令$\frac{\partial \Pi_0^{\mathrm{T}}}{\partial s}=0$和$\frac{\partial \Pi_0^{\mathrm{T}}}{\partial e}=0$，联立即可求得$s_0^*$和$e_0^*$。**证毕！**

二、分散决策

在分散决策模型中，农户和公司以各自期望利润函数做最优决策且决策结果相互影响。农户与公司的博弈顺序为：(1)公司同时确定批发价格和产品信息追溯水平；(2)农户根据公司的决策确定生产科技投入水平；(3)公司以固定利率r出借贷款给农户，农户获得贷款后投入生产；(4)未发生自然灾害时，农户交付所有农产品，公司结算给农户扣除本息后的剩余货款$wQ^{\mathrm{H}}-\frac{1}{2}\eta s^2(1+r)$，发生自然灾害时，交易结束，农户无须还清贷款，公司承担亏损。因此，农户和公司的决策问题分别为：

$$\max_{s} \Pi_1^{\mathrm{F}}=\beta\left[wQ^{\mathrm{H}}-\frac{1}{2}\eta s^2(1+r)\right] \tag{14-4}$$

$$\max_{w,e} \Pi_1^{\mathrm{R}}=\beta\left[pE\min(Q^{\mathrm{H}},D)-wQ^{\mathrm{H}}\right]+\frac{1}{2}(\beta r-\bar{\beta})\eta s^2-\frac{1}{2}\theta e^2 \tag{14-5}$$

命题14-2：分散决策下供应链的均衡解为：

$$\begin{cases} s_1^*=\dfrac{\delta^2(\beta p\gamma-\theta e_1^*)-\beta\gamma\eta(1+r)}{\delta\gamma\eta[1+\beta(1+r)]} \\ w_1^*=\dfrac{(1+r)\left[\delta^2(\beta p\gamma-\theta e_1^*)-\beta\gamma\eta(1+r)\right]}{\delta^2\gamma[1+\beta(1+r)]} \\ e_1^*=\dfrac{\beta p\gamma}{\theta}F\left\{\dfrac{\gamma\eta+\delta^2(\beta p\gamma-\theta e_1^*)}{\gamma\eta[1+\beta(1+r)]}-\gamma e_1^*\right\} \end{cases} \tag{14-6}$$

证明：采用逆向求解，首先对式(14-4)关于s求导，由$\frac{\partial^2 \Pi_1^{F}}{\partial s^2}<0$可知式(14-4)是$s$的严格凹函数，令$\frac{\partial \Pi_1^{F}}{\partial s}=0$，可得：

$$s=\frac{w\delta}{\eta(1+r)} \tag{14-7}$$

将式(14-7)代入式(14-5)，然后同时对式(14-5)关于w和e求一阶导和二阶导可得：

$$\frac{\partial \Pi_1^{R}}{\partial w}=\frac{\beta p\delta^2}{\eta(1+r)}\left\{1-F\left[1+\frac{w\delta^2}{\eta(1+r)}-\gamma e\right]\right\}-\beta\left[1+\frac{2w\delta^2}{\eta(1+r)}\right]+\frac{w\left(\beta r-\bar{\beta}\right)\delta^2}{\eta(1+r)^2},$$

$$\frac{\partial^2 \Pi_1^{R}}{\partial w^2}=-\frac{\beta p\delta^4}{\eta^2(1+r)^2}f\left[1+\frac{w\delta^2}{\eta(1+r)}-\gamma e\right]-\frac{\left[1+\beta(1+r)\right]\delta^2}{\eta(1+r)^2}<0,$$

$$\frac{\partial \Pi_1^{R}}{\partial e}=\beta p\gamma F\left[1+\frac{w\delta^2}{\eta(1+r)}-\gamma e\right]-\theta e,$$

$$\frac{\partial^2 \Pi_1^{R}}{\partial e^2}=-\beta p\gamma^2 f\left[1+\frac{w\delta^2}{\eta(1+r)}-\gamma e\right]-\theta<0,$$

$$\frac{\partial^2 \Pi_1^{R}}{\partial w\partial e}=\frac{\partial^2 \Pi_1^{R}}{\partial e\partial w}=\frac{\beta p\gamma\delta^2}{\eta(1+r)}f\left[1+\frac{w\delta^2}{\eta(1+r)}-\gamma e\right],$$

$$\frac{\partial^2 \Pi_1^{R}}{\partial w^2}\frac{\partial^2 \Pi_1^{R}}{\partial e^2}-\frac{\partial^2 \Pi_1^{R}}{\partial w\partial e}\frac{\partial^2 \Pi_1^{R}}{\partial e\partial w}=\frac{\beta p\delta^2\left\{\theta\delta^2+\eta\gamma^2\left[1+\beta(1+r)\right]\right\}}{\eta^2(1+r)^2}f\left[1+\frac{w\delta^2}{\eta(1+r)}-\gamma e\right]+\frac{\theta\left[1+\beta(1+r)\right]\delta^2}{\eta(1+r)^2}>0$$

根据上式可知，二阶导为负和Hessian矩阵负定，则有Π_1^{R}是w和e的联合凹函数，令$\frac{\partial \Pi_1^{R}}{\partial w}=0$和$\frac{\partial \Pi_1^{R}}{\partial e}=0$，联立可得到公司的最优批发价格$w_1^*$和产品信息追溯水平$e_1^*$，再将它们代入式(14-7)即可得农户的最优生产科技投入水平s_1^*。**证毕！**

由此可得不破产时的实际产量为：

$$Q_1^{H*}=\frac{\gamma\eta+\delta^2(\beta p\gamma-\theta e_1^*)}{\gamma\eta[1+\beta(1+r)]} \tag{14-8}$$

将式(14-6)和式(14-8)代入式(14-4)和式(14-5)可得农户、公司和系统的最优期望利润分别为Π_1^{F*}、Π_1^{R*}和$\Pi_1^{T*}=\Pi_1^{R*}+\Pi_1^{F*}$。

命题14-3：$\frac{\partial s_1^*}{\partial r}<0,\frac{\partial Q_1^{H*}}{\partial r}<0,\frac{\partial e_1^*}{\partial r}<0,\frac{\partial e_1^*}{\partial \delta}>0$。

证明：对s_1^*和Q_1^{H*}求关于r的一阶导，对e_1^*分别求关于r和δ的一阶导，得：

$$\frac{\partial s_1^*}{\partial r}=-\frac{[\gamma\eta+\delta^2(\beta p\gamma-\theta e_1^*)]\beta\gamma\eta(\theta+\beta p\gamma^2 f_1)}{\delta}<0,$$

$$\frac{\partial Q_1^{H*}}{\partial r}=\delta\frac{\partial s_1^*}{\partial r}<0,$$

$$\frac{\partial e_1^*}{\partial r}=-\frac{\beta^2 p\gamma^2\eta f_1[\gamma\eta+\delta^2(\beta p\gamma-\theta e_1^*)]}{\beta p f_1\theta\delta^2\gamma^2\eta[1+\beta(1+r)]+(\theta+\beta p\gamma^2 f_1)\{\gamma\eta[1+\beta(1+r)]\}^2}<0,$$

$$\frac{\partial e_1^*}{\partial \delta}=\frac{2\beta\delta p f_1(\beta p\gamma-\theta e_1^*)}{\eta[1+\beta(1+r)](\theta+\beta p\gamma^2 f_1)+\beta\delta^2\theta p f_1}>0,$$

其中，$f_1=f\left\{\frac{\gamma\eta+\delta^2(\beta p\gamma-\theta e_1^*)}{\gamma\eta[1+\beta(1+r)]}-\gamma e_1^*\right\}>0$。**证毕！**

命题14-3表明，当内部融资利率上升时，农户将降低生产科技投入水平以控制高昂的科技投入成本，此时总产量也将降低，使公司将降低信息追溯水平以达到产需平衡。由此可知，农业数字化程度的高低与贷款成本直接相关。此外，科技投入的增产系数越大，信息追溯水平越高，提高需求以达到供需平衡。

第四节　协调策略

在集中决策和分散决策基础上，为使供应链成员进一步达成合作，在提升供应链系统收益的同时，也使农户和公司各自收益大于分散决策下的收益，根据农业的现实背景，本节考虑运用成本分担契约与价格承诺契约进行协调。

一、成本分担契约

在成本分担契约中，下游企业分担农户部分生产科技投入成本，降低农户的资金压力，以提高农户对科技应用的积极性，具体表现为对农户进行技术培训、为其数字技术赋能等。这在现实中也比较常见，比如京东农场，京东为农户提供数字技术赋能，共同打造智慧农场，提高农产品的产量和质量。下面用$\lambda\in(0,1)$表示公司分担的成本比例，农户的承担比例为$\bar{\lambda}=1-\lambda$。此时，博弈顺序与分散决策模型中相同，农户贷款金额为$\bar{\lambda}\eta s^2/2$，农户和公司的决策问题分别为：

$$\max_{s} \Pi_2^{\mathrm{F}}=\beta\left[wQ^{\mathrm{H}}-\frac{1}{2}\bar{\lambda}\eta s^2(1+r)\right] \tag{14-9}$$

$$\max_{w,e} \Pi_2^{\mathrm{R}}=\beta\left[pE\min\left(Q^{\mathrm{H}},D\right)-wQ^{\mathrm{H}}\right]+\frac{1}{2}\left[\beta\bar{\lambda}(1+r)-1\right]\eta s^2-\frac{1}{2}\theta e^2 \tag{14-10}$$

命题14-4：生产科技投入成本分担契约下供应链的均衡解为：

$$\begin{cases} s_2^*=\dfrac{\delta^2\left(\beta p\gamma-\theta e_2^*\right)-\beta\bar{\lambda}\gamma\eta(1+r)}{\delta\gamma\eta\left[1+\beta\bar{\lambda}(1+r)\right]} \\ w_2^*=\dfrac{\bar{\lambda}(1+r)\left[\delta^2\left(\beta p\gamma-\theta e_2^*\right)-\beta\bar{\lambda}\gamma\eta(1+r)\right]}{\delta^2\gamma\left[1+\beta\bar{\lambda}(1+r)\right]} \\ e_2^*=\dfrac{\beta p\gamma}{\theta}F\left\{\dfrac{\gamma\eta+\delta^2\left(\beta p\gamma-\theta e_2^*\right)}{\gamma\eta\left[1+\beta\bar{\lambda}(1+r)\right]}-\gamma e_2^*\right\} \end{cases} \tag{14-11}$$

证明：采用逆向求解法，首先对式(14-9)关于s求导，由$\frac{\partial^2 \Pi_2^F}{\partial s^2}=-\bar{\lambda}\beta\eta(1+r)<0$可知式(14-9)是$s$的严格凹函数，令$\frac{\partial \Pi_2^F}{\partial s}=\beta\left[w\delta-\bar{\lambda}\eta s(1+r)\right]=0$可得$s=\frac{w\delta}{\bar{\lambda}\eta(1+r)}$，将其代入式(14-10)，然后同时对式(14-10)求关于w和e的一阶导和二阶导可得：

$$\frac{\partial \Pi_2^R}{\partial w}=\frac{\beta p\delta^2}{\bar{\lambda}\eta(1+r)}\left[1-F\left(1+\frac{w\delta^2}{\bar{\lambda}\eta(1+r)}-\gamma e\right)\right]-\beta\left[1+\frac{2w\delta^2}{\bar{\lambda}\eta(1+r)}\right]+\frac{\left[\beta(1+r)\bar{\lambda}-1\right]w\delta^2}{\bar{\lambda}^2\eta(1+r)^2},$$

$$\frac{\partial^2 \Pi_2^R}{\partial w^2}=-\frac{\beta p\delta^4}{\bar{\lambda}^2\eta^2(1+r)^2}f\left[1+\frac{w\delta^2}{\bar{\lambda}\eta(1+r)}-\gamma e\right]-\frac{\left[1+\beta\bar{\lambda}(1+r)\right]\delta^2}{\bar{\lambda}^2\eta(1+r)^2}<0,$$

$$\frac{\partial \Pi_2^R}{\partial e}=\beta p\gamma F\left[1+\frac{w\delta^2}{\bar{\lambda}\eta(1+r)}-\gamma e\right]-\theta e,$$

$$\frac{\partial^2 \Pi_2^R}{\partial e^2}=-\beta p\gamma^2 f\left[1+\frac{w\delta^2}{\bar{\lambda}\eta(1+r)}-\gamma e\right]-\theta<0,$$

$$\frac{\partial^2 \Pi_2^R}{\partial e\partial w}=\frac{\partial^2 \Pi_2^R}{\partial w\partial e}=\frac{\delta^2\beta p\gamma}{\bar{\lambda}\eta(1+r)}f\left[1+\frac{w\delta^2}{\bar{\lambda}\eta(1+r)}-\gamma e\right],$$

$$\frac{\partial^2 \Pi_2^R}{\partial w^2}\frac{\partial^2 \Pi_2^R}{\partial e^2}-\frac{\partial^2 \Pi_2^R}{\partial e\partial w}\frac{\partial^2 \Pi_2^R}{\partial w\partial e}=\frac{\beta p\delta^2\left\{\theta\delta^2+\eta\gamma^2\left[\bar{\lambda}\beta(1+r)+1\right]\right\}}{\bar{\lambda}^2\eta^2(1+r)^2}f\left[1+\frac{w\delta^2}{\bar{\lambda}\eta(1+r)}-\gamma e\right]+\frac{\theta\left[1+\beta\bar{\lambda}(1+r)\right]\delta^2}{\bar{\lambda}^2\eta(1+r)^2}>0$$

根据上式可知，二阶导为负和Hessian矩阵负定，则有Π_2^R是w和e的联合凹函数，令$\frac{\partial \Pi_2^R}{\partial w}=0$和$\frac{\partial \Pi_2^R}{\partial e}=0$，联立可得到公司的最优批发价格$w_2^*$和产品

信息追溯水平 e_2^*,再将它们代回上式即可求得农户的最优生产科技投入水平 s_2^*。**证毕!**

当农户不破产时,实际产量为:

$$Q_2^{H*}=\frac{\gamma\eta+\delta^2(\beta p\gamma-\theta e_2^*)}{\gamma\eta\left[1+\beta\bar{\lambda}(1+r)\right]} \tag{14-12}$$

将式(14-11)和式(14-12)代入式(14-9)和式(14-10)可得成本分担契约下农户、公司和系统的最优期望利润分别为 Π_2^{F*}、Π_2^{R*} 和 $\Pi_2^{T*}=\Pi_2^{R*}+\Pi_2^{F*}$。

命题14-5: $\frac{\partial s_2^*}{\partial\lambda}>0,\frac{\partial Q_2^{H*}}{\partial\lambda}>0,\frac{\partial e_2^*}{\partial\lambda}>0$。

证明: 对 s_2^*、Q_2^{H*} 和 e_2^* 分别求关于 λ 的一阶导数,得:

$$\frac{\partial s_2^*}{\partial\lambda}=\frac{\beta\gamma\eta(1+r)(\theta+\beta p\gamma^2 f_2)\left[\gamma\eta+\delta^2(\beta p\gamma-\theta e_2^*)\right]}{\delta}>0,$$

$$\frac{\partial Q_2^{H*}}{\partial r}=\delta\frac{\partial s_2^*}{\partial\lambda}>0,$$

$$\frac{\partial e_2^*}{\partial\lambda}=\frac{\beta^2\gamma^2 pf_2\eta(1+r)\left[\gamma\eta+\delta^2(\beta p\gamma-\theta e_2^*)\right]}{\beta p\gamma^2 f_2\delta^2\theta\eta\left[1+\beta\bar{\lambda}(1+r)\right]+(\theta+\beta p\gamma^2 f_2)\left\{\gamma\eta\left[1+\beta\bar{\lambda}(1+r)\right]\right\}^2}>0,$$

其中,$f_2=f\left\{\frac{\gamma\eta+\delta^2(\beta p\gamma-\theta e_2^*)}{\gamma\eta\left[1+\beta\bar{\lambda}(1+r)\right]}-\gamma e_2^*\right\}>0$。**证毕!**

命题14-5表明,成本分担比例越大,农户的生产科技投入水平和公司的产品信息追溯水平越高。公司分担的成本越多时,农户承担的则越少,为了提高利润,农户将提高科技投入水平以提高产量,公司也将相应地提高信息追溯水平以提高需求。因此,公司对农户成本的分担,有利于提高农户的生产积极性和供应链的数字化程度,这一结论与现实情景相一致。

命题14-6: 比较成本分担契约与基准模型,可得:

(1)$s_0^*>s_2^*>s_1^*,e_0^*>e_2^*>e_1^*$;

(2)$Q_0^{H*}>Q_2^{H*}>Q_1^{H*}$;

(3)$\Pi_0^{T*}>\Pi_1^{T*},\Pi_0^{T*}>\Pi_2^{T*}$。

证明：假设 $e_1^* \geqslant e_0^*$，则有 $\frac{\gamma\eta+\delta^2(\beta p\gamma-\theta e_1^*)}{\gamma\eta[1+\beta(1+r)]}-\gamma e_1^* \geqslant 1-\gamma e_0^*$ $+\frac{\delta^2(\beta p\gamma-\theta e_0^*)}{\gamma\eta}$，整理得：

$$\gamma(e_1^*-e_0^*)\leqslant\frac{\delta^2(\beta p\gamma-\theta e_1^*)-\delta^2(\beta p\gamma-\theta e_0^*)[1+\beta(1+r)]-\beta\gamma\eta(1+r)}{\gamma\eta[1+\beta(1+r)]},$$

又由 $e_1^* \geqslant e_0^*$ 可知 $\delta^2(\beta p\gamma-\theta e_1^*)<\delta^2(\beta p\gamma-\theta e_0^*)[1+\beta(1+r)]$，继而 $\frac{\delta^2(\beta p\gamma-\theta e_1^*)-\delta^2(\beta p\gamma-\theta e_0^*)[1+\beta(1+r)]-\beta\gamma\eta(1+r)}{\gamma\eta[1+\beta(1+r)]}<0$，则有 $\gamma(e_1^*-e_0^*)<0$，又 $\gamma>0$，则可得 $e_1^*<e_0^*$，与假设相矛盾。因此，$e_1^*<e_0^*$。由 $e_1^*<e_0^*$ 可知 $s_1^*-s_0^*<\frac{\gamma}{\delta}(e_1^*-e_0^*)<0$。同理可分别证得 $e_2^*<e_0^*$，$s_2^*<s_0^*$ 和 $e_1^*<e_2^*$，$s_1^*<s_2^*$. 由 $Q^H=1+\delta s$ 可知 Q^{H*} 的大小关系与 s^* 相同。由集中决策的最优决策最大可知其总利润也最大。**证毕！**

命题14-6(1)和(2)表明，集中决策下的数字化水平和产量最高，其次是成本分担契约，分散决策下最低。因此，成本分担契约能够提高农业供应链的数字化程度和农产品供应。命题14-6(3)表明，集中决策下的期望总收益最大，可以看出虽然成本分担契约可以促进产量的提高，但是无法使供应链的收益达到最大，因此接下来将探究价格承诺契约。

二、价格承诺契约

价格承诺契约在农业领域比较常见，它是提高农户生产积极性的有效契约，比如保底收购，公司提前约定以保底的批发价格收购所有农产品，此价格不受最优决策的影响，假设 $p>w$。具体的博弈顺序为：(1)公司确定产品信息追溯水平；(2)农户确定生产科技投入水平；(3)和(4)与分散决策相同。此时，农户和公司的期望利润函数与分散决策下的相同，即 $\Pi_3^F=\Pi_1^F$ 和 $\Pi_3^R=\Pi_1^R$。

命题14-7：在批发价格承诺契约下，生产科技投入水平和产品信息追溯水平的均衡解分别为：

$$\begin{cases} s_3^* = \dfrac{w\delta}{\eta(1+r)} \\ e_3^* = \dfrac{\beta p\gamma}{\theta} F\left[1-\gamma e_3^* + \dfrac{w\delta^2}{\eta(1+r)}\right] \end{cases} \tag{14-13}$$

证明：采用逆向求解法，首先对 Π_3^F 关于 s 求导，由 $\dfrac{\partial^2 \Pi_3^F}{\partial s^2} = -\beta\eta(1+r) < 0$ 可知 Π_3^F 是 s 的严格凹函数，令 $\dfrac{\partial \Pi_3^F}{\partial s} = \beta\left[w\delta - \eta s(1+r)\right] = 0$ 可得 $s = \dfrac{w\delta}{\eta(1+r)}$，将其代入式 Π_3^R，然后对 Π_3^R 求关于 e 的一阶导和二阶导可得：$\dfrac{\partial \Pi_3^R}{\partial e} = \beta p\gamma F\left[1+\dfrac{w\delta^2}{\eta(1+r)}-\gamma e\right] - \theta e$，$\dfrac{\partial^2 \Pi_3^R}{\partial e^2} = -\beta p\gamma^2 f\left[1+\dfrac{w\delta^2}{\eta(1+r)}-\gamma e\right] - \theta < 0$。根据上式可知，二阶导为负，则有 Π_3^R 是 e 的凹函数，令 $\dfrac{\partial \Pi_3^R}{\partial e} = 0$，可解得公司的最优产品信息追溯水平 e_3^*。**证毕！**

当农户不破产时，实际产量为：

$$Q_3^{H*} = \frac{w\delta^2 + \eta(1+r)}{\eta(1+r)} \tag{14-14}$$

将式(14-13)和式(14-14)代入式(14-4)和式(14-5)可得价格承诺契约下农户、公司和供应链系统的最优期望利润分别为 $\Pi_3^{F*} = \dfrac{\beta w\left[w\delta^2 + 2\eta(1+r)\right]}{2\eta(1+r)}$，$\Pi_3^{R*}$ 和 $\Pi_3^{T*} = \Pi_3^{F*} + \Pi_3^{R*}$。

根据命题14-7，不难看出，公司承诺的批发价格越大，价格承诺契约下农业供应链的数字化水平和农产品的产量越高，农户的期望收益也越大。

命题14-8：比较两种契约与分散决策，可得：

(1)若 $w \leqslant \hat{w}$，则 $s_3^* \leqslant s_1^* < s_2^*$，$Q_3^{H*} \leqslant Q_1^{H*} < Q_2^{H*}$；

(2)若$\hat{w}<w\leqslant\tilde{w}$,则$s_1^*<s_3^*\leqslant s_2^*$,$Q_1^{H*}<Q_3^{H*}\leqslant Q_2^{H*}$;

(3)若$w>\tilde{w}$,则$s_1^*<s_2^*<s_3^*$,$Q_1^{H*}<Q_2^{H*}<Q_3^{H*}$;

其中,$\hat{w}=\dfrac{(1+r)\left[\delta^2(\beta p\gamma-\theta e_1^*)-\beta\gamma\eta(1+r)\right]}{\delta^2\gamma\left[1+\beta(1+r)\right]}$,

$$\tilde{w}=\frac{(1+r)\left[\delta^2(\beta p\gamma-\theta e_2^*)-\beta\bar{\lambda}\gamma\eta(1+r)\right]}{\delta\delta\gamma\left[1+\beta\bar{\lambda}(1+r)\right]}。$$

证明:由命题14-6可知$s_2^*>s_1^*$,因此只需比较s_3^*与两者的大小关系,分别作差得:

$$s_3^*-s_1^*=\frac{w\delta^2\gamma\left[1+\beta(1+r)\right]-(1+r)\left[\delta^2(\beta p\gamma-\theta e_1^*)-\beta\gamma\eta(1+r)\right]}{\eta\delta\gamma(1+r)\left[1+\beta(1+r)\right]}$$

$$s_3^*-s_2^*=\frac{w\delta^2\gamma\left[1+\beta\bar{\lambda}(1+r)\right]-(1+r)\left[\delta^2(\beta p\gamma-\theta e_2^*)-\beta\bar{\lambda}\gamma\eta(1+r)\right]}{\eta\delta\gamma(1+r)\left[1+\beta\bar{\lambda}(1+r)\right]}$$

令$s_3^*-s_1^*=0$和$s_3^*-s_2^*=0$即可求得阈值$\hat{w}$和$\tilde{w}$,再由$s_2^*>s_1^*$可知$\tilde{w}>\hat{w}$。最后分区域比较即可得所有的结论。**证毕!**

命题14-8表明,公司承诺的批发价格偏高时,价格承诺契约下的生产科技投入水平和农产品产量最高,高批发价能激发农户的科技投入积极性,从而带来高产量以获得高收益。

命题14-9:在价格承诺契约下,当公司承诺的批发价格$w_3=\dfrac{(1+r)(\beta p\gamma-\theta e_0^*)}{\gamma}$时,有:

(1)$e_3^*=e_0^*$,$s_3^*=s_0^*$,$Q_3^{H*}=Q_0^{H*}$,$\Pi_3^{T*}=\Pi_0^{T*}$;

(2)$w_3>w_1^*$,$w_3>w_2^*$。

证明:由决策式期望利润函数得$\Pi_0^T=\Pi_3^F+\Pi_3^R$,则可知当价格承诺契约下的最优决策与集中决策下的相等时,总利润也相等。因此,令$e_3^*=e_0^*$,$s_3^*=s_0^*$,联立得$w_3=\dfrac{(1+r)(\beta p\gamma-\theta e_0^*)}{\gamma}$,此时$Q_3^{H*}=1+\delta s_3^*=1+\delta s_0^*=Q_0^{H*}$,

$\Pi_0^{T*}=\Pi_3^{F*}+\Pi_3^{R*}=\Pi_3^{T*}$。由 $s_0^*>s_1^*$ 得 $w_3>w_1^*$，由 $s_0^*>s_2^*$ 得 $w_3>w_2^*$。**证毕!**

命题 14-9 表明，价格承诺契约可以使供应链实现完全协调，此时供应链系统的利润等于集中决策下的利润，达到最大，数字化水平、产量和批发价格也比分散决策和成本分担契约下大。由此可知，价格承诺契约不仅可以加速农业数字化建设以提高农产品供应和信任度，而且能保障农户的利益。但是，只有在实现双方的Pareto改进时，该契约才能在现实中得以实施。

命题14-10:在价格承诺契约下，对于任意的 w，有：

(1)供应链无论是否能实现完全协调，企业都无法实现Pareto改进，即 $\Pi_3^{R*}\leqslant\Pi_1^{R*}$；

(2)当供应链实现完全协调时，$\Pi_3^{F*}>\Pi_1^{F*}$。

证明:由决策利润函数 $\Pi_3^{R}=\Pi_1^{R}$ 且 w_1^* 使得其利润达到最大可知，当 $w\neq w_1^*$ 时，公司的期望利润都更小，即 $\Pi_3^{R*}<\Pi_1^{R*}$，当 $w=w_1^*$ 时，$\Pi_3^{R*}=\Pi_1^{R*}$，因此，公司的收益不会超过分散决策下的收益；当供应链实现完全协调时，由命题 14-9(2)可知 $w_3>w_1^*$，则 $\Pi_3^{R*}<\Pi_1^{R*}$，又 $\Pi_3^{T*}=\Pi_0^{T*}>\Pi_1^{T*}$，因此 $\Pi_3^{F*}>\Pi_1^{F*}$。**证毕!**

由命题14-9和14-10可知，虽然价格承诺契约可以使供应链系统的利润达到最大，同时极大地保障了农户的利益，但是这严重损害了公司的利润，作为理性的主导者，不会向农户提供价格承诺契约。因此，本节提出一种改进的价格承诺契约，即农户若要获得承诺的批发价，需提供公司定金 A 以锁定该批发价(可视为一种价格风险补偿)。此时，供应链的最优决策和总利润与改进前相同，但是链成员的利润将改变，用 Π_{3A}^{F*}、Π_{3A}^{R*} 和 Π_{3A}^{T*} 分别表示此时农户、公司和系统的最优期望利润。

命题 14-11 :在包含定金的改进价格承诺契约中，若同时满足 $w_3=\dfrac{(1+r)(\beta p\gamma-\theta e_0^*)}{\gamma}$ 和 $\dfrac{\Pi_1^{R*}-\Pi_3^{R*}}{\beta(1+r)}<A<\dfrac{\Pi_3^{F*}-\Pi_1^{F*}}{\beta(1+r)}$ 时，可以得到 $\Pi_{3A}^{T*}=\Pi_0^{T*}$，$\Pi_{3A}^{R*}>\Pi_1^{R*}$，$\Pi_{3A}^{F*}>\Pi_1^{F*}$。

证明:在改进的价格承诺契约下，农户和公司的最优期望利润分别为：

$$\Pi_{3A}^{F*} = \Pi_3^{F*} - \beta A(1+r) \tag{14-15}$$

$$\Pi_{3A}^{R*} = \Pi_3^{R*} + \beta A(1+r) \tag{14-16}$$

要同时使农户和公司的收益都比分散决策下的大，即 $\Pi_{3A}^{R*} - \Pi_1^{R*} > 0$，$\Pi_{3A}^{F*} - \Pi_1^{F*} > 0$ 同时成立，则将式(14-15)和式(14-16)代入联立求解，可得不等式 $\frac{\Pi_1^{R*} - \Pi_3^{R*}}{\beta(1+r)} < A < \frac{\Pi_3^{F*} - \Pi_1^{F*}}{\beta(1+r)}$，又由命题 14-9 可知，$w_3$ 可以使供应链利润达到最大，因此，当两个条件同时满足时，可以实现完全协调下的Pareto改进即完美协调。**证毕！**

命题 14-11 表明，改进的价格承诺契约可以使供应链实现完美协调，此时供应链系统利润达到最大，并且农户和公司的收益都高于分散决策模型，因此，改进的价格承诺契约与成本分担和原价格承诺契约相比更具优势，综合了各方优势，更有利于提高供应链及其成员的盈利能力，也更具有实践性。

第五节　算例分析

本节结合数值仿真探究相关参数对上文中最优决策和利润的影响，同时验证命题的有效性，对参数赋值如下：$\beta = 0.9$，$r = 0.15$，$p = 50$，$\delta = 0.9$，$\gamma = 0.7$，$\eta = 15$，$\theta = 5$，此外，$y \sim U[0,1]$(南江霞等，2022)。

一、贷款利率对均衡结果的影响

当 r 在[0，0.5]取值时，随着利率的上升，数字化水平、批发价格和供应链利润呈下降趋势，如图 14-1 所示。当公司提高内部融资利率时，农户将因为融资成本的提高而降低生产科技投入，从而使农产品产量下降。为了避免供不应求，公司将降低产品信息追溯水平，同时，公司为了保证自己的收益，将降低批发价格，这将使农户的生产积极性再次下降，导致农业数字化水平下降及供应链的效益降低。可以发现，公司为了获得更多收益而提高利率，最后反而利润下降，说明产需提升所带来的收益远远大于融资获益，因此，公司应向农户提供利率较低的内部融资，以鼓励其增加生产科技投入、提高农产品的供应量从而使各方获益。特别是当利率等于0时，双方利润可以在都参与交易时达到最大，进一步说明，公司最好是为农户提供无息贷款服务，比如预付款融资。

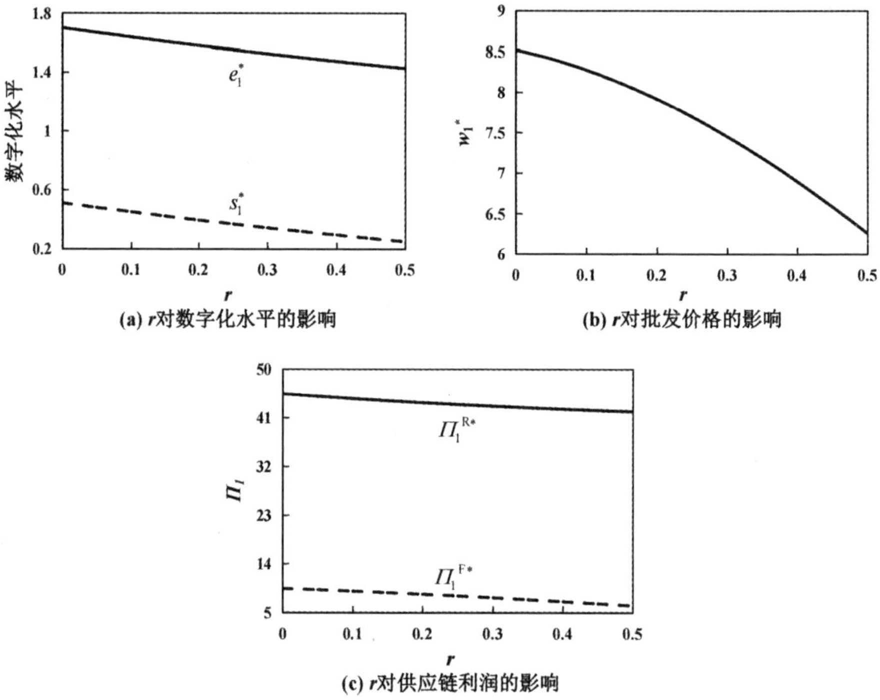

图14-1 内部融资利率与数字化水平、批发价格和供应链利润的关系

二、数字化效用系数对均衡结果的影响

当δ在[0.8,2.4]取值时，随着δ的增大，公司的产品信息追溯水平和利润的大幅提高，农户的生产科技投入水平、批发价格和利润呈先增后减趋势，如图14-2所示。δ越大，说明生产科技投入的增产效果越好，在一定范围内，能够有效推动农户提高生产科技投入水平，此时，公司也将加速提高信息追溯

水平，以达到与产量相符的需求量；同时，公司将增加批发价格以保障农户的收益，继而保护其积极性，所以此时农户和公司的利润上涨。但是，当δ过高时，消费者信息追溯偏好($\gamma=0.7$)远低于δ，农户为了减少科技投入成本并且避免供大于求，将减缓提高生产科技投入水平的速度，甚至最后将降低生产科技投入水平。此时，公司为了对冲高信息追溯成本保证其高收益，将降低批发价格挤压农户利润，最后甚至使农户的利润有所下降，而公司利润的增速也有所放缓。因此，科技投入的增产系数在一定程度上可以提高供应链的数字化水平及效益，但是并非越大越好，特别是对于农户来说，过大的科技投入效果会带来高额的科技投入成本，这反而会降低农户的收益。

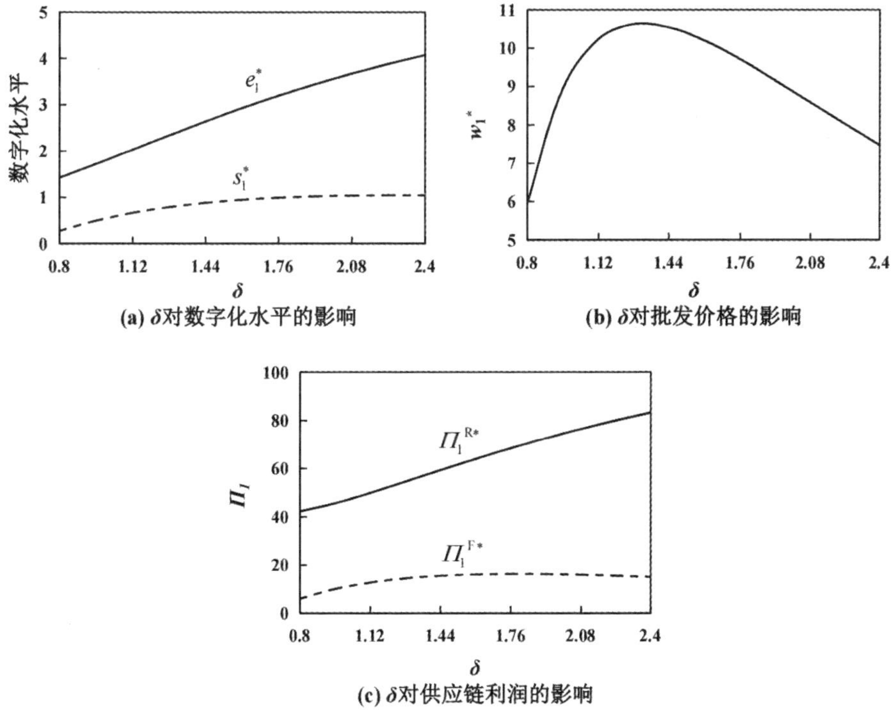

图14-2　科技投入的增产系数与数字化水平、批发价格和供应链利润的关系

当γ在[0.5,2.5]取值时，如图14-3所示，随着γ的增大，公司的产品信息追溯水平降低，农户的生产科技投入水平、批发价格及供应链利润呈递增趋

势。γ越大，说明消费者信息追溯偏好越强，产品信息追溯的效果越好，随着γ的增大，公司的信息追溯成本降低，将增加批发价格让利农户以鼓励其提高生产科技投入；同时，为了避免供不应求，信息追溯水平将大幅度下降。但是，当γ过高时，公司为了保证收益，将放缓批发价增速，以至于农户也将放缓科技投入增速，最后实现供需平衡，农户和公司的利润也由增加趋于平稳。因此，消费者信息追溯偏好较低时，对供应链的效益影响比较明显，说明此时正处于信息追溯的起步阶段，产量增速快，获利也快，是加入信息追溯的时机；消费者信息追溯偏好较高时，信息追溯处于成熟阶段，供需与利润都将趋于平稳。此外，受产量的限制，γ的增大反而会使供应链的数字化水平降低。

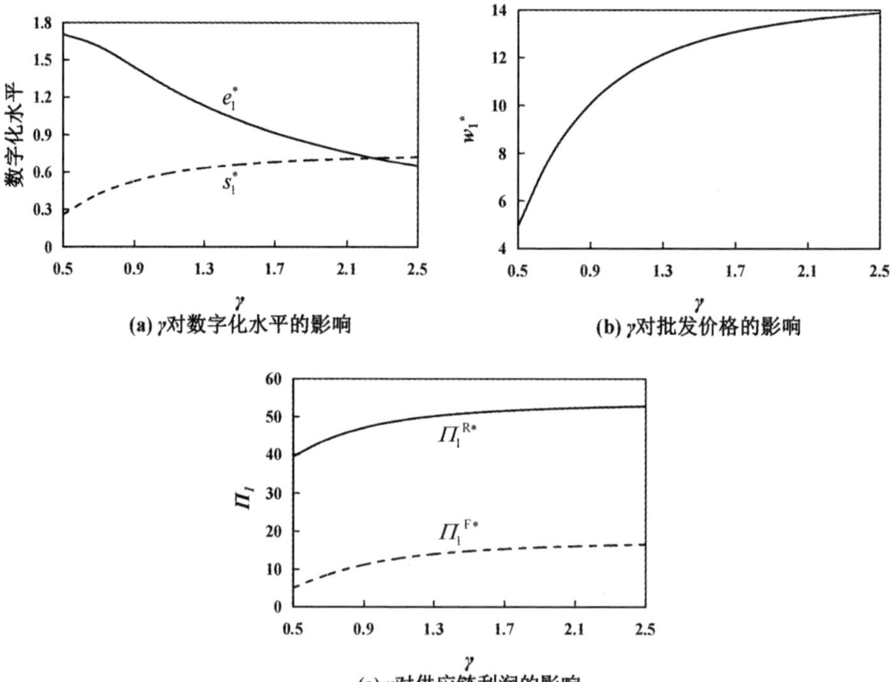

(a) γ对数字化水平的影响

(b) γ对批发价格的影响

(c) γ对供应链利润的影响

图14-3　消费者信息追溯偏好与数字化水平、批发价格和供应链利润的关系

三、契约协调与选择

由图14-4可知，随着λ增大，批发价格和农户的利润呈先增后减趋势，而公司的利润呈快速上升趋势，并且公司利润增加的幅度大于农户利润下降的幅度，因此，成本分担下供应链的总利润大于分散决策下的总利润。当成本分担比例较小时，可以适当降低农户的融资压力，同时，公司可以增大批发价鼓励农户增加科技投入，从而使双方都获益。但是，当成本分担比例较大时，公司为了保证自己的收益，将降低批发价格挤压农户的收益，从而使公司自身利益增加而农户利润降低，但供应链总利润还是增加的。

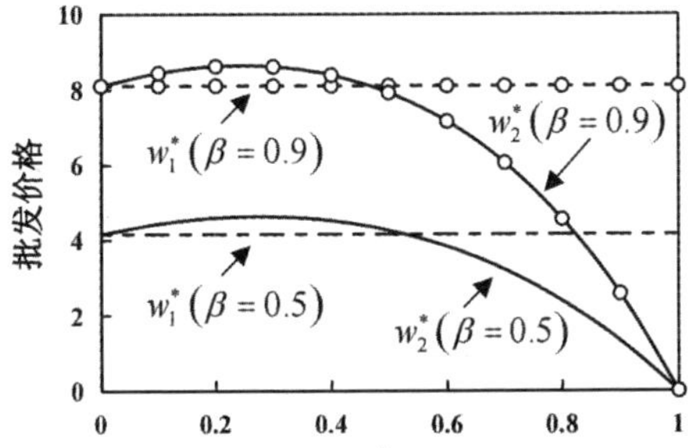

(a) λ对批发价格的影响

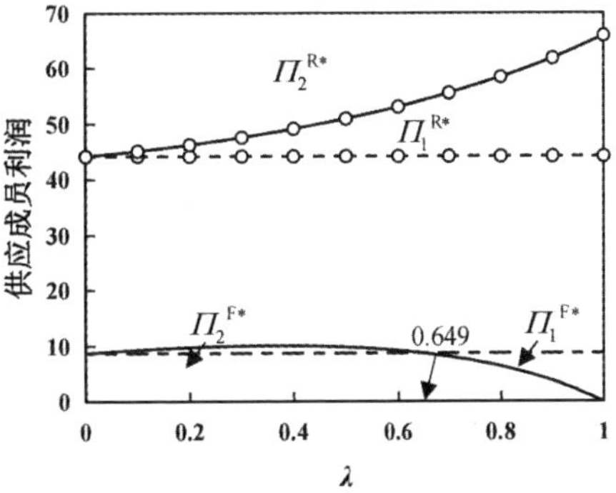

(b) β=0.9时，λ对利润的影响

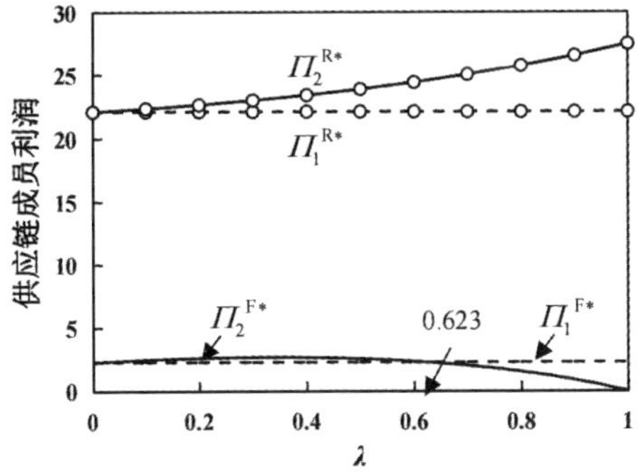

(c) β=0.5时，λ对利润的影响

图14-4 不同破产风险下成本分担比例与批发价格和供应链利润的关系

具体地，当不破产概率为0.9时，在农户和公司都满足个体合理性的情况下，两者进行合作。当成本分担比例大于0.649时，批发价格过低，使农户从自身利润考虑，无法达成双方满意的协议，双方不会进行合作。但是，当成本分担比例处于(0, 0.649)时，农户愿意达成合作，此时可以实现双方利润的帕累托改进，同时，供应链系统的总利润也是增加的。因此，成本分担比例较小时，更有利于供应链成员达成成本分担契约及供应链系统更好地发展，特别是对于农户来说，公司为其分担的成本越多未必越有利。此外，对比不破产概率为0.9和0.5时，可以发现：在满足个体理性条件下，不破产概率越大，成本分担范围越大，更有利于供应链上下游成员达成成本分担契约。

虽然从命题14-5和图14-4可知，改进的价格承诺契约和成本分担契约都能使链成员利润同时比分散决策下更大，但是它们的利润受数字化效用系数、无破产风险等影响，在不同的情境下，农户和公司对两种契约可能具有不同的选择偏好，因此，对比成本分担契约和完全协调下改进的价格承诺契约是必要的。图14-5中分析了不同破产风险下数字化效用系数对两种协调契约选择的影响，其中，假设$\lambda=0.3$。

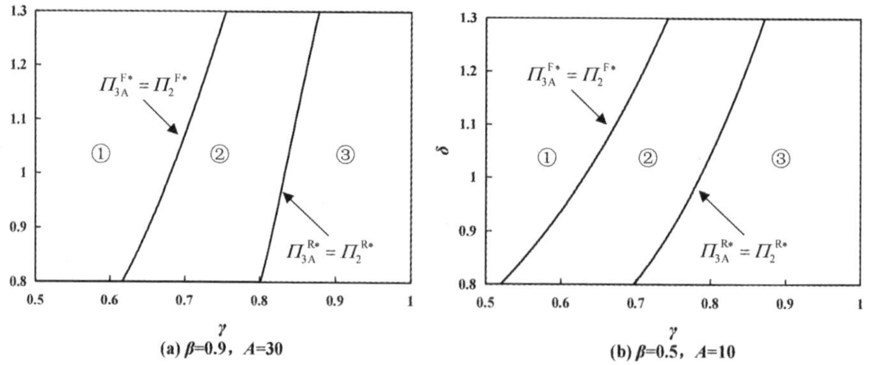

图14-5　不同破产风险下数字化效用系数对两种协调契约选择的影响

在图14-5中，区域①表示$\Pi_{3A}^{F*}<\Pi_{2}^{F*}$，$\Pi_{3A}^{R*}>\Pi_{2}^{R*}$，此时农户选择成本分担契约，而公司倾向于提供改进的价格承诺契约；区域②表示$\Pi_{3A}^{F*}>\Pi_{2}^{F*}$且$\Pi_{3A}^{R*}>\Pi_{2}^{R*}$，此时农户和公司都选择改进的价格承诺契约；区域③表示$\Pi_{3A}^{F*}>$

Π_2^{F*}而$\Pi_{3A}^{R*}<\Pi_2^{R*}$,此时农户选择改进的价格承诺契约,而公司选择提供成本分担契约。比较图14-5(a)和(b)可以发现,不破产概率越低,定金需设置得越低,否则,农户将绝无可能选择改进的价格承诺契约,同时,双方各自选择成本分担契约的可能性增大,但始终无法达到一致,而同时选择改进的价格承诺契约的结论未发生变化,只是区域的消费者信息追溯偏好更弱。

具体地,当消费者信息追溯偏好γ较小且增产系数δ越大时,农户越偏向于选择成本分担契约,而公司越偏向于选择改进的价格承诺契约。因为消费者信息追溯偏好越低,公司为保证市场需求量就需要投入更多的追溯成本,此时将降低批发价格保障自身利益,使农户的生产科技投入也有所降低,农产品产量受此影响而下降,继而使供应链系统和农户的利润降低。改进的价格承诺契约的高昂定金A使其选择成本分担契约。同时,随着δ的增大,农户更加可能选择成本分担契约。对于公司而言则相反,当产量下降、供应链系统利润受到影响时,从农户那获得的定金使公司获益更高,因此,公司倾向于选择改进的价格承诺契约。当γ较大时,承诺的批发价格将阻止公司挤压农户收益,且定金获益远远小于降低批发价所带来的利润,因此公司此时选择成本分担契约。但是,当γ大小适中时,农户和公司达成一致,都将选择改进的价格承诺契约,且此时该契约已实现完美协调,因此,这是最佳的选择且最具实践意义。

第六节　本章小结

为了研究产需不确定情况下数据赋能农业供应链金融的协调策略,本章将内部融资作为农户解决资金约束的方式,借助博弈论的方法,研究供应链的最优数字化水平、批发价格及协调契约选择等问题,通过比较分析,得出以下结论。

首先,内部融资利率的上升会使农户的生产科技投入水平降低,继而使农产品产量和信息追溯水平下降,公司为了保证自身利益而降低批发价,最后会使双重边际效应加剧,农户、公司和系统的效益都减少,农业数字化水平也会降低。

其次,随着数字化效用系数增大,供应链效益和农产品产量上升。具体而言,当生产科技投入的增产系数越大时,农户的利润和生产科技投入水平先增后减,公司的利润和产品信息追溯水平增速明显,使供应链系统效益和数字化水平提高;当消费者信息追溯偏好越强时,农户、公司的利润和生产科技投入水平提高,而公司的产品信息追溯水平明显降低,因此,供应链效益和产量上升,而数字化水平下降。

再次,从协调策略看,成本分担契约在成本分担比例偏小时可以使供应链系统和成员的利润都增加,但是总利润无法达到最大,即小于集中决策下的总利润,而价格承诺契约虽然能使总利润达到最大,但是其严重损害了公司的利润,不具有实践意义。在农户支付公司定金后,改进的价格承诺契约在满足一定条件后可以使总利润达到最大且双方利润同时增加。

最后,对比两种协调契约可以发现,当消费者信息追溯偏好较小且增产系数越大时,农户偏向于选择成本分担契约而公司选择改进的价格承诺契约,只有当消费者信息追溯偏好适中时,双方才能达成一致选择改进的价格承诺契约。

从以上结论可得出以下管理启示:首先,虽然利率的上升可以让公司贷款获益,但是从整体来看,这损害了农户的生产投入积极性,公司应尽可能地为农户提供融资成本低的内部融资服务,特别地,公司提供无息贷款服务优于有息贷款服务。其次,公司需提供农户友好的批发价以鼓励其增加生产科技投入水平,此时公司增加产品信息追溯水平,从而使农产品产需都增大,不仅对供应链总利润和数字化水平有益,而且能使双方都获益。最后,作为主导者,为了促进供应链成员之间的合作,公司应根据农户的意愿提供成本分担契约或改进的价格承诺契约,此时公司始终是有利可图的,当然,最好是能够达成定金和承诺批发价合适的价格承诺契约,这将有效地提高供应链总利润，实现双方共赢。此外，公司所获得的收益远高于农户的收益，其更应该加强数字化农业供应链的投资以寻求更高的回报。

本章仅考虑生产科技投入对农产品产出率的影响而不考虑其对质量变化的影响，而现实中，农产品质量会随数字化程度的提高而提高，从而进一步影响需求，这值得未来进一步加以探究。此外，同时考虑产出和需求导致的破产风险更具实际意义。

第十五章　总结及展望

第一节　总结回顾

本书综合运用供应链契约协调理论、赋能理论、平台战略及博弈论等多种经典理论，探讨了平台型企业的多种赋能行为对供应链成员运营决策的影响，并借助收益共享契约、成本分担契约等多种契约分析了如何协调供应链成员的运营决策，提升整条平台供应链的运营绩效。本书的亮点在于，在将平台型企业的赋能行为纳入模型的基础上，深入探讨了多种情境下的平台供应链协调机制。例如，平台型电商企业向上游供应商及向线下零售商赋能时平台供应链成员的契约协调机制；确定性需求及不确定性需求下的供应链契约协调机制；信息对称及信息不对称条件下的供应链渠道冲突及协调机制；考虑资金流的平台供应链契约协调机制。多样化的情境从不同视角剖析平台型企业的赋能行为对平台供应链的影响，更加贴近现实中的商业实践，能够为平台供应链的成员优化运营决策提供有益的借鉴。

本书主要的研究工作及成果如下：

第一，本书从供应链契约协调机制、电商供应链的优化策略、平台战略及赋能理论四个方面系统梳理了相关文献，指出现有研究还有较大可拓展的空间。一是现有电商供应链研究依然以“双渠道”为主要切入点，鲜见关于平台型电商企业赋能行为的研究；二是平台战略的研究主要聚焦于对双边市场与网络效应等较为宏观内容的考察，对相对微观的平台型企业赋能行为的剖析还不够;三是赋能理论的研究虽然正在从个体层面向平台层面迈进,但相关研究依然较少且缺少定量研究,依然以定性研究为主。

第二,本书用四章的篇幅重点研究了平台型企业的数据赋能行为。卖家模式和中介模式是平台经济中两种有代表性的运营模式,因此本书首先在需求确定的情境下,对上述两种模式下的平台供应链决策机制进行了系统的剖析,并探讨了网络效应对供应链成员决策的影响。研究表明,对零售商来说,若其销售努力成本系数越高,或其自身的销售努力对市场需求量影响不大,则应加入平台,反之无须选择加入平台;对平台来说,在使用收益共享等各类契约协调供应链成员行为时,需要关注其负面作用。此外,为了更加贴近现实,本书还将市场需求拓展到了不确定的情境,分别考察平台供应链向下游及下游数据赋能的契约协调策略。研究表明,平台需要对线下零售商的位置、面积、客流等方面进行资质考核,对线上零售商的获客能力、数据运用能力、新品研发能力等进行考察,选择合适的零售商进行数据赋能。

第三,本书探讨了品牌赋能过程中平台供应链成员追求自身利益最大化所导致的渠道冲突和产品质量问题。在渠道冲突方面,本书首先在信息对称的条件下,探讨垂直渠道冲突对平台商誉造成的负面影响,并借助成本分担契约及最小订购量契约来缓解这种渠道冲突。在此基础上,本书又将研究拓展到了信息不对称的情境,分析了平台型电商企业如何借助混合策略和分离策略获得零售商的私有信息,进而提升供应链的质量管理水平。除了下游的渠道冲突问题,本书还从“事前”和“事后”两方面探讨了针对上游供应商的质量控制机制。在事后控制方面,对于不同类型的产品,平台应采用差异化的控制策略,如对于外部故障成本较低的产品,平台可以采取成本较低的溯源策略;而对于外部故障损失较大的产品,平台可以采取混合策略对产品的质量进行控制。在事前控制方面,不同的供应商平台可以选择不同的质量控制机制。对于弱势的供应商,平台在前期应投入较多的质量控制成本,并选择成本分担契约来分担供应商的质量投入成本;而对于一些强势的供应商,平台应减少前期的质量控制投入,并考虑是否采取契约来激励其提升产品的质量水平。

第四，本书探讨了采购赋能情境下的供应链模式选择及库存风险分担机制。对于模式选择，我们对B2B中介模式（B模式）和S2b2c模式（S模式）下的采购赋能进行了系统的比较分析。随着零售商数量的增加，两种模式下零售商和平台获利均呈递增趋势，但当用户规模足够大时，S模式要优于B模式。对于风险共担策略，研究表明，引入需求风险共担契约有助于提升供应链成员的决策水平和利润，但引入产出风险共担契约会降低供应链成员的决策水平和利润。此外，不同类型的供应链风险应采取差异化的策略，需求不确定风险应由供应链成员共同分担，而产出不确定风险应由供应商独自承担，将风险转移给供应链的其他成员反而会损害整条供应链的绩效。

最后，考虑到供应链金融的迅速发展，以及资金流在供应链管理中的重要性日益凸显，本书将资金因素纳入考虑范畴，初步探讨了金融赋能情境下的平台供应链决策机制及数字赋能下的平台供应链融资问题。研究表明，若银行的期望资金收益率高于电商平台的期望资金收益率，农户更偏好于反向保理融资模式，反之则更偏好于银行融资。

第二节 研究展望

虽然近年来实业界热衷于对赋能的实践，学术界开始关注考虑赋能行为的平台供应链决策与协调机制，但总体上这一领域的研究依然有很多问题值得进一步探索。本书的研究也存在着一定的局限性。例如，在本书的研究中，我们大多假设零售端不存在竞争，并且需求为线性函数，而在一些现实的商业情境中，零售端存在着较为明显的竞争。此外，本书对于行为因素，如损失厌恶、过度自信、公平及羊群效应等并没有进行讨论。下面我们将提出几个可以进一步开展研究的方向。

一、竞争因素对平台供应链中的赋能行为及决策的影响

在本书第三章、第五章中，大多假设零售商是同质且不存在竞争的。但是，平台型电商企业之间的竞争日趋激烈，这种竞争最终会传导至零售端。由于平台型企业向零售端的赋能在一般情况下是“雨露均沾”的，零售端的竞争可能使赋能的效果因相互抵消而大打折扣。因此，后续可以考察零售商之间存在竞争，以及零售商市场规模不同的情况下平台供应链的决策均衡。此外，平台型企业之间的竞争也会对彼此的赋能行为产生影响。一方面，激烈的市场竞争可能会促使平台型企业加强对赋能的投入，但过大的竞争压力也有可能迫使企业为降低成本而减少对赋能的投入。因而，有必要探究竞争对平台供应链中核心企业赋能行为产生影响的条件和机理，并尝试用实证的方法进行检验。

二、有限理性情境下考虑赋能行为的平台供应链管理

以往对平台供应链管理的研究大多都基于完全理性假设，但供应链领域的实证研究(Katok & Wu,2006)却发现，供应链成员的决策并非严格按照利润最大化等原则，这对成员完全理性假设下供应链质量的研究结果提出了新的挑战。事实上，决策者本身知识、精力的有限性等都会导致有限理性决策行为的发生。行为运营管理研究有限理性行为对运营管理决策偏差造成的影响，探讨改进企业运营绩效的策略，在近年来越来越受到国内外学者的关注。现实中的决策者往往是有限理性的，因此考虑有限理性情境下的供应链质量管理能够使决策结果更加贴近现实。例如，Rabin(2002)等通过博弈实验证明人们在追求收益最大化时也会考虑利益的分配能否做到理想的公平。那么，公平感知会对平台供应链中的赋能行为产生何种影响？因此，从羊群效应、公平感知等行为因素出发，对考虑赋能行为的平台供应链决策进行研究，有着很强的理论及现实意义。

三、信息不对称对平台供应链赋能行为的影响

虽然本书已经对品牌赋能等商业情境中信息不对称对平台供应链赋能行为的影响做了初步探讨，但实际上在供应链管理中，信息不对称是广泛存在的，有必要对数据赋能、采购赋能等情境下的信息不对称行为进行更加深入的分析。例如，在第六章的模型中，我们假定零售商与平台之间的需求信息是对称的，但现实中很有可能存在需求信息不对称的情况；在第十二章采购赋能的模型中，我们是基于完全信息探讨供应链的库存风险共担问题，而事实上供应链成员对于库存风险信息的掌握完全有可能是不对称的。

四、区块链等先进技术对平台供应链赋能行为的影响

区块链、大数据、物联网及云计算等先进技术对平台型企业及供应链管理的发展起到了举足轻重的作用，这在本书数据赋能及金融赋能相关章节已经有所体现，但总体上本书对这些先进技术如何影响平台型企业赋能行为的讨论还不够深入，在后续的研究中有必要进一步深化。例如，物联网技术的发展对供应链质量管理中追溯机制的设计及信息的共享有举足轻重的影响，因此有必要更加深入地研究物联网技术对平台型企业品牌赋能行为的影响，以及它对平台供应链质量管理的作用。

参考文献

[1] Abhishek V, Jerath K, Zhang Z J. Agency selling or reselling? Channel structures in electronic retailing[J]. Management Science, 2016, 62(8): 2259-2280.

[2] Aflaki A, Swinney R. Omnichannel retail and inventory integration with strategic consumers[J/OL]. SSRN Electronic Journal, 2016[2021-03-06]. DOI: 10.2139/ssrn.2842182.

[3] Agatz N A H, Fleischmann M, Van Nunen J A. E-fulfillment and multi-channel distribution—A review[J]. European Journal of Operational Research, 2008, 187(2): 339-356.

[4] Ahmadi-Javid A, Hoseinpour P. On a cooperative advertising model for a supply chain with one manufacturer and one retailer[J]. European Journal of Operational Research, 2012, 219(2): 458-466.

[5] Aiello G, Enea M, Muriana C. The expected value of the traceability information[J]. European Journal of Operational Research, 2015, 244(1): 176-186.

[6] Ali S M, Rahman M H, Tumpa T J et al. Examining price and service competition among retailers in a supply chain under potential demand disruption[J]. Journal of Retailing & Consumer Services, 2018, 40(Jan.): 40-47.

[7] Altintas N, Erhun F, Tayur S. Quantity discounts under demand uncertainty [J]. Management Science, 2008, 54(4): 777-792.

[8] Amir R, Lazzati N. Network effects, market structure and industry performance[J]. Journal of Economic Theory, 2011, 146(6): 2389–2419.

[9] Armstrong M, Wright J. Two-sided markets, competitive bottlenecks and exclusive contracts[J]. Economic Theory, 2007, 32(2): 353–380.

[10] Armstrong M. Competition in two-sided markets[J]. Rand Journal of Economics, 2006, 37(3): 668–691.

[11] Arya A, Mittendorf B, Yoon D H. Friction in related-party trade when a rival is also a customer[J]. Management Science, 2008, 54(11): 1850–1860.

[12] Ayansoabb A. Inventory rationing via drop-shipping in Internet retailing: A sensitivity analysis[J]. European Journal of Operational Research, 2006, 171 (1): 135–152.

[13] Babich V, Tang C S. Managing opportunistic supplier product adulteration: Deferred payments, inspection, and combined mechanisms[J]. Manufacturing & Service Operations Management, 2012, 14(2): 301–314.

[14] Bai Q, Chen M, Xu L. Revenue and promotional cost-sharing contract versus two-part tariff contract in coordinating sustainable supply chain systems with deteriorating items[J]. International Journal of Production Economics, 2017 (187): 85–101.

[15] Baker W, Marn M, Zawada C. Price smarter on the Net[J]. Harvard Business Review, 2001, 79(2): 122.

[16] Bendoly E, Blocher D, Bretthauer K M et al. Service and cost benefits through clicks-and-mortar integration: Implications for the centralization/decentralization debate[J]. European Journal of Operational Research, 2007, 180(1): 426–442.

[17] Berger P D, Lee J. Optimal cooperative advertising integration strategy for organizations adding a direct online channel[J]. Journal of the Operational Research Society, 2006, 57(8): 920–927.

[18] Bo L, Ping C, Li Q et al. Dual-channel supply chain pricing decisions with a risk-averse retailer[J]. International Journal of Production Research, 2014, 52(23): 7132-7147.

[19] Bowen D E, Lawler E E. The empowerment of service workers: What, why, how, and when[J]. Sloan Manage Review, 1992, 33(3): 31-39.

[20] Boyaci T. Competitive stocking and coordination in a multiple-channel distribution system[J]. Iie Transactions, 2005, 37(5): 407-427.

[21] Brynjolfsson E, Hu Y J, Smith M D. From niches to riches: Anatomy of the long tail[J]. Social Science Electronic Publishing, 2006, 47(4): 67-71.

[22] Burdin T. Omni-channel retailing: The brick,click and mobile revolution[J]. IDC Retail Insights Report, 2017, 53(1): 12-15.

[23] Cachon G P, Feldman P. Price commitments with strategic consumers: Why it can be optimal to discount more frequently … than optimal[J]. Manufacturing & Service Operations Management, 2015, 17(3): 399-410.

[24] Cachon G P, Kök A G. Competing manufacturers in a retail supply chain: On contractual form and coordination[J]. Management Science, 2010, 56(3): 571-589.

[25] Cachon G P, Lariviere M A. Supply chain coordination with revenue-sharing contracts: Strengths and limitations[J]. Management Science, 2005(51): 30-44.

[26] Cachon G P, Kök A G. Competing manufacturers in a retail supply chain: On contractual form and coordination[J]. Management Science, 2010, 56(3): 571-589.

[27] Cachon G P. The allocation of inventory risk in a supply chain: Push, pull, and advance-purchase discount contracts[J]. Management Science, 2004, 50 (2): 222-238.

[28] Cai G, Zhe G Z, Zhang M. Game theoretical perspectives on dual-channel supply chain competition with price discounts and pricing schemes[J]. Inter-

national Journal of Production Economics, 2009, 117(1): 80–96.

[29] Cai J H, Jiang F Y, Xue TT et al. Pricing and input decision models under yield uncertainty considering supply commitment[J]. Control and Decision, 2017, 32(9): 1664–1671.

[30] Caillaud B, Jullien B. Chicken & egg: Competition among intermediation service providers[J]. Rand Journal of Economics, 2003, 34(2): 309–328.

[31] Cao E, Ma Y, Wan C et al. Contracting with asymmetric cost information in a dual-channel supply chain[J]. Operations Research Letters, 2013, 41(4): 410–414.

[32] Cattani K, Gilland W, Heese H S et al. Boiling frogs: Pricing strategies for a manufacturer adding a direct channel that competes with the traditional channel[J]. Production & Operations Management, 2006, 15(1): 40–56.

[33] Charness G, Matthew R. Understanding social preferences with simple tests [J]. The Quarterly Journal of Economics, 2002, 117 (3): 817–869.

[34] Chen F. Salesforce incentives, market information, and production/inventory planning[J]. Management Science, 2005, 51(1): 60–75.

[35] Chen J X, Liang L, Yao D Q et al. Price and quality decisions in dual-channel supply chains[J]. European Journal of Operational Research, 2017, 259(3): 935–948.

[36] Chen K & Xiao T. Pricing and replenishment policies in a supply chain with competing retailers under different retail behaviors[J]. Computers & Industrial Engineering, 2017(103): 145–157.

[37] Chiang W Y K, Chhajed D, Hess J D. Direct marketing, indirect profits: A strategic analysis of dual-channel supply-chain design[J]. Management Science, 2003, 49(1): 1–20.

[38] Chiang W Y K. Product availability in competitive and cooperative dual-channel distribution with stock-out based substitution[J]. European Journal

of Operational Research, 2010, 200(1): 111–126.

[39] Conger J A, Kanungo R N. The empowerment process: Integrating theory and practice[J]. Academy of Management Review, 1988, 13(3): 471–482.

[40] Corbett C J, Tang C S. Designing supply contracts: Contract type and information asymmetry[J]. Management Science, 2004(50): 550–559.

[41] Dan B, Xu G, Liu C. Pricing policies in a dual-channel supply chain with retail services[J]. International Journal of Production Economics, 2012, 139(1): 312–320.

[42] De Matta R E, Lowe T J, Zhang D. Consignment or wholesale: Retailer and supplier preferences and incentives for compromise[J]. Omega, 2014(49): 93–106.

[43] Doganoglu T, Wright J. Multihoming and compatibility[J]. International Journal of Industrial Organization, 2006, 24(1): 45–67.

[44] Donohue K L. Efficient supply contracts for fashion goods with forecast updating and two production modes[J]. Management Science, 2000(46): 1397–1411.

[45] Duffuaa S O, El-Ga'aly A. Impact of inspection errors on the formulation of a multi-objective optimization process targeting model under inspection sampling plan[J]. Computers & Industrial Engineering, 2015(80): 254–260.

[46] Dumrongsiri A, Fan M, Jain A et al. A supply chain model with direct and retail channels[J]. European Journal of Operational Research, 2008, 187(3): 691–718.

[47] Economides N. Network externalities, complementarities, and invitations to enter[J]. Working Papers, 1992, 12(2): 211–233.

[48] Eisenmann T, Parker G, Alstyne M W V. Strategies for two-sided markets[J]. Social Science Electronic Publishing, 2014, 84(10): 92–101.

[49] Fan Z P, Wu X Y, Cao BB. Considering the traceability awareness of consum-

ers: Should the supply chain adopt the blockchain technology?[J]. Annals of Operations Research, 2020, 309(2): 837–860.

[50] Fernández A J. Planning time-censored inspection schemes for k-out-of-n systems with gamma distributed component lifetimes[J]. International Journal of Advanced Manufacturing Technology, 2017, 89(9–12): 3139–3147.

[51] Foros Ø, Hagen K P, Kind H J. Price-dependent profit sharing as a channel coordination device[J]. Management Science, 2009, 55(8): 1280–1291.

[52] Fu Q, Sim C K, Teo C P. Profit sharing agreements in decentralized supply chains: A distributionally robust approach[J]. Operations Research, 2018, 66 (2): 500–513.

[53] Gallino S, Moreno A, Stamatopoulos I. Channel integration, sales dispersion, and inventory management[J]. Management Science, 2017, 63(9): 2813–2831.

[54] Gallino S, Moreno A. Integration of online and offline channels in retail: The impact of sharing reliable inventory availability information[J]. Management Science, 2014, 60(6): 1434–1451.

[55] Gao F, Su X. Omnichannel retail operations with buy-online-and-pick-up-in-Store[J]. Management Science, 2017, 63(8): 2478–2492.

[56] Gawer A, Cusumano M A. Industry platforms and ecosystem innovation[J]. Journal of Product Innovation Management, 2014, 31(3): 417–433.

[57] Geng Q, Mallik S. Inventory competition and allocation in a multi-channel distribution system[J]. European Journal of Operational Research, 2007, 182 (2): 704–729.

[58] Ghosh D, Shah J. Supply chain analysis under green sensitive consumer demand and cost sharing contract[J]. International Journal of Production Economics, 2015(164): 319–329.

[59] Giovanni P D. Quality improvement vs. advertising support: Which strategy

works better for a manufacturer? [J]. European Journal of Operational Research, 2011, 208(2): 119–130.

[60] Gong D L S, Tang M, Ren L et al. Revenue sharing or profit sharing? An internet production perspective[J]. Advances in Production Engineering & Management, 2018, 13(1): 81–92.

[61] Guan Z L, Zhang X M, Dan B. Information sharing and incentive strategy in supply chain when manufacturer service affecting sales under demand uncertainty[J]. Chinese Journal of Management Science, 2019, 27(10): 56–65.

[62] Guler M G, Keskin M E. On coordination under random yield and random demand[J]. Expert Systems with Applications, 2013, 40(9): 3688–3695.

[63] Guo H D, Wang S Y, Zhang Y. Supply interruption supply chain network model with uncertain demand: An application of chance–constrained programming with fuzzy parameters[J]. Discrete Dynamics in Nature and Society, 2021, 2021(1): 124–134.

[64] Guo L. Quality disclosure formats in a distribution channel[J]. Management Science, 2009, 55(9): 1513–1526.

[65] Guo P, Jia Y L, Gan JW et al. Optimal pricing and ordering strategies with a flexible return strategy under uncertainty[J]. Mathematics, 2021, 9(17): 2097.

[66] Guo X, Ling L, Dong Y et al. Cooperation contract in tourism supply chains: The optimal pricing strategy of hotels for cooperative third party strategic websites[J]. Annals of Tourism Research, 2013, 41(1): 20–41.

[67] Gurnani H, Gerchak Y. Coordination in decentralized assembly systems with uncertain component yields[J]. European Journal of Operational Research, 2007, 176(3): 1559–1576.

[68] Gurnani H, Sharma A, Grewal D. Optimal returns policy under demand uncertainty [J]. Journal of Retailing, 2010, 86(2): 137–147.

[69] Hagiu A, Wright J. Marketplace or reseller? [J]. Management Science, 2016,

61(1): 184–203.

[70] Hagiu A. Merchant or two–sided platform?[J]. Review of Network Economics, 2007, 6(2): 115–133.

[71] Hagiu A. Pricing and commitment by two–sided platforms[J]. Rand Journal of Economics, 2010, 37(3): 720–737.

[72] Hajji A, Pellerin R, Léger P M et al. Dynamic pricing models for ERP systems under network externality[J]. International Journal of Production Economics, 2012, 135(2): 708–715.

[73] He Y, Zhao X. Coordination in multi–echelon supply chain under supply and demand uncertainty[J]. International Journal of Production Economics, 2012, 139(1): 106–115.

[74] Heitz–Spahn S. Cross–channel free–riding consumer behavior in a multichannel environment: An investigation of shopping motives, sociodemographics and product categories[J]. Journal of Retailing & Consumer Services, 2013, 20(6): 570–578.

[75] Hsieh C C, Liu Y T. Quality investment and inspection policy in a supplier–manufacturer supply chain[J]. European Journal of Operational Research, 2010, 202(3): 717–729.

[76] Hu S Q, Cheng S, Wang XL. Procurement strategy determining and supply chain coordination with random yieldsp[J]. Computer Integrated Manufacturing Systems, 2021, 27(7): 2156–2170.

[77] Huang B, Wu A, Chiang D. Supporting small suppliers through buyer–backed purchase order financing[J]. International Journal of Production Research, 2018, 56(18): 6066–6089.

[78] Huh W G, Janakiraman G. Inventory management with auctions and other sales channels: Optimality of (s, S) policies[J]. Management Science, 2008, 54(1): 139–150.

[79] Iyer G. Coordinating channels under price and nonprice competition[J]. Marketing Science, 1998, 17(4): 338–355.

[80] Jasin S, Sinha A. An LP–based correlated rounding scheme for multi–item ecommerce order fulfillment[J]. Operations Research, 2015, 63(6): 1336–1351.

[81] Jiang B, Jerath K, Srinivasan K. Firm strategies in the "mid tail" of platform–based retailing[J]. Social Science Electronic Publishing, 2010, 30(5): 757–775.

[82] Jing C, Bell P C. Implementing market segmentation using full–refund and no–refund customer returns policies in a dual–channel supply chain structure [J]. International Journal of Production Economics, 2012, 136(1): 56–66.

[83] Jing C, Hui Z, Ying S. Implementing coordination contracts in a manufacturer Stackelberg dual–channel supply chain[J]. Omega, 2012, 40(5): 571–583.

[84] Karasek R A. Job demands, Job decision latitude and mental strain: Implications for job redesign[J]. Administrative Science Quarterly, 1979(24): 285–306.

[85] Karray S, Martin–Herran G, Zaccour G. Assessing the profitability of cooperative advertising programs in competing channels[J]. International Journal of Production Economics, 2017, 187(5): 142–158.

[86] Katz M L, Shapiro C. Network Externalities, Competition, and Compatibility [J]. American Economic Review, 1985, 75(3): 424–440.

[87] Kaya M, Özer Ö. Quality risk in outsourcing: Noncontractible product quality and private quality cost information[J]. Naval Research Logistics, 2010, 56 (7): 669–685.

[88] Kaya M. Essays in supply chain contracting: Dual channel management with service competition and quality risk in outsourcing[D]. California: Standford University, 2006.

[89] Kevin Chiang W Y, Monahan G E. Managing inventories in a two-echelon dual-channel supply chain[J]. European Journal of Operational Research, 2005, 162(2): 325-341.

[90] Klapper L. The role off factoring for financing small and medium enterprises [J]. Journal of Banking & Finance, 2006, 30(11): 3111-3130.

[91] Kong G, Rajagopalan S, Zhang H. Revenue sharing and information leakage in a supply chain[J]. Management Science, 2013, 59(3): 556-572.

[92] Kurata H, Yao D Q, Liu JJ. Pricing policies under direct vs. indirect channel competition and national vs. store brand competition[J]. European Journal of Operational Research, 2007, 180(1): 262-281.

[93] Lee C H, Rhee B D, Cheng T C E. Quality uncertainty and quality-compensation contract for supply chain coordination[J]. European Journal of Operational Research, 2013, 228(3): 582-591.

[94] Lee H H, Li C. Supplier quality management: Investment, inspection, and incentives[J]. Production and Operations Management, 2018, 27(2): 304-322.

[95] Lee J Y, Cho R K. Contracting for vendor-managed inventory with consignment stock and stockout-cost sharing [J]. International Journal of Production Economics, 2014, 151(5): 158-173.

[96] Lenka S, Parida V, Wincent J. Digitalization capabilities as enablers of value cocreation in servitizing firms[J]. Psychology & Marketing, 2017, 34(1): 92-100.

[97] Leong C M L, Pan S L, Newell S et al. The emergence of self-organizing e-commerce ecosystems in remote villages of China: A tale of digital empowerment for rural development[J]. Mis Quarterly, 2016, 40(2): 475-484.

[98] Levy M, Weitz B D G. Retailing Management[M]. New York: McGraw-Hill Education Publishing, 2013.

[99] Li G, Li L, Sethi S P et al. Return strategy and pricing in a dual-channel supply chain[J]. International Journal of Production Economics, 2017: 1-12.

[100] Li L Y, Wang Y. Coordinating a supply chain with a loss-averse retailer and effort dependent demand[J]. The Scientific World Journal, 2014: 231041.

[101] Li S, Zhu Z, Huang L. Supply chain coordination and decision making under consignment contract with revenue sharing[J]. International Journal of Production Economics, 2009, 120(1): 88-99.

[102] Li T, Zhang R, Zhao S et al. Low carbon strategy analysis under revenue-sharing and cost-sharing contracts[J]. Journal of Cleaner Production, 2019 (212): 1462-1477.

[103] Li X M, Zhang G J, Liu R J et al. Supply chain combined contract design under supply and demand uncertainty considering bilateral efforts[J]. Operations Research and Management Science, 2019, 28(8): 48-58.

[104] Lim W S. Producer-supplier contracts with incomplete information[J]. Management Science, 2001, 47(5): 709-715.

[105] Lin Z B. Research on the strategies of green manufacturing in supply chain with yield uncertainty[J]. Soft Science, 2021, 35(3): 123-128, 144.

[106] Lincoln N D, Travers C, Ackers P et al. The meaning of empowerment: The interdisciplinary etymology of a new management concept[J]. International Journal of Management Reviews, 2010, 4(3): 271-290.

[107] Ling L Y, Guo X L, Hu Z J et al. The risksharing contracts under random yield and stochastic demand in agricultural supply chain[J]. Chinese Journal of Management Science, 2013(2): 52-59.

[108] Liu Y, Qin F, Fry M J et al. Multi-period modeling of two-way price commitment under price-dependent demand[J]. European Journal of Operational Research, 2012, 221(3): 546-556.

[109] Mainiero L A. Coping with powerlessness: The relationship of gender and job dependency to empowerment-strategy usage[J]. Administrative Science Quarterly, 1986, 31(4): 633-653.

[110] Mantena R, Sankar R, Viswanathan S. Exclusive licensing in complementary network industries[R]. SSRN Electronic Journal, 2007. Doi: 10.2139/ssrn.979330.

[111] Modak N M, Kelle P. Managing a dual-channel supply chain under price and delivery-time dependent stochastic demand[J]. European Journal of Operational Research, 2019, 272(1): 147-161.

[112] Moon I, Feng X. Supply chain coordination with a single supplier and multiple retailers considering customer arrival times and route selection[J]. Transportation Research Part E: Logistics and Transportation Review, 2017 (106): 78-97.

[113] Netessine S, Rudi N. Supply chain choice on the internet[J]. Management Science, 2006, 52(6): 844-864.

[114] Niu B Z, Dong J, Liu Y Q. Incentive alignment for blockchain adoption in medicine supply chains[J]. Transportation Research Part E: Logistics Transportation Review, 2021b(152): 102276.

[115] Niu B Z, Jin D L, Pu X J. Coordination of channel members' efforts and utilities in contract farming operations[J]. European Journal of Operational Research, 2016, 255(3): 869-883.

[116] Niu B Z, Shen Z F, Xie F F. The value of blockchain and agricultural supply chain parties' participation confronting random bacteria pollution[J]. Journal of Cleaner Production, 2021a(319): 128579.

[117] Nouri M, Hosseini-Motlagh S-M, Nematollahi M et al. Coordinating manufacturer's innovation and retailer's promotion and replenishment using a compensation-based wholesale price contract[J]. International Journal of Production Economics, 2018(198): 11-24.

[118] Ofek E, Katona Z, Sarvary M. "Bricks and Clicks": The impact of product returns on the strategies of multichannel retailers[J]. Marketing Science, 2011,

30(1): 42–60.

[119] Palsule–Desai O D. Supply chain coordination using revenue–dependent revenue sharing contracts[J]. Omega, 2013,41(4): 780–796.

[120] Park S Y, Keh H T. Modelling hybrid distribution channels: A game–theoretic analysis[J]. Journal of Retailing & Consumer Services, 2003, 10(3): 155–167.

[121] Peng H A, Yang H A, B CVS et al. Cost–sharing contract design in a low–carbon service supply chain[J]. Computers & Industrial Engineering, 2020, 139(c): 106–160.

[122] Perakis G, Roels G. Regret in the newsvendor model with partial information [J]. Operations Research, 2008, 56(1): 188–203.

[123] Porras E, Dekker R. An efficient optimal solution method for the joint replenishment problem with minimum order quantities[J]. European Journal of Operational Research, 2006, 174(3): 1595–1615.

[124] Radhi M, Zhang G. Optimal cross–channel return policy in dual–channel retailing systems[J]. International Journal of Production Economics, 2019 (210): 184–198.

[125] Ranjan A, Jha J K. Pricing and coordination strategies of a dual–channel supply chain considering green quality and sales effort[J]. Journal of Cleaner Production, 2019(218): 409–424.

[126] Raza S A. Supply chain coordination under a revenue–sharing contract with corporate social responsibility and partial demand information[J]. International Journal of Production Economics, 2018(20): 51–14.

[127] Reisinger M. Two–part tariff competition between two–sided platforms[J]. European Economic Review, 2014, 68(3): 168–180.

[128] Ren L, He Y, Song H. Price and service competition of dual–channel supply chain with consumer returns[J]. Discrete Dynamics in Nature and Society,

2014(11): 1–10.

[129] Resende–Filho M A, Hurley T M. Information asymmetry and traceability incentives for food safety[J]. International Journal of Production Economics, 2012, 139(2): 596–603.

[130] Rigby D. The future of shopping[J]. Harvard Business Review, 2011,(12): 64–75.

[131] Rochet J C, Tirole J. Platform competition in two–sided markets[J]. Journal of the European Economic Association, 2003, 1(4): 990–1029.

[132] Rochet J C, Tirole J. Two–sided markets: A progress report[J]. Rand Journal of Economics, 2006, 37(3): 645–667.

[133] Rochet J C, Tirole J. Tying in two–sided markets and the honor all cards rule [J]. International Journal of Industrial Organization, 2008, 26(6): 1333–1347.

[134] Ryan J K, Sun D, Zhao X. Coordinating a supply chain with a manufacturer–owned online channel: A dual channel model under price competition[J]. IEEE Transactions on Engineering Management, 2013, 60(2): 247–259.

[135] Saghiri S, Wilding R, Mena C et al. Toward a three–dimensional framework for omni–channel[J]. Journal of Business Research, 2017(77): 53–67.

[136] Seifert R W, Thonemann U W, Sieke M A. Integrating direct and indirect sales channels under decentralized decision–making[J]. International Journal of Production Economics, 2006, 103(1): 209–229.

[137] Shao J, Krishnan H, Mccormock S T. Incentives for transshipment in a supply chain with decentralized retailers[J]. Manufacturing & Service Operations Management, 2011, 13(3): 361–372.

[138] Sigler T H, Pearson C M. Creating an empowering culture: Examining the relationship between organizational culture and perceptions of empowerment [J]. Journal of Quality Management, 2000, 5(1): 27–52.

[139] Spreitzer G M. Psychological empowerment in the workplace: Dimensions,

measurement, and validation[J]. Academy of Management Journal. 1995, 38 (5): 1442–1465.

[140] Stylianou A C, Kumar R L, Robbins S S. Pricing on the internet and in conventional retail channels: A study of over–the–counter pharmaceutical products[J]. International Journal of Electronic Commerce, 2005, 10(1): 135–148.

[141] Sun B, Jinhong X, Cao H. Product strategy for innovators in markets with network effects[J]. Marketing Science, 2004, 23(2): 243–254.

[142] Sun Q, Wang C, Zuo L et al. Digital empowerment in a WEEE collection business ecosystem: A comparative study of two typical cases in China[J]. Journal of Cleaner Production, 2018(184): 414–422.

[143] Sun Q, Wang C, Zuo L S et al. Digital empowerment in a WEEE collection business ecosystem: A comparative study of two typical cases in China[J]. Journal of Cleaner Production, 2018(184): 414–422.

[144] Sun X B, Su Z H. Data enabling drives manufacturing enterprise for achieving agile manufacturing: A case study[J]. Journal of Management Science, 2018, 31(5): 117–130.

[145] Takahashi K, Aoi T, Hirotani D et al. Inventory control in a two–echelon dual–channel supply chain with setup of production and delivery[J]. International Journal of Production Economics, 2011, 133(1): 403–415.

[146] Talor T A, Xiao W Q. Does a manufacturer benefit from selling to a better–forecasting retailer[J]. Management Science, 2010, 56(9): 1584–1598.

[147] Taylor T, Xiao W. Does a manufacturer benefit from the outsourcing of fresh agricultural products under partial information[J]. Chinese Journal of Management Science, 2020, 28(7): 122–131.

[148] Togar M S, Ramaswami S. A benchmarking scheme for supply chain collaboration[J]. Benchmarking: An International Journal, 2004, 11(1): 9–30.

[149] Tsao Y C, Sheen G J. Effects of promotion cost sharing policy with the sales

learning curve on supply chain coordination[J]. Computer & Operations Research, 2012, 39(8): 1872–1878.

[150] Tsay A A, Agrawal N. Channel conflict and coordination in the e-commerce age[J]. Production & Operations Management, 2004, 13(1): 93–110.

[151] Tsay A A. The quantity flexibility contract and supplier-customer incentives [J]. Management Science, 1999, 45(10): 1339–1358.

[152] Wang H, Xu Z, Fujita H et al. Towards felicitous decision making: An overview on challenges and trends of Big Data[J]. Information Sciences, 2016, 36 (7): 747–765.

[153] Wang J, Shin H. The impact of contracts and competition on upstream innovation in a supply chain[J]. Production and Operations Management, 2015, 24 (1): 134–146.

[154] Wang Y, Jiang L, Shen Z J. Channel performance under consignment contract with revenue sharing[J]. Management Science, 2004, 50(1): 34–47.

[155] Webb K L, Hogan J E. Hybrid channel conflict: Causes and effects on channel performance[J]. Journal of Business & Industrial Marketing, 2002, 17(5): 338–356.

[156] Webb K L. Managing channels of distribution in the age of electronic commerce[J]. Industrial Marketing Management, 2002, 31(2): 95–102.

[157] Wei Y, Choi T M. Mean-variance analysis of supply chains under wholesale pricing and profit sharing schemes[J]. European Journal of Operational Research, 2010, 204(2): 255–262.

[158] Weiab Y. Mean-variance analysis of supply chains under wholesale pricing and profit sharing schemes[J]. European Journal of Operational Research, 2010, 204(2): 255–262.

[159] Wu X Y, Fan Z P, Cao B B. An analysis of strategies for adopting blockchain technology in the fresh product supply chain[J]. International Journal of Produc-

tion Research, 2021. DOI: 10.1080/00207543.2021.1894497.

[160] Wu, D Y, Katok E. Learning, communication, and the bullwhip effect[J]. Journal of Operations Management, 2006, 24(6): 839–850.

[161] Xiao T, Xia Y, Zhang G P. Strategic outsourcing decisions for manufacturers that produce partially substitutable products in a quantity-setting duopoly situation[J]. Decision Sciences, 2007, 38(1): 81–106.

[162] Xiao T, Yang D. Price and service competition of supply chains with risk-averse retailers under demand uncertainty[J]. International Journal of Production Economics, 2008, 114(1): 187–200.

[163] Xing D, Liu T. Sales effort free riding and coordination with price match and channel rebate[J]. European Journal of Operational Research, 2012, 219(2): 264–271.

[164] Xu J, Chen Y, Bai Q. A two-echelon sustainable supply chain coordination under cap-and-trade regulation[J]. Journal of Cleaner Production, 2016 (135): 42–56.

[165] Yan R, Zhi P. Information asymmetry, pricing strategy and firm's performance in the retailer-multi-channel manufacturer supply chain[J]. Journal of Business Research, 2010, 64(4): 377–384.

[166] Yan R, Zhi P. Retail services and firm profit in a dual-channel market[J]. Journal of Retailing & Consumer Services, 2009, 16(4): 306–314.

[167] Yan R. Managing channel coordination in a multi-channel manufacturer-retailer supply chain[J]. Industrial Marketing Management, 2011, 40(4): 636–642.

[168] Yang H, Chen W. Retailer-driven carbon emission abatement with consumer environmental awareness and carbon tax: Revenue-sharing versus Cost-sharing[J]. Omega, 2018(78): 179–191.

[169] Yang L, Zhang J, Shi X T. Can blockchain help food supply chains with plat-

form operations during the COVID-19 outbreak? [J]. Electronic Commerce Research and Applications, 2021(49): 101093.

[170] Yao D Q, Liu J J. Competitive pricing of mixed retail and e-tail distribution channels[J]. Omega, 2005, 33(3): 235-247.

[171] Yao D Q, Yue X, Wang X. The impact of information sharing on a returns policy with the addition of a direct channel[J]. International Journal of Production Economics, 2005, 97(2): 196-209.

[172] Yao D Q, Yue X H, Mukhopadhyay S K et al. Strategic inventory deployment for retail and e-tail stores[J]. Omega, 2009, 37(3): 646-658.

[173] Yi Z L, Wang Y L, Chen Y J. Financing an agricultural supply chain with a capital-constrained smallholder farmer in developing economies[J]. Production and Operations Management, 2021, 30(7): 2102-2121.

[174] Yoo W S, Lee E. Internet channel entry: A strategic analysis of mixed channel structures[J]. Marketing Science, 2011, 30(1): 29-41.

[175] Yoon D H. Supplier Encroachment and Investment Spillovers[J]. Production & Operations Management, 2016, 25(11): 1839-1854.

[176] Yu Y, Chu F, Chen H. A Stackelberg game and its improvement in a VMI system with a manufacturing vendor[J]. European Journal of Operational Research, 2009, 192(3): 929-948.

[177] Zare M, Esmaeili M, He Y. Implications of risk-sharing strategies on supply chains with multiple retailers and under random yield[J]. International Journal of Production Economics, 2019(216): 413- 424.

[178] Zha Y, Zhang J, Yue X et al. Service supply chain coordination with platform effort-induced demand[J]. Annals of Operations Research, 2015, 235(1): 785-806.

[179] Zhan J Z, Chen X F, Huang J Z. Trade credit financing for two competitive retailers in a capital-constrained supply chain[J]. Asia-Pacific Journal of Op-

erational Research, 2021, 38(2): 2050045.1-2050045.32.

[180] Zhang J, Gou Q, Liang L et al. Supply chain coordination through cooperative advertising with reference price effect[J]. Omega, 2013, 41(2): 345-353.

[181] Zhang J, Shou B, Jian C. Postponed product differentiation with demand information update[J]. International Journal of Production Economics, 2013, 141(2): 529-540.

[182] Zhang J, Zhang R Q. Supply chain structure in a market with deceptive counterfeits[J]. European Journal of Operational Research, 2015, 240(1): 84-97.

[183] Zhang L G, Cui C Y, Li Y F. Collaborative replenishment decision base on supply-hub in uncertain environment[J]. Chinese Journal of Management Science, 2020, 28(1): 89-100.

[184] Zhao Y X, Choi T M, Cheng T C E et al. Buyback contracts with price-dependent demands: Effects of demand uncertainty[J]. European Journal of Operational Research, 2014, 239(3): 663-673.

[185] Zhou, X J, Yang S X, Wang G L. Impacts of knowledge spillovers and cartelization on cooperative innovation decisions with uncertain technology efficiency[J]. Computers & Industrial Engineering, 2020(143): 106395.

[186] 柏庆国, 徐贤浩, 潘伟 . 多分销渠道下易变质产品的联合库存与定价模型[J]. 管理工程学报, 2017, 31(3): 84-92.

[187] 柏庆国, 徐贤浩 . 带学习效应的双渠道供应链库存策略研究[J]. 中国管理科学, 2015, 23(2): 59-69.

[188] 毕军贤, 赵定涛 . 抽样检验产品的质量检验博弈与诚信机制设计[J]. 管理科学学报, 2011, 14(5): 43-51.

[189] 蔡建湖, 邓丽丽, 黄卫来, 等 . 产出不确定环境下供应链竞争与协调研究综述[J]. 系统工程学报, 2017, 32(4): 547-556.

[190] 蔡建湖, 蒋飞颖, 薛婷婷, 等 . 产出不确定环境下考虑供货承诺的定价与投入决策模型[J]. 控制与决策, 2017, 32(9): 1664-1671.

[191] 曹裕, 胡韩莉, 万光羽. 供应商掺假行为的博弈分析与机制选择[J]. 运筹与管理, 2017, 26(7): 54-63.
[192] 曹裕, 李青松, 胡韩莉. 供应链产品质量检查策略的比较研究[J]. 系统工程理论与实践, 2019, 39(1): 111-125.
[193] 曹裕, 李青松, 胡韩莉. 基于报童模型的供应链产品质量控制机制研究[J]. 管理科学学报, 2020a, 23(4): 110-126.
[194] 陈洪转, 方志耕, 刘思峰, 等. 复杂产品主制造商—供应商协同合作最优成本分担激励研究[J]. 中国管理科学, 2014, 22(9): 98-105.
[195] 陈剑, 徐鸿雁. 基于销售商努力的供应商定价和生产决策[J]. 系统工程理论与实践, 2009, 29(5): 1-10.
[196] 陈军, 伏红勇. 质量不确定下农产品生产商预售策略研究[J]. 工业工程与管理, 2020, 25(2): 101-109.
[197] 陈树桢, 熊中楷, 李根道. 考虑创新补偿的双渠道供应链协调机制研究[J]. 管理工程学报, 2011, 25(2): 45-52.
[198] 陈祥锋, 朱道立, 应雯珺. 资金约束与供应链中的融资和运营综合决策研究[J]. 管理科学学报, 2008, 11(3): 70-77.
[199] 陈云, 王浣尘, 沈惠璋. 互联网环境下双渠道零售商的定价策略研究[J]. 管理工程学报, 2008, 22(1): 34-39.
[200] 代建生, 孟卫东. 风险规避下具有促销效应的收益共享契约[J]. 管理科学学报, 2014(5): 25-34.
[201] 代建生. 促销和定价影响需求下供应链的收益共享契约[J]. 管理学报, 2018a, 15(5): 774-781.
[202] 代建生. 风险厌恶销售商促销下供应商的退货政策[J]. 管理工程学报, 2018b, 32(1): 1-8.
[203] 但斌, 任连春, 张旭梅. 质量影响需求下的二级供应链协调模型研究[J]. 工业工程与管理, 2010, 15(4): 1-4.
[204] 但斌, 肖剑, 张旭梅. 双渠道供应链的产品互补合作策略研究[J]. 管理工

程学报, 2011, 25(3): 162–166.

[205] 但斌, 徐广业, 张旭梅. 电子商务环境下双渠道供应链协调的补偿策略研究[J]. 管理工程学报, 2012, 26(1): 125–130.

[206] 但斌, 徐广业. 随机需求下双渠道供应链协调的收益共享契约[J]. 系统工程学报, 2013, 28(4): 514–521.

[207] 邓力, 赵瑞娟, 郑建国. 双渠道供应链质量信息披露策略[J]. 系统管理学报, 2019, 28(1): 141–154.

[208] 丁正平, 刘业政. 存在搭便车时双渠道供应链的收益共享契约[J]. 系统工程学报, 2013, 28(3): 370–376.

[209] 段文奇, 柯玲芬. 基于用户规模的双边平台适应性动态定价策略研究[J]. 中国管理科学, 2016, 24(8): 79–87.

[210] 范辰, 刘咏梅, 陈晓红. 考虑向上销售和渠道主导结构的BOPS定价与服务合作[J]. 中国管理科学, 2018, 26(3): 101–108.

[211] 甘小冰, 钱丽玲, 马利军, 等. 电子商务环境下两级生鲜供应链的协调与优化[J]. 系统管理学报, 2013, 22(5): 655–664.

[212] 龚丽敏, 江诗松. 平台型商业生态系统战略管理研究前沿: 视角和对象[J]. 外国经济与管理, 2016, 38(6): 38–50.

[213] 龚强, 陈丰. 供应链可追溯性对食品安全和上下游企业利润的影响[J]. 南开经济研究, 2012(6): 30–48.

[214] 官子力, 张旭梅, 但斌. 需求不确定下制造商服务投入影响销售的供应链信息共享与激励[J]. 中国管理科学, 2019, 27(10): 56–65.

[215] 郭春香, 李旭升, 郭耀煌. 社会责任环境下供应链的协作与利润分享策略研究[J]. 管理工程学报, 2011, 25(2): 103–108.

[216] 郭亚军, 曲道钢, 赵礼强. 基于电子市场的混合分销渠道定价策略研究[J]. 系统工程学报, 2008, 23(5): 570–576.

[217] 韩亚娟, 史保莉, 汪建. 激励策略和收益共享契约下四级供应链产品质量控制研究[J]. 工业工程与管理, 2019, 24(1): 37–44, 95.

[218] 胡海波, 卢海涛. 企业商业生态系统演化中价值共创研究——数字化赋能视角[J]. 经济管理, 2018, 40(8): 55-71.
[219] 胡军, 张镓, 芮明杰, 等. 线性需求条件下考虑质量控制的供应链协调契约模型[J]. 系统工程理论与实践, 2013, 33(3): 601-609.
[220] 胡盛强, 程硕, 王新林. 考虑产出随机的采购策略选择与供应链协调[J]. 计算机集成制造系统, 2021, 27(7): 2156-2170.
[221] 黄建辉, 林强. 保证保险和产出不确定下订单农业供应链融资中的政府补贴机制[J]. 中国管理科学, 2019, 3(27): 53-65.
[222] 纪汉霖, 王小芳. 平台差异化且用户部分多归属的双边市场竞争[J]. 系统工程理论与实践, 2014, 34(6): 1398-1406.
[223] 蹇明, 王永龙. 产出不确定性的三级供应链风险分担组合契约设计[J]. 运筹与管理, 2017, 26(7): 74-81.
[224] 江世英, 李随成. 考虑产品绿色度的绿色供应链博弈模型及收益共享契约[J]. 中国管理科学, 2015, 23(6): 169-176.
[225] 金磊, 陈伯成, 肖勇波. 双渠道下库存与定价策略的研究[J]. 中国管理科学, 2013, 21(3): 104-112.
[226] 科特勒, 阿姆斯特朗. 市场营销: 原理与实践[M]. 16版. 楼尊, 译. 北京: 中国人民大学出版社, 2015: 346-347.
[227] 李波, 王汝锋, 陈蔚淳. 电子商务下风险规避制造商对供应链决策策略的影响研究[J]. 管理工程学报, 2019, 33(2): 173-179.
[228] 李锋, 魏莹. 策略型消费者对双渠道供应链系统最优定价策略的影响[J]. 系统管理学报, 2019, 28(1): 165-173.
[229] 李绩才, 周永务, 肖旦, 等. 考虑损失厌恶——对多型供应链的收益共享契约[J]. 管理科学学报, 2013, 16(2): 71-82.
[230] 李建斌, 李赟. 无理由退货政策下的在线定价及补偿优化策略[J]. 系统工程理论与实践, 2016, 36(11): 2811-2819.
[231] 李凯, 李伟, 安岗. 基于不同研发模式的零售商需求信息分享策略 [J]. 系

统工程学报, 2019, 34(2): 186–198.

[232] 李凯, 张迎冬, 严建援. 需求均匀分布条件下的供应链渠道协调——基于奖励与惩罚的双重契约[J]. 中国管理科学, 2012, 20(3): 131–137.

[233] 李佩, 魏航. 分销, 平台还是混合?——零售商经营模式选择研究[J]. 管理科学学报, 2018, 21(9): 50–75.

[234] 李伟, 梅继霞. 领导授权赋能对员工创新行为影响研究——一个有调节的中介模型[J]. 软科学, 2018, 32(12): 75–79.

[235] 李小美, 张光军, 刘人境, 等. 供需不确定条件下考虑双边努力的供应链组合契约设计[J]. 运筹与管理, 2019, 28(8): 48–58.

[236] 林杰, 曹凯. 双渠道竞争环境下的闭环供应链定价模型[J]. 系统工程理论与实践, 2014, 34(6): 1416–1424.

[237] 林晶, 王健, 郑敏. 买方抗衡势力下双渠道促销合作微分博弈研究[J]. 中国管理科学, 2019, 27(9): 80–92.

[238] 林强, 付文慧, 王永健. "公司+农户"型订单农业供应链内部融资决策[J]. 系统工程理论与实践, 2021, 41(5): 1162–1178.

[239] 林志炳. 考虑产出不确定的供应链绿色制造策略研究[J]. 软科学, 2021, 35(3): 123–128, 144.

[240] 凌六一, 郭晓龙, 胡中菊, 等. 基于随机产出与随机需求的农产品供应链风险共担合同[J]. 中国管理科学, 2013 (2): 52–59.

[241] 刘汉进, 范小军, 陈宏民. 零售商价格领导权结构下的双渠道定价策略研究[J]. 中国管理科学, 2015, 23(6): 91–98.

[242] 刘家国, 王军进, 周锦霞, 等. 不确定性环境下不同补货策略的供应链契约协调研究[J]. 中国管理科学, 2019, 27(9): 68–79.

[243] 刘学勇, 熊中楷, 熊榆. 线性需求下的产品召回成本分担和质量激励[J]. 系统工程理论与实践, 2012, 32(7): 1400–1407.

[244] 罗美玲, 李刚, 张文杰. 双渠道供应链中双向搭便车研究[J]. 系统管理学报, 2014, 23(3): 314–323.

[245] 罗仲伟, 李先军, 宋翔, 等. 从“赋权”到“赋能”的企业组织结构演进——基于韩都衣舍案例的研究[J]. 中国工业经济, 2017(9): 174-192.

[246] 骆品亮, 傅联英. 零售企业平台化转型及其双边定价策略研究[J]. 管理科学学报, 2014(10): 1-12.

[247] 南江霞, 李帅, 张茂军. 带有订单转保理的供应链金融的收益共享博弈模型[J]. 控制与决策, 2023(6): 1745-1752.

[248] 倪得兵, 唐小我. 网络外部性、柔性与市场进入决策[J]. 管理科学学报, 2006, 9(1): 1-7.

[249] 牛志勇, 黄沛, 王军. 公平偏好下多渠道零售商线上线下同价策略选择分析[J]. 中国管理科学, 2017, 25(3): 147-155.

[250] 潘伟, 汪寿阳, 华国伟. 实体店及其网上商店产品的动态定价及订货策略[J]. 系统工程理论与实践, 2010, 30(2): 236-242.

[251] 彭红军, 史立刚, 庞涛. 基于CVaR的产出随机订单农业供应链最优策略[J]. 统计与决策, 2019, 35(20): 46-49.

[252] 彭鸿广, 骆建文. 不对称信息下供应链成本分担激励契约设计[J]. 系统管理学报, 2015, 24(2): 267-274.

[253] 浦徐进, 龚磊. 消费者“搭便车”行为影响下的双渠道供应链定价和促销策略研究[J]. 中国管理科学, 2016, 24(10): 86-94.

[254] 邱甲贤, 聂富强, 童牧, 等. 第三方电子交易平台的双边市场特征——基于在线个人借贷市场的实证分析[J]. 管理科学学报, 2016, 19(1): 47-59.

[255] 邱勇, 赵容. 餐饮业即时团购业务模式探索[J]. 中国商论, 2015(Z1): 180-182.

[256] 曲创, 刘重阳. 平台厂商市场势力测度研究——以搜索引擎市场为例[J]. 中国工业经济, 2016(2): 98-113.

[257] 曲创, 杨超, 臧旭恒. 双边市场下大型零售商的竞争策略研究[J]. 中国工业经济, 2009(7): 67-75.

[258] 石岿然, 盛昭瀚, 马胡杰. 双边不确定性条件下制造商质量投资与零售商

销售努力决策[J]. 中国管理科学, 2014, 22(1): 37-44.
[259] 孙彩虹, 李振, 于辉. 产出不确定下新产品预售的鲁棒定价分析[J]. 计算机集成制造系统, 2022, 28 (4): 1246-1257.
[260] 孙军, 高彦彦. 网络效应下的平台竞争及其后果分析[J]. 管理世界, 2016 (5): 182-183.
[261] 孙莉梅. 基于买方主导的供应链质量改进策略研究[D]. 沈阳: 东北大学, 2008.
[262] 孙新波, 苏钟海. 数据赋能驱动制造业企业实现敏捷制造案例研究[J]. 管理科学, 2018, 31(5): 117-130.
[263] 孙燕红, 赵骞, 王子涵. 基于消费者评论的网络预售定价策略研究[J]. 中国管理科学, 2020, 28(11): 184-191.
[264] 唐润, 彭洋洋. 考虑时间和温度因素的生鲜食品双渠道供应链协调[J]. 中国管理科学, 2017, 25(10): 62-71.
[265] 汪旭晖, 张其林. 平台型电商企业的温室管理模式研究——基于阿里巴巴集团旗下平台型网络市场的案例[J]. 中国工业经济, 2016(11): 108-125.
[266] 汪旭晖, 张其林. 平台型网络市场"平台—政府"双元管理范式研究——基于阿里巴巴集团的案例分析[J]. 中国工业经济, 2015(3): 135-147.
[267] 王聪, 杨德礼. 基于链与链竞争的零售商线上线下同价O2O销售策略研究[J]. 运筹与管理, 2017, 26(5): 74-80.
[268] 王道平, 李小燕. 零售商竞争下考虑产品商誉的纵向联合促销微分博弈[J]. 控制与决策, 2017, 32(12): 2210-2218.
[269] 王辉, 武朝艳, 张燕, 等. 领导授权赋能行为的维度确认与测量[J]. 心理学报, 2008, 40(12): 1297-1305.
[270] 王节祥, 蔡宁. 平台研究的流派、趋势与理论框架——基于文献计量和内容分析方法的诠释[J]. 商业经济与管理, 2018(3): 20-35.
[271] 王节祥, 盛亚. 平台赋能: 提升复杂产品生产能力[N]. 中国社会科学报,

2017-09-13 (4).
[272] 王先甲, 周亚平, 钱桂生. 生产商规模不经济的双渠道供应链协调策略选择[J]. 管理科学学报, 2017, 20(1): 17-31.
[273] 王旭坪, 孙自来, 詹红鑫. 不同权力结构对跨境电商双渠道供应链的影响[J]. 系统工程学报, 2017, 32(3): 385-396.
[274] 吴义爽, 徐梦周. 制造企业"服务平台"战略、跨层面协同与产业间互动发展[J]. 中国工业经济, 2011 (11): 48-58.
[275] 夏海洋, 黄培清. 混合分销渠道结构下短生命周期产品供应链库存策略分析[J]. 中国管理科学, 2007(2): 70-75.
[276] 肖迪, 金雯雯. C2B电商情境下考虑横向竞争的供应链定价策略[J]. 山东大学学报(理学版), 2018, 53(5): 53-60.
[277] 肖剑, 但斌, 张旭梅. 双渠道供应链中制造商与零售商的服务合作定价策略[J]. 系统工程理论与实践, 2010, 30(12): 2203-2211.
[278] 谢家平, 梁玲, 杨光. 互补型闭环供应链的收益共享与成本共担契约协调优化[J]. 中国管理科学, 2018, 26(8): 94-105.
[279] 谢庆华, 黄培清. Internet环境下混合市场渠道协调的数量折扣模型[J]. 系统工程理论与实践, 2007, 27(8): 1-11.
[280] 徐广业, 张旭梅. 风险规避下基于价格折扣的双渠道供应链协调[J]. 系统管理学报, 2016, 25(6): 1114-1120.
[281] 徐鸿雁, 陈剑. 不对称信息下对异质销售商激励及产品定价[J]. 系统工程学报, 2011, 26(2): 222-228.
[282] 徐琪, 刘峥, 汤兵勇. 合同订购与现货市场混合交易下的双渠道供应链优化决策[J]. 中国管理科学, 2015, 23(4): 105-116.
[283] 许传永, 苟清龙, 周垂日, 等. 两层双渠道供应链的定价问题[J]. 系统工程理论与实践, 2010, 30(10): 1741-1752.
[284] 许民利, 王竟竟, 简惠云. 专利保护与产出不确定下闭环供应链定价与协调[J]. 管理工程学报, 2021, 35(3): 119-129.

[285] 杨浩雄, 孙丽君, 孙红霞, 等. 服务合作双渠道供应链中的价格和服务策略[J]. 管理评论, 2017, 29(5): 183-191.

[286] 叶飞, 蔡子功. "公司+农户"型订单农业供应链"双向补贴"机制研究[J]. 运筹与管理, 2018, 27(5): 186-193.

[287] 曾鸣. 智能商业[J]. 现代商业银行, 2019(4): 20.

[288] 张斌, 华中生. 供应链质量管理中抽样检验决策的非合作博弈分析[J]. 中国管理科学, 2006, 14(3): 27-27.

[289] 张令荣, 崔春岳, 李云风. 不确定环境下的 Supply-hub 协同补货决策[J]. 中国管理科学, 2020, 28(1): 89-100.

[290] 张学龙, 王军进. 制造商主导型双渠道供应链协调决策模型[J]. 控制与决策, 2016, 31(8): 1519-1525.

[291] 赵海霞, 艾兴政, 唐小我. 制造商规模不经济的链与链竞争两部定价合同[J]. 管理科学学报, 2013, 16(2): 64-74.

[292] 赵礼强, 徐家旺. 基于电子市场的供应链双渠道冲突与协调的契约设计[J]. 中国管理科学, 2014, 22(5): 61-68.

[293] 赵泉午, 张钦红, 卜祥智. 不对称信息下基于物流服务质量的供应链协调运作研究[J]. 管理工程学报, 2008, 22(1): 58-61.

[294] 赵正佳. 需求不确定且依赖于价格下全球供应链数量折扣及其组合契约[J]. 管理工程学报, 2015, 29(3): 90-99.

[295] 周继祥, 王勇, 邱晗光. 部分信息下生鲜农产品采购外包问题研究[J]. 中国管理科学, 2020, 28(7): 122-131.

[296] 周文辉, 邓伟, 陈凌子. 基于滴滴出行的平台企业数据赋能促进价值共创过程研究[J]. 管理学报, 2018, 15(8): 1110-1119.

[297] 周文辉, 李兵, 周依芳, 等. 创业平台赋能对创业绩效的影响: 基于"海尔+雷神"的案例研究[J]. 管理评论, 2018, 30(12): 276-284.

[298] 周文辉, 杨苗, 王鹏程, 等. 赋能、价值共创与战略创业: 基于韩都与芬尼的纵向案例研究[J]. 管理评论, 2017, 29(7): 258-272.

[299] 周艳菊, 黄雨晴, 陈晓红, 等. 促进低碳产品需求的供应链减排成本分担模型[J]. 中国管理科学, 2015, 23(7): 85–93.
[300] 朱宝琳, 崔世旭, 戢守峰, 等. 产需不确定下基于零售商风险规避的三级供应链组合契约模型[J]. 中国管理科学, 2018, 26(11):114–123.
[301] 朱立龙, 郭鹏菲, 孙淑慧. 三种混合分销渠道条件下供应链产品质量控制策略研究[J]. 中国管理科学, 2017, 25(3): 85–92.
[302] 朱文贵. 金融供应链决策与分析[D]. 上海: 复旦大学, 2007.
[303] 朱晓东, 吴冰冰, 王哲. 双渠道回收成本差异下的闭环供应链定价策略与协调机制[J]. 中国管理科学, 2017, 25(12): 188–196.
[304] 邹清明, 叶广宇. 考虑公平关切的双向双渠道闭环供应链的定价决策[J]. 系统管理学报, 2018, 27(2): 281–290.

后 记

平台供应链研究是未来供应链管理研究的重要方向,而对平台供应链中的核心企业——平台型企业赋能行为的研究更是重中之重。但是,目前相关的理论研究与商业实践均处于探索阶段,还没有形成较为成熟的理论框架,在实践中也存在诸多未解的难题。本书从赋能行为切入,讨论了平台供应链管理中的一些议题,如在何种条件下平台供应链的成员才会接受平台型企业的赋能行为,怎样的协调机制能够更好地发挥平台赋能的效果,实现平台供应链成员的多赢等。但本书也只涉及了平台供应链研究的很少一部分内容,难免挂一漏万。此外,供应链成员间的互动行为较为复杂,笔者能力有限,在模型建立过程中的一些假设和讨论也与现实情况有一定差距。本书仅仅是对赋能行为与平台供应链领域的初步探索,目的在于抛砖引玉,希望各位读者能够不吝赐教。

本书付梓得到了很多老师、亲朋好友的帮忙,感谢陈克兵教授、蔡建湖教授、范钧教授等学者提出的建设性的意见,感谢我的母亲冯茜在我研究过程中给予的无私关怀和付出,感谢我的夫人李慧辉在我面对困难时的鼓励、安慰、理解和支持,感谢张春爱、王润泽、彭宗奔、匡先升、方慧敏、丛爽、王佳燕、陈瑛、洪冬冬、杨倩倩、张新伟及李媛媛等同学在研究过程中给予我的支持,最后还要感谢浙江大学出版社编辑们的辛勤劳动。本书也是浙江工商大学现代商贸研究中心、浙江工商大学企业数智化与商务分析研究中心、浙江工商大学浙商研究院的研究成果,感谢上述研究机构对本书的支持。

肖迪

2022年7月于杭州